世界上最挑战大脑的
500个
侦探推理游戏

黄青翔 编著

北京联合出版公司
Beijing United Publishing Co.,Ltd.

图书在版编目（CIP）数据

世界上最挑战大脑的 500 个侦探推理游戏 / 黄青翔编著 . — 北京：北京联合出版公司，2015.8（2021.5 重印）

ISBN 978-7-5502-5116-8

Ⅰ . ①世… Ⅱ . ①黄… Ⅲ . ①智力游戏 – 通俗读物 Ⅳ . ① G898.2

中国版本图书馆 CIP 数据核字（2015）第 082632 号

世界上最挑战大脑的 500 个侦探推理游戏

编　　著：黄青翔

责任编辑：李　伟

封面设计：施凌云

内文排版：盛小云

北京联合出版公司出版

（北京市西城区德外大街 83 号楼 9 层　100088）

北京市松源印刷有限公司印刷　新华书店经销

字数 460 千字　720 毫米 ×1020 毫米　1/16　29 印张

2018 年 11 月第 2 版　2021 年 5 月第 6 次印刷

ISBN 978-7-5502-5116-8

定价：68.00 元

本书精选了经典、好玩、挑战大脑的 500 个侦探推理游戏，让你和聪明的人一起推理，掌握推理方法，突破思维瓶颈，引发思维风暴，创造卓越人生。

如果将人类的全部能力比喻成一座冰山的话，我们已经开掘的，仅仅是冰山一角。假如能探测到水面下的冰山，那么无疑会使我们得到进一步的提升。当今时代，竞争加剧，生活节奏不断加快，在这样的环境中，无论是渴望成为社会精英的莘莘学子，还是渴望在工作中寻求突破的上班族，具有一套完整的思维体系都至关重要。探究思维大厦，了解其中的构造并且有目的、有计划地游走其间是十分必要的。可是，每当我们接近它，往往会为之惊讶，因为它常常不按规律出牌，而是富有启发性和创造性。然而，只要全身心地投入到观察与思考之中，你就能发现它面纱下的真面目，这种探索的过程就是你受益的过程，破茧成蝶的过程。

在启发思维的过程中，侦探推理举足轻重，因为它不但有助于大脑思维的系统锻炼，有助于人们吸收智慧的精华，它还能够培养人们对于探索的兴趣，献给人们一个趣味十足的世界。具体说来，它能够开启心灵，拓宽视野，启发智慧，有目的地培养人的观察能力、分析能力、推理能力、创造能力和想象力，对锻炼人的思维大有益处。而侦探推理游戏是一种具有高度刺激性和挑战性的思维游戏，比推理小说更真实，比数独更有趣。多做侦探推理游戏，可以活跃思维，挑战智慧，激发推理潜能，提高智商，让你无论

1

是在学习生活中，还是参加 500 强企业面试，公务员、MBA 等各类考试，都能轻松应对。

本书中的每一个游戏都惊险曲折，神秘玄妙，扣人心弦；融知识性、趣味性于一体。古今中外，涵盖面广，包罗万象，内含百余幅炫酷插图，两百个侦探小助理游戏表格协助"破案"。犀利的目光，敏锐的职业感觉，超出常人的胆识，严谨的案例分析，精妙的推理分析——每桩案情都让人欲罢不能。除了烟斗、咖啡、手枪，你还可以看到更多……更加重要的是，本书的亮点不仅仅是离奇的案情、耸人听闻的故事，而是在侦破案情的过程中展露出的推理、分析能力。阅读本书会让你大过侦探瘾，在这里你就是侦探，面对扑朔迷离的案件，根据故事中提供的蛛丝马迹，运用单向思维、逆向思维、发散思维、创造性思维，通过正确的逻辑推理，再加上对一些知识、常识的了解，你就可以提出合乎情理的看法，最后是灵光一闪的豁然开朗，智破奇案。通过游戏，你就可以成为令人敬仰的神探"福尔摩斯"。

这是一本让侦探迷和推理爱好者疯狂的游戏书！不论你是推理游戏玩家、逻辑高手，还是侦探小说迷，这本游戏书将会让你绞尽脑汁，大呼过瘾！

CONTENTS
目录

第一章　失窃的珍宝

1. 邮票藏在哪里 2
2. 名画失窃 3
3. 谁盗走了项链 4
4. 美术馆失窃案 4
5. 珠宝店被抢劫 5
6. 被偷的世界名画 5
7. 珍贵艺术品 6
8. 价值连城的邮票被盗 7
9. 失窃的宝石 8
10. 金表被盗 9
11. 首饰店被盗 9
12. 巧找钻石 10
13. 谁盗走了古币 10
14. 钻石大盗的计谋 11
15. 价值连城的大钻石 12
16. 神秘的盗贼 13
17. 拿破仑智救仆人 14
18. 商队 15
19. 一家乐器商店被盗 15
20. 仓库被盗之谜 16
21. 钻石藏在哪儿 17
22. 一枚珍贵的硬币 18
23. 飞来的小偷 19

24. 克娄巴特拉的眼泪 20
25. 被杀的猫头鹰 21
26. 小偷的智慧 22
27. 珠宝店里的表 24
28. 衣架上的大衣 25
29. 埃默里夫人的宝石 26
30. 珍邮藏在哪 27
31. 博物馆里的盗窃犯 29

第二章　说谎的嫌疑人

32. 教练的谎言 32
33. 证言的破绽 33
34. 可笑的小偷 33
35. 你在说谎 34
36. 是走错房间了吗 35
37. 丽莎在撒谎 35
38. 管家在撒谎 36
39. 谁在撒谎 37
40. 抢钱的破绽 37
41. 被杀的女乐手 38
42. 楼梯上的凶案 39
43. 影子与谎言 39
44. 卖狗人 40
45. 一起恶性肇事逃逸事件 40

1

46. 识破伪证 41

47. 谎言的破绽 42

48. 停电时的误杀 42

49. 玻璃上的冰 43

50. 雪夜目击 44

51. 水生动物研究所 44

52. 不想花钱买个谎言 45

53. 园艺家是个骗子 46

54. 梅丽莎在撒谎 47

55. 黑珍珠项链 47

56. 背影与领结 48

57. 投机商人 49

58. 对话 50

59. 游乐园的父子 50

60. 富孀报警 50

61. 银店抢劫案 51

62. 有人杀害了我的丈夫 52

63. 犯罪嫌疑人答话 53

64. 警长的反问 53

65. 瑞香花朵 54

66. 教授的凶杀案 55

67. 消声器坏了 56

68. 沙漠归来 56

69. 一个冷天里的冷玩笑 57

70. 今年冬天的第一场雪 58

71. 金网球俱乐部的一夜 59

72. 戴墨镜的杀手 59

73. 政府办公室被盗 60

74. 骡子下驹 61

75. 诚实国与说谎国 61

76. 报案的秘书 61

77. 听力差的冒领者 62

78. 雨中的帐篷 64

79. 胡同里的假案 65

80. 火炉上的烤肉 66

81. 撒谎的肯特 67

82. 一条大红的龙虾 68

83. 被窃的手提包 69

84. 超车的规定 71

85. 六头被打死的斗牛 72

86. 古代的瓷瓶 73

87. 古老的壁画 74

88. 口袋里的金币 75

89. 雨夜的报案 76

90. 南美洲的大象 77

第三章 凶手到底是谁

91. 血型辨凶手 80

92. 被毒死的伊凡 80

93. 哪个男人是凶手 81

94. 一桩奇特的凶杀案 81

95. 死在阿尔卑斯山 82

96. 家庭凶杀案 83

97. 富豪被杀的真正原因 84

98. 四个高中生去野炊 84

99. 迅速破案 85

100. 大厦失火 86

101. 失窃的海洛因 87

102. 双重间谍 87

103. 致命的烧烤 88

104. 做贼心虚的约翰 88

105. 四名犯罪嫌疑人 89

106. 心理学家的理论 89

107. 土耳其浴室 90

108. 女儿的致命约会 90

109. 小镇的烦心事 91

110. 一宗杀人案件 92

111. 迷乱的时间 92

112. 谋杀案 ……… 94
113. 案发时间 ……… 94
114. 邮政局长被害案 ……… 95
115. 富家女遇难 ……… 95
116. 两个猎人的仇杀 ……… 96
117. 恐怖枪击事件 ……… 97
118. 无孔不入的特工暗杀 ……… 98
119. 聪明的探长 ……… 98
120. 马戏团的凶案 ……… 99
121. 凶手可能是律师 ……… 100
122. 一起就餐 ……… 100
123. 一张秋天的照片 ……… 101
124. 谁是投毒凶手 ……… 102
125. 替罪的瞎子 ……… 103

第四章 神探巧算计

126. 一片沉寂 ……… 106
127. 等鱼上钩 ……… 107
128. 寓所劫案 ……… 107
129. 不早不晚，正好 7 点 ……… 108
130. "幽灵"的破绽 ……… 109
131. 小福尔摩斯 ……… 110
132. 特工间谍 ……… 110
133. 又是三个犯罪嫌疑人 ……… 111
134. 拿走了一颗珍珠 ……… 111
135. 藏珠宝的罐头 ……… 112
136. 那个人就是罪犯 ……… 113
137. 间谍 ……… 114
138. 找到窃贼 ……… 115
139. 警员与警长 ……… 116
140. 赃物藏在何处 ……… 116
141. 银行抢劫案 ……… 117
142. 谁是劫匪 ……… 118
143. 谍报员面对定时炸弹 ……… 118

144. 大侦探罗波 ……… 119
145. 聪明的谍报员 ……… 120
146. 第一感觉 ……… 121
147. 究竟发生了什么 ……… 122
148. 柯南的暗示 ……… 123
149. 老地质队员遇难 ……… 123
150. 聪明的警长 ……… 124
151. 粗心的警察 ……… 124
152. 凶手就是他 ……… 125
153. 哪一间房 ……… 125
154. 侦探波洛 ……… 126
155. 聪明的珍妮 ……… 127
156. 明断银圆案 ……… 128
157. 罪犯逃向 ……… 128
158. 衣柜里的女尸 ……… 129
159. 行动失误 ……… 130
160. 游击队员送情报 ……… 130
161. 宰相的女儿 ……… 130
162. 牧民的宝石 ……… 131
163. 多出的 30 个金币 ……… 132
164. 求救信号 ……… 134
165. 斗米斤鸡 ……… 135
166. 神秘的电文 ……… 136

第五章 数字疑案

167. 判断页码数 ……… 138
168. 破译情报 ……… 138
169. 联邦调查局难题 ……… 139
170. 奇怪的钟表并不怪 ……… 139
171. 神秘的情报 ……… 139
172. 周末选择 ……… 140
173. 常客人数 ……… 140
174. 拿破仑的结论 ……… 141
175. 选择概率 ……… 141

176. 囚犯抓绿豆 142

177. 郊外露营跳舞的女孩有几个 . 142

178. 一起枪击事件 142

179. 车牌号是空的 143

180. 集中抓捕行动 144

181. 盗墓者的自首 144

182. 狡猾的罪犯 144

183. 打开保险柜 145

184. 肇事车号 146

185. 智推车牌号 146

186. 报警的数字 147

187. 匿藏赃物的小箱子 148

188. 奇异的钟声 149

第六章　自杀还是他杀

189. 谎言 152

190. 画家被杀 152

191. 凶手可能是美国人 153

192. 他绝不是自杀 154

193. 一位孤独的老人 154

194. 聪明的伽利略 155

195. 他杀证据 156

196. 灭口案 157

197. 不是自杀 157

198. 神父的判断 158

199. 森林公园深处的凶情 158

200. 飞机上的遗书 159

201. 毛毯的破绽 159

202. 保险诈骗案 159

203. 杀妻的男人 160

204. 融化的巧克力 161

205. 冒牌的声音 162

206. 大力士之死 164

207. 新郎之死 165

208. 杀人的毒蝎 166

209. 天上的凶手 167

第七章　罪犯的阴谋

210. 不翼而飞的赎金 170

211. 凶器是什么 171

212. 吞蛋送命 171

213. 寻找凶器 172

214. 凶器消失了 172

215. 手枪队护送宝马 173

216. 失踪的赎金 173

217. 引爆 174

218. 寡妇之死 174

219. 犯罪手法 175

220. 被偷得彻底的别墅 175

221. 工人偷运橡胶事件 176

222. 怪盗传递信件 177

223. 同样的剧情不同的结论 177

224. 警犬也会有失误 178

225. 古屋幽灵 178

226. 女窃贼 179

227. 酬金有诈 180

228. 瞬间逃窜的匪徒 181

229. 罪犯的阴谋 181

230. 凶手的作案手段 182

231. 蠢管理员 182

232. 金发美女与敲诈犯 183

233. 雪后脚印 184

234. 中毒 184

235. 滑雪场的凶案 184

236. 不可能发生的事 185

237. 硬币透露了案情 186

238. 狡诈的走私犯 186

239. 打破的水晶花瓶 187

240. 盗窃犯 187
241. 遗书上的签名 188
242. 巧用厕所 189
243. 吃人的老虎 189
244. 影星之死 191
245. 结婚纪念日 191
246. 没有消失的指纹 192
247. 毒蜂与录音机 193

第八章　关键的蛛丝马迹

248. 指纹 196
249. 大毒枭 197
250. 警察破案 197
251. 枪击案 198
252. 为何指控她 199
253. 小错误很致命 199
254. 一起报案 200
255. 又是一次导演案 201
256. 巨款仍在 201
257. 可疑旅客 202
258. 如何接头 202
259. 一张照片引发的秘密 203
260. 臭名昭著的大盗贼 203
261. 使用伪钞的家伙 204
262. 谁把花踩坏了 205
263. 没能力做证人 206
264. 蓄意谋杀 207
265. 绑票者是谁 208
266. 悬赏启事 208
267. 无冤无仇 209
268. 集邮家 210
269. 摆摊算命 211
270. 逃犯与真凶 211
271. 墙上的假手印 212

272. 目击证人 212
273. 考卷里的错误 213
274. 完全不对的车子 214
275. 牙科诊所 214
276. 一个报案电话 215
277. 自杀的餐馆老板 216
278. 保密的措施不保密 216
279. 空的保险柜 217
280. 遗书是伪造的 217
281. 可靠的证据 218
282. 一起盗窃案 219
283. 露出马脚的高级骗子 219
284. 发难名探 220
285. 开具火葬证明 221
286. 奸细是怎么找出来的 221
287. 雪地上的脚印 222
288. 重大发现 222
289. 不在场证明 223
290. 凶手的破绽 223
291. 一根白色的细毛 224
292. 能说话的尸体 224
293. 店员的智慧 225
294. 跳崖者的眼镜 226
295. 树叶上的血迹 227
296. 森林里的杀人案 228
297. 救命的闹钟 229
298. 桅杆上的白布 229
299. 翻下悬崖的吉普车 230
300. 伪造的照片 231

第九章　超级判断

301. 被害者 234
302. 锐眼识画 234
303. 受过伤的死者 235

304. 狙击手的绰号 235

305. 赌棍、骗子和牧师 235

306. 谁拿错了谁的伞 236

307. 手机是谁捡到的 237

308. 甲的帽子是什么颜色 237

309. 破解隐语 237

310. 巧点鸳鸯谱 238

311. 四位古希腊少女 239

312. 银行保险柜被撬 239

313. 仿爱因斯坦题 240

314. 被绑架的失明富家少女 240

315. 金砖的所有者 241

316. 哥哥还是弟弟 242

317. 一句话断案 242

318. 教授的谜题 243

319. 公寓房客 243

320. 专业小偷 244

321. 被托管的 1500 两白银 245

322. 谁是受伤者 245

323. 谜语专家的谈话 246

324. 三个犯罪嫌疑人 246

325. 连续发生的刑事案件 247

326. 追根溯源 248

327. 最诚实的人 249

328. 律师的推断 250

329. 摩天大楼里的住户 251

330. 聪明的警官 251

331. 被害的妻子 252

332. 珠宝商度假 252

333. 谁是国际间谍 253

334. 单身公寓里的爱情 253

335. 失物招领处 253

336. 一宗奇案 254

337. 小偷被偷 254

338. 案发时间推理 255

339. 博尔思岛上的抢劫案 256

340. 犹豫的冒险家 257

341. 刑事专家的火眼金睛 258

342. 斯拜在哪 258

343. 走哪一条路 260

344. 谁杀害了医生 261

345. 谁穿了红色衣服 261

346. 被偷走的答案 262

347. 紧急侦破任务 262

348. 电视转播赛 263

349. 客官挑选船老大 264

350. 七个沾泥巴的孩子 264

351. 丽丽玩不玩乒乓球 265

352. 聪明的囚徒 265

353. 一瓶新药 266

354. 取手提箱 266

355. 勤快的表弟 267

356. 谁是花瓶的主人 268

357. 一颗散落的珍珠 269

358. 杨树叶作证 270

359. 愤怒的丈夫 271

360. 藏在叶子下的古币 272

361. 雨后的彩虹 273

362. 冰凉的灯泡 274

363. 会抓贼的盲人 275

364. 软件专家的电脑 276

365. 鱼是怎么死的 276

366. 谁是新娘 278

367. 门口的卷毛狗 279

368. 飞来的爹 279

369. 前胸与后背 281

370. 手上的证据 282

371. 一尊假香炉 283

372. 小姑娘筐里的食盐 285

373. 被诬陷的偷瓜贼 286

第十章 奇异的案情

374. 电话密码 290

375. 奇异的案情 290

376. 笔记本电脑不见了 291

377. 聪明的化妆师 292

378. "赌城"拉斯维加斯 293

379. 消夏的游客 294

380. 钢结构房间 295

381. 姑娘的手枪 295

382. 跟踪谜团 296

383. 半夜敲门 297

384. 柯南的解释 298

385. 惯犯被擒 299

386. 间谍被擒 299

387. 二战中的间谍 300

388. 令人瞠目结舌的真相 300

389. 机智脱险 301

390. 是"梦"吗 302

391. 监视的妙方法 303

392. 奇怪的拳头 303

393. 新学期的风波 304

394. 终日不安的罪犯 305

395. 刑期有误吗 306

396. 婚礼灾难 306

397. 一副银牙签 308

398. 装哑巴 308

399. 交换情报 309

400. 钞票藏在哪里 310

401. 铁路公司诉讼案 310

402. 奇怪的来信 311

403. 圣彼得堡的雪花 312

404. 北极探险的险情 312

405. 台风过后 312

第十一章 离奇凶杀案

406. 头像是怎么来的 314

407. 一定是桩凶杀案 315

408. 时间观念很强的银行经理 316

409. 巧留鞋印 316

410. 不在现场 317

411. 旅馆里的凶案 318

412. 小汽艇上的凶案 318

413. "死人河" 319

414. 在劫难逃 320

415. 四件凶器 321

416. 警犬的鼻子 321

417. 奇怪的密室杀人案 322

418. 是巧合还是谋杀 323

419. 东京度假游 323

420. 被害人溺水死亡 324

421. 自杀与他杀 324

422. 神秘的古堡 325

423. 同事间的生死较量 326

424. 离奇死因 327

425. 酒店谋杀案 327

426. 主谋 328

427. 训练猴子做杀手 328

428. 特工情报员遇害 329

429. 船长遇害 329

430. 移花接木 330

431. 死亡与鲜花的对比 330

432. 空姐被杀 331

433. 请专家来断案 331

434. 子弹会拐弯吗 332

435. 第二枪 332

436. 凶手是自己 333

437. 漂泊的救生筏上 333

438. 游船上的谋杀案 334

439. 阳台上的枪杀案 335

第十二章　福尔摩斯是这么想的

440. 伪证据 338

441. 职员的话 338

442. 开庭审理 339

443. 伪造的现场 340

444. 报案破绽 341

445. 行李箱被窃案 342

446. 财会室起火案 342

447. 被冤枉的狗 343

448. 被淹死的人 344

449. 墙外树下 344

450. 皇帝与大臣 345

451. 谷底逃生 345

452. 昏庸的皇帝 346

453. 孤独费10万英镑 346

454. 律师的判断 347

455. 转危为安 348

456. 巧打德国侵略军 348

457. 蜘蛛告白 349

458. 巧过立交桥 349

459. 《圣经》阅读计划 350

460. 化学家的声明 351

461. 谁是匪首 352

462. 列车上的广播 352

463. 装哑取证 354

464. 设宴抓贼 355

465. 县令买马 357

466. 母亲与儿子 357

467. 两张诬告状纸 359

468. 马瓜和冯弧 360

469. 盖字识盗 361

470. 被赖掉的800贯钱 362

471. 用驴找鞍 364

472. 审问石头 365

473. 祖传妙药 365

474. 数茄子 366

475. 寻找嫁妆 367

476. 失而复得的官印 368

477. 大学生公寓的谋杀案 369

478. 教授之死 370

479. 幽灵的声音 371

480. 萨斯城的绑架案 372

481. 火车站谋杀案 374

482. 县令验伤 375

483. 不识字的狗 376

484. 贪财的瞎子 377

485. 冒充的饲养员 377

486. 候选的小提琴手 378

487. 谁是抢劫杀人犯 379

488. 谁是抢劫者 380

489. 目击者的疑惑 381

490. 抢劫出租车的强盗 381

491. 一株植物 384

492. 是谁偷了佛珠 385

493. 被打翻的鱼缸 386

494. 谁安放的录音机 387

495. 智破伪证 388

496. 以牙还牙的办法 388

497. 凶手的逃跑方向 388

498. 大摇大摆的小偷 389

499. 高个子修理工 390

500. 无辜还是敲诈 390

答案 392

第一章

失窃的珍宝

1 邮票藏在哪里

一个小偷去参观国际邮票展览会，以极其高超的手段顺手牵羊偷走了展会上最珍贵的一枚邮票。这一过程恰巧被一名参观者发现了，他随即跟踪小偷到其居住的旅社，记下了房间号，并立即报了案。

时值盛夏，几分钟后，警察大汗淋漓地赶到旅社，立即展开现场搜查。但是他们发现小偷住的那间单人房里除了一架呼呼开着的电扇外，只有一张床、一张方桌和两把椅子。捉贼拿赃，只有见到邮票才能定罪。

据店主说，自从小偷进来后，没有任何人进入这个房间，也没有见到小偷踏出房间半步，这显然排除了转移赃物的可能。警察再次进屋查找，终于把邮票找到了。

邮票到底藏在哪里？你知道吗？

·侦探小助理·

讲述人	时间	地点	事件	侦查手段	证据及线索	关键点
参观者	盛夏	小偷居住的旅社	一枚珍贵的邮票被盗	现场查看、推理	①房间内有一架开着的电扇 ②赃物没有转移的可能	电扇

2 名画失窃

侦探卡尔正在书房里翻阅案卷，他的助手拿着一份匿名电报走进来。只见电报上面写着："蒙特博物馆有幅世界名画被盗，请速来侦破。"卡尔站起身来，看了看表说："现在是晚上11点，不管是真是假，我们去看看！"说完就出门驾车而去。

博物馆展厅里站着一男一女两个管理员。卡尔说："我是卡尔探长，刚才接到通知，说贵馆有幅世界名画被盗了，请先带我查看一下现场。"检查完毕，卡尔觉得不像是外部偷盗，就让那两名管理员讲讲失窃前后的情况。

女管理员说："7点钟下班时，我们一起锁上大门，然后就各自回家了。几十分钟前，他通知我说有幅名画被盗，我就赶过来了。"男管理员接着说："我回家后想起有本书遗忘在展厅里，就又回来取书，结果发现名画不见了，于是马上给她打了电话。"

卡尔问："你们7点钟关门时画还在吗？""还在。关门前我还给画掸过灰呢。"男管理员答道。

卡尔请女管理员讲讲自己的看法，她说："我对发生的这一切都不知道。依我看，肯定是偷画人给你拍的电报，想故意把水搅浑，这种贼喊捉贼的把戏在众多案件中屡见不鲜。"

"你说得对极了，那幅名画就是你偷的！"卡尔探长说完，让助手给女管理员戴上了手铐。

你知道这是为什么吗？

·侦探小助理·

讲述人	时间	地点	事件	侦查手段	证据及线索	关键点
女管理员	晚上	博物馆展厅	一幅世界名画被盗	询问、心理剖析	①晚上11点收到电报②女管理员的诸多分析	电报

3 谁盗走了项链

一个小城镇的珠宝商约翰收购了一条镶满宝石的项链，价值连城。他把这条项链放在一个金属首饰盒里并锁起来，外面还用封条封好，不遇到知心朋友或懂行的人，不轻易拿出来。

一天，3个经常来光顾珠宝店的富商 A、B、C 慕名来访，约翰打开了珍宝盒，让他们观赏这条项链。大家观赏后约翰拿了一张封条，涂上糨糊，将珍宝盒重新封好，便陪同 A、B、C 3 个人到客厅闲谈。言谈中约翰发现，3 个人的手指都有毛病：A 的食指发炎了，涂着紫药水；B 的拇指被毒虫咬伤了，涂着碘酒；C 的拇指划破了，涂着红药水。谈话间这 3 个人都上过厕所。谈兴正浓时，约翰的好友林德来访，也要看一看项链。约翰带着林德来到珍宝室，撕开刚刚粘上的湿封条一看，盒中的项链不见了。

林德问明了情况，得知偷项链的是 A、B、C 3 人中的一个。他俩回到客厅，当林德看到 3 个人的手指时，便指着其中一位说："盗窃项链的就是他！"

你知道盗窃者是哪位吗？林德的依据是什么？

·侦探小助理·

讲述人	时间	地点	事件	侦查手段	证据及线索	关键点
珠宝商约翰	某天	约翰家里	一条宝石项链被盗	现场查看、化学分析	①犯罪嫌疑人为 A、B、C 中的一个②三人手上各涂了不同的药水③首饰盒封条用糨糊封着	封条

4 美术馆失窃案

当地的一家美术馆发生了失窃案，许多艺术珍品被窃。警方经过周密调查，拘捕了 6 个犯罪嫌疑人。下面是他们的供词：

阿伦说："窃贼不是布赖恩，不是戴维，也不是埃迪。"

布赖恩说："窃贼不是阿伦，不是查理，也不是埃迪。"

查理说："窃贼不是布赖恩，不是弗雷德，也不是埃迪。"

戴维说："窃贼不是阿伦，不是弗雷德，也不是查理。"

埃迪说："窃贼不是查理，不是戴维，也不是弗雷德。"

弗雷德说："窃贼不是查理，不是戴维，也不是阿伦。"

警察在侦破了案件之后发现，他们中有 4 个人撒了 1 次谎，而所有其他的供词都是真的。

请问：你能不能根据上面这些供词，找出谁是窃贼呢？

5 珠宝店被抢劫

大艾尔和小乔刚刚抢劫了一家珠宝店，但是警察马上开始抓捕他们。他们在逃跑时经过一片废弃的砾石场。他们停了下来，把装着珠宝的袋子扔进了砾石场的流沙中，并记住了袋子落下的地点。为了确保袋子藏得更安全，他们还在袋子落下的地方撒了一层干沙。20 秒钟后，他们已经看不到袋子了，干沙已经和下面的湿沙混合在一起了。后来警察逮捕了他们，但不久之后因为缺少证据又把他们释放了。第二天，大艾尔逃走了，小乔死了。

当时的情况是这样的：

（1）他们中的任何人都没有告诉过警察到哪里去找珠宝。

（2）没有动物、鸟或人偷走了珠宝。

（3）珠宝已经不在原先的地方了。

（4）大艾尔没有怀疑小乔会拿走珠宝。小乔也没有怀疑大艾尔会拿走珠宝。

（5）他们记住了藏珠宝的确切地点。

请问到底发生了什么？

6 被偷的世界名画

马格热衷于收藏世界名画。前不久，他收集到荷兰画家柯南的一幅肖像画。他的朋友——画家力柯也对此画爱不释手。力柯笑嘻嘻地对马格说道："你不怕被人偷去吗？"

"我已经买了保险。"马格说。

几天后的一个晚上，马格的另一位朋友探长戈迪从马格家门口经过。突然，他发现一辆小车悄悄开到马格家的后门，一个穿戴整齐的人匆匆从屋里走出来，塞给司机一个长筒形的东西。接着小车迅速开走了。

前后不到一分钟的交接，看来是预先有所安排的。

"不好。"戈迪探长暗叫一声，快步来到门口，刚敲了一下门，马格就在里面应声，随后管家打开了门。

戈迪上楼后看到马格站在散乱的床边，右脚插在裤腿里，左脚还在外面。

"我听见外面有响声，正要穿上衣服出去看看。"马格有点惊慌，问道，"发生了什么事？"

"你家可能失窃了。"

马格大吃一惊，马上穿好裤子，拿起烟斗，光着脚跟戈迪冲下楼。

"啊，真的失窃了，那幅柯南的名画被偷走了。"马格万分沮丧，"我要把它找回来。"

戈迪望着这位朋友，说道："别装了，画是你自己拿出去的。"

戈迪探长说这话的依据是什么？

·侦探小助理·

讲述人	时间	地点	事件	侦查手段	证据及线索	关键点
马格	一个晚上	马格的家	柯南的名画被偷	现场查看、推理	①戈迪目睹有人从屋里出来，与司机交接东西②马格衣衫不整	马格的裤子

7 珍贵艺术品

某展览馆正在展出从法国运来的珍贵艺术品，包括众多价值连城的十七世纪油画。展览进行到第二天时，一幅名画被盗，只剩下装饰名画的镜框。

大侦探乔治在观察现场时发现总有几只苍蝇围着镜框转来转去。乔治开始盘问最晚离开的几个馆员。

当问到一个名叫约翰的馆员时，他不慌不忙地答道："我的确是最后一个离开展台的。我离开前和几个馆员一起喝红茶。后来因为红茶洒了，我用手帕擦拭，放在一旁晾干了之后，我才离开。"

乔治马上命人逮捕了约翰。那么请问乔治是如何识破约翰是小偷的？

·侦探小助理·

讲述人	时间	地点	事件	侦查手段	证据及线索	关键点
馆员约翰	展览第二天	某展览馆	名贵油画被盗	现场查看、推理	①有苍蝇围着镜框 ②馆员约翰用手帕擦过红酒	手帕

8 价值连城的邮票被盗

加力与简恩合谋将邮票展览中价值连城的古版邮票偷走，离开时简恩带着邮票，二人分开逃跑。

两天后，加力来找简恩，商量将邮票变卖分赃。简恩道："现在风声正紧，我把邮票藏到秘密的地方。等过些日子，我们再取出变卖吧。"但加力认为，这是简恩想独吞邮票的诡计，不肯答应。

最后，简恩说："这样吧，邮票由你保管，等风声过后我再来找你，这样你总可以放心了吧？"加力答应了简恩的建议。

简恩取出一把钥匙，说："我把邮票藏在《圣经》第47页和第48页之间，这本《圣经》存放在距离这里三条街的邮局信箱内。这是邮局的钥匙，钥匙上有信箱的编号。你去拿吧，晚些我再与你联系。"

加力拿了钥匙便匆匆往邮局跑去，走到半路，他停了下来，低声骂道："混蛋！竟敢骗我！"

他跑回去找简恩，但简恩已逃之夭夭了。

加力为什么说简恩欺骗了他呢？

9 失窃的宝石

侦探波洛接到了朋友安德鲁打来的电话："请您务必来一趟，帮我找到那颗失窃的宝石！"

波洛来到安德鲁的家，被带到了一间密室。波洛扫了一眼，发现这间密室是圆形的，没有任何墙角。门左边有一个男仆，旁边是一张饮料桌，上面有5个加了冰的酒杯和两个瓶子。房间中央是一张小桌子，上面有一个空的首饰盒，宝石肯定原本就装在盒子里。门右边是史密斯夫人，她站在一幅雷诺阿的名画前面。然后是穆勒先生，他站在一幅毕加索的画前面。穆勒先生旁边是拉特先生，他正在看一幅伦勃朗的画。主人安德鲁就站在拉特身旁。房间里再没有其他任何东西了。

"波洛先生，"安德鲁先生说道，"我邀请了一些客人来看我的收藏品。一开始，我给他们看的是我好不容易才收集到的一颗名贵宝石，它原本就放在这个盒子里。后来，他们对我挂在墙上的画产生了兴趣，就站起来各自欣赏。

"他们现在的位置就是我发现宝石丢失的时候所站的位置。您看得出来，我们都背对着宝石。由于大家都沉浸在这些画中，没有人注意到别人的行动。可我一转过身，就发现宝石不见了。"

"安德鲁先生，那个男仆当时在干什么呢？"波洛问道。

"当时我叫他给客人们准备点喝的。他正在调酒，我听到他在往杯子里放冰块。我搜过他的身，他身上没有宝石。至于这些客人，我可不能搜他们的身，他们都是我的朋友。不过他们都没有离开过这个房间。"

波洛扫视了一下整个房间。房间里非常整洁，根本看不出有什么地方能够把宝石藏起来。他沉思了一阵，突然眼睛一亮，因为他知道该到什么地方去找宝石了。

你知道宝石藏在什么地方吗？

·侦探小助理·

讲述人	时间	地点	事件	侦查手段	证据及线索	关键点
安德鲁	某天	安德鲁家密室	一颗名贵宝石被盗	现场查看、推理	①赃物仍在密室内②许多客人在场③仆人身上没有赃物	杯子、冰块

10 金表被盗

一家商厦发生了一起盗窃案，一块珍贵的金表被盗。警察根据现场留下的线索，拘捕了4个嫌疑人。他们的供词如下：

埃迪说："我看见金表是布朗偷的！"

布朗说："不是我！金表是查理偷的。"

查理说："布朗在撒谎，他陷害我。"

戴维说："金表是谁偷去了我不知道，反正我没偷。"

最后经过调查证实，4个人中只有一个人的供词全部是真话，其余的人都说过谎。

请问：究竟谁是小偷？

11 首饰店被盗

一家首饰店被盗了，警方得到可靠情报，罪犯还在市里，并且将于当日下午5点乘飞机逃走。于是，公安人员与机场人员严密地检查着每一位旅客的随身携带物品。

这时，航班最后一个乘客接受了检查，奇怪的是，这个乘客除了随手带的笼子里有几条蛇和几只作为蛇食的青蛙以外，再没有其他东西。

"看来，得到的情报有误。"刑警队长自言自语地说。

实际上，罪犯就是最后一个乘客。

你能猜出他将珠宝藏到哪儿了吗？

12 巧找钻石

一群游客来到一家博物馆参观。

这家博物馆最吸引人的是它所收藏的一颗大钻石。钻石原本浸在一种溶液之中，当这种溶液接触到盐分时就会变成绿色。在游客们走了之后，博物馆的警卫发现钻石被偷了，于是报了警。警察截住了所有的游客，并把他们关在一间屋子里。警长让助手把炉子生了起来。

请问：他为什么要这么做呢？

·侦探小助理·

讲述人	时间	地点	事件	侦查手段	证据及线索	关键点
警卫	某天	一家博物馆	一颗大钻石被偷	化学分析	①钻石浸在一种溶液之中，这种溶液一遇盐分会变成绿色②人们出的汗含有盐分	手

13 谁盗走了古币

中士菲特向检察官报告："有个名叫戴维德的古币收藏家向警察局报案，说他的一枚很贵重的古币被盗。这枚古币是他几天前刚弄到手的。他说他为了找寻它，花费了好几年的时间，所以如获至宝。他的一个哥哥和一个弟弟同他住在一起，见了古币也都羡慕不已。这两个人也是收藏家。哥哥集邮，弟弟藏书。3个人收藏的珍品都放在大厅的书橱和玻璃柜里。开书橱和玻璃柜的钥匙全放在写字台的一个抽屉里，唯一的一把开抽屉的钥匙放在壁炉上的花瓶里。昨天戴维德还接待了另外一个古币收藏家——哲尼克。戴维德从玻璃柜里拿出那枚价值连城的古币让他观赏，哲尼克赞叹不已，爱不释手，并且一定要买走，可是戴维德不肯割爱。今晨哲尼克又来电话说这件事，戴维德断然拒绝了。戴维德放下话筒，马上就去赏玩自己的宝物……可是玻璃柜里的那枚古币已经不翼而飞。锁是完好的，说明是用钥匙打开玻璃柜的。"

"指纹呢？"检察官问。

"没有留下。无论是客厅的家具上，还是门把手上、壁炉上，凡是应该留下指纹的地方，都被抹掉了……戴维德的哥哥肯定地说，他一无所知。他的弟弟已于今晨外出办事，他走时古币还在玻璃柜中。"

这时检察官说："我知道这3个可疑的人当中，是谁盗走了古币。"

你知道盗走古币的是谁吗？

·侦探小助理·

讲述人	时间	地点	事件	侦查手段	证据及线索	关键点
中士菲特	某天	古币收藏家戴维德家	戴维德的一枚古币被盗	逻辑推理、分析	①戴维德的一个哥哥和一个弟弟与他住在一起②哲尼克非常想将古币据为己有③指纹被抹掉了	指纹

14 钻石大盗的计谋

在一辆特快列车的餐车里，穿着华贵的休斯敦夫人和年轻姑娘詹妮弗谈得十分投机。其实詹妮弗是个钻石大盗，这次她瞄上的是休斯敦夫人随身携带的价值一百多万美元的珠宝。

凌晨3点30分，乘客们都在熟睡时，詹妮弗提着一只塑料包悄悄来到休斯敦夫人的包厢门前，取出一件金属工具和一个带吸管的小玻璃瓶，从锁眼里吹入迷药，迷倒了休斯敦夫人。10分钟后，得手的詹妮弗回到自己的包厢，安然入睡。

天亮时，休斯敦夫人发觉自己的珠宝全部被盗，于是赶紧报警。列车在前方车站停下后，警长带人上车进行调查。由于列车夜间没有停靠过任何车站，所以珠宝肯定还在车上。

警察和休斯敦夫人一起，对车上每位乘客逐个进行了严格的检查。查到詹妮弗时，休斯敦夫人忽然看到行李架上有一只衣箱看上去很眼熟。可是打开衣箱一看，里面只是一些随身的衣物而已。搜查进行了4小时之久，却根本没有发现珠宝的影子。警长只能带着手下垂头丧气地离开了。

后来，詹妮弗带着她收获的珠宝，回到了自己的住所。

詹妮弗究竟是用什么巧妙的办法骗过了警察呢？

·侦探小助理·

讲述人	时间	地点	事件	侦查手段	证据及线索	关键点
休斯敦夫人	凌晨	一辆特快列车上	珠宝箱被盗	现场查看、推理	①詹妮弗的箱子和休斯敦夫人的箱子一样 ②可是箱子里面的东西却不是休斯顿夫人的	电扇

15 价值连城的大钻石

大富翁维特常常向人炫耀他那颗价值连城的大钻石，因此吸引了不少朋友到他家来参观。

为了安全、美观起见，他特意把钻石放在一个很大的窄口玻璃瓶内。玻璃瓶本身重30多千克，普通人想搬走也不是一件容易的事，何况维特又在放钻石的房间周围装上了防盗警报，只要有人移动玻璃瓶，警报系统就会发出叫声。

有一天晚上，维特从外面回来，走进放钻石的房间一看，大吃一惊，玻璃瓶仍在，那颗钻石竟然不翼而飞了！维特急忙报了警。

经警探调查得知，维特外出后，曾有3个人先后进入过这间房子。一个是负责清洁地毯的工人，一个是管家，一个是守卫。这三人之中，谁能够不移动玻璃瓶，而把那颗钻石偷走呢？

·侦探小助理·

讲述人	时间	地点	事件	侦查手段	证据及线索	关键点
大富翁维特	一天晚上	维特家里	一颗大钻石被偷	推理、分析	①装钻石的玻璃瓶很重，且装了防盗警报②嫌疑人为清洁地毯的工人、管家和守卫中的一个	罪案工具

16 神秘的盗贼

一个规模庞大的珠宝展在国际商贸大厅举行，其中最引人注目的是一粒巨大的钻石，价值超过千万元。

为了防止这粒钻石被人偷去，珠宝商特邀一家防盗公司设计制作橱柜，上有防盗玻璃，可以抵御重锤乃至子弹袭击，不会破裂。同时在会场中还有防盗设施如摄像探头等。

一天，参观的人很多，一个男子迅速地走到了玻璃柜前，用一个重锤向柜子一击，玻璃竟然破裂，男子抢去钻石，乘乱逃去。

警方事后到现场调查，发现玻璃的确是防盗玻璃，而摄像头则刚好只拍到盗贼的手，看不见他的真面目。

那么到底谁是盗贼，又用什么方法打破了防盗玻璃呢？警方根据防盗玻璃的特性，很快捉到了盗贼。你能找出谁是盗贼吗？为什么？

·侦探小助理·

讲述人	时间	地点	事件	侦查手段	证据及线索	关键点
珠宝商	某天	国际商贸大厅	一粒巨大钻石被偷	现场查看、推理	①装钻石的橱柜为防盗玻璃，可抵御重力甚至子弹②男子用重锤竟然砸碎玻璃	玻璃

17 拿破仑智救仆人

滑铁卢战役后，拿破仑被流放到圣赫勒那岛，身边只带了一个叫桑梯尼的仆人。

一次，岛上长官部派人通知拿破仑说："你的仆人桑梯尼因盗窃被逮捕了，请速来一趟。"

拿破仑赶到长官部要求失主叙述事情的经过。"桑梯尼来找我的时候，我正在处理岛民交来的金币，就叫秘书带他去左边房间等一等。之后，我把金币放在这桌子里的抽屉里，锁上之后就去厕所了，但是我把抽屉上的钥匙遗忘在了桌子上。两三分钟后，我回来发现抽屉里的金币少了10枚。在这段时间里，只有他一个人在房间里，桌子上又有我忘带的抽屉钥匙，不是他偷的还有谁呢？因此，我就命令秘书把他抓了起来。"

"但是，你应该知道，左边的门是上了锁的，桑梯尼无论如何也进不来。"拿破仑说道。

"他一定是先走到走廊，再从正中的那扇门进来的。"失主又说。

"你不是说你只离开两三分钟吗，桑梯尼在隔壁根本不可能看到你把金币放在抽屉里，也不会知道你把抽屉钥匙忘在桌子上，你离开的时间又那么短，他怎么可能偷走金币呢？"拿破仑反驳他道。"他准是透过毛玻璃看到了。"失主牵强地回答。

拿破仑要求去现场亲自查个究竟。他向房间左边的门走去，将脸贴到靠近毛玻璃左边的房间仔细地看去；只能大概地看见一些靠近门的东西，稍远一点就看不清了；他又走到左右两扇门前，摸摸门上的毛玻璃，发现两块玻璃的质量完全一样，一面光滑，一面不光滑，不同的是，左边房门上毛玻璃的不光滑面在失主房间这一边，而右边房门上毛玻璃的光滑面在失主房间这一边，右边房间是秘书室。

拿破仑转过身来，指着门上的毛玻璃对失主说道："你过来看一看，从这块毛玻璃上桑梯尼不可能看到你所做的一切，你还是问问你的秘书吧？"失主叫来秘书质问，金币果然是他偷的。

请问：拿破仑推断的根据是什么呢？

讲述人	时间	地点	事件	侦查手段	证据及线索	关键点
失主	某天	长官办公室	金币少了10枚	现场查看、推理	①毛玻璃一面光滑一面不光滑②左边房门上毛玻璃的不光滑面在失主房间这一边，而右边房门上毛玻璃的光滑面在失主房间这一边	毛玻璃

18 商队

从前，有一支商队，每人带着一袋金子，他们穿过一片森林时，忽然有一个商人大声叫了起来："不好了，有人把我的一袋金子偷走了。"

同行的几个人都说没有拿。这时，有位老人骑着一匹白马走过来，那个商人请求老人帮他找回金子。

老人说道："你看到我的这匹白马了吗？它能帮你找出偷金子的贼，偷金子的人只要一拉它的尾巴，它就会叫。"说着，老人就下了马，将马牵进帐篷里。

这几个人分别进去拉了马尾巴，但马都没有叫。接着，老人又嗅了嗅每个人的手。当他把第5个人的手凑近自己面前时，说："你就是偷金贼！"

这个人马上跪下来说："请饶恕我吧！是我偷了他的金子，就藏在一棵大树旁边的洞里。"

你知道老人根据什么断定第5个人就是偷金子的贼吗？

19 一家乐器商店被盗

星期六晚上，一家乐器商店被盗。盗贼是砸碎了商店一扇门上的玻璃窗后钻进店内的。他撬开三个钱箱，盗走了1225克朗，又从陈列橱窗里拿了一只价值14000克朗的喇叭，放在普通喇叭盒里偷走了。

警方对现场进行了仔细调查，断定窃案是对乐器商店非常熟悉的人所为。警方把怀疑对象限在汉森、莱格和海德里三个少年学徒身上，并认定他们三人中肯定有一个是罪犯。

三个少年被带到警官索伦森先生面前，看到桌子上放着三支笔和三张纸。索伦森对他们说："我请你们来，是想请你们与我合作，帮我查出罪犯。现在请你们写一篇短文，你们先假设自己是窃贼，然后设法破门进入商店，偷些什么东西，采取什么措施来掩盖罪迹。好，开始吧，30分钟后我收卷。"

半小时后，索伦森让他们停笔，并朗读自己的短文。

汉森极不情愿地读着："星期六早晨，我对乐器店进行了仔细观察，发觉后院是最理想的下手地方。到了晚上，我打碎了一扇边门的玻璃窗，爬了进去。我先找钱，然后从橱窗里拿了一个很值钱的喇叭，轻手轻脚地溜出了商店。"

轮到莱格了，他念道："我先用金钢刀在橱窗上剖了个大洞，这样别人就不会想到是我干的。我也不会去撬三个钱箱，因为这会发出响声。我会去拿喇叭，把它装进盒子里，藏在大衣下面，这样就不会引起人们的注意。"

海德里最后说："深夜，我在暗处撬开商店的边门，戴着手套偷抽斗里的钱，偷橱窗里的喇叭。我要用这钱买一副有毛衬里的真皮手套，等人们忘记这桩盗窃案后，我再出售这只珍贵的喇叭。"

索伦森听完后，指着其中一个说："小家伙，告诉我，你为什么要干这种坏事？"那个少年顿时惊恐万状。

这个少年是谁？索伦森凭什么识破了他？

·侦探小助理·

讲述人	时间	地点	事件	侦查手段	证据及线索	关键点
警方	星期六晚上	一家乐器商店	三个钱箱和一只喇叭被盗	现场查看、心理剖析	①嫌疑人为三个少年学徒中的一个②莱格写的短文与被盗情况基本相反	短文

20 仓库被盗之谜

古董商伯德的仓库里放有10只装有珍贵古董的箱子。当他天亮查看仓库时，发现少了1只箱子，于是立即报了警。他对警长说，仓库的钥匙只有他一人有，而且整天贴身挂在脖子上，不可能有人动过。警长现场查看，发现仓库是个封闭式的小屋，只在屋顶上开了个小天窗，窗上安装着拇指粗的铁栅栏。虽然铁栅栏已少了两根，但上面织满了蜘蛛网，说明不会有人从这里钻进来。

警长大感不解，找到刑事专家帮忙分析案情。刑事专家问："除了伯德本人，还有谁知道仓库里有古董箱子？"警长说："有个叫卡特的，是伯德的外甥，因为嗜赌，早已被伯德赶出去了。但是蜘蛛网没破，他也钻不进来呀！"刑事专家说："如果确实没有第三人知道仓库内藏有古董箱，那么，这箱古董就是卡特偷的。"后来，侦破的结果证实了他的推断。

请你推理一下，卡特是怎样进入仓库的？

·侦探小助理·

讲述人	时间	地点	事件	侦查手段	证据及线索	关键点
古董商伯德	天刚亮	仓库	少了1只装古董的箱子	现场查看、推理	①仓库顶上有个小天窗，天窗上安装着铁栅栏②铁栅栏少了两根而上面的蜘蛛网没破	蜘蛛网

21 钻石藏在哪儿

夏季的一天，女盗梅姑乔装改扮，混进珠宝拍卖会场，盗出两颗大钻石。一回到家，她马上将钻石放在水中用冰箱做成冰块。因为钻石是无色透明的，所以就算万一有警察来搜查也不易发现。

第二天，吉川侦探来了。"还是把你偷来的钻石交出来吧。珠宝拍卖现场的闭路电视已将化装后的你偷盗时的情景拍了下来，虽然警察没看出是你化的装，但瞒不过我的眼睛，一看就知道是你。"吉川侦探说。

"如果你怀疑是我干的，就在我家搜好了，直到你满意为止。"梅姑若无其事地说。"今天真热啊，来杯冰镇可乐怎么样？"

梅姑说着从冰箱里拿出冰块，每个杯子放了4块，再倒上可乐，递给吉川侦探一杯。将藏有钻石的冰块放到了自己的杯子里，即使冰块化了，钻石露出来，在喝了半杯的可乐下面也是看不出来的。吉川侦探怎么会想到在他眼前喝的可乐中会藏有钻石呢，梅姑暗自盘算着。

"那么，我就不客气了。"吉川侦探接过杯子喝了一口，下意识地看了一眼梅姑的杯子。"对不起，能换一下杯子吗？""怎么！难道怀疑我往你的杯子里投毒吗？""不，不是毒。我想尝尝放了钻石的可乐是什么味道。"吉川侦探一下子从梅姑手里夺过杯子。

冰块还没溶化，那么吉川侦探是怎么看穿梅姑的可乐杯子里藏有钻石的呢？

22 一枚珍贵的硬币

在一家宾馆里，已经很晚了，一位清洁工正在擦拭前厅的内线电话。突然，旁边传来了打碎玻璃的声音，接着警报声响了。大厅里有一个展橱，里面陈列着纪念德里克摩尔宾馆 50 周年的纪念品：该宾馆的第一份菜单，每个房间的价目表，一些珍贵的硬币、邮票、照片，还有第一位尊贵客人的签名等。

夜班经理和其他员工很快赶到，见有一枚珍贵的硬币不见了。经理见附近只有 3 个客人，便坚决而又礼貌地请求这 3 个客人在此等候，直到警察来到。

"我们一直在看着她们，"经理对赶到的警察说，"那个坐在扶手椅上看书的是奥克莉女士，她说她刚吃完工作餐。我们要求她待在这里时，她很合作，坐下后就从公文包里拿出一本书来看。"

"布赖尔先生说他刚从房间里出来，到前台拿了几片阿司匹林，他妻子有点头痛。我们留住他后，他用投币电话给妻子打了个电话，我在旁边听到他说让妻子等一会儿，不要着急。"

经理又指着一个穿得破破烂烂的男人说："格林利夫先生刚从宾馆酒吧出来，侍者拒绝再给他上酒，他就在这里游逛。我们在电梯里找到了他，当时他的手指被电梯按钮夹住了。"

"偷东西的人绝对没想到我们装了警铃，"经理说，"也许他早被吓跑了，我们抓不住他了。"

"不，我已经发现了嫌疑人！他就是布赖尔先生！"

警察为什么这样说呢？

·侦探小助理·

讲述人	时间	地点	事件	侦查手段	证据及线索	关键点
夜班经理	晚上	一家宾馆	大厅的展橱被窃	现场查看、询问、分析	①嫌疑人为3个客人中的一个②布赖尔先生用投币电话给妻子打了电话	投币电话

23 飞来的小偷

一天，日本的一位富翁在东京城外别墅里举行宴会，别墅里绿树成荫，百鸟齐鸣。客人们一边谈天说地，一边品尝着美味佳肴，一个个显得十分高兴。

这时，一位女宾在去洗手间洗手时，把钻石戒指放在外间靠窗的桌子上，再出来时，发现钻石戒指不见了。

门是关着的，洗手间在3楼，也没有人来过，别墅中的仆人都忠实可靠，何况，失窃之前也没有一个仆人上过楼。再说窗子外面也没有梯子，难道小偷是从天上飞下来的？

大富翁为此事很生气，认为这事又一次丢了他的面子。因为在他的别墅里，已经第三次发生这样的事了，他非要查个水落石出不可，他拿起电话就准备报警。

这时，从宾客中走出一位名叫山田吉木的中年人，他是位动物学家。他听那位女宾讲了事情的经过，又听富翁讲了以前发生的两起失窃案件的经过，胸有成竹地说："先生，你别报警，这件事让我来试试吧！"

山田吉木先生在别墅四周转了转，

指着一棵大树上的喜鹊窝说："派个人爬到树上，到喜鹊窝里查查看。"

一位机灵瘦小的仆人很快就爬上大树，他将手伸到喜鹊窝里一摸，大声叫道："金耳环、钻石戒指、项链，都在这儿哪！"

"这是怎么回事？"富翁问道。

山田吉木说出了一番话，富翁方如梦初醒。

你知道山田吉木说了什么话吗？

·侦探小助理·

讲述人	时间	地点	事件	侦查手段	证据及线索	关键点
富翁	某天	一位富翁的别墅	钻石戒指不见了	现场查看、推理	①喜鹊窝里有不少珍宝首饰②喜鹊的生活习性	喜鹊

24 克娄巴特拉的眼泪

布兰妮是一位臭名昭著的女盗，警察们一心想把她绳之以法，可总让她溜掉了。这天，她又精心策划了一次偷窃行动，企图盗窃G公爵的遗孀秘藏的一件稀世珍宝——重达50克拉的大钻石"克娄巴特拉的眼泪"。可是，不巧布兰妮因病卧床不起。于是她叫来两名助手丽卡和沙布，命令他们说："你们俩去替我偷来，这是考验你们的最好时机。'克娄巴特拉的眼泪'藏在卧室的秘密保险柜里。"

"怎么打开保险柜呢？"

"保险柜上有相当复杂的密码锁，要是我去的话，怎么都能将锁打开。可对你们来说就不那么好对付了。可喜的是，G夫人现在外出旅行，那是一座空房。"

于是，那两个助手便带了氧气切割机和高压氧气瓶，溜进了那所房子，从卧室的墙上揭下了一张油画，便露出了保险柜。虽然很小，但却是钢制的，又镶嵌在墙壁上，所以将保险柜搬走是不可能的。

"喂！丽卡，开始吧。"于是，两个人马上操起氧气切割机开始行动了。灼热的火焰很快将保险柜的门烧红，不久它便像糖稀一样开始熔化。"还差一点儿，沙布，再加把劲。"很快，保险柜的门就被切割出一个大洞。"好了，已经可以了。"丽卡顺着洞往里一看，里面却什么也没有。只有一小堆灰烬。"真怪，哪有什么'克娄巴特拉的眼泪'呀。""什么！你说的是真的？"沙布很吃惊，套上耐火手套伸手进去一摸，里面果然是空的。两个人像泄了气的皮球，回到布兰妮那里。

"怎么？没有钻石？你们俩究竟怎么打开保险柜的？"布兰妮追问道，"用氧气切割机。用那个没什么大动静……""真是蠢货！再大的声响也不要紧，那是座空房，为什么不用电钻！"布兰妮痛骂了两人一顿。

丽卡和沙布出了什么错？

25 被杀的猫头鹰

夏季的一天下午，著名昆虫学家法布尔正在院子里观察蚂蚁的生活。巴罗警长走了进来。他摘下帽子擦着汗说："法布尔先生，你知道吗，格罗得先生把他那只心爱的猫头鹰杀了，并且剖开了腹部。"

"昨天晚上，格罗得先生家里来了一位巴黎客人，他叫巴塞德，也是位钱币收藏家，是来给格罗得先生鉴赏几枚日本古钱的。正当他们在书房互相谈论自己的珍藏品，相互鉴赏的时候，巴塞德发现带来的日本古钱丢了3枚。"警长接着说。

"是被人盗走了吧？"法布尔问道。

"不是的，书房里只有他们二人，肯定是格罗得先生偷的，巴塞德也是这么认为的。但追问格罗得时，格罗得却当场脱光了衣服，让巴塞德随便检查。当然没有搜到钱币，在书房内搜个遍也没有找到。"这位警长仿佛自己当时在场一样绘声绘色地说着，法布尔仍在埋头观察蚂蚁的队列。

"古钱被偷的时候，巴塞德没看见吗？"法布尔疑惑地说。

"没有，他正在用放大镜一个一个地欣赏着格罗得的收藏品，一点儿也没有察觉。不过，那期间格罗得一步也未离开自己的书房，更没开过窗户，所以，偷去的古钱不会藏到外面去。"警长肯定地说。

"那么，当时他在干什么？"法布尔接着问道。

"据说是在鸟笼前喂猫头鹰吃肉。"警长道。

"那古钱究竟有多大？"法布尔先生走到警长跟前坐了下来，看上去他对这桩案件也产生了兴趣。

"长3厘米，宽2厘米，共3枚。再能吃的猫头鹰，不可能把这种东西吃进肚里吧。但是，巴塞德总觉得猫头鹰可疑，一定是它吞了古钱，主张剖腹查看，而格罗得却反问，如果杀掉还找不到古钱又怎么办？能让猫头鹰再复活吗？"警长道。

"这可麻烦了。"法布尔若有所思地说。

"被他这么一说，倒使巴塞德为难了，当夜也没再说什么，上二楼客房休息了。谁知今天早晨一起床，格罗得就将那只猫头鹰杀掉并剖开了腹部。可是，连古钱的影子也没见到。"警长似乎也很沮丧。

"那么，是不是深夜里换了一只猫头鹰？"法布尔更觉疑惑问道。

"不，是同一只猫头鹰。巴塞德也很精明，临睡前，为了不被格罗得调包，他悄悄地在猫头鹰身上剪短了几根羽毛，并且在今天早晨对照检查过，认定了没错。"警长说。

"真是细心呀。"法布尔夸赞道。

"如果猫头鹰没有吞食，那么，3枚古钱到底会去哪儿呢？又不能认为在猫头鹰肚子里融化，真是不可思议。巴塞德也无可奈何，最终还是报了案。所以，刚才我去格罗得的住宅勘察时，也看到了猫头鹰的尸体。先生，你对这起案件是怎么想的？"警长问法布尔。法布尔慢慢站起身来说："是格罗得巧妙地藏了古钱。"

"可是他藏在哪里了呢？"警长疑惑地望着法布尔问道。

·侦探小助理·

讲述人	时间	地点	事件	侦查手段	证据及线索	关键点
巴罗警长	一天下午	格罗得先生家里	丢了3枚日本古钱	推理、分析	①格罗得偷了古钱，却找不到他藏赃物的地方②猫头鹰是第二天早晨被杀的	猫头鹰

26 小偷的智慧

一批名贵的钻石正在市博物馆展出。为保证钻石的安全，博物馆在本来就戒备森严的展览厅里又新增红外线监控系统，只要有人在非开放时间进入展厅，红外线就会立刻感觉到他的移动，警卫甚至可以在电视屏幕上清晰地看到进入者的图像。博物馆馆长放心地说，钻石进了博物馆，比进了保险箱还安全。

深夜，经过一天劳累后的警卫们都打起了瞌睡。一个小偷悄悄地溜了进来，他先不急于走进展厅，而是从口袋里摸出一面小镜子，小心翼翼地沿着墙角来到第一个发射仪面前。他再次观察了发射仪的方向，然后用最快的速度把小镜子竖在发射仪面前，一个小小的红点开始在镜子中央闪烁。

他知道现在这个发射仪发射出来的红外线会被全部反射回去，这等于让红外线装置变成了瞎子。用同样的方法，小偷很快搞定了所有的发射仪，他立刻来到大厅中央有一个人高的钻石展柜前。

"天皇之星"在暗淡的光线里发出夺目的光彩，小偷拿出笔记本电脑，开始破译展柜的密码。5分钟后，密码成功破译，展柜悄然无声地打开了。

就在小偷把"天皇之星"拿到手上的时候，忽然四周警铃大作，博物馆的大灯一下子全部打开，照得大厅亮如白昼，几乎与此同时4名全副武装的警卫冲了进来。

"放下钻石，放下钻石！"警卫大叫。

"该死！原来钻石下面还有压力感应系统！"小偷开始为自己的鲁莽而后悔。他把钻石揣进口袋，高高举起双手。

"把身上所有的东西扔过来。"警卫高声喊道。

小偷把身上装工具的包、电脑、手表甚至钥匙都扔了过去。

"把钻石放回去！"警卫对他的合作表示满意，继续高声喊道。

小偷犹豫了一下，忽然一猫腰钻进展柜，举起用来托钻石的花岗岩底座，把钻石放在下面，大声叫道："不要逼我，否则我砸碎钻石！"

警卫顿时面如土色，他们没想到事情会发展成这个样子。经过短暂讨论，一个警卫按下了遥控开关，展柜迅速关上。现在，轮到小偷傻眼了。

"既然你不愿意出来，那就在防弹玻璃里过一夜吧。"警卫笑道，"晚安，先生，明天会有人来收拾你的。"

第二天，当博物馆警卫带着警察走进大厅的时候，他们惊讶地发现小偷竟然划开玻璃，带着钻石逃走了！

请问：小偷所有的工具都被收缴了，他是怎么跑出去的呢？

27 珠宝店里的表

一家小珠宝店关门停业了3天。店员们都利用这3天假期出城探亲，第4天上午刚开店，便走进来一位顾客。他让店员打开橱柜，要看里面的手表。店老板丘吉从账桌那边走过来，打开橱窗，让他选择。这位顾客拿起一块表摆弄了一阵，问了价钱，说要考虑考虑，就走了。这位顾客刚离开不一会儿，丘吉发现橱窗里靠门的那边少了一串名贵的珍珠项链。他愣了片刻，立即吩咐店员关门闭店，而后挂了报警电话。

没出5分钟，巡警韦尔奈赶到了珠宝店。丘吉迎上去说："我相信盗贼在你们警察局是挂了号的，他的动作太神奇了，连我也没有看出来。"说完，他耸了耸肩，现出一副苦相。

韦尔奈问道："那个人长得什么样？"丘吉眯起眼睛："很平常，个子高高的，戴一副茶色眼镜，衣着很考究，不过，脸面吗……我没看清。"

"如果他是惯偷，档案里一定能有他的指印，这店里也会留下的。""恐怕不会的，我看见他刚放下表，就立即戴上了手套。"

"那么表上一定会有的。请告诉我，那个人动了哪块表？"

"这谁知道。橱柜里挂着100多块表，凡是来买表的顾客都要摆弄一番，哪块表上能没有指印。"

"不，我认为这并不像您说的那样困难。"

巡警韦尔奈说着，已经用镊子夹起一块表："这就是那个人动过的那块表。"

果然，韦尔奈在那块表上取下了罪犯的指纹。很快，韦尔奈便根据这一线索，查出并逮捕了罪犯。

韦尔奈是怎样找出那块留有犯罪分子指纹的手表的呢？

侦探小助理

讲述人	时间	地点	事件	侦查手段	证据及线索	关键点
店老板丘吉	假期后的第一天	一家小珠宝店	少了一串珍珠项链	推理、分析	①小偷动过一块店里的手表②手表上留有小偷的指纹	手表

28 衣架上的大衣

在冬天快要结束的时候，某城市的人们特别喜欢在家里聚会。这一天，该市最富有的女人艾玛·惠勒在她家里开了一个聚会，宾客来了很多，一直玩到凌晨。这时，艾玛突然发现价值连城的中国明代花瓶没有了，而花瓶原先就放在入口大厅的桌子上。警察赶到时，宾客们都聚集到了客厅里，艾玛正站在前面，情绪激动得活像一条愤怒的牧羊犬。警察搜查了整个房间及客人们的汽车，都没有找到花瓶。

"你们得去问一下客人了。"艾玛对探长说，"我想也不会有什么用处。像在这样的聚会里，人们连自己做了些什么都记不住，更别说去注意别人的行动了。"

菲利浦·麦克斯走上前说："我和朱莉·贝克尔一样，是最早一批到达的客人。我始终没有离开过房间。要是其他人没有注意到我，那是因为有一半时间我都待在卧室里看电视转播的棒球赛。"探长记录下菲利浦的话，然后让他走了。

罗德·史洛威茨第2个接受讯问。"我必须得回家了。"他先道歉说，"要是两点钟我还没喂我的双胞胎孩子吃饭，我妻子会打我的脑袋的。"罗德也声称从未离开过房间。"哦，"他又想起来了，"我曾出去一趟，上了二楼阳台，外面很冷，我一会儿就回屋了。"

朱莉·贝克尔第3个接受讯问。她也声称从未离开过房间，也没有看到什么异常现象。她说："我一直在跟不同的人说话，还品尝桌子上丰盛的食物。"探长也让她走了。朱莉走进入口大厅，从挂满衣物的衣架上端取下自己的大衣。

"看来要用一整夜时间来找嫌疑人了。"艾玛抱怨说。

探长说："不用了，我已经看到了一个嫌疑人。她就是朱莉·贝克尔！"

为什么他认为朱莉·贝克尔是嫌疑人呢？

·侦探小助理·

讲述人	时间	地点	事件	侦查手段	证据及线索	关键点
艾玛	晚冬	艾玛家里	中国明代花瓶被盗	现场查看、推理	①3个客人中的一个说了谎②朱莉从挂满衣物的衣架上端取下自己的大衣	衣架

29 埃默里夫人的宝石

埃默里夫人是一位宝石商人，按照规律，今年的新宝石展销会又由埃默里夫人主持操办了。

但会议一开始，就令埃默里夫人很失望，她本以为珠宝商们应该知道如何穿戴，但来的人好像都不知该如何打扮。波士顿来的罗德尼穿着一件20世纪70年代流行的衬衫。亚特兰大来的朱利穿着一身运动装，脚上穿着胶底跑鞋。杜塞尔多夫来的克劳斯的袜子竟然一只是褐色的，另一只是蓝色的。

尽管对来宾颇为失望，但埃默里夫人还是认真地向来宾介绍着展销的宝石："我的宝石的品质跟以前一样好。请大家仔仔细细地观看，绝对没有次品。"

埃默里夫人一边介绍着，一边在心里琢磨着：今年的宝石展不像往年那样隆重，只要能把我精心准备的一块精美的绿宝石售出去就可以了，所以她特意把这块绿宝石放在一些人造蓝宝石、石榴石、鸡血石中间，希望能衬托出绿宝石的光泽。

就在她津津有味地介绍时，突然间外面的街上发生了非常强烈的撞车声，一下子把正听她讲解的人的注意力全部吸引到了街上，仅仅几秒钟，等埃默里夫人回过头来，发现桌子上所有的东西——包括不值钱的人造石榴石和那颗珍贵的绿宝石，全都不见了。埃默里夫人马上报了案，探长里尔带着助手立刻来到了现场，里尔查看了一番后对埃默里夫人说："街上的撞车事件一定是为了转移视线。"

很快，里尔就在一个胡同里，找到了一个布袋，打开一看，布袋里是闪闪发光的人造蓝宝石、鸡血石，可就是没有了那颗绿宝石。

"看来窃贼只想要绿宝石呀！我估计这一定是行内人士干的。"探长说道。

听探长这么一说，埃默里夫人立刻恍然大悟，对探长说道："我知道窃贼是谁了。"

你知道是谁吗？

·侦探小助理·

讲述人	时间	地点	事件	侦查手段	证据及线索	关键点
埃默里夫人	某天	宝石展销会	绿宝石被盗	现场查看、推理	①劳克斯的袜子一只是褐色的，另一只的蓝色的②人造蓝宝石、鸡血石都在，就是没有了绿宝石	颜色

30 珍邮藏在哪

夜幕降临，一家三星级宾馆一楼大厅里的吊灯刚刚亮起，这时，一阵急促的脚步声从 3 楼传来。不一会儿，一位两鬓斑白，头发还是湿漉漉的老者气喘吁吁地跑下楼来。总服务台的服务员一看，原来是当日一早住进宾馆的邮票收藏家李教授。只见他上气不接下气地对服务员说："赶快报——警！我的邮票被——盗了！"

几分钟后，刑侦中队的两名侦察员老王和小张来到宾馆。李教授对侦察员老王说："我是应邀来本市参加一个邮票拍卖会的。下午我带着自己收藏多年的那枚底价 30 万的珍贵邮票，去了一趟拍卖会现场，与主办单位负责人见了一面，并给他们看了那枚珍邮。回到宾馆房间后，我将装着那枚邮票的邮册塞在枕头下，就去卫生间洗澡了。等我洗完澡走出卫生间，发现房间的门是开着的。我赶紧来到床前，翻开枕头一看，邮册没了！"

侦察员老王向服务员询问下午有什么可疑的人员进出过宾馆。服务员说：

"今天住店的客人不多，3楼一共开了3间房。李教授隔壁住进了两位采购员，对门住进了一位持有记者证的小报记者。下午李教授出去大约5分钟后，他也出去了。李教授回来刚上楼，他也回来了。几分钟后他从楼上下来进了对面的邮局。

"后来，他回到总服务台对我说：'今晚我可能要9点钟以后回来，如果有人来找我请他9点以后来。'"

这时，李教授回忆说："我好像在拍卖会现场觉得有一个人的眼睛一直盯着我那枚邮票。莫非就是他？"

听完服务员和李教授的介绍，侦察员老王和小张初步推测这位记者是一个非常可疑的作案者。

侦察员老王叫服务员打开了那位小报记者的客房。这时，大家发现里面没有记者带来的东西，这家伙可能已经逃了。

侦察员老王和小张带着李教授立即下楼来到宾馆对面的邮局。他们向邮局工作人员出示了工作证并说明来意后，请邮局工作人员拿出了刚才那位小报记者交寄的东西。

这是一封挂号信，只见一个大信封上贴着一张大大的刚刚发行的纪念邮票，地址及收信人是本市某某住宅小区某某先生，寄信人的姓名正是小报记者在宾馆登记住宿的姓名。透过灯光看这封信，里面什么东西也没有，奇怪！

这时，邮局门口闪过一个黑影。小张反应迅速，立即追出门去。那个黑影发现有人追来拔腿就跑。小张猛跑上去一把抓住了那人，带回邮局。李教授一看，正是下午在拍卖会现场见到的那位可疑的小报记者。老王将手中的挂号信送到那人眼前，说："这是你寄的吧？"那人腿有些发软，身子往后一倒。小张一把将他拽住。

"走，跟我们到宾馆保卫科去一趟！"老王3人将那人带回宾馆，总台服务员一眼就认出了他。

等到了宾馆保卫科办公室，他居然开始抵赖，说他并没有偷东西，随即就把他随身携带的包，以及衣服、裤子、口袋里的东西统统倒了出来。

老王说："我们还没有说你偷东西，你怎么就不打自招了呢？我知道邮册已经被你扔了，而你将被盗的邮票藏在什么地方我心里也有数了！"

请问，你知道那枚被盗的邮票藏在哪儿了吗？

·侦探小助理·

讲述人	时间	地点	事件	侦查手段	证据及线索	关键点
李教授	夜晚	一家宾馆的大厅	邮册被盗	推理、分析	①嫌疑人正准备交寄一封挂号信②大信封上贴着一张大大的刚发行的纪念邮票	邮票

31 博物馆里的盗窃犯

国家博物馆里，正在举办国际文物展览。世界上最珍贵的文物，如今都集中在这里，而且只展出一周。这可是千载难逢的机会啊！来自世界各地的人们，纷纷来到这里参观，博物馆售票处的窗口前，天天排着长长的队伍。

博物馆越是热闹，博物馆保卫部门越是高度紧张。他们得到情报，有一个文物盗窃集团，正准备在博物馆下手。为了加强保卫工作，警卫们全部取消休假，日夜巡逻放哨。

这一天下午，天正下着大雨，有一个盗窃犯买了门票，走进了博物馆。他似乎对每个展品都很感兴趣，看得非常仔细，待了很长时间，实际上，他是在查看地形。博物馆关门的铃声响了，游客们纷纷离开，盗窃犯却悄悄躲进厕所里，爬到上面的水管上。到了半夜里，他从厕所里出来，摸清了警卫巡逻的规律。他乘警卫两次巡逻之间的空隙，溜到一个展架前，里面放着一个象牙杯子，那可是一件非洲的国宝啊！他用工具打开橱窗的锁，拿走了象牙杯子，换上了一只假的象牙杯子，然后逃回厕所里。

第二天早上，博物馆开门了，参观的人群蜂拥而入。盗窃犯从厕所里出来，混在参观的人群里。过了一会儿，他假装参观完了，

跟着人群向门口走去。外面还在下雨,他打开了雨伞,这时候,一个警卫拦住他问:
"昨天晚上,你躲在博物馆里干什么?"

　　警卫为什么会看出他躲在博物馆里呢?

·侦探小助理·

讲述人	时间	地点	事件	侦查手段	证据及线索	关键点
警卫	一个下午	国家博物馆	象牙杯子被调包	现场查看、分析	①当时外面在下雨②小偷打开雨伞准备走出去	雨伞

第二章

说谎的嫌疑人

32 教练的谎言

某日深夜，游泳馆外的路上发生一起拦路抢劫杀人案，正巧被游泳馆内跳水队的教练目睹。

这位教练是退役的跳水运动员，他报称：案发现场离他住宿的房间阳台约50米，当时他正巧站在阳台上，他看见凶手是个理小平头的青年，月光下可看到青年右眼眼睑有一道疤痕。

于是，游泳馆附近有相似特征的青年王涛被传讯。警方在秘密搜查他家时起获一把与受害人伤口相吻合的大号弹簧刀，可王涛坚决不承认做过此案，并大呼冤枉。

久审不下之后，侦察员对教练的证词重新进行了研究，终于恍然大悟，原来教练才是真正的凶手。

侦察员发现了教练的什么疑点？

·侦探小助理·

讲述人	时间	地点	事件	侦查手段	证据及线索	关键点
跳水教练	深夜	游泳馆外的路上	一起拦路抢劫杀人案	推理、分析	①目击者教练房间阳台距案发现场有50米 ②教练认定的凶手坚决不承认做过此案	证词

33 证言的破绽

在一辆列车上，500万元待销毁的旧纸币被抢劫一空。案发时间是半夜2点左右。负责押运的安全员托尼头被打破，脸被划伤。经验丰富的唐纳警官奉命登上了列车。在案发的第四节8号包厢里，除发现两支吸了一半的香烟外，再没有其他任何可疑迹象。

唐纳询问案发时的情况，托尼说："我从登上列车就没跨出包厢的门，饭和水都是列车员送来的。后半夜2点左右，忽然有两个人闯了进来，他们一高一矮，戴着面具，只露出眼睛。他们手上戴着手套，没等我开口，那个高个子就一拳把我打倒在地，用枪抵住我，将我打昏。等我醒来时，发现钱箱不见了。我立刻高声大喊，向列车长报了警。"

唐纳听完之后，拿起那两个烟头问道："这是你抽的吗？"

"不，是他们抽的。他俩进来时每人嘴里叼着一支香烟。"

"很好！这两个烟头会给捉拿案犯提供有力证据。"唐纳说完又问道："那么你脸上的划伤是怎么回事？"托尼答道："这是高个子强盗打我时他手上的戒指划破的。"

唐纳听完，立刻将托尼抓了起来，并说出了原因，托尼只得乖乖地低下头。

唐纳认定托尼就是劫匪的依据是什么？

·侦探小助理·

讲述人	时间	地点	事件	侦查手段	证据及线索	关键点
押运的安全员托尼	后半夜2点	一辆列车上	500万待销毁的旧纸币被抢劫	推理、分析	①托尼说两个劫匪进来时戴着面具，只露出眼睛②地上两支吸了一半的香烟是劫匪留下的	香烟

34 可笑的小偷

明代安吉州有个富户，很讲迷信，给儿子办喜事，新房里3天不熄灯烛。

到了第三天，突然有个陌生人从新房的床底下爬出来，蹿出门去，可他刚跑到院子里就被抓住送到官府。在公堂上，这人说自己是个大夫，新娘有妇科病，平日都是自己给她治疗，她出嫁以前央求自己跟到婆家去以便时常换药。今天换药时发现病情变化，带来的药不顶用了，忙朝外跑，想去置办些新药。县官当然不信，可问起新娘家中的情况来，此人竟然对答如流，毫无差错。县官派人去问新娘，新娘则说根本没有此事。

第二天，两个轿夫把一顶花轿抬上公堂，轿里坐着个新娘子。县官叫来那人，叫他和新娘对证，只见他走到轿门口，朝新娘瞅了一眼，气愤地喊道："你再三要求我跟随你治病，为什么翻脸不认人！"县官大笑，接着一声断喝："把这个撒谎的贼抓起来！"

原来此人是个小偷，趁客人盈门之际钻到新房藏进床底，打算趁天黑以后偷东西，可是灯火通明不能下手，第三天饿得难受才往外跑。至于新娘家的情况，是他这两夜在床底下听新婚夫妇的私房话听到的。

请你判断一下，县官是怎样识破小偷真面目的呢？

35 你在说谎

一天晚上，张先生在家看书，突然被人用棒球的球棒从背后袭击身亡。书桌上的一盏台灯亮着，窗户紧闭。

当时报案的是住在对面公寓里的刘某。他向赶到现场的警方所做的说明是这样的："当我从房间向外看时，无意间发现张先生书房的窗口有个影子高举着木棍，我感觉不妙，所以赶紧给你们打电话。"

听后聪明的警察却说："你在说谎！"说罢便将刘某逮捕归案。

为什么警察会断定刘某是在说谎呢？

·侦探小助理·

讲述人	时间	地点	事件	侦查手段	证据及线索	关键点
刘某	一天晚上	张先生家	张先生被人用棒球的球棒袭击身亡	推理、分析	①刘某住在张先生家对面公寓②他从张先生书房的窗口看到凶手的影子	影子

36 是走错房间了吗

夏威夷是一个美丽的地方，每年来这里度假旅游的人络绎不绝。

多里警长今年也来这里度假，他住在海边一家四层楼的宾馆里。这家宾馆3、4两层全是单人间，他住在404房。

这天，游玩了一天的多里草草吃了晚餐便回到房间，他想洗个热水澡，早点休息。正当他走进浴室准备放水时，听到了两声"笃笃"的敲门声，多里以为是敲别人的房门，没有理会。一会儿一位陌生的小伙子推开房门，悄悄地走了进来。原来多里的房门没有锁好。

小伙子看到多里后有些惊慌，但很快反应了过来，彬彬有礼地说："对不起！我走错房间了，我住304。"说着他摊开手中的钥匙让多里看，以证明他没有说谎。多里笑了笑说："没关系，这是常有的事儿。"

小伙子走后，多里马上给宾馆保安部打电话："请立即搜查304房的客人，他正在4楼作案。"

保安人员迅速赶到4楼，抓到了正在行窃的那个小伙子，并从他身上和房间里搜出了首饰、皮包、证件、大笔现钞和他自己配制的钥匙。

保安人员不解地问多里："警长先生，您怎么知道他是窃贼？"

你知道这是怎么回事吗？

37 丽莎在撒谎

"快起床！"玛丽风风火火地冲进妹妹安妮的房间大声喊道，"我们要迟到了！"

安妮嘟哝着爬起来，穿上羽绒服，戴上了厚厚的手套，和玛丽一起出了门。她们约好了附近的几个女孩，一起出来铲雪。这几天这里下了好大的雪，把电线杆都压断了。几分钟前，输电线路才刚刚修好。

她们还没到约好的地方，就看到凯西正朝她们挥手，旁边还有好几个女孩，正在叽叽喳喳地说话。

"丽莎在哪？"玛丽问，"她说好要来的。"

"我不知道。"凯西回答道，"我们一个小时前给她家打电话，但没有人接。"

"算了，不等她了，我们开始干吧。"

几个小时之后，大家都坐在玛丽家的客厅里聊天，这时丽莎进来了。

"你上哪儿去了？"玛丽问。

"我一直在家，你们干吗不给我打电话？"丽莎反问道。

"我们打了，但你没接！"凯西说。

"哦，那一定是我当时在用吹风机吹头发，没有听到电话铃响。"丽莎解释说。

"得了吧！不愿意来就直说，何必撒谎呢？"凯西说。

凯西为什么认定丽莎在撒谎呢？

38 管家在撒谎

侦探波洛来到了一个自杀案的现场。死者是百万富翁斯诺先生。从现场情况看，他是在自家的阁楼上，用一根带子和一个小凳子上吊而死的。唯一的目击者是斯诺先生的管家。他说："那会儿我正在屋外收拾东西，无意中抬起头突然透过阁楼上的小窗户，看见主人正在踢倒凳子。我赶紧打电话报了警。"

波洛立刻知道，管家在撒谎。为什么呢？

·侦探小助理·

讲述人	时间	地点	事件	侦查手段	证据及线索	关键点
富翁斯诺先生的管家	某天	斯诺先生的阁楼上	斯诺先生用一根带子上吊而死	现场查看、分析	①管家说自己当时在屋外②他说透过阁楼上的小窗户看到主人正在踢倒凳子	小窗户

39 谁在撒谎

一艘日本货船在航行。船长离开房间5分钟,抽屉里的钱就不见了。船长想,平时只有大副、二副、三副进来,便去找他们。

他问大副:"请问,你刚才到我房间去过吗?"大副说:"我送报表去,见你不在房间,我就走了。"二副迎面向船长走来,说:"我刚才看见你的抽屉开着,正找你报告呢。"船长问三副,三副说:"5分钟前我在船尾。"船长问:"谁证明?"三副说:"没有。我看见我们国家的国旗挂倒了,就爬上去挂正了。"

船长抬头看看国旗,断定三副在说谎,要他把偷的钱交出来。在事实面前,三副只好认罪。船长为什么断定是他偷的钱呢?

·侦探小助理·

讲述人	时间	地点	事件	侦查手段	证据及线索	关键点
船长	某天	一艘日本货船上	船长房间抽屉里的钱不见了	推理、分析	①3个副手中的一个说了谎②三副说曾去正过国旗	国旗

40 抢钱的破绽

一名女出纳员拎着一个空手提包向民警报案:"我叫夏扬,是远华进出口公司的出纳员。上午9点钟,我去市农业银行取了10万元人民币放进手提包里,当我走到十字街口的时候,一个骑摩托车的歹徒,突然停在我身边,狠狠地打了我一拳,我头一晕,倒在了地上,当我醒来时,手提包里的10万元人民币不见了。"

听完夏扬的叙述,民警冷笑一声,说:"小姐,你涉嫌作案,请跟我们到公安局去!"

在公安局,夏扬不得不交代了她伙同男友作案的过程。

请问:民警是根据什么断定夏扬作案的?

讲述人	时间	地点	事件	侦查手段	证据及线索	关键点
女出纳员夏扬	上午9点	十字街口	手提包里装的10万元人民币被抢	推理、分析	①夏扬报案说手提包里的10万元人民币被抢②她报案时拎着一个空手提包	手提包

41 被杀的女乐手

女乐手苏姗躺在一辆红色的小轿车里，身中两弹：第一颗子弹从右大腿穿过，在黑色的紧身裙上留下了一大块血迹；第二颗子弹是致命伤，射穿了她的胸部。车子就停在她的住宅门口，车内还有一把大提琴。

据洛克探长推断，她遇害的时候应该是在晚上8点左右，离她在国家音乐厅的演出时间仅差半个小时。

警方分别取得了三个人的证词。发现尸体的房东太太说："苏姗打算出席音乐会但不参加演奏，因为她与邦德——乐队里的一个同事闹翻了。为此，她一个星期没有练琴，那把琴一直搁在车上没动过。"

邦德坚持说他与苏姗已和好，而且她答应参加演出并约定像以往那样8点10分驾车去接他，然后一起去音乐厅。但他空等了一场。

乐队指挥杰森说，苏姗能在不排练的情况下出色地演奏，因为音乐会的曲目已反复上演过多次。

听完三份证词后，洛克探长立即判断出谁在撒谎。你猜到了吗？

讲述人	时间	地点	事件	侦查手段	证据及线索	关键点
洛克探长	晚上8点	一辆红色的小轿车里	女乐手苏姗身中两弹而亡	现场查看、分析	①3个人中的一个说了谎②苏姗死时身穿黑色的紧身裙③邦德说曾答应苏姗驾车去接她，一起去参加演出	紧身裙

42 楼梯上的凶案

因供电局更换照明电缆，好几幢公寓都在晚8点至11点停电。

这天晚上，盲人中心的经理妮可9点多才回到公寓，并走楼梯回家。第二天，人们在楼梯上发现了她的尸体，她手里攥着皮包的带子，却不见皮包，显然这是一宗杀人抢劫案。

警察赶到现场调查。据公寓管理员回忆，当时还有同楼的另一男子与妮可差不多同时上楼。警方立刻找来那名男子讯问。那名男子说："我当时确实和妮可同时上楼梯，我看见她是盲人，行动不方便，所以还扶着她上楼梯，到了她住的那层我才走。"管理员听那男子说完后，大声地说："他在说谎，妮可小姐可能是他杀的。"

管理员怎么知道那男子在说谎呢？

·侦探小助理·

讲述人	时间	地点	事件	侦查手段	证据及线索	关键点
公寓管理员	晚上9点多	公寓楼梯	盲人妮可遭遇杀人抢劫案	推理、分析	①当时处于停电状态②男子说曾扶着妮可上楼梯	盲人

43 影子与谎言

道格拉斯先生租住在一所简易寓所中，寓所有三间平房，每两间房之间都用纸糊的隔屏隔开，每间房当中的屋顶上都分别安装了一盏电灯，道格拉斯住在中间的房间里。他因为一起案件受到警方怀疑，关键之处在于，晚上九点半时，他是否一个人在屋里。道格拉斯一口咬定自己一个人在房间，两边的房客也分别说，那个时间，的确在隔屏上只看到一个人影。

听了这些说法，警察马上认定道格拉斯说谎了，警察是依据什么做出判断的呢？

44 卖狗人

大侦探布里克森，在街上溜达时遇上了同乡拉平。拉平牵着一条普通的牧羊犬。为了还赌债，拉平想将此狗高价卖给布里克森。

"老兄，我这条狗的名字叫麦克，它可非同一般啊！"拉平接着绘声绘色地往下说，"在我家的农场旁边，有一条沿着山崖修建的坡度很大的铁路。一天，有些东西滚到了铁轨上，此时远处有一列火车飞快冲来。我想爬上山崖发警告信号，可扭伤了脚摔倒在崖下。在这紧急关头，我的宝贝麦克飞奔回家，拽下我晒在铁丝上的红色秋衣叼着它闪电般冲上山崖。那红色秋衣迎风飘扬，就像一面危险信号旗。司机见了立即刹车，这才避免了一场车翻人亡的恶性事故。怎么样，我的宝贝麦克有智有谋，非同一般吧？"

拉平正欲漫天要价，不料话头被大侦探布里克森打断："请另找卖主吧，老弟，不过，你倒很会编故事，将来一定是位大作家！"这显然是讽刺之言。

请问，大侦探为何要讽刺卖狗人拉平呢?

45 一起恶性肇事逃逸事件

一个寒冷的冬夜，某市下了一场雨夹雪。大约就在这段时间里，近郊发生了一起恶性肇事逃逸事件：某人驾车撞了行人后，快速逃离了现场。这个司机在30分钟后逃回家中，将车停进了自家车库里。尽管如此，目击者还是记下了他的车牌号码。

大约一个小时后，巡警来到了他家，一边检查存放在车库里的汽车，一边询问他在案发时不在现场的证明。

"正如你所见，我的车子昨天就停在车库了，今天一次也没开出去。所以，逃跑的罪犯不是我，目击者也一定是记错了车号。"疑犯说。

巡警发现车前箱盖上有几处猫爪印儿，还有猫卧睡过的痕迹。

"你府上养猫了吗？"

"没有，这是邻居家的猫，或是野猫吧，经常钻进我家院子来，在车上跳上跳下地淘气。"

"如果是那样，你刚才所说的就是谎言。你可以若无其事地说谎，可猫和汽车都是老实的。"巡警当场揭穿了他的谎言。

你知道巡警为什么说出这番话来吗？

侦探小助理

讲述人	时间	地点	事件	侦查手段	证据及线索	关键点
目击者	一个冬夜	近郊	某人驾车撞了行人后逃逸	现场查看、分析	①疑犯说自己当天没有开车出去②车前箱盖上有猫睡过的痕迹	车前箱盖

46 识破伪证

一天，桥下河里浮起一个被淹死的女孩的尸体，对于这个女孩，周围的人一无所知。警察为侦破这个案子一筹莫展。

这时，有个男人划着小船急速地由前面向桥下驶过来。他向警察提供了这样的证词："刚才我向桥下划来时，确实亲眼看见这个女孩在桥上脱下帽子，随后跳下了河。"

看着这个男人满脸憨厚，语句真切，周围的人一下子全都相信了，纷纷议论起来。

可是精明的警察一下子就识破了这个男人的谎言。

请问，警察是怎样判断出来的？

·侦探小助理·

讲述人	时间	地点	事件	侦查手段	证据及线索	关键点
目击者	某天	桥下的河里	河里浮起一具女孩尸体	现场查看、分析	①目击者划着小船由前面向桥下驶来 ②他说刚才向桥下划来时亲眼看见女孩跳河	船驶来的方向

47 谎言的破绽

在家休息的老罗接到一个电话，对方想在下下星期的星期五拜访他。但老罗说："那天上午我要开会，下午1点要参加学生的婚礼，接着4点要参加一个朋友的孩子的葬礼，随后是我姐姐的公公60寿辰宴会……所以那天我没时间接待您了。"

老罗的话里有一个地方不可信，请问是什么地方？

48 停电时的误杀

凯文打开电冰箱的门，拉出一只冰盒。烛光中，梅森探长看到他往白兰地中加冰块的手在发抖。

探长知道这位颇负盛名的小说家为何手会发抖。他们刚从凯文的书房出来，凯文的管家死在里面，脖子断了。

"我以为他是个强盗，"凯文一边喝着冰镇的威士忌，一边说，"自打4天前发电机坏了以后，这儿的一切电源都断了。我本来想在这里好好完成一篇小说，因为没电了，所以只好暂时搬到城里去住。大概两小时前，我回来拿几份手稿，就在我放下手电筒去开写字台抽屈时，他跳到我的身后。我现在猜想他也许以为我是个贼，而在黑暗中我以为袭击我的是个歹徒，我就竭尽全力反击。我击中了他，他倒在壁炉边扭断了脖子，然后我就给你打了电话。"

梅森探长说道："如果你把我找来是想让我相信你编的故事，那么在警察审问你之前，你最好把它重新编一下。"

梅森探长凭什么断定凯文在编故事？

·侦探小助理·

讲述人	时间	地点	事件	侦查手段	证据及线索	关键点
小说家凯文	某天	凯文的家里	凯文误伤管家，管家颈断而亡	现场查看、推理	①凯文说家里一切电源都断了②梅森探长看到他从冰箱里拿出冰块	冰箱

49 玻璃上的冰

乔治先生是位考古学家，独自住在郊外的别墅里。他每年都有好几个月在外工作，不在家的时候，就委托邻居波尔帮他照看房子。

这一天早晨，乔治远道归来，波尔急忙跑来告诉他，前一天夜里他家被盗了。家里已被翻得乱七八糟，经过清点，发现丢失了几件价值昂贵的古玩和一大笔钱。乔治便请来沃克警长。

沃克警长向波尔了解失窃情况。

波尔说："昨天夜里我听见乔治家里有响动，便起来看看出了什么事。我走到别墅窗边，玻璃上结了一层厚厚的冰，什么也看不清。我便朝玻璃上哈了几口热气，这才看清屋里有个男人在翻箱倒柜。我冲进去与他搏斗，但盗贼很狡猾，还是让他给溜走了……"

"够了！"沃克突然厉声打断了他的话，"你的把戏该收场了！波尔先生，你就是小偷！"

这是怎么回事呢？

·侦探小助理·

讲述人	时间	地点	事件	侦查手段	证据及线索	关键点
波尔	一天早晨	乔治先生郊外的别墅	波尔替乔治看房，房子被盗	现场查看、分析	①波尔称窗户玻璃上结了一层厚厚的冰②他朝玻璃上哈了几口气，看清了屋里的情况	玻璃

50 雪夜目击

杰克探长回到家里，电话铃响了，他拿起话筒，传来了一位警察的声音："喂，是探长吧，请你速来警察局。"

半个小时之后，探长来到了警察局，径直走进警长办公室。

警长神色忧郁地说："夜里11点，小门街发生了一起事故，也许是谋杀案。一个人从楼顶上栽了下来，有位现场目击者一口咬定死者是自己摔下来的，他周围没有一个人。"

探长点点头，说："我们先去看看现场，见见那位证人。"

一会儿，他们来到现场，目击者被找来了，探长请他再叙述一遍他见到的情景。

目击者说："因为天下着大雪，我便在附近的一家餐馆里足足坐了两个半小时，当我离开时，正好是11点，大街上没有一个行人。我直接跑进自己的车里，就在这时，我看到楼顶上站着一个人，他犹豫片刻，就跳了下来。"

探长紧紧盯住目击者，语调冷冷地说："你不是同伙，就是凶手给了你一大笔钱而说了谎话！"

目击者一听，顿时脸变得煞白。

探长是怎样识破目击者的谎言的？

51 水生动物研究所

在大洋某处海底深40米的地方，有一个水生动物研究所，专门研究海豚、鲸的生活习性。研究所里有主任高森和三个助手：清江、岛根和江山。那里的水压相当于5个大气压。

一天，吃过午饭，三个助手穿上潜水衣，分头到海洋中去工作。下午1点50分左右，陆地上的武滕来到研究所拜访，一进门，他惊恐地看到高森满身血迹地躺在地上，已经死去。

警察到现场调查，发现高森是被人枪杀的，作案时间在一点左右。据分析，凶手就是这三个助手其中之一。

可是三个助手都说自己在12点40分左右就离开了研究所。

清江说："我离开后大约游了15分钟，来到一艘沉船附近，观察到一群海豚。"

岛根说："我同往常一样，到离这里10分钟左右路程的海底火山那里去了。回来时在一点左右，看见清江在沉船旁边。"

江山说："我离开研究所后，就游上陆地，到地面时大约12点55分。当时增川小姐在陆地办公室里，我俩一直聊天。"

听了三个助手的话，警察说："你们之中有一个说谎者，他隐瞒了枪杀高森的罪行。"

你能推理出谁是说谎者吗，为什么？

·侦探小助理·

讲述人	时间	地点	事件	侦查手段	证据及线索	关键点
警察	某天	海底深40米处的水生动物研究所	主任高森被杀	推理、分析	①3个人中的一个说了谎②研究所那里的水压相当于5个大气压	作案时间

52 不想花钱买个谎言

一天，海尔丁博士认识的英国商人蒂尔福领着一个健壮结实的年轻人走了进来。

只见这个年轻人穿着一件平整合体的衣服，虽然很旧，倒还清洁，只是有的地方已磨破了，左脚的鞋子也有了个大洞。

蒂尔福对海尔丁介绍说："来见见肯特先生吧。他发明的强身法宝可以使人很快地强壮有力！"

蒂尔福说完，肯特马上扑在地板上一起一伏地做起俯卧撑来了。然后他又脱光上衣，向海尔丁展示他身上大块大块令人羡慕的肌肉。

蒂尔福继续向海尔丁介绍说："你能相信他在 7 个月里就长了这么一身硬邦邦的肌肉，体重增加了 70 磅么？这可不是天方夜谭。他发现了一个秘密，一种高蛋白食品配方，如果再加上适当的运动……"

"你们现在还需要一笔钱来推销这个配方，请问我猜得对吧？"海尔丁沉思着说。

蒂尔福叹了口气说："正是这样。你看看，肯特把他的全部家当都用在试验他的秘密配方上了。瞧，他的外套都是两年前买的，皮鞋也早已不能穿了。而我，说实话，现在也没钱，不然我早就掏钱帮他了。我们只需要 1.5 万英镑，而你会从中发大财的！"

海尔丁摇摇头说："我这辈子还不想花钱买个谎言。"

请问：海尔丁为什么这样说呢？

53 园艺家是个骗子

"我要发财了！"约翰高兴地告诉他的朋友波洛侦探，"我刚认识了一位园艺家。他说只要我肯出 5000 美元，他就卖给我一盆花。这种花叫球茎紫丁香，它可是世界上极其罕见的一年生植物。"

约翰兴致勃勃地说："那位园艺家告诉我，每年这盆植物开花结果之后，我都可以把它的种子拿去出售。由于这种植物十分罕见，肯定能卖出大价钱。"

"省省吧。"波洛打断了他的话，"这个园艺家是个骗子。"

波洛是怎么知道的？

54 梅丽莎在撒谎

这是一个气温超过34℃的炎热夏天，一列火车刚刚到站。女侦探麦琪站在月台，听到背后有人在叫她："麦琪小姐，你要去旅行吗？"

叫她的人是她正在侦查的一件案子的当事人梅丽莎。

"不，我是来接人的。"麦琪回答。

"真巧，我也是来接人的，已经等了好久了。"梅丽莎说。说着，她从手提包里掏出一块巧克力，掰了一半递给麦琪："还没吃午饭吧？来点巧克力。"

麦琪接过来放到嘴里。巧克力硬邦邦的。这时，麦琪突然想到什么，厉声对梅丽莎说："你为什么要撒谎，为什么要骗我说你也是来接人的？"

梅丽莎被她这么一问，脸色也变红了。但她仍想抵赖，反问说："你凭什么说我撒谎？"

请你判断一下，麦琪凭什么断定梅丽莎在撒谎？

·侦探小助理·

讲述人	时间	地点	事件	侦查手段	证据及线索	关键点
梅丽莎	炎热夏天	火车站台	梅丽莎谎称自己来接人	现场查看、分析	①当时气温超过34℃②梅丽莎从包里掏出一块硬邦邦的巧克力	巧克力

55 黑珍珠项链

某天夜里，卢班在一个日本人举行的宴会上，盗取了珍贵的黑珍珠项链之后，溜出来回到自己的秘密住所，急忙摘掉化装用的假发和胡须，穿上丝绸长袍坐到书房里的沙发上。他刚刚松了一口气，门铃响了。

来人是一个有几分风度的小个子男人，穿着皱皱巴巴的和服。这个日本人刚才在宴会上好像露过面。

"晚上好，卢班君，我叫金田一耕助。"来人自我介绍道。

金田一耕助！卢班熟悉这个日本名探的名字，于是内心警觉起来，但还是做出一副笑脸，热情地把这位不速之客引到书房，在一张桌子旁坐下。桌子上摆着一个插满红色郁金香的花瓶，此时郁金香的所有花瓣都闭合着。

"卢班君，今晚你在哪儿干什么了？"耕助问道。

"我一直待在家里。你到来之前，我一直一个人安静地在书房里看书。你看，就是那本书。"卢班说着指指桌上扣着的那本书。

耕助走过去把书翻了一下，突然放在桌上，他突然发现花瓶里插着的郁金香不知什么时候花瓣都张开了。他拔出一枝看了看，又把花插进去，然后肯定地说："卢班君，你那套不在作案现场的证明纯属谎言，还是把黑珍珠项链交出来吧。"

耕助是如何识破卢班的谎言的？证据是什么？

·侦探小助理·

讲述人	时间	地点	事件	侦查手段	证据及线索	关键点
金田一耕助	某天夜里	一个私人宴会	卢班盗取了黑珍珠项链	现场查看、分析	①卢班的家里桌子上有一个花瓶，里面的郁金香花瓣都闭合着②后来郁金香花瓣都张开了	郁金香

56 背影与领结

大街上，一个妇女正在大吵大闹。正巧一位警察经过这里。"发生了什么事？"警察问。

那人哭哭啼啼地对他说："我的钱包被人偷走了。我正在路上走着，突然一个男人从我身后跑过来，撞了我一下，走了。后来，我发现钱包丢了。"

"你看见他的长相和穿戴了吗？"

"我只看到了他的背影，没见到长相。好像是个年轻人，我记得他戴着一个黑色的领结。"

"你说的全是假话！"警察严厉地说。

警察是怎样判断出她在说假话的？

57 投机商人

海格是位投机商人，他收藏了许多油画，都是价值连城的艺术珍品。为防止万一，他为这些油画投了巨额保险。

一天，海格来保险公司报案，说他家中所有的油画都被强盗抢走了，并拿出开具的证明，要求赔偿。保险公司因赔偿金额巨大，怀疑其中有诈，便高薪请来著名侦探梅森。

梅森和助手来到海格家中，请他讲述一下抢劫的经过。海格叫来仆人替他说，仆人讲道："那天，我和主人在房间里，突然闯进来一伙强盗。他们用枪托将主人打昏，又用枪指着我的头，让我面朝墙站着，然后就动手抢画。"

"这么说，你没有看清强盗的长相？"梅森的助手问道。

仆人说："不，我从墙上油画镜框的玻璃上看到了歹徒的长相。为首的那个满脸凶肉，左额头上还有一块刀疤。他们抢完画后用枪托把我也打昏了。"

梅森问道："海格先生，你的仆人说的都是事实吗？""千真万确！我俩的脑袋上还留着疤痕呢！"助手查看了他俩的脑袋，果真都有一道愈合不久的伤疤。

梅森笑着说："你们想用苦肉计来行骗吗？"接着指出海格主仆二人谎言中的一个破绽，二人无可抵赖，只得交代他们妄图骗取保险金的罪行。

你知道破绽在哪里吗？

·侦探小助理·

讲述人	时间	地点	事件	侦查手段	证据及线索	关键点
投机商人海格	某天	海格家里	家中所有油画被强盗抢走	现场查看、推理	①主仆二人中有人说漏了嘴②仆人说从油画镜框的玻璃上看到了歹徒的长相	镜框

58 对话

请看下面警官和犯罪嫌疑人的一段对话。

警官："昨天晚上10点案发时你在哪里？"

嫌犯："昨天晚上我在家里。"

警官："可是，据你的一位朋友说，当时他去找你，按了半天门铃，并没有人出来开门。"

嫌犯："哦，当时我使用了高功率的电炉，房间的保险丝烧断了，停了一会儿电，门铃当然不响……"

警官："别再编下去了，你被捕了。"

请问这是为什么？

59 游乐园的父子

父亲带着两个儿子去游乐园。他让他们自己去玩，不过要在晚上5点钟回到游乐园的大门口。可是，当他们最终出现在大门口时，已经是五点半了。父亲十分生气，说要惩罚他们，以后一个月都不会带他们出来玩了。这时，哥哥开口了："爸爸，这可不是我们的错！当时我们正在坐过山车，可是正准备下来的时候，引擎突然熄火了。"父亲想了一下，突然板起了脸孔："我的孩子们，说谎是比不守时更糟糕的行为！"

父亲怎么知道儿子在撒谎？

60 富孀报警

独居市郊的富孀贝蒂夫人向警方报案，说在几小时前她在家中遭到抢劫。苏菲探长随即赶到她的寓所，听她叙述案发经过："我在天亮前的4点多钟回到家里，直接来到这间卧室，打开灯，从镜子里看到落地窗的窗帘上有个黑影，再回头一看，果真有个人站在窗帘后面，他的影子在月光下清楚地映在窗帘上，我吓得转身想跑，却感到后脑重重挨了一击，昏了过去。"

苏菲探长走到落地窗前，看到窗帘已经拉开，窗外树影婆娑，耀眼的太阳悬在前方上空，他不得不抬起一只手遮住刺眼的阳光。突然，他转身对贝蒂夫人说："根本没人躲在窗帘后面，你还是说实话吧！"

请问：苏菲探长是如何识破贝蒂夫人编造的谎言的？

·侦探小助理·

讲述人	时间	地点	事件	侦查手段	证据及线索	关键点
富媚贝蒂夫人	天亮前的4点多钟	贝蒂夫人家里	贝蒂夫人家中被抢劫	现场查看、推理	①贝蒂夫人称当时从镜子里看到落地窗的窗帘上有强盗的影子②苏菲探长在落地窗前看到太阳悬在前方上空	落地窗

61 银店抢劫案

市区的一家银店遭劫。营业员指控欧文是作案者："银店刚开门，欧文就闯进来了。当时我正背对着门，他用枪抵在我背上，命令我不准转过身来，并叫我把壁橱内的所有银器都递给他。我猜他把银器装进了手提包，他逃出店门时，我看见他提着包。"

警长问："这么说，你一直是背对着罪犯的，他逃出店门时又背对着你，你怎么知道他就是欧文呢？"营业员说："我看见了他的影像。我们的银器总是擦得非常亮，在我递给他一个大水果碗时，我见到了他映在碗上的头像。"

在一旁静听的亨利探长说："你别演戏了，你就是罪犯。"

探长为什么断定营业员是罪犯？

51

·侦探小助理·

讲述人	时间	地点	事件	侦查手段	证据及线索	关键点
营业员	某天	一家银店	银店遭劫	现场查看、推理	①营业员称自己背对着作案者②他从水果碗银器上看到了作案者的头像	水果碗银器

62 有人杀害了我的丈夫

电话铃声一连响了四次，侦探康纳德·史留斯才意识到自己不是在做梦。他睁开眼，看了看钟，时间是凌晨3点30分。

"哈罗！"他拿起话筒说道。

"你是史留斯先生吗？"一个女人问道。

"正是。"

"我叫艾丽斯·伯顿。请赶快来，有人杀害了我的丈夫。"史留斯记下了她的住址，把电话挂上。外面寒风刺骨，简直要冻死人，史留斯出门要多穿衣服，自然就比平日多花费了一点时间。他听到门外大风呼呼的声音，于是在脖子上围了两条围巾。

40分钟以后，他到了伯顿夫人的家。她正在门房里等着他。史留斯一到，她就开了门。在这暖和的房子里，史留斯摘下了围巾、手套、帽子，脱下外套。

伯顿夫人穿着睡衣、拖鞋，连头发也没梳。

"我丈夫在楼上。"她说。

"出了什么事？"史留斯问。

"我和丈夫是在夜里11点45分睡的。也不知怎么的，我在3点25分就醒了。听丈夫没有一点声息，才发觉他已

经死了，他是被人杀死的。"她说。

"那你后来干了什么？"史留斯问。

"我便下楼来给你打电话。那时我还看见那扇窗户大开着。"她用手指了指那扇还开着的窗户。猛烈的寒风直往里灌，史留斯走过去，关上了窗户。

"你在撒谎，让警察来吧！"史留斯说道，"在他们到达这里之前，你或许乐意把真相告诉我吧？"

史留斯为什么会这样说，他的根据是什么？

·侦探小助理·

讲述人	时间	地点	事件	侦查手段	证据及线索	关键点
伯顿夫人	凌晨 3 点 30 分	伯顿的家	伯顿先生被人杀死	现场查看、推理	①史留斯进门的时候屋子里很暖和②当时窗户大开着，猛烈的寒风直往里灌	气温

63 犯罪嫌疑人答话

在东北的一个小镇，一条小河从东向西流过。一个月圆之夜，一桩谋杀案打破了小镇的平静。法医推算出案件应该发生在晚上 9 点左右，并且很快找到了犯罪嫌疑人，刑警立即对他进行审问。

"昨晚 9 点左右你在哪儿？"

"在河边与我的女朋友聊天。"

"你坐在哪边河岸？"

"在南岸。昨夜是满月，河面上映出的月亮真好看！"

"你说谎！这么说，罪犯就是你。"

请问，刑警的根据是什么？

64 警长的反问

警长在旅馆附近的湖边思考问题。

天气很冷，达到了 –5℃。突然，一个浑身湿透的男子上气不接下气地向他跑来，喊道："先生！快去救救我的朋友吧！我们刚才在湖面上溜冰，冰面突然破裂，结果他掉了下去。我跳下去捞了半天，却什么都没捞着。"

警长赶紧回旅馆找警察帮忙。从旅馆到出事地点有 1500 米，等他们赶到那里时，只发现在裂洞旁边有一双溜冰鞋。那人解释说："当时我刚把鞋脱掉，毛毛说还要再玩一会儿。"警长说："别再隐瞒了，谈谈你是怎么害死你的朋友的吧！"

这是怎么回事呢？

·侦探小助理·

讲述人	时间	地点	事件	侦查手段	证据及线索	关键点
一个男子	天气很冷的一天	冰冻的湖面上	毛毛在湖面溜冰掉进冰窟窿	现场查看、推理	①男子报案时浑身湿透②出事地点离旅馆有 1500 米	男子的衣服

65 瑞香花朵

格林太太花了很多年时间种植一种名贵的灌木植物——瑞香。这种植物能开出十分美丽的花朵，而且由于非常耐旱，特别适合在当地种植。自然，这些瑞香也是格林太太最心爱的宝贝。

这天，格林太太准备外出度假一个月。让她头疼的是，她需要有人照料她的花园。最后她决定请同事卡罗尔小姐帮帮忙。格林太太告诉卡罗尔小姐要特别当心这些名贵的瑞香。

当格林太太度假回来时，她正好看见卡罗尔小姐在花园里，旁边站着许多警察，而那些名贵的瑞香却不见了。卡罗尔告诉警察，一定是有人偷走了它们，因为头一天晚上她还看到过这些瑞香。格林太太听到卡罗尔在对警察说，这一个月里，她一直在照料这些植物，每天都给它们浇水，所以它们显得比原先更美丽了。

格林太太冲进花园，打断了卡罗尔小姐的话。她对警察说："卡罗尔小姐在撒谎！你们要仔细审问审问她。"

格林太太为什么这么肯定?

66 教授的凶杀案

半夜,正在熟睡的侦探波洛突然被一阵敲门声惊醒。开门一看,是住在楼下的哈里教授的外甥杰利。他十分不安地对波洛说:"今天哈里约我晚上到他家,我路上有事耽搁了,到他家时,我敲了半天门却一直没人应,不知发生了什么事。我不敢一个人进去,想请您跟我一起去看看。"波洛立即穿上外衣,和杰利出了门。

在路上,杰利告诉波洛:"最近,我舅舅的一项发明成功了,得了不少奖金,有人很眼红,我担心他会因此出事。"

正说着,他们已到了哈里家门口。波洛推开门,伸手去按墙上的开关,但灯却没有亮。杰利说:"里面还有盏灯,我去开。"说着,他独自走进了漆黑的屋子。

不一会儿,灯亮了。这时,他们发现教授浑身是血,躺在离门口一米远的过道上。杰利轻轻地叫了声:"天哪"赶紧跨过教授的身体,回到波洛身边。

波洛立刻俯身察看,发现教授已经断气了。屋角的保险柜大开着,里面已空无一物。杰利惊恐地说:"这会是谁干的呢?"

波洛冷笑了一声,说:"别演戏了,杰利先生,凶手就是你!"

你知道波洛是如何断定杰利就是凶手的吗?

·侦探小助理·

讲述人	时间	地点	事件	侦查手段	证据及线索	关键点
杰利	一天半夜	哈里教授的家	杰利的舅舅哈里教授被杀死	现场查看、推理	①杰利进黑屋后去开灯②尸体躺在离门口一米远的过道上	尸体位置

67 消声器坏了

街上发生了一起车祸，一辆汽车撞伤了一个孩子并且逃跑了。警官梅森根据各种线索，当天晚上就找到了肇事嫌疑人洛克——一个身高1.9米的高个子。

洛克说："我今天上午没用过这辆车，是我妻子用的。"洛克的妻子是位娇小玲珑的金发美人，身高不过1.5米。她向警察证实了丈夫的话。

梅森说："根据目击者提供的线索，撞人的汽车噪声很大，好像消声器坏了。"

"那咱们就去试一下吧！"洛克把梅森带到车库，打开车门，然后舒舒服服地坐在驾驶座上，发动马达，在街上转了一圈，一点噪声也没有。

梅森微微一笑："别演戏了，这个新消声器是你刚刚换上的。"

梅森是怎么做出这一判断的？

·侦探小助理·

讲述人	时间	地点	事件	侦查手段	证据及线索	关键点
警官梅森	某天	街上	一辆汽车撞伤了一个孩子并且逃跑了	现场查看、推理	①肇事嫌疑人身高1.9米，而他妻子1.5米高 ②他说当天只有妻子开过车	驾驶座

68 沙漠归来

在酒吧，侦探霍恩遇见一个满头金发、面孔黝黑的青年在大谈生意经："昨天我才从沙漠地带回来，洗尽一身尘垢，刮去长了好几个月的络腮胡子，修剪好蓬乱的头发，美美地睡了一夜。最值得庆幸的是，我的化验分析报告证实，那片沙漠地带有个储量丰富的金矿。假如有谁愿意对这有利可图的项目投资的话，请到210号房间，这儿不便细谈。"

霍恩端详着他那古铜色的下巴，讪笑着说："你若想骗傻瓜的钱，最好把故事编得好一点！"

试问，霍恩为什么会这样讲？

69 一个冷天里的冷玩笑

波洛从他的"甲壳虫"汽车上下来，走过弗朗西斯·威廉姆斯小姐那辆结满了冰的小汽车，走上了那条干净整洁但却满是积雪的车道。白天下了一整天的暴风雪，一个小时前雪才终于停了下来。波洛很小心地沿着结冰的台阶走向房门。这是一幢很小的房子，没有车库，院子也很小。

听到门铃，弗朗西斯打开了门，让他进去。"外面冷极了。"他说。

"是啊！也许你会以为，对于偷东西的贼来说，这天气实在是太冷了。"她回答道。

"告诉我，弗朗西斯，你究竟是怎么失窃的？"波洛问。

"噢，我5分钟之前刚刚回家。一进门，我就发现家里的保险柜被打开了。"她一边说，一边指给他看墙上那个被打开的保险柜。"我立刻冲到电话机旁边，打电话给你。你来得这么快，我非常高兴。"

"啊，在这么寒冷的晚上，我们肯定能够找到一些线索。"波洛笑着说道。

"波洛先生，我刚刚有很多首饰失窃了。我可不认为现在是开玩笑的好时间！"弗朗西斯说。

"对于你的话，我百分之百地表示赞同。所以，你能不能告诉我，为什么要在这么冷的天把我叫来开这么一个玩笑呢，威廉姆斯小姐？"大侦探反问道。

波洛为什么不相信威廉姆斯小姐说的话呢？

·侦探小助理·

讲述人	时间	地点	事件	侦查手段	证据及线索	关键点
弗朗西斯·威廉姆斯小姐	刚下过暴风雪的一天	弗朗西斯·威廉姆斯小姐的家里	保险柜打开被窃	现场查看、推理	①车道干净整洁却满是积雪②弗朗西斯·威廉姆斯小姐的车结满了冰③她说自己5分钟前刚进家门	积雪

70 今年冬天的第一场雪

这是镇上今年冬天第一次下雪，雪下得很大，地上积雪很深，大约有30厘米左右。

就在当天晚上，镇上那家小银行发生了失窃案，窃贼盗走了银行保险箱里所有的现金。

警察立刻开始调查，发现了一个可疑对象，他是个单身汉，两个星期前刚刚在银行附近租了一间平房。

第二天一早，警长带着两名警察来到了这个人的住处。这间平房外表看上去很简陋，房子的屋檐上还挂着几根长长的冰柱。

这个男子打开门之后，把警察让进了屋里。警长对他进行了询问："昨天晚上你在哪里？"

"我两天前就到外地去了，今天早晨刚刚回来，还不到一个小时。"男子想了一下，说道。

警长看了看他的屋子外面，厉声说道："你在撒谎！"

警长为什么会这么说？

·侦探小助理·

讲述人	时间	地点	事件	侦查手段	证据及线索	关键点
警长	冬天第一场雪	镇上的小银行	窃贼盗走了银行保险箱里的所有现金	现场查看、询问、分析	①单身汉所住的平房房檐上挂着几根长长的冰柱②他说自己曾外出，回到这间房子还不到一小时	冰柱

71 金网球俱乐部的一夜

深夜，歹徒们把皇冠大街的路灯全部弄灭，随后撬门钻入金网球俱乐部，把俱乐部里珍贵的奖杯、奖品以及球拍等值钱的东西席卷一空。负责侦破此案的霍克探长正苦于没有任何线索，这时有个抱着毛茸茸的小猎狗的中年男子来找霍克探长，说他目睹了一切。

霍克探长朝他点点头，请他把看到的一切讲一遍。

"情况是这样的。午夜刚过，我的'拿破仑'，"他指指膝上的小狗说，"呜呜直叫，吵得我不能安睡。我不得不带它出去溜达。当我走到皇冠大街时，前面黑乎乎的。我继续往前走……刚要转到爱神街时，发现一辆卡车停在俱乐部门前——"

"离你多远？"霍克探长打断了他的叙述。

目击者回忆了一下，回答道："约100米，可以肯定，不会近于100米的。两个男子把许多东西从俱乐部里往外搬，放在卡车上，装满一车后，连车灯也没有打开，就悄悄开走了。"说着，他从口袋里取出一张纸片，"这是卡车的车牌号，我看见后马上记下的。我想你们会有用处的。"

霍克探长点点头，用一种令人捉摸不透的古怪神色，看看"拿破仑"，又看看目击者，随后转身对副手说："塞克，今晚这儿有空房间吗？"

"有。"塞克奇怪地瞧了瞧霍克探长。

"那好，你可以把这位先生和他的'拿破仑'关起来。不要怠慢这条小狗，给它喂点水。不管怎么说，狗是没有错的，而它的主人可是个非同寻常的见证人。"

目击者一听，顿时气愤得跳了起来："你……这是什么意思？"

霍克探长笑笑说："不管你是在瞎编，还是存心把我们引向歧途，你都不是一个诚实的人。"

请问：霍克探长为什么说目击者不是一个诚实的人？

72 戴墨镜的杀手

郊区的一座公寓里住着两个年轻小伙子，一个姓李，一个姓冯。

一天，下着大雪，胡警官和助手接到小冯的报警电话，说小李被人枪杀了。

胡警官和助手立即赶到现场，见小李头部中了一枪，倒在一片血泊之中。

小冯说："我和小李刚才正在一起吃火锅，突然闯进来一个戴墨镜的人，对准小李开了一枪之后逃走了。"

胡警官看到桌上热气腾腾的火锅，说道："你撒谎，杀害小李的凶手就是你！"

请问，胡警官是根据什么做出这样的判断的呢？

·侦探小助理·

讲述人	时间	地点	事件	侦查手段	证据及线索	关键点
小冯	下雪的一天	郊区的一座公寓里	小李在吃火锅时被一个戴墨镜的人枪杀	现场查看、推理	①小冯说当时在和小李一起吃火锅②杀手是一个戴墨镜的人	热气腾腾的火锅

73 政府办公室被盗

某日晚，H市政府办公室被盗，探长接到报案后赶往现场，经过紧张的勘察和现场询问，他们把嫌疑人锁定为居住在附近的一位农夫。

探长询问农夫："昨天晚上发生了什么事情，你知道吗？"

农夫答道："啊，知道，政府办公室被盗了。可我一直在家没有出去，不能为你们提供更多的线索。"

探长又问："昨晚你在家做什么？"

农夫回答："家里养的十几只鸭子在孵蛋，我准备给小鸭子接生。"

你认为这位农夫的话是真的吗？

·侦探小助理·

讲述人	时间	地点	事件	侦查手段	证据及线索	关键点
探长	某日晚	H市政府办公室	政府办公室被盗，嫌疑人为一位农夫	推理、分析	农夫称其当时在家为小鸭子接生	接生小鸭子

74 骡子下驹

某镇发生了一起凶杀案，警察经过调查发现，一位从事奶酪业的农夫十分可疑。警察要求农夫提供不在场证据，农夫说道："怎么可能是我？那天晚上我一直在家里，我家的骡子生产，折腾了一夜，真倒霉，骡子难产，快要天亮的时候连骡子带驹都死了。"

警察追问："你还养骡子？"

"是啊，我想让他们相互交配生仔，没成功。要是当时有兽医在场就好了，只可惜我没钱，请不起兽医。"

你认为农夫的话可信吗？

75 诚实国与说谎国

一个岔路口分别通向诚实国和说谎国。诚实国的人永远说实话，说谎国的人永远说谎话。一个游客来到了岔路口，他要去诚实国，但不知道应该走哪条路。这时正好来了两个人，可是，这个游客并不知道他们是诚实国的还是说谎国的。不过，他稍加思索，问了一个巧妙的问题，得到了满意的答案。

请问：你知道这个问题是什么吗？

76 报案的秘书

国际电子产品博览会，即将在东京举办，来参加博览会的，都是世界上著名的企业家。村井探长亲自负责保卫工作，他在机场和宾馆里，派出大批警察，荷枪实弹站岗，还有很多便衣警察，在暗中保护着贵宾。

博览会开幕前的一天晚上，警察局的报警电话响了，村井探长心头一震，原来，最担心的事情还是发生了！美国一家大公司的总经理赶来参加博览会，下午刚住进五星级大宾馆，就在卧室里被人杀害了。

村井探长赶到宾馆，在保安的带领下，来到死者的卧室。那是一间很大的套间，里面的设备和装潢非常豪华，墙壁上挂着昂贵的名画，地上铺着厚厚的土耳其驼毛地毯，很柔软，走在上面，几乎听不见脚步声。总经理倒在地毯上，后脑勺上有一个窟窿，流了很多血。桌子上有一部电话，话筒没有搁在电话机上，就扔在旁边。

这时，有一位年轻的女士走过来，哭着说："我是总经理的秘书，一小时前，我乘飞机到东京，下了飞机以后，马上和总经理通电话，正说着呢，听到话筒里总经理大叫一声，然后听到'扑通'的一声，好像是人倒在地上的声音，再后来，又听到一阵匆忙的脚步声，好像是罪犯逃跑的声音。我知道情况不好，马上打电话报警，然后叫了一辆出租车，刚刚赶到这里。"

村井探长低着头，在房间里来回踱步，他一会儿走过来，一会儿走过去。忽然，他停住脚步，严厉地对女秘书说："你说的都是谎话！"

村井探长为什么说女秘书在撒谎呢？

·侦探小助理·

讲述人	时间	地点	事件	侦查手段	证据及线索	关键点
总经理的秘书	国际电子产品博览会开幕前的一天晚上	五星级大宾馆	美国一家大公司的总经理被杀	现场查看、推理	①秘书称其当时听到电话里有匆忙的脚步声②宾馆地上铺着厚厚的土耳其驼毛地毯	地毯

77 听力差的冒领者

寂静的深夜，一个蒙面大盗抢劫了银行，开枪打死了两名值夜班的出纳员。保安在一晃而过的车灯中发现劫匪的脖子有一块伤疤。

1小时内，全市各交通要道口，警车呼啸来往。警察用高音喇叭公布悬赏令："劫匪的脖子上有伤疤，举报者奖励5万元！"

时隔不久，一个匿名电话打到警察局："劫匪已往阳光大厦方向逃走，请你们赶快去追击。"

一阵激烈的枪战后，身材魁梧的匪徒倒在血泊之中。劫匪被击毙的消息很快传开，领 5 万元赏金的人，一下人冒出了很多。他们一个个都称自己是那个匿名报信人，警察局一时真假难辨。局长把甄别真正的报案人的工作交给了足智多谋的神探查理。

很快，警察局的接待室就来了一排领赏人，克里斯丁是最后一个申请者，他极自信地冲着探长笑笑："虽然我的耳朵听力比较差，但等我复述完，再拿了证据，尊敬的先生就会相信……"

他说在公共汽车的喇叭里听说了缉拿通告后不久，正巧就在后排座发现了一个企图用衣领掩盖自己脖子上的伤疤的男人，于是心中一惊，并开始留意他的一举一动。

那人侧过身子，对通道上的一位红发女郎说："我等会下车，然后去阳光大厦。"克里斯丁虽然耳朵不太灵便，但他从口型上能判别出那人说些什么，随后那男人递给红发女郎一张纸条。

红发女郎看完纸条后，马上揉成一团扔在车上，后来，那男的跟女的相继下车，克里斯丁这才走过去将纸团拾起，发现在上面写着："两天后，按此地址找我。"

"喏，就是这张。对吗？这 5 万元赏金，你们警方可不能赖啊。"说着，他拿出了一张纸条。

查理扫视了一下纸条，扑哧一下笑了："这正是凶手被击毙的现场地址，可惜呀，它是从报纸上抄来的！"

查理是怎样知道事情的真相的呢？

·侦探小助理·

讲述人	时间	地点	事件	侦查手段	证据及线索	关键点
一位奖金申领者	寂静的深夜	警察局的接待室	一个蒙面大盗抢劫银行后逃跑，有匿名电话提供了线索	现场查看、推理	①申请者称自己的耳朵听力比较差②他听到了公共汽车的喇叭里的缉拿通告	听力

78 雨中的帐篷

一天中午，突然下了一场大雨。雨停过后，一个人急急忙忙来到了警察局，向警长大山说道："不好了，派尼加油站的服务员被枪杀了。"

大山给他倒了一杯水，然后对他说："别着急，慢慢说。"

"当时我正把车开进派尼加油站，突然我听到了一声枪响，接着我看见有两个人从加油站里跑了出来，跳进了一辆周末旅游车飞快地开走了。我赶紧跑进屋里，发现加油站的一个男服务员已倒在血泊里。"这个人一边哆嗦着一边描述道。

警长大山听罢目击者的讲述，又问了一些旅游车和那两个人的外貌后，便带着几名警员开始搜寻嫌疑人。很快，他们在公路的路障南边找到了一辆被人遗弃的旅游车。警长大山一看这辆旅游车，离派尼国家公园的正门只有几米远，便猜测罪犯一定是进了公园里。

在公园一处人工湖边，大山向第一个野营者沃伦问起他们来公园的时间。

留着一撮小胡子的沃伦说道："我和我弟弟是昨天晚上过来的。因为为了赶上鲑鱼迁徙的季节，从到这里开始，我们兄弟俩就在钓鱼。"

"你们两个下雨时也在钓鱼吗？"大山又问道。

"是的。"沃伦点点头回答道。

大山辞别了沃伦。又来到了第二对野营者阿尔的帐篷里。

阿尔说道："今天早上，我们支起帐篷，然后就出去了。天开始下雨时，我们找了个小山洞躲了好几个小时，我们什么都没看到。"

大山在听阿尔说话的时候，发现地上湿漉漉的，他不禁眉头一皱，但还是友好地走出了帐篷。

在停车场的一辆旅游车上，大山又找到了第三对野营者乔治和他的女朋友。

乔治说道："我知道我们不应该在这里。我们没有伤害任何人，芝加哥的一个朋友借给了我这辆车，所以驾照上不是我的名字，你们可以打电话到芝加哥去查……"

"不必了！"大山说道，"我已经知道谁在撒谎了！"

大山是如何判断的呢？

79 胡同里的假案

下午 1 点钟，两个警察听到胡同里有人喊救命。他们赶到了现场后，看到一个女人正坐在地上，揉着脑袋后面的肿块，过了足有一两分钟，她才能说出话来。

她向警察自我介绍道："我叫玛丽·拉姆齐，在一家珠宝店工作，我正要去银行送前一天的单据。我每天做送单据的工作，老板不让我走这条胡同。今天我感到被人跟踪了，我真太傻了，竟然拐进了这条胡同。有脚步声从后面传过来，我还没有来得及转头看，头上就挨了一下，接着我就倒下了。"玛丽继续说，"抢劫犯没有继续打我，他抓起我的包就跑了。"

"那么，他有什么体貌特征吗？"警察问道。

"我只从后面看到了他，是一个高个子，穿着蓝牛仔裤，上身穿着深色的开襟汗衫。"

根据她的描述，警察开始全市搜查，很快就扣留了两个外貌符合玛丽描述的人。

"是的，我是在跑。"第一个人斯图·洛根愤愤地说。警方的巡逻车在距出事地点两个街区的地方找到了他，他一看见警车就想跑。他说："当时我的午休时间快结束了，不想上班迟到，我才跑了起来，我可不想丢掉这份工作。"斯图就在珠宝店隔壁的熟食店工作。

第二个人奥利·奥斯卡是一个沿街拾破烂的。"我本来不穿这件汗衫，"他一边解下他那件被虫蛀了的开襟汗衫，一边说，"你们把我抓来之前，我刚刚从垃圾堆里拾到这件汗衫。"

"这个钱袋是怎么回事？"警察指着从他身上找到的钱袋问。

"这是我从另一个垃圾堆里拾到的，银行后面的垃圾堆里经常可以找到这种东西。你们没有在我身上找到钱吧！"

听了第二个人的回答后，警察突然脑筋一转，马上开车回到玛丽身边，指着她说道："你在撒谎，我看你就是犯罪嫌疑人！"

警察为什么说玛丽是犯罪嫌疑人呢？

讲述人	时间	地点	事件	侦查手段	证据及线索	关键点
玛丽·拉姆齐	下午1点钟	一条胡同里	玛丽·拉姆齐在胡同里被人抢走了包	现场查看、推理	玛丽说从后面看到了罪犯，他上身穿着深色的开襟汗衫	开襟汗衫

80 火炉上的烤肉

中年人比尔和妻子丽莎在乡村拥有一座不大的农场，他们没有孩子，生活过得逍遥惬意。他们除了去城里采购食物或者签订农作物买卖合同，基本上很少外出。

一天，当妻子从城里采购生活必需品回到家时，发现比尔竟然死在了火炉旁边，胸口插了一把匕首。

精神恍惚的妻子立即报警，警察杰里奇过来后查看了现场：一个烤盆里有些无焰的炭块，上面烤着牛肉。托盘、刀叉、作料散放在一旁。杰里奇检查尸体后，确认比尔大约在1小时前被杀害。

根据农场的交通和人员居住情况，杰里奇立即展开了追捕，结果在方圆10里的范围内只见到一个人。

杰里奇将这个人带到了凶杀现场。那人说自己是个旅行家，肚子饿了正找地方想吃饭呢。见到火炉上的烤肉，伸手就拿，张嘴就吃。

"先生，慢慢吃。我只问你一个问题，你来过这里吗？"杰里奇一边打量这个人一边问道。

"我没来过这里。我在这里迷路了，不知道在什么地方。哎，警官先生，请等我吃完这块烤肉再跟你详细说。"说着他停顿了一下，从炭火中取出了一块烤肉，大大方方地放进了嘴里。

他的这个小动作被杰里奇看得一清二楚。杰里奇眼前一亮，然后把手铐拿出来说："先生，你的演技太差了，请跟我到警署去一趟吧！"

杰里奇是如何看出这个人是凶手的呢？

·侦探小助理·

讲述人	时间	地点	事件	侦查手段	证据及线索	关键点
比尔的妻子	某天	一座农场	比尔死在火炉旁边	现场查看、推理	①旅行家见到火炉上的烤肉就拿来吃②他说自己从没来过当地	烤肉

81 撒谎的肯特

　　肯特在圣诞之夜请他新结识的摩西小姐到一家饭店共进晚餐。摩西小姐聪明活泼，美丽动人，肯特十分爱慕。两人聊了一阵，肯特发现摩西小姐对自己不大感兴趣，两人不久就离开了饭店。饭后心情沮丧的他在街上闲逛，遇见了名探罗克。

　　罗克问他为什么心情沮丧，独自一人在街上闲逛。肯特说了宴请摩西小姐的事。罗克问他在餐桌上同摩西小姐谈了些什么，肯特说："我向她讲了一个我亲历的惊险故事。那是去年圣诞节前一天的早上，我和海军上尉海尔丁一同赶往海军在北极的气象观测站执行一项特别任务。那是一项光荣的任务，许多人想去都争取不到的。但可惜的是，我们在执行任务过程中，遇上了意外情况，海尔丁突然摔倒了，大腿骨折，情况十分严重。我赶紧为他包扎骨折部位。10分钟之后，更可怕的事情发生了，我们脚下的冰层开始松动了，我们开始脱离北极，随着水流向远方的大海漂去。我意识到这时我们已经前途渺茫，随时都有生命危险。特别是当时天气异常寒冷，滴水成冰，如不马上生火取暖，我们都会被冻死的，但是火柴用光了。于是我取出一个放大镜，又撕了几张纸片，放在一个铁盒子上，铁盒子里装了一些其他取暖物。我用放大镜将太阳光聚焦后点燃了纸片，再用点燃了的纸片引燃了其他取暖物。感谢上帝，火燃烧起来了，拯救了我们的生命。更幸运的是，4小时后我们被一艘经过的快艇救了起来。人人都说我临危不惧，危急关头采取了自救措施，是个了不起的英雄。"

罗克听后大笑起来："你说谎的本事太差了，摩西小姐没有对你嗤之以鼻，就已经够礼貌的了。"肯特讲的海上遭遇有什么地方不对吗？

82 一条大红的龙虾

日本横滨有一家专门经营龙虾的餐馆，老板是一个非常善良、慷慨的人。

一天，人们突然发现老板在厨房里被人杀死，而且他衣兜里的现金也全被人掏走了。十分悲伤的老板娘马上打电话报了案。

几分钟后，警长矢村带人来到了餐馆。

老板娘一边哭一边对矢村说道："警长啊，我丈夫可是一个慷慨热心的人啊！每当有流浪汉来我们餐馆时，我丈夫总是给他们东西吃。我丈夫现在惨遭不幸，我认为一定是那个穿黄上衣的人干的，我在 10 分钟之前看见他和我丈夫在厨房说了话，然后就发生了这事。"

老板娘说完话，便领着矢村来到一个身着一件又脏又破的黄上衣的人面前说道："就是他，你们可别让他跑了。"

矢村警长上下打量一番这个人，估计此人是一个流浪汉，于是便问道："老板娘刚才说的话，你都听见了？"

穿黄上衣的人马上辩解道："尊敬的警长先生，我刚才的确是在这儿了，可我什么都没干。刚才一个戴围裙的人说要给我东西吃，我看见他把一条大红龙虾放在锅里，他还告诉我 20 分钟后来吃呢！所以我就在这儿等着。"

矢村听罢，笑了笑说道：

"你不用狡辩了，你就是凶手！"

矢村警长是如何发现这个人在狡辩的？

·侦探小助理·

讲述人	时间	地点	事件	侦查手段	证据及线索	关键点
老板娘	某天	一家餐馆	餐馆老板在厨房里被人杀死	现场查看、推理	流浪汉称老板曾把一条大红龙虾放在锅里	大红龙虾

83 被窃的手提包

沙娜小姐下了飞机，乘车径直来到了巴黎闹市区一家豪华的旅馆。

"小姐，您好！"女招待员殷勤地迎上来，接过了沙娜小姐的手提包。

"谢谢！"沙娜小姐这时才感觉到有些累了。她跟女招待员来到了二楼的一个单人房间。

"小姐，您休息吧，有事尽管吩咐。"女招待员把手提包放在床头柜上，退了出来。

"等等！"沙娜追了出来，"我没有别的事，只是请您明天早上给我送来一杯热牛奶，只要一杯！"

"好的，我记住了。"女招待员微笑着走下楼去。

沙娜小姐回到屋子里，打开了手提包。那里面装着许多精美的首饰。她是代表公司来这里参加国际博览会的。如果这次成功的话，她将得到一笔可观的奖金。她把首饰又依次检查了一遍，发现一路上没有损坏什么，便放心地笑了，接着她去餐厅吃了饭，又洗了澡，便睡下了。

第二天早上，她醒来睁开眼睛一看表，已经快7点钟了，便急忙穿好衣服，按电铃叫女招待员送牛奶。然后，她来到了洗漱间。她刷过牙，刚要洗脸，听见房门开了。她以为是女招待员送牛奶来了，便没在意。然而，当她涂抹在脸上的香皂还没用水冲洗净时，就听见外面"扑通"一声。她急忙跑出洗漱间，朝外面一看，吓得惊叫起来。原来，女招待员躺在房门口，失去了知觉，头上有一道殷红的血迹。再往床头柜上一看，更是大吃一惊，那个装有许多贵重首饰的手提包不见了。沙娜愣了片刻，忽然明白过来，猛地冲到门口，大声呼喊：

"来人啊，快来人啊！有人抢东西啦！"

很快，整个旅馆都被惊动了，胖经理和各个楼层的女招待员先后都赶来了。

胖经理让人把受伤的女招待员扶到了床上。她已经醒过来了。随后，胖经理又亲自打电话向警察局报了案。

10分钟后，警长哈尔根领着两个助手赶到这里。他察看了现场，并没有发现什么，便把沙娜叫到跟前，简单询问了案发的经过。哈尔根那满不在乎的神情似乎在告诉人们，他对这个案子并不感兴趣。最后，他来到了受伤的女招待员身旁。

"请问您好些了吗？"哈尔根关切地问道。

"好些了，只是还有些晕。"女招待员不知是因为受了惊吓，还是因为头部受伤流了点血，此时脸色白得像一张纸。

哈尔根点燃一支香烟，又问道："小姐，您能把刚才见到的跟我说说吗？"

"可以。"女招待员把身子支起来，半倚在床上说道，"刚才，我按小姐的吩咐端来了一杯热牛奶。可是刚进屋，就从门后蹿出一个男人，照着我的下巴就是一拳。我一下子被打倒在地，以后就什么都不知道了。"

"那个人长得什么样你看清了吗？"

"事情来得太突然，我没看清他的脸，只看见他拎着小姐的那个手提包。"

哈尔根点了点头，没再问什么。忽然，他走到床头柜前，端起那杯热牛奶问沙娜小姐："小姐，您早上总是要喝热牛奶吗？"

"是的，这是从小养成的习惯，不喝杯热牛奶，全天都会不舒服的。"

"是吗？那您今天为什么不把这杯热牛奶喝了呢？"

"是啊，您不说我都忘了。"

"凉了吧，小姐？我去给您热热。"女招待员殷勤地说。

哈尔根忙用手按住了牛奶杯，用一种嘲讽的口吻说道："不用了，我看沙娜小姐即使喝不上这杯牛奶，今天也会舒服的。您说是吗？亲爱的女招待！"

"您这是什么意思？"女招待员不无惶惑地问道。

"小姐，别做戏了。这件事您最清楚，快交代出您的同伙吧！"

听了这话，女招待员瘫软在床上。原来，正是她勾结一个盗贼，盗走了沙娜小姐装首饰的手提包。

警长哈尔根怎样发现女招待员就是作案分子的呢？

·侦探小助理·

讲述人	时间	地点	事件	侦查手段	证据及线索	关键点
沙娜小姐	早晨快7点钟	旅馆房间里	女招待员来送牛奶时被打晕，沙娜小姐的手提包被抢走	现场查看、推理	①女招待员刚进屋就一下子被打倒在地②床头柜前的牛奶已经凉了	牛奶

84 超车的规定

电影演员克里夫人向保险公司申明，她的那辆"奔驰"被盗，要求索取一辆新"奔驰"的保险金。斯蒂尔受保险公司的委托，来到克里夫人家里调查了解事件的全部经过。

克里夫人见这位德国有名的大侦探来到家中，忙把他让到了沙发上。

"听说您的那辆'奔驰'是去日本东京拍电影时被盗的，对吗？"斯蒂尔点燃了一支香烟，然后开门见山地问。

"是的。因为拍片需要，我就用船把它运去了，没想到……"克里夫人白皙的脸上掠过一丝不无惶惑的苦笑。

"所以，您向保险公司提出了赔偿损失，是吗？"

"是的，是这样。"

"好，那就请您再讲述一遍事件发生的经过，我也好向委托人做出交代。"斯蒂尔透过清幽的烟雾，发现夫人的眉梢动了一下。

夫人叹了口气说道："事情再简单不过了，以至于我还没弄清是怎么回事，汽车就没影了。"

"请您说得具体些。"斯蒂尔从兜里掏出了笔记本。

克里夫人眯缝起眼睛，思忖了片刻说道："那天导演宣布休息一天，我就独自一人开着'奔驰'去东京西郊玩了半天。在回来的路上，我以正常车速行驶着。在离市区不远的一个拐弯处，一辆客货两用车从我的左边超了过去，并挡住了我的车道。我很生气，想下去叫他们让开，可是刚一打开车门，就听见一声轰响，我失去了知觉。等醒过来睁眼一看，我已躺在了医院的病床上。我并没伤着哪里，只不过是轻微脑震荡，第二天导演接我出院了。但是，我的'奔驰'也无影无踪了。"

听完克里夫人的讲述，斯蒂尔笑了。他做了个滑稽动作说道："您总算是万幸中的不幸了！"

"什么，你这话是什么意思？"克里夫人惊愕地望着斯蒂尔。

"我是说，您可以向保险公司索取一辆'奔驰'的保险金了。"斯蒂尔微笑着望着她。

"啊，是这样，那是当然的了！"克里夫人也笑了，那是发自内心的笑。

忽然，斯蒂尔把脸一沉，厉声说道："遗憾得很，你这个骗子，跟我到法庭上去领保险金吧！"

斯蒂尔是怎样识破克里夫人的骗局的呢？

85 六头被打死的斗牛

三月的一天，警察局局长莱特交给刑侦科长埃塞勒一个任务，让他审查一个麻醉毒品走私嫌疑分子。埃塞勒让人把嫌疑人带到了自己的办公室里。

"你叫什么名字？"埃塞勒用目光打量了一下站在自己面前的中年人问道。

中年人似乎漫不经心的样子，干咳了两声答道："库特迈，一个守法的商人。"

"你到葡萄牙和西班牙干什么去了？"埃塞勒盯视着库特迈。

"先生，我昨天才乘飞机从葡萄牙回来。目前，葡萄牙和西班牙根本就没有毒品。"说着，库特迈从上衣兜里抽出一张护照递过去，"请看，护照上有日期。"

埃塞勒并没有查看他的护照，而是不无揶揄地说道："这张护照并不能证明你昨天是从葡萄牙回来的，你还可能是从别的国家回来的，甚至还可能是偷越国境跑过来的。"

"别开玩笑了，先生！"库特迈装出一副无可奈何的样子。

"你还有什么可以证明，你昨天确实是在葡萄牙的吗？"

库特迈眼珠转了转说："先生，您一定知道，人们可以拿着德国的护照去葡萄牙的里斯本旅行，在边界上是不用签证的。"

"这说明不了什么。"

"还有，"库特迈像变戏法儿似的从手里又捻出一张纸片，伸到了埃塞勒的眼前，"先生，我昨天曾在里斯本斗牛场观看了场精彩的表演，这是入场券，上面的日期写得清清楚楚。"

埃塞勒看了看那张淡黄色的入场券，冷笑着问道："你都看见什么了？"

库特迈听到埃塞勒这样问他，心里有些发慌。但他立即平稳了一下心情答道："我正赶上开场仪式，那场面真是前所未见。斗牛士轮番上阵，很快，先后就有6头牛被打死拖了出去。"

"不要再说了,全部是谎言!"埃塞勒用手止住了他。

"你……"

"对不起,你被拘捕了,请吧,库特迈先生。"

刑侦科长埃塞勒是怎样识破库特迈的谎言的呢?

·侦探小助理·

讲述人	时间	地点	事件	侦查手段	证据及线索	关键点
刑侦科长埃塞勒	三月的一天	埃塞勒的办公室	审查一个麻醉毒品走私嫌疑分子	询问、分析	①库特迈称自己前一天曾去葡萄牙②他在那里看了一场斗牛赛,有6头斗牛被打死	被打死的斗牛

86 古代的瓷瓶

一天,一位少女神情忧郁地走进矢村侦探事务所,说有件非常棘手的事情请求他帮助。

原来少女父母双亡,留下一份颇丰的遗产,其中最有价值的是一只古代瓷瓶。不料,她的叔叔看中了这只瓷瓶,称愿花 1000 万日元的代价买下来。因是父母遗物,她没有同意。后来叔叔说,要她把瓷瓶借给他一天,让他从各个角度把瓷瓶拍下来,以便自己随时可以观赏,少女只好把瓷瓶借给了他。第二天,少女去叔叔家取瓷瓶时,叔叔却板下脸,说他昨天已经把 1000 万日元给她了,并说当时有女佣在场,可以作证。

矢村很同情少女的遭遇,就接受了少女的请求,他对少女说:"现在你陪我去见你叔叔。"

到了她叔叔家,叔叔指着那只瓷瓶,对矢村说:"这是我花了 1000 万日元从她手里买下来的。真奇怪,我明明是从皮夹里拿钱给她的,她怎么说我没有给她呢?好在我的女佣在场,她可以作证。"

"是的。"站在一旁的女佣接口说,"我亲眼所见,每张日元的面值都是一万元。"

矢村沉思片刻,又问女佣:"你确确实实看清了吗?"

"是的，我确实看得一清二楚。"

一听女佣斩钉截铁的回答，矢村就冷冷地对少女的叔叔说："姑娘说得对，你根本没有给她钱。如果你还坚持的话，那么，咱们就上法庭，我可以出示证据。"

果然，叔叔一听要上法庭，乖乖地把瓷瓶还给了少女。

矢村是怎么识破少女叔叔的谎言的？

·侦探小助理·

讲述人	时间	地点	事件	侦查手段	证据及线索	关键点
一名少女	某天	少女的叔叔家	少女的叔叔想花1000万日元买下少女的瓷瓶，没有付钱却称已付钱	询问、分析	①叔叔称曾从皮夹里拿1000万日元给少女②女仆说每张日元的面值都是一万元	日元

87 古老的壁画

考古学家维尔那教授，正艰难地行走在荒僻的山区里，他的身边，是一个皮肤黝黑的青年。他们背着沉重的器材，拉着旁边的树枝野藤，一步步手脚并用，在陡峭的山崖边小心翼翼地往前摸索。

这天早上，黑皮肤青年找到维尔那教授，神秘地说："昨天傍晚，我的一只羊走丢了，就在山上到处寻找，忽然发现一个山洞，我就走了进去。借着一点日光，看到洞壁上有很多画，可是看不清楚，洞里阴森森的，可怕极了，我就逃了出来。听说您是研究古代壁画的专家，我可以带您去。"维尔那教授一听，这也许是重大的考古发现啊，就马上答应了。他生怕别人知道以后，把功劳抢了去，就谁也没有告诉，跟着青年出发了。

几天过去了，维尔那教授一直没有回来，黑皮肤青年却来到考古研究所，拿出一张照片说："我在一个山洞里，发现了最古老的壁画，可以卖给你们。"研究所的专家一看，只见照片上是一面山洞的石壁，上面画着古代原始人类的生活场景：几只小鸟停在大树上，大树下面是飞奔的小鹿，有一群矮小的野人，正在追赶一只庞大的恐龙，还有太阳、月亮和星星。专家问："这张照片是哪里来的？"青年说："是一个考古学家拍的，他还说，这是最古老的壁画，很值钱的。"

专家听了，悄悄去报警："我们这里有一个骗子，他还可能谋杀了教授！"警察赶来了，马上对黑皮肤青年进行审问，结果查明了，是黑皮肤青年杀害了教授，还想用教授拍的照片来骗钱。专家为什么会发现黑皮肤青年是个骗子呢？

88 口袋里的金币

凌晨的时候，小镇的街上静悄悄的，空无一人。这天是星期天，又是阴冷的下雨天，大人们不用上班，小孩不用上学，现在都裹在温暖的被子里，呼呼地睡大觉。

老警长海金斯驾驶着警车，在大街上巡逻。密密的雨滴敲打着车窗玻璃，发出"啪啪"的响声。眼前变得很模糊。警长开亮了大灯，缓缓地行驶着。忽然，前面10多米远的地方，有一个黑影从墙角蹿出来，那是谁？海金斯警长踩了一下油门，快速追了过去。

那黑影穿过一条马路，拐进一个角落里。海金斯警长刹住车，打开车门，睁大眼睛一看，原来那是一条野狗，真是虚惊一场！他回到警车里，擦了擦脸上的雨水，自言自语地说："哎呀，年纪大了，眼睛不管用了，该退休啦！"

海金斯警长正要开车离开，忽然看见地上还有一个黑影。会不会看错了？他跳下车跑过去一看，原来是一个老头！经过检查，老头已经死亡，后脑勺上有一个窟窿，血流满地。外衣口袋里，有一枚金币和一张纸币。这时候，旁边有个人影一晃，原来是送奶工吉列。他弯腰一看老人，惊叫起来："哎呀！果然出事了！"警长问："你怎么知道他会出事的？"

吉列说："老头有一个坏习惯，喜欢把金币放在口袋里，弄得叮当响，好像很有钱。我警告过他，这会招来坏人抢劫的，刚才我看到他又在把口袋里的金币弄得叮当响……"

海金斯警长打断吉列的话说："你有杀害老人的嫌疑，请上警车吧！"

海金斯警长为什么怀疑吉列杀害了老人呢？

·侦探小助理·

讲述人	时间	地点	事件	侦查手段	证据及线索	关键点
送奶工吉列	凌晨	小镇的街上	一个老头死亡	现场查看、推理	①吉列说老人喜欢把金币放在口袋里，弄得叮当响②老人外衣口袋里有一枚金币和一张纸币	钱币

89 雨夜的报案

在一个风雨交加的深夜，大地笼罩在漆黑的夜幕中。小镇上的人家，都熄灯入睡了，只有几盏路灯，射出昏暗的灯光。这时候，警察局里却灯火通明，高斯警长和几个警员，正守候在电话机旁值班。因为根据经验，越是这样的天气，越容易发生案件。

果然，电话铃声响了。对方是一个男子，他好像受到了很大的惊吓，颤抖着声音说："警察局吗？不、不好了，我在……小镇的河边，发、发现了一具尸体……"高斯警长马上带上两个警员，驾着警车冲进雨幕，往河边飞驰而去。

在车灯的映照下，远远看见河边有一个人影，高斯警长他们下了车，打着手电筒，来到小河边。这时，他们看清了那个人影。他是一个瘦高个儿，

全身上下，从头发到衣裤，全都是水淋淋的，完全湿透了。他脸色苍白，神情很紧张。高斯警长拍拍他的肩头，让他先稳定一下情绪，自己蹲下来查看尸体。过了一会儿，瘦高个儿不那么紧张了，开始报告说："刚才我在河边走，忽然脚下一滑，跌进了河里，幸好我会游泳，游到岸边的时候，被什么东西绊了一下，仔细一看，竟然是一具男尸！"一个警员问："天这么暗，你看清是男尸吗？"瘦高个儿说："幸好我口袋里带着火柴，我划亮了火柴一看，他的脖子上有两道刀伤，浑身都是血，已经死了，我害怕极了，就赶紧跑到电话亭，给你们报案了。"

另一个警员还想问什么，高斯警长却果断地说："不用再问了，他就是犯罪嫌疑人，把他铐上，回警察局！"

为什么高斯警长会怀疑报案人就是凶手呢？

·侦探小助理·

讲述人	时间	地点	事件	侦查手段	证据及线索	关键点
瘦高个儿男子	风雨交加的深夜	小河边	河里有一具男尸	现场查看、推理	①瘦高个儿称自己跌进了河里②他划亮火柴看清死者	火柴

90 南美洲的大象

非洲撒哈拉沙漠，是世界上非常著名的沙漠探险地。为了能够征服它，无数的勇士来到这里，进行挑战极限的活动。

一天，负责救助的当地黑人警察布鲁姆和他的助手正在沙漠腹地开车进行巡视，突然，他看见沙漠中躺着两个人，布鲁姆急忙停下车，来到了两个躺着的人跟前。他用手一摸，发现两个人都早已死亡，两个人的背上都挨了数刀。

布鲁姆马上开始检查尸体，从两个人的兜里，布鲁姆发现了这两具尸体的身份：两个人都是美国人，住在纽约，是美国一家沙漠探险俱乐部的会员。

布鲁姆让助手继续清理现场，然后，他便将这两具尸体的资料传到了总部。总部马上通过国际电报，通报给了美国纽约警察局。

纽约警察局对这起案件极为重视，马上成立了专案组，由汉斯担任组长。

经过仔细的调查，汉斯认为死者之一的麦劳斯先生的侄子约翰有重大嫌疑。

于是，汉斯便驱车来到了约翰的住所。约翰很友好地接待了汉斯。他把汉斯让进屋里，然后问道："尊敬的汉斯先生，你找我有什么事吗？"

"是的，找你核实一件事。你叔叔麦劳斯先生最近去了哪里？"

"他去了非洲，又去探险了。"约翰回答道。

"我听说你也去了非洲，是陪你叔叔一同去的。"汉斯问道。

"不，我没有去非洲。本来我打算去的，可是，就在我要陪叔叔去非洲的时候，我的几个喜欢旅游的朋友硬要我陪他们一同去南美洲，我只好放弃了非洲，而去了南美洲。"

说到这，约翰从柜子里拿出了一张照片，又继续说道："你看，这是我在南美洲与大象照的合影！"

"够了，亲爱的约翰先生，我看你叔叔的死，就是与你有关。"接着，汉斯指着照片上的大象说了一番话，约翰不得不低下了头，并承认了杀死叔叔的真相。

汉斯讲了什么，约翰就承认了犯罪事实呢？

第三章

凶手到底是谁

血型辨凶手

这是个十分奇妙的案件。兄弟俩感情破裂，原因是为了争夺家产，见面也像仇人似的。

一天，哥哥被发现死在街头，而弟弟此后失踪。

警察在现场侦查，发现了以下一些资料：

死去的哥哥的血型是 A 型，而在他身上，还发现另外一些血液，是属于凶手的，则为 AB 型。

警察发现死者父亲的血型是 O 型，母亲的血型是 AB 型，但失踪的弟弟血型却不清楚。

凭以上的资料，你认为失踪的弟弟会不会是凶手呢？

·侦探小助理·

讲述人	时间	地点	事件	侦查手段	证据及线索	关键点
警察	某天	街头	哥哥死在街头，弟弟此后失踪	推理、分析	①哥哥的血型是 A 型②死者父亲的血型是 O 型，母亲的血型是 AB 型	血型

92 被毒死的伊凡

奥斯特、布莱尔、左拉和伊凡在一家饭店里围坐在一张正方形桌子旁用餐时，伊凡突然中毒身亡。对于警探的讯问，每人各提供了如下的两条供词：

奥斯特：（1）我坐在布莱尔的旁边。

（2）坐在我右侧的不是布莱尔就是左拉。这个人不可能毒死伊凡。

布莱尔：（3）我坐在左拉的旁边。

（4）不是奥斯特就是左拉坐在伊凡的右侧，这个人不可能毒死伊凡。

左拉：（5）我坐在伊凡的对面。

（6）如果我们当中只有一个人撒了谎，那个人就是毒死伊凡的凶手。

警探同为他们服务的侍者进行了交谈之后，如实地告诉他们：

（7）你们当中只有一个人撒了谎。

（8）你们当中的确有一个人毒死了伊凡。

这三人中究竟是谁毒死了伊凡？

93 哪个男人是凶手

四个嫌疑人排成一行，警察将让一位目击者从四人中辨认出凶手。目击者要寻找的男人，长得不高、不白、不瘦，也不漂亮。在这一排人之中：

（1）四个男人每人身旁都至少站着一个高个子。

（2）恰有三个男人每人身旁至少站着一个皮肤白皙的人。

（3）恰有两个男人每人身旁至少站着一个骨瘦如柴的人。

（4）恰有一个男人身旁至少站着一个长相漂亮的人。

在这四个男人中：

（5）第一个皮肤白皙，第二个骨瘦如柴，第三个身高过人，第四个长相漂亮。

（6）没有两个男人具有一个以上的共同特征（即高个儿、白皙、消瘦、漂亮）。

（7）只有一个男人具有两个以上的寻找特征（即不高、不白、不瘦、不漂亮）。此人便是目击者指认的罪犯。

你知道目击者指认的凶手是哪个人吗？

94 一桩奇特的凶杀案

一个酷热的晚上，发生了一宗奇特的凶杀案。一个中学的男教师，被人发现倒毙在地上，上身赤裸。

警方经过调查，发现死者是被人勒死的。据现场侦查警方很快就拘捕了两个嫌疑人物。

第一个，是死者的弟弟，他是个游手好闲的流氓，染上毒瘾，经常向他的哥哥索要钱财，两兄弟也发生过争吵。

第二个，是个被开除的学生的家长，他为人粗暴，脾气很差，他因儿子被开除而大发脾气，怀恨在心。

根据死者现场的环境，警方估计案情大概这样，死者在住所的窗前，看到来找他的人，于是开了门，结果却遭袭击身亡。

你认为，哪个人才是凶手呢？

侦探小助理

讲述人	时间	地点	事件	侦查手段	证据及线索	关键点
警方	一个酷热的晚上	死者的住所	中学男教师被人勒死	现场查看、推理	①两个嫌疑人中有一个作了案②死者当时上身赤裸	上身赤裸

95 死在阿尔卑斯山

在阿尔卑斯山顶的一间小木屋里，人们发现了一具尸体。法医解剖尸体后发现，其死亡时间在当日下午2点至2点30分之间。

死者名叫乔，他是和另外三人一同来登山的，而且这段时间没有其他人爬上过山顶。显然，这三个人中必定有一个是凶手。

不过，在面对警方的调查时，这三个人却都宣称他们当时不在山顶，而是在山脚下的旅馆里。

杰森说，他在正午时离开小屋，沿着山路下山，5 点多才到达旅馆。这是一段很难走的道路，杰森花了 5 小时 20 分，算是相当快的了。

罗伯特说，他和约翰在 1 点 30 分一同离开山顶，走了半个小时后来到一条岔路，罗伯特自己就用随身带的雪橇往下滑，4 点整到达旅馆。

而约翰则说，他本来也打算滑雪下去，不料他放在半山腰的滑板不见了，他只好走下山去。由于他在上一次登山中弄伤了腿，所以走得很慢，到达旅馆时已经 8 点多了。

他们说的话似乎都很合理。那么，究竟谁是凶手呢？为什么？

·侦探小助理·

讲述人	时间	地点	事件	侦查手段	证据及线索	关键点
警方	下午 2 点至 2 点 30 分之间	阿尔卑斯山顶的一间小木屋	乔的尸体在小木屋被发现	现场查看、推理	①杰森花了 5 小时 20 分下山②约翰放在半山腰的滑板不见了	作案时间

96 家庭凶杀案

家庭中发生凶案是件令人伤心的事情，而如果是自相残杀所引起的，就更令人悲痛。一个四口之家中便发生了这样令人难过的谋杀案。

调查结果是这样的，一对夫妇和他们的一儿一女中，有一个人杀死了另一个人，第三个人是谋杀的目击者，第四个人是从犯。此外，这四个人中：

（1）从犯和目击者是异性。

（2）年龄最大者和目击者是异性。

（3）年龄最小者和死者是异性。

（4）从犯比死者年龄大。

（5）父亲年龄最大。

（6）凶手不是年龄最小者。

请问，这家的四口人中，谁是凶手？

97 富豪被杀的真正原因

在一艘行驶在太平洋中的豪华游轮上，一位世界知名的富豪被人刺死在甲板上。警察认定杀人犯就在船上，因为船行驶在大洋上，杀人者根本无法偷偷潜入，并在作案后安全离开。

调查开始了。警察发现，这位富豪性格怪僻，能待在他身边的只有他的侄子和秘书。

在进一步调查后，警方断定凶手就是他们两人中的一个，因为其他人都没有单独和富豪接触的机会。

麻烦的是，这两人都有杀人的动机。

秘书与富豪早就貌合神离，最近由于富豪用金钱做诱饵，把秘书最喜欢的一个美女弄到了手，秘书更是对他怀恨在心。而富豪的侄子是一个花花公子，由于狂赌滥嫖，已经一贫如洗，所以整日追在富豪后面要钱，心里巴不得叔叔早点死掉，自己好继承遗产。

请问：到底谁是杀人凶手呢？

·侦探小助理·

讲述人	时间	地点	事件	侦查手段	证据及线索	关键点
警察	某天	一艘行驶的豪华游轮上	世界知名富豪被人刺死在甲板上	现场查看、推理	①两人的杀人动机②尸体在甲板上	甲板

98 四个高中生去野炊

4个高中生马克、威廉、汤姆和约翰一起到森林里去野餐。由于头一天下了雨，无法骑自行车，他们步行到了野餐地点。到吃饭时间时，他们发现装着食物的野餐篮丢了。

4个人商量了之后，马克、威廉、汤姆3人分头行事，而约翰留守。可是15分钟后马克等人回来时，却发现约翰竟然被人杀死了！

警察闻讯赶来，对这3个人进行了询问。

马克说，他拿了渔具到河边去钓鱼，但由于水太浑，一条也没钓到。

威廉说，他到附近去找找看有没有商店可以买吃的，但那些小店今天没有开门。

汤姆说，他到森林里去拾木柴准备回来生火。但他拾完木柴回来时，被一棵树绊倒了，木柴掉在了地上。他看到木柴全都湿了，又怕大家等得太久，就回来了。

警察看了看附近的地面说："没有别人来过这里。凶手就是你们3个中的一个。"

那么，究竟谁是凶手？

99 迅速破案

一天上午，汤姆和杰米去看望住在郊区别墅的辛普森太太。平常他们要进去都要按门铃，今天的门却是虚掩着的。汤姆和杰米推开门进去，在一楼餐厅里发现了辛普森太太的尸体，看上去，她已经遇害十多天了。

她是在用餐的时候遭到突然袭击的，一柄尖刀贯穿胸口，夺去了她的生命。凶手随后洗劫了整幢别墅。

汤姆和杰米伤感地坐在别墅前面的台阶上，送来的报纸堆满了整级台阶，而订阅它的人永远不会再读报了。别墅的台阶下，还放着两瓶早已过期的牛奶，也是辛普森太太定的。聪明的汤姆看到以后，马上就知道凶手是谁了。你知道吗？

·侦探小助理·

讲述人	时间	地点	事件	侦查手段	证据及线索	关键点
汤姆和杰米	一天上午	辛普森太太的家	辛普森太太已经遇害十多天了	现场查看、推理	①报纸堆满了整级台阶②台阶下还放着两瓶早已过期的牛奶	两瓶牛奶

100 大厦失火

深夜，某大厦失火。125房间里浓烟滚滚，住在一间套房里的郑小姐逃了出来；而另一面套房里的王小姐则被烧死在里面。

经过验尸，发现王小姐在起火前已经被刀刺中心脏而死。她的房间里还发现有一个定时引火装置。

郑小姐说："我因为有点事很晚才回去，看到王小姐已经睡了，就回自己房间里休息。刚刚睡下，我便感觉胸部郁闷而醒来，发现四周弥漫着烟雾，急忙大声喊叫王小姐，然后跑到室外。"

警察又找到平素与王小姐不睦的李先生。

李先生说："也难怪你们怀疑，我还收到一封恐吓信呢。"说着拿出一封信来，上面写有："我知道你是刺杀王小姐的凶手，如果不想被人知道，必须在明天下午6时，带上100万现款，到××车站的入口前。否则，有你好看。"这时，离案发时间只有1小时。

警察立即确定了凶手。你知道凶手是谁吗？

·侦探小助理·

讲述人	时间	地点	事件	侦查手段	证据及线索	关键点
郑小姐	深夜	某大厦125房间	王小姐被烧死在套房里，死前被刀刺中心脏	分析、推理	①李先生拿出的恐吓信里面的内容②当时离案发时间只有1小时	恐吓信

101 失窃的海洛因

一家综合医院里，深夜，罪犯潜入药房，从药品柜里盗走一大瓶只贴着化学式标签的海洛因。当时因被保安人员发现，所以罪犯用匕首刺死保安人员后逃走了。

经调查，找出两个嫌疑人；一个是刚来医院不久的实习医生，另一个是前几天才进医院的患者，是个青年农民。

作案现场的药品柜里摆着许多药瓶子，但罪犯只拿走了装着海洛因的瓶子。

试问，罪犯是谁呢？

102 双重间谍

一个刺探情报的罗马双重间谍R，不知被谁杀死了。他临死前，用身上的血写了一个"X"。据分析这个"X"指的是杀死他的人。而杀死他的人是这3个间谍（如图所示）中的一个。你知道是谁吗？

A间谍NW12号　　　　L间谍UP3号　　　　B间谍WY7号

103 致命的烧烤

这年的仲夏夜，某电器公司举行烧烤旅行，借此联络员工之间的感情。整晚烧烤，好多人疲态毕露，只有班域仍在继续烧烤，似未有疲态。此时，同事山姆兴高采烈地携着一只鲜活的肥兔来，对班域说："给你一份厚礼，是我在山上捉到的，味道应该不错！"

班域是个美食专家，对肉类最为喜爱。一看到眼前这只肥大的白兔，兴奋得立即用尖树枝穿着，烧熟吃了。不料，就在返回公司的途中，班域竟然在旅游大巴上暴毙了。警方验尸报告证实，死者是中毒而死的。

请你们推理一下谁是凶手，班域是如何中毒毙命的呢？

·侦探小助理·

讲述人	时间	地点	事件	侦查手段	证据及线索	关键点
山姆	仲夏夜	野外	班域吃烧烤后中毒而死	分析、推理	山姆给了班域一只鲜活的白兔	白兔

104 做贼心虚的约翰

一天，史密斯被人发现死在自己的家中。

警察经过勘查，断定属于谋杀案，于是波特警官打电话通知史密斯的家人。电话打到史密斯夫人的哥哥约翰家时，约翰接起了电话。波特警官说："约翰，我很遗憾地告诉你，你的妹夫被人谋杀了。"

"上帝，史密斯死了？他一定是得罪了什么人。波特警官，史密斯的脾气相当不好，两个月前他与我的大妹夫因为打牌输了500美元而发生争吵，上个月又因为金钱问题而与我的二妹夫差点动起手来……"

"约翰，你提供的信息很有价值，我待会将登门问你一些更详细的情况。"放下电话，波特警官对助手说："走，我们去逮捕约翰。"

你知道波特警官凭什么断定约翰是凶手吗？

·侦探小助理·

讲述人	时间	地点	事件	侦查手段	证据及线索	关键点
波特警官	某天	史密斯家中	史密斯被人杀死	询问、分析	约翰是史密斯夫人的哥哥，他还有其他的妹夫	妹夫

105 四名犯罪嫌疑人

一天早晨，在单身公寓 3 楼 301 室，好玩麻将的年轻数学教师被杀，是啤酒瓶子击中头部致死的。

在他的房内有一张麻将桌，丢着很多麻将牌，死者死时手里还摸着一张牌，大概是在断气前，想留下凶手的线索而抓住的。

被害人昨晚同朋友玩麻将，一直玩到夜里 10 点左右。这就是说，凶手是在等人都走了以后才下手的。

通过调查，警察找到了 4 名嫌疑犯。这 4 人都与被害人住在 3 楼。

他们是：住在 307 号房间的无业游民张某；住在 312 号房间的个体户钱某；住在 314 号房间的汽车司机孙某；住在 320 号房间的外地人陈某。

那么，凶手是谁?

106 心理学家的理论

有一位著名的心理学家兼精神病医生，他能够运用精神分析学说破案。

一天，维也纳警察局的警长请布利尔去聊天，正巧遇到一起案件。情况是这样的：

5 天前，郊外一户人家的漂亮女人被杀，现场没有凶手遗失的东西，只是在大门口拣到一支才吸了一两口的香烟。

现在，有两个人值得怀疑：一个是被害者的情人，音乐学校的学生。死者生前常常将此人带回家中。最近，被害人与他常发生争吵。另一犯罪嫌疑人是那一地区的缝纫机推销员。此人曾花言巧语引诱死者，但遭拒绝。这两人都有杀人嫌疑，但都缺少有力证据。

布利尔警长正准备做唇纹比对。这位心理学家说："即使不用这样，也可判明谁是杀人犯！"

那么，凶犯是谁呢？

·侦探小助理·

讲述人	时间	地点	事件	侦查手段	证据及线索	关键点
警长	某天	郊外一户人家中	一个漂亮女人被杀	分析、推理	①大门口有一支才吸了一两口的香烟②两名嫌疑人的身份	香烟

107 土耳其浴室

有一家土耳其浴室，自从开业以来，有四个人成了那里的常客，他们每星期四中午都会到这里来。

戴维是一位音乐家，他总是随身带着一个CD播放机听音乐。杰克是一位银行家，他总是带着一个保温杯，里面装着他最爱喝的饮料。吉姆和约翰都是律师，平时喜欢随身带本平装书。

有一天，在雾气腾腾的浴室里，人们发现约翰死了，一道深深的伤口贯穿他的心脏。

当时浴室里只有这四位常客。警方询问在场的其他三个人，他们都说自己没有看清楚究竟发生了什么。警方对浴室进行了彻底的搜查，现场也没有发现任何凶器。

那么，这究竟是怎么回事？约翰是被谁杀害的呢？

108 女儿的致命约会

仙蒂周末晚外出后，一夜没有回家。第二天有人发现她死在住所附近的公园内。

警察到仙蒂家中调查时，仙蒂的母亲哭得死去活来，因为她是家里的独女，而且是家庭的经济支柱。当仙蒂的母亲情绪较为稳定之后，对警察说道："我记起来了，昨天下午五点半左右，有一个男子打电话来，他自称是我女儿的男朋友，约她18时30分，在他公司楼下的公园见面。后来我女儿回来后，我告诉了她，她就换上衣服走了。"

"那人说过自己的姓名吗？"

"没有，他说我女儿会知道他是谁！"说完，她又伤心地哭起来。

警方搜查仙蒂的房间，结果找到一本电话簿，首页写着两个男子的姓名。两个人的职业分别是侦探社职员和电报局职员。

请你判断一下，如果上述两人其中有一个是凶手，会是谁呢？

·侦探小助理·

讲述人	时间	地点	事件	侦查手段	证据及线索	关键点
仙蒂的母亲	周末晚上	住所附近的公园	仙蒂被杀	分析、推理	①两个嫌疑人中有一个作了案②两人的职业特征	电报局职员的电话

109 小镇的烦心事

小镇的居民近来遇到了一大堆的烦心事，不但犯罪率居高不下，而且失业率高涨，更糟糕的是，公交公司的工人由于工资太低，正在罢工。一切似乎都乱了套，而让人们觉得雪上加霜的是，一向乐善好施的布莱克夫人竟然被杀害了！警方在现场拘捕了两个嫌疑人——流浪汉菲利普和银行职员托马斯。

菲利普的供词如下："我正在街上溜达，想找点吃的，突然听到一个妇女在尖叫。我跑过拐角，看到布莱克夫人躺在地上，托马斯正站在她身边。

他一看见我，立刻拔腿就跑。于是，我就打电话给警察了。"

托马斯则是这样说的："我正在坐公共汽车，准备去我常去的那家俱乐部找几个朋友玩扑克。刚下车，我就听到拐角处有人发出一声尖叫。我冲过去，看到菲利普正在用刀刺布莱克夫人的身体。我本想抓住他，但他却跑了。于是，我就叫了警察。"

根据供词，警方立刻发现了谁是凶手，并逮捕了他。

你知道凶手是谁吗？

110 一宗杀人案件

在一幢别墅里面，发生了一宗杀人案件。死者是一位富有的商人。

警方到达现场进行调查时，发现屋外栽有矮树，凶手已经逃走，于是便向周围的人进行调查。

一位在凶案发生时经过现场的男子，向警方提供了以下的线索：他经过现场，由屋外的磨砂玻璃向窗内观望时，见到有一阵阵的香烟由磨砂玻璃处显现，似乎有一个人在内吸烟，但他并未看清楚凶手的真正面目。

警方经过调查，发现凶案发生时，有两个可疑的人物进入了屋内，一个是4尺9寸高的阿伦，一个则是身高6尺的米高。但两人之中，只有一个是凶手。

请你运用自己的推理能力，确定谁是杀人凶手。

·侦探小助理·

讲述人	时间	地点	事件	侦查手段	证据及线索	关键点
一名男子	某天	一幢别墅里	一位富商被杀	分析、推理	①屋外栽有矮树 ②两个嫌疑人一个个儿高，一个个儿矮	身高

111 迷乱的时间

星期天傍晚，史密斯先生被人谋杀了。

目击者告诉警方，他们在傍晚 5 点 06 分时听到了三声枪响，并且看到了凶手的背影，看起来像是一个中年男人。警方经过调查，确定了三个嫌疑人。有趣的是，他们都是球队教练，其中 A 先生和 C 先生是足球教练，而 B 先生是橄榄球教练。

这三位教练的球队，星期天下午都参加了 3 点整开始的球赛。A 教练的球队是在离死者住所 10 分钟路程的体育场上争夺"法兰西杯"；B 教练的球队是在离史密斯先生家一个小时路程的球场上进行一场友谊赛；而 C 教练的球队是在离凶杀地点 20 分钟路程的体育场上参加冠军争夺赛。据了解，这三位教练在比赛结束之前都一直在赛场上指挥比赛，而且三场比赛都没有中断过。

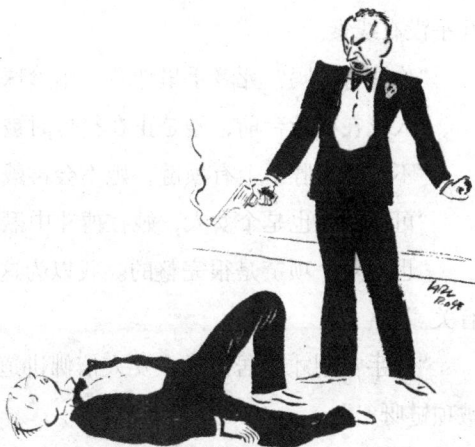

在警察局里，三位教练回答了警长的询问。当警长问他们各自的比赛结果时，A 教练回答说："我们和对手踢成了平局，1 比 1，最后不得不进行点球决胜负，还好我们赢了。"B 教练则叹了口气："我们打输了，比分是 6 比 15。"而 C 教练则满面喜色："3 比 1，我的球队最后夺得了冠军！"

警长听后想了想，朝其中的一位教练冷冷一笑："请你留下来，我们再聊聊好吗？"

后来经过审问得知，这位被扣留在警察局里的教练，正是枪杀史密斯先生的罪犯。

你知道他是谁吗？

·侦探小助理·

讲述人	时间	地点	事件	侦查手段	证据及线索	关键点
目击者	星期天傍晚	某地	史密斯先生被人谋杀	分析、推理	只有一个嫌疑人有作案时间	球类比赛时间

112 谋杀案

警察甲、乙在讨论刚接手的谋杀案。一个寡妇死在梳妆台前，头部被击，几乎没有线索。

"你注意了吗？死者手里抓着一串珍珠项链。"

"人死在梳妆台前，她是正在打扮时被害的，当然拿着项链了。"

"不，死者脖子上有项链，她不会再戴呀。"

"可能凶手也是个女人，她在搏斗中揪下了项链。"

"也不对，项链是很完整的。我以为这是死者在暗示什么，相信一定与凶手有关。"

"凶手？刚才邻居说这个女人信佛讲道，接触的除了和尚，就是算命的，谁戴项链呀？"

"谁戴……我好像明白了。"

请问：凶手是什么人呢？

113 案发时间

一天晚上，一位女作家被发现死在她的住宅中。从现场看，死者生前似乎正在书桌上写作，是被重击头部而死的。书桌上放着一个开着的应急灯，台灯是关着的。

警察问物业管理员是否停过电。管理员说："昨晚9点左右曾停了约一小时电。我想她大概是用应急灯照明写作时被害的，她每天很晚才关灯。"

警察又问："停电前后都有谁来过？"管理员回答："停电前死者的男友来过，停电后他匆忙离开了大厦，我想他一定是凶手。"

"那停电以后还有什么可疑的人出入吗？"警察又问道。

管理员仔细地想了想说："来电后有一名30岁左右的陌生男子从死者住的那层楼下来，但我不知道他有没有进过死者的房间。"警察听到这里已经知道谁是真凶了。

你知道吗？

·侦探小助理·

讲述人	时间	地点	事件	侦查手段	证据及线索	关键点
管理员	一天晚上	女作家的住宅中	女作家被重击头部而死	分析、推理	①当时晚上9点左右停了一小时电②应急灯开着，台灯关着	台灯

113 邮政局长被害案

退休的邮政局长汤逊，有每天早晨运动的习惯。这天早上，他在公园晨练时，被人袭击毙命。

警方的调查显示，这是一宗劫杀案，汤逊是被凶手用硬物击中后脑，受重伤致死的。凶手还从他身上掠去了所有的财物。

警方的调查又显示，是一个凶手单独作的案。

在一连串的详细侦查之后，警方发现了三个人有可能是凶犯：

A．麦根，他当日曾牵着狗在公园出现；

B．卡登夫人，她当日曾在公园织毛衣；

C．画家查理，他当日曾在公园写生。

警方相信，凶手是利用自己身边的工具袭击汤逊的。

现在，凭你的推理，你认为谁是凶手呢？他用了什么当凶器呢？

115 富家女遇难

亨利应一位富家独生女之邀，和她的堂姐以及堂姐的未婚夫——一个外科医生，4人一起到郊外的别墅野餐。

小巧轻盈的富家女，双亲都已去世，由她继承了巨额家产。到达别墅后，他们在庭院的草地上野餐。

他们带了3个大篮子，内中装满食物。吃饱后，篮子就被收到别墅中。

亨利在与堂姐谈天时，富家女和外科医生一起进了别墅。好久也不见他们出来。堂姐进屋察看，发现里面空无一人。当亨利也想进屋时，外科医生从另一边的树林里出来了。他一身泥巴，说刚才在摘野草莓。亨利问他富家女在哪里，他说在屋里。

然而当他们3人进屋去时，却无论如何也找不到富家女，而且门窗都是从里面锁住的。亨利找来找去，只是在走廊上捡到一块防水布片。3人失望地将别墅收拾整齐，把大篮子放回车上，离开了。

后来警察又进行了仔细的检查，只在浴室里看到了一点血迹。

富家女到哪里去了呢？她被谋杀了吗？尸体呢？凶手又是谁呢？

116 两个猎人的仇杀

在乡间的一片密林边，有一座低矮的小屋子，里面住着两个年轻的猎人，一个叫鲁本，一个叫内维尔。他们虽然住在一起，但从来不一起去狩猎。

这一年，内维尔在秋天捕猎丰厚，所以冬天就没有进山捕猎，而是在家生起了炭炉取暖。鲁本则冒着严寒，在林子里转了好几天，结果终于打到了一只豹子。他得意扬扬地拖着死豹子回家，想要好好地向内维尔炫耀一番。谁知道他刚刚推开房门，便"哇哇"乱叫着逃了出来。原来，内维尔趴在地上，早已死去了。

惊慌的鲁本连忙报了警。警察觉得内维尔的死因非常蹊跷，因为内维尔体格十分健壮，但他的尸体却面色发黑，好像中了毒。

警察在调查中了解到，这里几乎没有其他居民，而鲁本和内维尔两人性格都很倔强，经常为了谁先捕捉到猎物发生争执。到底鲁本是不是杀害内维尔的凶手呢？

侦探小助理

讲述人	时间	地点	事件	侦查手段	证据及线索	关键点
猎人鲁本	冬天	乡间密林边的一座低矮的小屋子	猎人内维尔死去	现场查看、分析	①内维尔面色发黑，好像中了毒 ②屋中生着炭炉取暖	中毒

117 恐怖枪击事件

一个星期前，B城的第一大街陆续发生了恐怖的枪击事件。凶手躲在大厦里，用红外线步枪瞄准街上的行人，并且当场打死三个无辜的人。凶手在行凶后迅速离开大厦，而附近的大厦实在太多，警方根本不可能对所有大厦的窗口实施监控。

经分析，凶手杀人完全是为了发泄，他还有可能继续作案。为了早日抓住凶手，警察装扮成路人、小贩、大楼管理员等，日夜监控整条大街的数十座大厦。可是，狡猾的凶手一连两个月没有作案，他好像空气一般消失了。大街上的一切又恢复了往日的和谐与美好。

这天中年，突然从银行大厦发出一声沉闷的枪声，正在过街的一位黑衣男士应声倒下。凶手又出现了！

警察在最短的时间里封锁了大厦，但是凶手还是混进了人群。经过调查，警察在十楼发现了弹壳和被丢弃的步枪，可以确定凶手是在十楼开的枪。

嫌犯共有五个人：一个是拳击教练，他是个枪械爱好者；一个是银行职员，他曾经是一名小口径步枪项目的射击运动员；第三个人是来银行办理业务的客户，他患有严重的糖尿病；第四个人是银行保安，但他的枪没动过；最后一个人是海员，他说自己是旅游的。他们五个人都坚持说自己是无辜的。

警长感到非常棘手，如果找不出证据，要逮捕这五个人是完全没有道理的；但要放走他们，万一凶手就是他们中的某个人呢？警长低头沉思。忽然，他发现被丢弃的步枪枪柄上有好多蚂蚁爬来爬去。警长立刻明白了什么，大声说："逮捕他，他就是罪犯！"

这个人是谁呢？

·侦探小助理·

讲述人	时间	地点	事件	侦查手段	证据及线索	关键点
警方	一天中午	B城第一大街	街上发生恐怖枪击事件	物证、分析	①五人中有一个是凶手②被丢弃的步枪枪柄上有好多蚂蚁	蚂蚁

118 无孔不入的特工暗杀

某国一重要人物前往某个海岛避难。他的行踪及住处受到严密的保护，以防特工人员暗杀。

但这位重要人物最终还是没有逃过特工的暗杀。据说被暗杀的当天，只有两位常来的来访者：一个是修理电扇、电话和电视的维修工；另一个是每隔一天就来给这位重要人物看牙的牙医。他俩都经过严格的搜查，没有发现携带任何凶器进入房间。

死者头部有一个弹孔，正是这颗子弹让这位重要人物丢掉性命。而更奇怪的是门也反锁着。看来，只有这两位嫌疑最大。

你能猜到是谁杀了重要人物吗？

119 聪明的探长

在村子里，苏珊是个很不讨人喜欢的人。所以当她死了的消息传来时，没什么人觉得惊讶。她是在教堂的停车场里被人谋杀的，当时教堂里面正在进行星期天的礼拜活动。警察在她的额头上看到了一个弹孔，子弹很明显是从旁边那座25米高的钟楼顶上射出来的。

当探长梅特雷到达现场时，他的助手已经确定了三个嫌疑人。

首先是惠特尼牧师。苏珊一向喜欢在教堂里炫耀自己，并不断嘲笑他人。很多人为了避免看到她，就不来教堂了。这使得惠特尼牧师非常恼火。

第二个是卡罗尔，苏珊的表妹。苏珊的母亲是卡罗尔的姨妈，她在去世之后给苏珊留了不少钱，所以苏珊一直在卡罗尔面前洋洋得意，卡罗尔因此怀恨在心。

最后一个是老兵维克多。他由于在战争中受伤，眼睛很不好，苏珊却老是讥笑他是个"瞎子"。对此他一直耿耿于怀。

助手汇报完了，梅特雷探长微微一笑："我知道谁是凶手了。"

凶手是谁呢？

讲述人	时间	地点	事件	侦查手段	证据及线索	关键点
探长梅特雷	某天	教堂的停车场	苏姗被人枪杀	分析、排除法	凶手为三个嫌疑人惠特尼牧师、表妹卡罗尔和老兵维克多之中的一个	证词

120 马戏团的凶案

城里来了一个马戏团，大家都去看他们的表演，其中驯兽师拉特跟老虎的表演最受欢迎，他和女朋友——金发女郎梅丽也很快成了大家都很熟悉的人物了。

这天清晨，马戏团里突然传来一声尖叫，大家闻讯赶去，发现拉特俯卧在干草堆上，后腰上有一大片血迹，一根锐利的冰锥就扎在他的腰上。在他旁边，身着表演服的梅丽正捂着脸低声哭泣。

警察很快来到了现场。

法医检查了拉特的尸体后告诉警官墨菲："死了大约有七八个小时了。也就是说，谋杀发生在半夜。"

墨菲转过身，看了一眼梅丽，说："请节哀。噢，对不起，你袖子上沾的是血迹吗？"

梅丽把她表演服的袖口转过来，只见上面有一道长长的血印。

"咦，"她看了一眼，"这一定是刚才在他身上蹭到的。"

墨菲问道："你知道有谁可能杀他吗？"

"不知道……"她答道，"但也许是赌场里的鲍勃。拉特欠了他一大笔钱。"

于是墨菲找到了鲍勃。鲍勃承认拉特欠了他大约 15000 美元，可同时发誓说他已有两天没见过拉特了。

墨菲很快就抓住了罪犯。你知道这个罪犯是谁吗？

·侦探小助理·

讲述人	时间	地点	事件	侦查手段	证据及线索	关键点
梅丽	一天清晨	马戏团的干草堆	拉特被冰锥刺死	现场查看、物证	①拉特已经死了大约七八个小时了②梅丽的表演服袖口上有一道长长的血印	血印

121 凶手可能是律师

深夜，街上发生了一起谋杀案，死者名叫查尔斯。警方在现场找到了一个律师常用的公文包，接着警方在现场附近拘捕了三个嫌疑人罗伯特、汉森和马修，而且确定这三人中肯定有一人是凶手。

他们三人所做的供词如下：

罗伯特：（1）我不是律师。（2）我没有谋杀查尔斯。

汉森：（3）我是个律师。（4）但是我没有杀害查尔斯。

马修：（5）我不是律师。（6）有一个律师杀了查尔斯。

警方最后发现：

Ⅰ.上述六条供词中只有两条是实话。

Ⅱ.这三个可疑对象中只有一个不是律师。

那么，究竟是谁杀害了查尔斯？

122 一起就餐

有一天，A、B、C、D四人一起在饭店里就餐。席间D突然跳起来，大叫一声："有人在饭菜中下毒！"刚说完他就倒地毙命。

警探当即传讯与他同桌共餐的三个人。在警察局里他们三人都被录了口供。由于每个被审问的人都说了两句真话，一句假话，使案情扑朔迷离，一时难以水落石出。

A说："我没有毒死D。""我是同C坐在一起的。""专职的服务员正在为我们上菜。"

B讲："D坐在我的对面。""现在我们又有了新的服务员。""服务员没有毒死D。"

C说："B没有犯罪。""是服务员毒死D的。""凶手就在我们中间。"

提示：A在说"专职的服务员正在为我们上菜"之前，说了一次谎话。如果你是警长，能否根据这些口供和提示，判断出A、B、C及服务员中谁是凶手吗？

123 一张秋天的照片

花海公寓环境优美，路的两边是高大的梧桐树，池塘边有婀娜的杨柳，屋前屋后到处是鲜艳的花，还有绿毯子一样的大草坪。到了春天，公寓就像淹没在花的海洋里。夏天来了，吃过晚饭以后，小伙子和姑娘们，拿着录音机，来到大草坪上跳舞唱歌；年轻的爸爸妈妈们，带着活蹦乱跳的孩子，到游泳池去游泳戏水；老人们则摇着扇子，来到树荫下，聊着古老的故事。

村井探长就住在这幢公寓里，不过他常常很晚才回家，看不到这番景象。今天，他忙完了工作，已经是11点多了，忽然，报警电话铃响了，有个男子报案，他的妻子被人杀害了！

村井探长问他的地址，真是太巧了，他就住在花海公寓302室，是村井的邻居。村井探长记得，男子个子不高，夫妻俩的关系似乎不太好，早上出门的时候，还听到他们在吵架。

他马上带着法医，赶到现场。经过检查，女主人是被勒死的，死亡时间是下午2点钟左右。

男主人说："最近我和妻子有些小矛盾，吃过午饭以后，我就一个人到公园里去散心，晚饭也没回来吃。刚才回到家里，发现妻子已经……"他伤心地说着。村井探长问："您下午到公园去，有什么证据吗？"男子拿出一张照片说："我心情不好，就特地在梅花鹿的前面，拍了这张照片。"村井探长一看，男子站在一只雄鹿的旁边，鹿角好像高高的树杈，显得那么威风，更加衬托出男子的矮小。

村井探长看着照片说："你就是凶手，快说实话吧！"

村井探长根据什么说男子是凶手呢？

·侦探小助理·

讲述人	时间	地点	事件	侦查手段	证据及线索	关键点
一名男子	夏天晚上11点多	花海公寓302室	女主人被勒死	物证、分析	①男子称其下午在公园里②他拍下了一只雄鹿的照片，鹿角好像高高的树杈	鹿角

124 谁是投毒凶手

一家酒店里有许多客人在悠闲地喝着香槟。中间的一张桌子上，3个男子正在谈笑风生。正在这时，酒馆内灯光突然灭了，到处一片黑暗。原来是停电了，酒馆老板急忙叫人点燃了蜡烛。点燃蜡烛后，人们继续喝酒交谈。忽然，中间那张桌子上的一位男子惨叫一声，倒在地上，气绝身亡了。

酒馆里出现如此重大的案件，这可了不得！酒馆老板急忙叫人报了警，并很快维持了秩序，不让人们走动，更不让人离开。

很快，大侦探希尔赶来了。他仔细检查了死者的酒杯，发现酒里有一种烈性的液体毒药。希尔知道，这种毒药一经接触人的食道，可以马上置人于死地。

希尔问酒店老板："今晚停电你们事先知道吗？"

"知道，前两天就在酒店门前贴了通知，我早有准备，所以准备了许多蜡烛。"

"如此看来，凶手是早有预谋的，他知道今晚要停电，便准备了毒药，在停电的瞬间把毒药放进了死者的杯子。死者并不知情，喝了杯中的酒，从而致死。"

希尔问清了案发的时间，又察看了这张桌子与其他桌子的距离，再仔细检查了四周地面，发现地上没有可疑物品，便断定凶手是同桌的人，否则不可能在一瞬间投毒。

于是，希尔要求同桌甲和乙掏出他们所有的物品。甲掏出的物品有：手表、手帕、香烟、火柴、现金；乙掏出的物品有：手表、手帕、口香糖、金笔、日记本和现金。

人们心想，这能看出什么呢？可是，希尔却指着乙说："是你害死了他！"乙听了大喊冤枉，其他人也觉得很奇怪。希尔为什么说是乙杀害了死者呢？

·侦探小助理·

讲述人	时间	地点	事件	侦查手段	证据及线索	关键点
酒馆老板	某天晚上	一家酒馆中间桌子旁	一个男子中毒身亡	物证、分析	①凶手为同桌两个嫌疑人中的一个②个人物品中有可以盛放毒品的	盛毒药的物品

125 替罪的瞎子

一天，一位瞎眼的中年男子来到县衙自首，说他因生气不慎失手打死了年老的父亲，要求胡县令给他治罪。胡县令听罢，便带领衙役一同去现场勘察。

到了瞎子家，只见一位白发老翁面朝黄土，倒在血泊中。胡县令验尸时，发现死者后脑勺有 3 处伤口，这些伤痕有规则地分开排列着，那老翁自然是招架不住来自 3 个不同部位的致命袭击。胡县令看到这一切，对瞎子说："你杀了人，是要抵罪的，你这一去可再也别想回来了。家里还有什么人？叫他来和你诀别！"

瞎子脸色阴沉，过了一会儿，才低声说："家里还有一个儿子。"胡县令便派人传唤他儿子来。

儿子来了，畏畏缩缩地站在瞎眼父亲身旁，一会儿看父亲，一会儿看众人，又不时瞟着倒在血泊中的祖父，双手不停地绞在一起。此时，胡县令大声说道："你们父子有什么话快说吧，今天可是最后的机会了。"

听罢这话，儿子抓住父亲的手，低头呜咽起来。父亲也哭着对儿子说："儿啊，以后可要好好做人。只要你今后好好过日子，父亲此去也没有什么牵挂了。不要想念我，我眼睛瞎了，也不值得想念。"说罢，瞎子就扭过脸去。那儿子神色凄然又慌乱。胡县令喝令儿子退下。

过了一会儿，胡县令又叫瞎子退下，传那儿子上来。胡县令铁青着脸，高声喝道："刚才你父亲把一切都招认了，是你打死了你祖父，还想让你父亲来抵罪。你知道该当何罪吗？还不快招供！"那儿子"扑通"一声跪倒在地，哆嗦着说："我确实打死了祖父，但我父亲去投案完全是他自己的主意，这跟我不相干，请大人饶命！"说完连连磕头。

原来他家共有 4 口人，他还有位叔叔，那老翁由于大儿子是瞎子，所以常常偏祖小儿子。这孙子就记恨在心。有一天，趁祖父一人在家的时候，孙子抱起石头砸死了祖父。父亲回来后知道了一切，不禁吓坏了，为了保住这条根，就想出了这么个替罪的主意。

胡县令是凭什么知道儿子是杀人凶手的呢？

·侦探小助理·

讲述人	时间	地点	事件	侦查手段	证据及线索	关键点
胡县令	某天	某地	一家中的祖父被打死	现场查看、分析	①祖父的后脑勺有3处伤口，伤痕规则②父亲是个瞎子	伤口

第四章

神探巧算计

126 一片沉寂

警长罗斯的别墅同哈利的寓所相距不远。一天夜里，突然一声枪响。罗斯闻声往外跑，正碰上哈利。哈利喊道："托尼被枪杀了！"

罗斯边走边听哈利诉说："托尼是我的客人。刚才我俩正看电视，突然电灯全灭了，我正要起身查看原因，前门开了，闯进一个人来，对着托尼开了两枪，没等我反应过来，那人已无影无踪了。"

进入寓所，罗斯发现房间里很黑，用手电照着托尼，他已死去。到车库里把被人拉开的电闸合上，房间里的灯立刻亮了。

第二天，名探洛克听着警长罗斯复述在现场所见，问道："开闸后电灯亮了，这时寓所里还有什么响动？"

罗斯说："一片沉寂。"

洛克说："够了。哈利涉嫌谋杀成立。"

请问：洛克为什么做出这一判断？

·侦探小助理·

讲述人	时间	地点	事件	侦查手段	证据及线索	关键点
警长罗斯	一天夜里	哈利的寓所	托尼被枪杀	现场查看、推理	①案发当时电闸被关上②电闸合上以后一片沉寂	电视

127 等鱼上钩

一日，张生投店住宿。半夜，有人用他的刀杀了店主，作案之后又把刀插回原鞘。

张生并未察觉，次日清晨就离开了客栈。天亮后，店里人见主人被害，把张生追回，查看佩刀，只见鲜血淋漓。张生瞠目结舌，无法辩白，被送到官府，重刑之下，只好招认店主是自己杀的。

主审官觉得有些可疑，便下令把当夜在店中的 15 岁以上的人都集中起来，然后又把他们放了，只留下一个老妇人。每天如此，几天之后，罪犯便自投罗网。

试问，这是什么道理呢？

128 寓所劫案

一个画家的寓所遭到抢劫，警方立即赶到现场。他们发现大门是开着的，就在他走进大厅时，突然听见从卧室传来阵阵痛苦的呻吟声，进去一看，原来画家身负重伤倒在地上。

画家忍痛发出微弱的声音："快……地道……"说着右手吃力地指向床底，警方随着他指的方向发现有一块板子，下面可能有地道，大概作案人是从这里逃出去的！但是警方却没有找到这个地道的开关。

就在这时，画家又用十分微弱的声音吃力地说道："……开……关……掀……米……勒……"说完就断气了。

警察反复地琢磨着"……开……关……掀……米……勒……"这句话，然后环顾了一下四周，发现房间里有一幅米勒的画像，还有一架钢琴。

警察立即认定开关设在米勒的画像后面。可是他们将画像掀开后，却没有找到开关。

就在这时候，一位警察灵机一动，找出开关之所在，并沿着地道一路追踪，将罪犯抓获。

请问，你知道地道的开关设在哪里了吗？

·侦探小助理·

讲述人	时间	地点	事件	侦查手段	证据及线索	关键点
一名画家	某天	画家的寓所	画家寓所遭到抢劫	人证、推理	①"开关掀米勒"②房间里有一幅米勒的画像，还有一架钢琴	琴键

129 不早不晚，正好7点

早晨，当埃里森探长赶到凶杀案现场时，屋里的挂钟正"当当"地响了七下。探长下意识地抬腕看了看自己的手表，不早不晚，正好7点。已在现场调查取证的一位侦探报告说："经过仔细检查，没有发现其他证据与线索，除了这盘磁带。它是最重要的证据，显示受害人被杀的时间是昨天晚上10点零6分。"

原来，侦探们接到报案赶到案发现场后，在一台收录机中发现了一盘未被取走的磁带。侦探们倒带听了一下录音，立刻就发现了这一重要线索。

"噢，那么准确？"埃里森探长随口问了一句。

"磁带中录的是昨晚曼联和阿森纳两支英超球队的比赛实况。就在曼联球员攻入制胜的第三个进球的时候，磁带中突然响起了枪声，一共是两声，接着就是一阵呻吟声。经与负责昨晚电视转播的电视台确认，当时的时间是10点零6分。"

"如果事情果然是这样的话，这是第二现场。"埃里森探长示意再听一下录音带。

"不会吧？我们听了好几遍了。"

请问：你知道埃里森探长为什么这么肯定吗？

·侦探小助理·

讲述人	时间	地点	事件	侦查手段	证据及线索	关键点
一位侦探	早晨7点	案件现场	凶杀案	物证、推理	①埃里森探长听到屋里的挂钟响了七下②磁带中录有球赛实况并且有枪声	钟声

130 "幽灵"的破绽

皇家大旅馆经理贝克斯刚要下班回家,襄理苏顿匆匆走进他的办公室,向他汇报说:"刚才接到警方通知,'旅馆幽灵'已经来到本市,可能住进我们的旅馆,让我们提高警惕。"

贝克斯一惊:"这个'幽灵'有什么特征?"

苏顿说:"据国际刑警组织掌握的材料,他身高在1.62米到1.68米之间。惯用的伎俩是不付账突然失踪,紧接着旅客发现大量钱财失窃。他还经常化名和化装。"

贝克斯摇摇头说:"我们该怎么办? 如果窃贼真的住在我们旅馆里的话,你要多加防范。昨天电影明星格兰包了一个大套间,她戴了那么多珠宝,肯定是个目标。大后天早晨还有8位阿拉伯酋长来住宿,你派人日夜监视,千万别出差错。"

"是的,我已经采取了措施。"苏顿说,"我们旅馆有4个单身旅客,身高都在1.62米到1.68米之间。第一个是从以色列来的斯坦纳先生,经营水果生意;第二个是从伦敦来的勃兰克先生,行踪有些诡秘;第三个是从科隆来的企业家比尔曼;第四个是从里斯本来的曼纽尔,身份不明。"

"这么说,其中每个人都有可能是'旅馆幽灵'?"

"可能,但您放心,我一定不让窃贼在这儿得手。"

第三天上午,8位阿拉伯酋长住进了旅馆。苏顿在离前台不远的地方执勤,暗中观察来往旅客。斯坦纳先生从楼上走到大厅,在沙发上坐下,取出放大镜照旧读他从以色列带来的《希伯来日报》。10点,勃兰克和曼纽尔相继离开了旅馆。10点10分,电影明星格兰小姐发现她的手镯、珠宝都不见了。苏顿顿时紧张起来,一边向警察报案,一边在思考谁是窃贼。

这时,他又把眼光落在斯坦纳身上。斯坦纳好像根本不知发生了什么事,仍正襟危坐,聚精会神地借助放大镜看他的报,从左到右一行一行往下移。突然,苏顿眼睛一亮,把斯坦纳请到了保卫部门。

一审讯,果然是斯坦纳作的案。

请问:苏顿是怎样看出斯坦纳伪装的破绽的?

131 小福尔摩斯

本杰明是一名普通的六年级学生。不过,他认为自己是个小福尔摩斯。一天,在路上散步时,他注意到有两个人正在争论着什么,就跑过去看看是怎么回事。本杰明认出这两个人是他的同学杰里米和雅各布。杰里米正在指责雅各布杀死了他最心爱的宠物——蟑螂!雅各布则辩解说:"今天早晨,杰里米让我帮他照看一下他的蟑螂,所以我一天都把它带在身边。大约半小时以前,我发现蟑螂好长时间没有动弹了。我拍了拍笼子,它毫无反应,于是我就打电话给杰里米。当时,蟑螂就像现在这个样子。可是,杰里米却说我杀了他的蟑螂。真是好心没好报!"

本杰明看了看背上还带有光泽的蟑螂尸体,想了一会儿,最终断定的确是雅各布杀死了蟑螂。

他是怎么知道的?

侦探小助理

讲述人	时间	地点	事件	侦查手段	证据及线索	关键点
杰里米	某天	路上	杰里米将宠物蟑螂交给雅各布照看,蟑螂死了	物证、分析	蟑螂显现出背上的光泽	蟑螂背部

132 特工间谍

有一条船,载着12个特工人员去执行一项秘密任务。

这12个特工人员是特殊挑选出来的,体重相同,互不相识。为了保持船体的平衡,他们分成3组,第一组A、B、C、D 4人坐在船头;第二组E、F、G、H坐在中间;第三组I、J、K、L坐在船尾。一开船,这12个特工中的头儿发现情况有异:船体朝前倾斜。他因此推测,这12个特工中,有一个是冒名顶替的敌方间谍,他的体重同选择的标准体重不一样。他立即和总部联系,他的推测得到了总部刚截获的情报的证实。但问题在于,总部并不能确定这个混入的间谍是谁。

特工头儿对此有丰富的经验。他只做了两次测试，就找出了这个冒名顶替者，还确定了其体重比标准是重还是轻。

请问：特工头儿是如何做的？

133 又是三个犯罪嫌疑人

法院开庭审理一起盗窃案件，3 个犯罪嫌疑人 A、B、C 被押上法庭。负责审理这个案件的法官是这样想的：肯提供真实情况的不可能是盗窃犯；与此相反，真正的盗窃犯为了掩盖罪行一定会编造口供。因此，他得出了这样的结论：说真话的肯定不是盗窃犯，说假话的肯定就是盗窃犯。审判的结果也证明了法官的这个想法是正确的。

审问开始了。

法官先问 A："你是怎样进行盗窃的？从实招来！" A 叽里咕噜地回答了法官的问题，因为他讲的是某地的方言，法官根本听不懂他讲的是什么意思。法官又问 B 和 C："刚才 A 是怎样回答我的提问的？" B 说："法官大人，A 的意思是说，他不是盗窃犯。" C 说："法官大人，A 刚才已经招供了，他承认自己就是盗窃犯。"

听了 B 和 C 的话之后，这位法官马上断定：B 无罪，C 是盗窃犯。

请问：法官为什么能根据 B 和 C 的回答做出这样的判断？ A 到底是不是盗窃犯呢？

134 拿走了一颗珍珠

侦探威尔正在因特网上冲浪，这时他的信箱里突然收到了一封紧急求救信。写信的是他的朋友百万富翁福斯特。

"威尔，我需要你的帮助。你知道，我有一个非常名贵的卢米埃尔首饰盒。这是著名的工艺大师卢米埃尔的杰作，在他去世之前，他总共只完成了四个这样的首饰盒。很幸运，我得到了其中的一个。我在首饰盒里放的是一串珍珠项圈，上面有整整 100 颗珍珠。我总是把锁首饰盒的金钥匙挂在脖子上。昨天我举办了一场宴会，其间把首饰盒拿出来给大家欣赏，因为它本身就是一件珍宝。然后，

有人想看看这个小小的首饰盒里面放的项圈。于是我拿出钥匙准备开盒子。令我惊讶的是,首饰盒上的金锁居然被乔坏了,好像有人想强行打开它一样!我的金钥匙不管用了,所以我只能把金锁撬开。项圈还在盒子里面,我松了一口气。不过你知道,我是个疑心很重的人,所以我又数了数项圈上面的珍珠。奇怪的是,只有99颗!我数了两遍,都是这样。那个窃贼一定是设法打开了首饰盒,同时还弄坏了那把很值钱的金锁,可是却只拿走了一颗珍珠,然后又把它锁上了。你说奇怪不奇怪?威尔,请帮帮我。我该怎么做呢?"

威尔读完了信,上网查了查关于卢米埃尔首饰盒的信息,并在一张纸上记下了三个名字。然后,他开车去了福斯特的别墅,向福斯特要了一份参加宴会的客人名单,与他自己的名单对了对。上面有一个名字是相同的。

威尔对福斯特说:"我认为这个人就是窃贼!"

威尔是怎么知道的?他手上的那份名单是什么?窃贼为什么只拿走了一颗珍珠?

·侦探小助理·

讲述人	时间	地点	事件	侦查手段	证据及线索	关键点
百万富翁福斯特	某天	一场宴会上	福斯特的珍珠项圈少了一颗珍珠	物证、情景再现	①首饰盒上的金锁不能用金钥匙打开②珍珠项圈上的珍珠只少了一颗	首饰盒

135 藏珠宝的罐头

一个夏日的清晨,波兰卡尔拉特市警方得到了可靠的情报,一个化名米希洛的法国走私集团的成员，从华沙市及维瓦尔市弄到许多珠宝，装在一只柠檬罐头里面企图蒙混出境。

该罪犯所带的罐头外形、商标和重量完全一样。为了查获珠宝罐头，女警官尼茨霍娃奉命前去海关协助检查。临行时，局长再三强调，一定不能损坏出境者的物品，以免万一判断失误，造成不良国际影响。

尼茨霍娃警官驱车来到海关后，开始注意带罐头的外国人。果然不出所料，"目标"已到了海关。在接受检查时，那个化名米希洛的人，出境时带着12只罐头，都是柠檬罐头。尼茨霍娃知道，靠摇晃罐头无济于事。于是她佯笑地问："先生，你带的全是柠檬果汁吗？"

"当然是。"米希洛彬彬有礼地含笑回答，毫无异色。

尼茨霍娃警官淡淡一笑，使了一招，然后取出其中一只罐头厉声问道："这只不是柠檬果汁！"打开一看，果然是珠宝。那个化名米希洛的走私犯呆若木鸡地低下了头。

你知道女警官尼茨霍娃采取什么妙法，查出了藏珠宝的柠檬罐头吗？

·侦探小助理·

讲述人	时间	地点	事件	侦查手段	证据及线索	关键点
警方	一个夏日的清晨	海关	嫌疑人走私珠宝	物证、分析	嫌疑人称所有罐头都是柠檬果汁	果汁罐头的特性

136 那个人就是罪犯

一天晚上，一位教犯罪学的女士阿格瑟从学校回家，途中发现一家珠宝店被抢。店员告诉她，抢劫犯是个身穿晚礼服的男子。

阿格瑟一面安排报警，一面查看了店的四周及那一段街道，发现一辆小车停在那里，一个人伏在方向盘上。她走上去，看见那个人确实穿着晚礼服。阿格瑟叩开车门，那个人从车内探出头来。

"我要调查一桩抢劫案"，她说，"警察马上就到。

请你告诉我，你在这里干什么？"

那人回答道："我在等我弟弟，我们将去参加一个婚礼。"

阿格瑟说："一个身着晚礼服的人抢劫了一家商店。"

那人气愤地说："那与我无关。假如我抢劫了珠宝店，难道我还会这样的装束，等你来抓我吗！"

阿格瑟说："走，到法庭去辩论吧！"

阿格瑟为什么这样说？

137 间谍

二战期间，各国间谍机构活动频繁，都希望在情报方面战胜对手，以利于在整个战争中获取主动。同时，反间谍机构也在积极活动。一次，盟军反间谍机关收审了一位自称是比利时北部的"流浪汉"，他的言谈举止使人怀疑，眼神也不像是农民特有的。

由此，法国反间谍军官吉姆斯认定他是德国间谍，可是他没有更有力的证据。吉姆斯决定打开这个缺口。

审讯开始了。吉姆斯提出的第一个问题是："会数数吗？"这个问题很简单，"流浪汉"用法语流利地数数，没有露出一丝破绽，甚至在说德语的人最容易说漏嘴的地方，他也能说得很熟练。于是，他被押回小屋去了。

过了一会儿，哨兵用德语大声喊："着火了！""流浪汉"仍然无动于衷，仿佛果真听不懂德语，照样睡他的觉。后来，吉姆斯又找来一位农民，和"流浪汉"谈论起庄稼的事，他谈得居然也颇在行，有的地方甚至比这位农民更懂行。看来吉姆斯凭外观判断的第一印象是不能成立的了。然而，这正是吉姆斯的高明之处。

第二天，"流浪汉"在被押进审讯室的时候，显得更加沉着、平静。吉姆斯似乎非常认真地审阅完一份文件，并在上面签字之后，抬起头突然说："好啦，我满意了，你可以走了，你自由了。"

"流浪汉"长长地松了口气，像放下一个沉重的包袱。他仰起脸，愉快地呼吸着自由的空气，兴奋之情溢于言表。

吉姆斯由此断定"流浪汉"是德国间谍。为什么？

讲述人	时间	地点	事件	侦查手段	证据及线索	关键点
吉姆斯	二战期间	审讯室	一名"流浪汉"被怀疑是德军间谍	观察、心理剖析	"流浪汉"按理不懂德语	表情

138 找到窃贼

美国 GH 公司的经理金斯先生从巴黎返回旧金山,他从机场直接回到公司,刚刚走进办公室,女秘书就跟进来说她女儿今天生日,特来请假回家。金斯掏出钱夹,从里面抽出 20 美元,让她给女儿买件生日礼物表示祝贺,顺手将钱夹放在桌上,然后打了几个电话,处理了这几天积压的工作,其间办公室里来人不断。金斯处理完工作回到家时,发现自己的钱包遗忘在办公室了。他急忙返回公司,这时离下班还有 10 分钟,全体员工仍在工作,金斯先生推开办公室的门,钱包还放在桌上,但里面 1.9 万美元和各种证件不翼而飞了。

金斯先生赶紧给他的好友劳思探长打电话,请他来帮助找回丢失的钱物。不一会儿,劳思赶到公司,说有办法找到窃贼。他将所有的员工召集起来,说:"今天你们的老板将钱包放在办公桌上,钱包里的钱和证件被人偷走了,遗憾的是窃贼不知道这是金斯先生设下的一个圈套,他想借此考察公司职员的忠诚。现在已经知道这个窃贼是谁了。"金斯接过话说:"我请劳思探长来,不仅要这个贼当众出丑,而且让大家明白法律对盗窃罪的严厉惩处。"话音刚落,场内一片喧哗。

劳思探长又说道:"现在我给每人发一根草棍,只有一根稍长一些,金斯先生已暗示我把这根草棍发给那个窃贼,你们互相比比草棍的长短,就知道谁是窃贼了。"

不一会儿，果真找出了窃贼，并从他的柜子中搜出了丢失的钱和证件。

劳思是怎样找到窃贼的？

·侦探小助理·

讲述人	时间	地点	事件	侦查手段	证据及线索	关键点
金斯先生	某天	金斯办公室	钱包里面的1.9万美元和各种证件不翼而飞	观察、心理剖析	劳斯探长说只给窃贼的草棍稍长一些	心理

139 警员与警长

傍晚，一位男士冲向马路中间拦车，原来是他母亲心脏病突然发作。一辆救护车从东向西飞驰而来，那男士拦下了车，可司机却说他们要去接一名生命垂危的病人，没时间救他母亲。这位男士便同司机大吵起来。

这时，一辆去城西堵截三名抢劫银行歹徒的警车正好经过，见这里交通堵塞，他们便去疏通。最后，司机只好让车上的两名医生下去，将昏迷的患者抬上担架。

当警长看到患者被头朝外、脚朝里地抬上救护车时，立即下令将他们抓了起来，并从车上的急救箱中搜出整捆的钞票。原来他们就是那三名抢劫犯。

事后，警员们问警长："你怎么知道他们就是歹徒呢？"

警长微笑着说："这是一个常识性的问题，你们自己去想吧！"

140 赃物藏在何处

在打击贩毒分子的活动中，警方歼灭了一个犯罪团伙，在罪犯的口袋中，警方搜到一张纸条，上写："×日下午3点，货在×区云杉树顶。"警方迅速赶到现场查看，发现这棵树并不高，而且货物明显不在树顶。于是，他们重新认真推敲那句话的意思，最后终于在正确的位置将货物取出。你知道正确位置是哪里吗？

141 银行抢劫案

一家银行发生了一起抢劫案，劫匪抢走了保险柜里的几万美元，然后劫持了银行的助理会计斯通先生，坐进小汽车里逃跑了。

不久，警察接到电话，是斯通先生打来的，他说自己已经成功地从劫匪那儿逃跑了。他向警长讲述了自己的经历："我刚走进银行，三个蒙面的劫匪就冲了过来，用枪指着我，逼我打开了银行的保险柜。他们把里面的钱洗劫一空之后，还把我拖上汽车，然后就发动汽车向外逃走了。"

"那你是怎么逃出来的呢？"警长问道。

"离开银行之后，一个劫匪就把抢来的钱从银行的钱袋里倒出来，放到一个他们自己准备的包裹里。然后，他们把钱袋扔出了车窗。又过了两个街区，正好碰上了红灯，车子停住了。我瞅准机会，突然打开车门，从车里跳了出来，然后飞快地跑到最近的一所房子里。很幸运，劫匪没有追赶我，他们继续逃跑了。"

"请你领我们沿着刚才劫匪逃跑的路线回到银行去，看看路上有什么线索吧。"

"好的。"斯通先生说完，跟着警长坐进警车，往银行的方向开去。不久他叫了起来："就是这里！钱袋就在这里！"他们停下车，捡起钱袋，然后继续往银行开去。过了几分钟，他们来到了一个红绿灯前。"这就是我逃跑的地方。"斯通先生说。

回到银行后，警长拿出手铐，将斯通先生铐了起来。"别再编造故事了，快告诉我们你是如何勾结劫匪抢银行的吧！"

警长为什么那么肯定斯通先生参与了这起抢劫案？

·侦探小助理·

讲述人	时间	地点	事件	侦查手段	证据及线索	关键点
助理会计斯通	某天	一家银行	劫匪抢走了保险柜里的几万美元，并挟持了斯通	情景再现、推理	斯通描述的劫匪的动作顺序	钱袋位置

142 谁是劫匪

　　警官墨菲在街上巡逻时忽然听到争吵声。于是他上前查看，原来有两个男子正在争夺一块手表。这两个男子中有一个身体强壮，穿着十分得体，好像是个白领；而另外那人则身体消瘦，还穿着一条短裤，看模样像是一个蓝领工人。

　　看到墨菲，两人连忙停手，转而向墨菲诉说起事情的经过。身体消瘦的男子说："我下班回家时，这个人突然走过来，想强抢我的手表。"身体强壮的男子则对墨菲说："你不要相信他的鬼话。这只手表很名贵，这个人怎么有资格戴呢？"

　　墨菲仔细看了看这两个男子，然后拿起手表看了看。接着，他将手表交给身体消瘦的男子，并掏出手铐，铐住了身体强壮的男子。

　　请问：墨菲为什么能断定身体强壮的男子是劫匪？

143 谍报员面对定时炸弹

　　某谍报员正躺在床上看杂志，突然觉得耳边有一种奇怪的声音在响，起初还以为听错了，可总觉得有时针走动的声音。枕头旁的闹表是数字式的，所以不会有声响。突然，一种不祥之兆涌向心头，谍报员顿时不安起来，马上翻身起来查看。

果然不出所料，床下被安放了炸弹，是一颗接在闹表上的定时炸弹。一定是白天谍报员外出不在时，特务潜进来放置的。这是一种常见的老式闹表，定时指针正指着 4 点 30 分。现在距离爆炸时间，只剩下五分钟。

闹表和炸弹被用黏合剂固定在地板上，根本拿不下来。闹表和炸弹的线，也被穿在铝带中用黏合剂牢牢粘在地板上，根本无法用钳子取下切断。而且，闹表的后盖也被封住了，真是个不留丝毫空子的老手。

谍报员有些着急了。这间屋子是公寓的 5 层，不能一个人逃离了事。如果定时炸弹爆炸，会给居民带来很大的惊慌。时间一分一秒地过去，谍报员决定自行拆除，他钻进床下，用指尖轻轻敲动闹表字盘的外壳。外壳是透明塑料而不是玻璃制的，可并非轻易就能取下来。万一不小心，会接通电流，就会有提前引爆炸弹的危险。

谍报员思索了一下，突然计上心来。在炸弹即将爆炸的前一分钟，终于拆除了定时装置。你知道谍报员采用的是什么方法吗？

144 大侦探罗波

这是个蓝色的、明亮的夜晚。

大侦探罗波正驾着一辆小轿车在郊外的大道上飞驰。在明亮的车前大灯的照耀下，他猛然发觉有个男子正匆匆地穿越公路，只得"嘎"地一下急刹住车。

那男子吓得像定身法似的在他的车前站住了。

罗波跳下车关切地问道："您没事吧？"

那人喘着粗气说："我倒没事。可是那边有个人正倒在动物园里，他恐怕已经死了，所以我正急着要去报案。"

"我是侦探罗波，你叫什么名字？"

"查理·泰勒。"

"好，查理，你领我去看看尸体。"

在距公路大约一百米处。一个身穿门卫制服的男子倒在血泊之中。

罗波仔细验看了一下说："他是背后中弹的，刚死不久。你认识他吗？"

查理说："我不认识。""请你讲讲刚才所看到的情况。""几分钟前，我在路边散步时，一辆小车从我身边擦过，那车开得很慢。后来我看到那车子的尾灯亮了，接着听到一声长颈鹿的嘶鸣，我往鹿圈那边望去，只见一只长颈鹿在圈里转圈狂奔，然后突然倒下。于是，我过去看个究竟，结果被这个人绊了一跤。"

罗波和那人翻过栅栏，跪在受伤的长颈鹿前仔细察看，发现子弹打伤了它的颈部。

查理说："我想可能是这样，凶手第一枪没打中人，却打伤了长颈鹿，于是又开了一枪，才打死了这人。"

罗波说："正是这样，不过有一件事你没讲实话：你并不是跑去报警，而是想逃跑！"

"奇怪！我为什么要逃跑呢？"查理莫名其妙地说，"我又不是凶手。"

罗波一边拿出手铐把查理铐起来，一边说："你是凶手，跟我走吧！"

后来一审查，查理果然是凶手。可是罗波当时怎么知道他就是凶手呢？

·侦探小助理·

讲述人	时间	地点	事件	侦查手段	证据及线索	关键点
查理	明亮的夜晚	动物园	一名身穿门卫制服的男子背后中弹而死	情景再现、推理	查理称听到过一声长颈鹿的嘶鸣	长颈鹿

145 聪明的谍报员

秘密谍报员马克来到夏威夷度假。这天，他在下榻的宾馆洗澡，足足泡了20分钟后，才拔掉澡盆的塞子，看着盆里的水位下降，在排水口处形成漩涡。漂浮在水面上的两根头发在漩涡里好像钟表的两个指针一样，呈顺时针旋转着被吸进下水道里。

从浴室出来，马克边用浴巾擦身，边喝着服务员送来的香槟酒，突然感到一阵头晕，随之就困倦起来。这时他才发觉香槟酒里放了麻醉药，但为时已晚，酒杯掉在地上，他也失去了知觉。不知睡了多长时间，马克猛地清醒过来，发觉自己被换上了睡衣躺在床上。床铺和房间的样子也完全变样了。他从床上跳下地找自己的衣服，也没有找到。

"我这是在哪里呀！"

写字台上放着一张纸，上面写着："我们的一个工作人员在贵国被捕，想用你来交换。现正在交涉之中，不久就会得到答复。望你耐心等待，不准走出房间。吃的、用的房间内一应俱全。"

马克立刻思索起来。最近，本国情报总部的确秘密逮捕了几个敌方间谍。其中能与自己对等交换的只有两个人，一个是加拿大的，另一个是新西兰的。那么，自己现在是在加拿大呢，还是在新西兰？

房间和浴室一样都没有窗户，温度及湿度是空调控制的。他甚至无法分辨白天还是黑夜，就像置身于宇宙飞船的密封室里一样。

饭后，马克走进浴室，泡了好长时间，身体都泡得松软了。他拔掉塞子看着水位下降。他见一根头发在打着旋儿呈逆时针旋转着被吸进下水道。他突然想到了在夏威夷宾馆里洗澡的情景，情不自禁地嘀咕道："噢，明白了。"

请问：马克明白自己被监禁在什么地方了吗？证据是什么？

·侦探小助理·

讲述人	时间	地点	事件	侦查手段	证据及线索	关键点
谍报员马克	某天	夏威夷一家酒店	马克不知自己被敌方关在哪里	现场查看、分析	①谍报员所在位置是加拿大和新西兰中的一个②浴室里的水呈逆时针旋转	水流

146 第一感觉

一天，一个侦探正走在一个大型旅馆的走廊上，突然，他听到一个女人的尖叫声："看在上帝的分上，别开枪，约翰！"紧接着是一声枪响。

他立刻跑向传出枪声的房间，冲了进去。房间的一个角落里躺着一个妇女，子弹射穿了她的心脏，一把枪掉在房间中央的地上。

房间的另一侧站着一个邮差、一个律师和一个会计师。侦探只看了看他们，就一把抓住邮差说："我将以谋杀的罪名逮捕你。"

确实是这个邮差谋杀了那个妇女，但此前这个侦探没有见过这个房间里的任何一个人，他是怎么知道的呢？

147 究竟发生了什么

侦探波洛接到了朋友杜弗斯打来的电话，杜弗斯对他说："你一定得过来帮帮我，我刚才被一个窃贼打得人事不知。"

波洛踩着厚厚的积雪，来到杜弗斯的家里。杜弗斯正躲在一把宽大的沙发椅里。"好了，告诉我到底发生了什么。"

"你知道，我的谷仓已经空了好些年了。可是刚才，我突然听到谷仓那里不时地传来一阵阵的声音，好像有人在敲打谷仓的门似的。我走出去，想看看是不是有人在那儿，顺便检查了一下门上的锁。一切看起来都很正常。可是当我往回走的时候，我被窃贼在头上敲了一下，倒在了地上。一醒过来，我就赶紧给你打电话。"

波洛往窗外望去，在漫天飞雪之中，他清楚地看到了谷仓门口杜弗斯刚才留下的痕迹。"根本没有什么窃贼，杜弗斯。让我告诉你究竟发生了什么。"

那么，究竟发生了什么呢？

·侦探小助理·

讲述人	时间	地点	事件	侦查手段	证据及线索	关键点
杜弗斯	一个下雪天	杜弗斯的家	杜弗斯称出门被窃贼将头敲昏	现场查看、分析	①杜弗斯听到好像有人在敲打谷仓，却一切正常②当时是下雪的冬季	雪

148 柯南的暗示

从前，有个十分聪明的孩子叫柯南。一次，他和父亲出门去外地，住在一家旅店里。可到了半夜的时候，有一个强盗手持钢刀闯进了他们的房间，并用刀逼迫柯南和他的父亲交出财物，否则就要对他们行凶。

这时，打更的梆子声由远而近地传来，心虚的强盗就催促假装在找东西的柯南赶快交出财物。可柯南却告诉强盗，如果着急的话就必须允许自己点亮灯盏来找。于是，就在打更的梆子声在房间的门外响起的时候，柯南点亮了灯盏，并把父亲藏在枕头下面的钱交给了强盗。可就在这个时候，门外的更夫却突然大声地发出了"抓强盗"的喊叫声，很快，人们就冲进了房间，抓住了还来不及跑掉的强盗。

你能想到柯南是怎样为走在门外的更夫做出屋里有强盗的暗示的吗？

149 老地质队员遇难

一个初秋的早晨，在森林里一棵大树下的帐篷里，人们发现了失踪的老地质队员的尸体，他好像是在这儿被人杀死的。

然而，公安人员得知他是个老地质队员后，只看了一眼现场，就马上下了结论："罪犯是在其他地方作的案，然后又将尸体转移到这里来，伪装成死者在帐篷里被杀的假象。"

此结论的理由何在？

·侦探小助理·

讲述人	时间	地点	事件	侦查手段	证据及线索	关键点
公安人员	一个初秋的早餐	野外的帐篷里	老地质队员被人杀死	现场查看、分析	老地质队员的尸体在一棵大树下的帐篷里	帐篷位置

150 聪明的警长

海滨的一幢房子发生了盗窃案。警方接报后，立即赶往现场调查，并在附近拘捕了两个可疑人物。面对警长的询问，第一个人掏出了他的护照，声称自己是一个游客，与盗窃案毫无关联。而第二个人则不停地用手指比画出各种手势，嘴里还发出呀呀声，表明自己是个聋哑人。警察局的所有警察都不懂手语，无法进一步询问。正在不知所措时，警长对两个犯罪嫌疑人说了一句话，他们都不约而同地站起身来。这时，警长立即知道谁是小偷了。

警长究竟说了一句什么话呢？

151 粗心的警察

一天清晨，某商店老板被杀后，一个粗心的警察在死者衣袋里发现了一块高级怀表，然而当时已经停止了运行。

无疑，表针所指示的时间是一个非常重要的线索。可是，那警察竟胡乱地把怀表的指针拨弄了几圈。侦探长问他是否记得拨弄前时针所指示的钟点。那个警察报告说："具体时间没有看清楚，但有一点我印象十分深刻，就是在我拨弄表之前，这块表的时针和分针正好重叠在一起，而秒针却停留在表面一个有斑点的地方。"于是，侦探长看了看怀表，发现表面有斑点的地方是49秒。他立刻拿出纸和笔计算了一下，很快就确定了案发的确切时间，从而缩小了破案范围。

请问：你知道那块怀表的指针之前究竟停在什么时刻吗？

·侦探小助理·

讲述人	时间	地点	事件	侦查手段	证据及线索	关键点
警察	一天清晨	某地	一个商店老板被杀	数学分析、推理	拨表之前表的时针和分针正好重叠在一起，而秒针停留在49秒的位置	表针

152 凶手就是他

日本一名私家女侦探在泰国调查一起黑帮凶杀案时，在她所住的饭店里被枪杀。附近警长带助手赶到现场，只见女侦探倒在窗下，胸部中了两枪，手里紧握着一支口红。

警长撩起她背后的窗帘一看，在玻璃上留着一行用口红写下的数字：809。他又从女侦探的提包中找出一张卷得很紧的小纸条，纸条上写着："已查到三名犯罪嫌疑人，其中一人是凶手。这三人是：代号608的光，代号906的岛，代号806的刚。"

警长沉思片刻，指着纸条上的一个人说："凶手就是他！"根据警长的推断，警方很快将凶手缉拿归案。

153 哪一间房

一日，警探史蒂夫来到某饭店，准备参加朋友的婚礼，就在抵达该饭店的大厅时，他临时获得一个线报：有一对警方已经通缉多时的夫妻，正投宿在该饭店的三楼。为了避免惊动这对鸳鸯大盗，史蒂夫决定自己捉拿他们。他向饭店的前台工作人员出示了证件，查看了饭店的住宿记录，发

现三楼有三间房间有人住。这三间房分别有两男、两女以及一男一女住宿，计算机上显示出的记录是："301——男、男"；"303——女、女"；"305——男、女"。

史蒂夫心想："看来，这对鸳鸯大盗一定是在305房间。"于是，他火速冲到三楼，准备一举捉拿他们。

然而，就在史蒂夫要撞破305号房门时，饭店经理突然出现了。经理把他拉到一旁，悄声对他说："其实，住宿记录已经被人窜改过了！计算机上的显示和房间里住客的身份是完全不符的。"

史蒂夫想了一会儿，只敲了其中的一个房门，听到里面的一声回答，就完全搞清楚三个房间里的人员情况了。

请问：史蒂夫到底敲了哪一间房门呢？

·侦探小助理·

讲述人	时间	地点	事件	侦查手段	证据及线索	关键点
饭店经理	某天	某饭店	一对被通缉的鸳鸯大盗住在饭店，住宿记录被人窜改	分析、推理	①住宿记录被窜改②三个房间完全被窜改	住宿记录

154 侦探波洛

侦探波洛走进了豪华的"东方快车"的包厢，发现里面已经坐着三个人。一个是英俊的小伙子查尔斯，他背着一支猎枪，说是要去阿尔卑斯山打猎。另外两个都是美丽的姑娘，她们的名字分别是伊丽莎白和罗丝。波洛很快就看出来，两个姑娘都十分喜欢这位年轻人，而他却似乎拿不定主意去追求哪个女孩。

这天夜里，一件不幸的事情突然发生了。当时，车厢里的人都昏昏欲睡。突然，一声枪响，罗丝倒在了车厢的地板上，原来，一颗子弹击中了她。

大家都被惊醒了。波洛反应最快，在别人都还没有来得及弄明白出了什么事之前，他已经一把将罗丝抱了起来，送进了列车的急救室。过了一会儿，他走了出来，对伊丽莎白和查尔斯说："她没什么大事，只是脚上受了点伤，医生已经给她包扎好了。对了，你们刚才听到什么动静没有？"

伊丽莎白和查尔斯异口同声地说："没有，我睡着了。"

"还有，她穿的鞋被打坏了，得给她送只鞋去。"

伊丽莎白赶紧回到车厢，找出了一只右脚的鞋，向急救室走去。

谁知这时波洛厉声喊住了她："别去了，还是先告诉我你为什么要故意打伤她吧！"

波洛为什么这样说呢？

155 聪明的珍妮

珍妮姑娘现在浑身颤抖，眼前的那个女人好像是受通缉的维朗尼卡·科特！

这是在湖滨旅馆，珍妮姑娘乘电梯看见一对穿着入时的夫妇时吃了一惊。他俩虽然戴上大号的太阳镜，但那女人的嘴形和步态，让珍妮姑娘想起一部新上映的电影。电影里的那个女人叫维朗妮卡·科特，此刻，她正在被通缉，因为她和一次爆炸事件有牵连，在那次事件中有三人丧生。

珍妮姑娘走进自己的房间时，看见那对夫妇走进了隔壁房间。

珍妮想："说不定，她并不是维朗尼卡·科持。假如没弄清事情，就请警察来打扰这对正在海滨好好度假的年轻人，真有点不忍心。不过，如果我能弄清楚他们在说什么，那倒可以给我提供一些线索。"

她贴近墙壁，但只能听到一些分辨不清的微弱声音。她把一个玻璃杯反扣在粉红色的墙纸上，结果仍然听不到什么。

她给服务台挂了个电话。

一会儿，科尔医生带着一个黑色的小提包走了进来。珍妮向他解释自己的疑虑和打算。那人耸了耸肩说："可能不行吧。"

珍妮说："这种办法也许行。事关重大，还是试试吧。"

她从科尔的提包里取出一个东西，用它贴着墙壁，想偷听隔壁房间的谈话内容。啊，听清了！

他们果真是科特夫妇，正在商量如何赶一趟飞往阿根廷的班机，以便脱离被逮捕的危险。

于是珍妮马上给警察局挂了电话。当天晚上，电视新闻的头条消息是：科特夫妇在湖滨旅馆被捉拿归案。

你知道，聪明的珍妮从科尔的提包里拿出的是什么东西吗？

·侦探小助理·

讲述人	时间	地点	事件	侦查手段	证据及线索	关键点
珍妮	某天	湖滨旅馆	珍妮发现了一名爆炸案嫌疑人	现场查看、制作工具	科尔是名医生，带着提包	医生工具

156 明断银圆案

商人外出，把一坛封口的银圆说成是红枣，托邻居保存。商人外出好几年没回来。一天，邻居打开坛子，把银圆拿走了。

听说商人回来了，邻居在坛子里装上红枣，封口后还给商人。商人打开一看，呀，银圆变成了红枣，就问："坛子里的银圆呢？"邻居不承认，于是两人吵起来，一同去见县官。

县官审问那邻居。邻居说："他把坛子交给我时说的是红枣呀！"县官仔细看了看红枣，把桌子一拍，要这邻居快把银圆交出来。这邻居大喊冤枉。县官摆出事实，他才低头认错，乖乖地把一坛子银圆还给商人。

请问，县官是凭什么判断出来的？

157 罪犯逃向

一天下午，在两名警察的协助下，探长西科尔和助手丹顿小姐于森林公路中段截获了一辆走私微型冲锋枪的卡车。经过一场激烈的搏斗，4名黑社会成员有3名当场被擒获，然而首犯巴尔肯被丹顿小姐的手枪击中左腿后，逃入密林深处。

西科尔探长立即命令两位地方警察押送被擒的罪犯前往市警署，自己带领丹顿小姐深入密林追捕巴尔肯。

进入密林后，两人沿着血迹仔细搜捕。突然，从不远处传来一声沉闷的猎枪射击声和一阵不规则的动物奔跑声。想必这只动物已经受了伤。果然，当西科尔和丹顿小姐持枪追赶到一块较宽敞的三岔路口时，一行血迹竟变成了两行近似交叉的血迹左右分道而去。显然，逃犯和受伤的动物不在同一道上逃命。

怎么办？哪一行是逃犯的血迹？丹顿小姐看着，有些懊丧起来。但西科尔探长却用一个简单的方法，便鉴别出了逃犯的去向，最终将其擒获。

请问，西科尔探长是怎样鉴别出逃犯的血迹的？

·侦探小助理·

讲述人	时间	地点	事件	侦查手段	证据及线索	关键点
丹顿小姐	一天下午	森林公园的密林	探长西科尔和助手丹顿小姐追踪罪犯	现场查看、生物分析	罪犯的血迹与动物的血迹不同	血迹

158 衣柜里的女尸

一位富翁晚年得女，将女儿视为掌上明珠。不幸的是，有一天她被人绑架，数日后，附近一幢别墅的户主发现了尸体。

别墅的户主对警方说："我是做船务生意的，经常外出。我妻子和儿子都在国外，这房子大概有两年没人住了。昨天晚上我返港，早上特意回来取一些衣物，没想到在衣柜里发现了这具女尸。"

警方听完户主的话，将衣柜仔细检查了一遍，发现衣柜里放了不少樟脑丸，于是立即逮捕了别墅户主。

你知道其中的原因吗？

·侦探小助理·

讲述人	时间	地点	事件	侦查手段	证据及线索	关键点
别墅的户主	某天	一幢别墅	一位富翁的女儿被绑架，尸体在一幢别墅被发现	现场查看、物理分析	①别墅的户主说房子两年没住人②衣柜里放了不少樟脑丸	樟脑丸

159 行动失误

国家情报局接到通知：一辆时速为 60 千米的火车上装满了炸药准备驶向首都。为阻止这一恐怖活动，国家情报局决定派本杰伦在火车必须通过的长为 500 米的隧道出口处，装上定时炸弹。由于火车通过隧道的时间为 30 秒，于是本杰伦把定时装置设置为 30 秒，只要火车一进隧道，就会触发装置计数，30 秒后炸药自动爆炸。但是当火车呼啸而来进入隧道，高强度炸药在铁轨上准时爆炸后，火车仍然在失去铁轨的路面上继续疯狂前行，最后在树林里停了下来，随之引起了一场大火。你知道他错在哪个地方吗？

160 游击队员送情报

游击队员保武要给队长送情报，他必须经过一座桥，桥的中间有一个岗亭，里面有一名敌人的哨兵负责看守，禁止行人过桥。由于一个人最快也要走 7 分钟才能过完桥，哨兵便每隔 5 分钟出来巡视一次，一见有人过桥，就把人赶回去。你帮保武想想，怎样才能过桥呢？

·侦探小助理·

讲述人	时间	地点	事件	侦查手段	证据及线索	关键点
游击队员保武	某天	一座被敌人的哨兵看守的桥	保武想过桥送情报	推理、心理剖析	哨兵看到有人过桥，就把人赶回去	赶回去

161 宰相的女儿

有一个古印度王子叫杜尔达马那。有一天，他约了 3 个朋友一起去外地游玩。这 3 个青年分别是婆罗门的儿子、木匠的儿子和商人的儿子。

他们 4 个人来到了海边，正好赶上海上起了大风浪，4 个人眼见有一艘渔船正在风浪中起起伏伏，很是危险，便下海救起了这艘渔船。为了答谢他们，渔船的主人便送给他们每人一颗珍珠。

4个人得到了珍珠,十分高兴,便放心地交给商人的儿子保管,然后一起回家。

商人的儿子走着走着,突然起了歹念,偷偷地把4颗珍珠缝在了大腿内侧的裤子里。

第二天大家赶路时,商人的儿子有意落在后面。过了好久他突然叫道:"强盗!"前面3个朋友立即往回跑,问:"发生了什么事?"商人的儿子说:"我落在后面多时。刚才我到路边小便时,两个强盗抢走了4颗珍珠!"3个朋友不相信,说:"你这个骗子,一定是玩了花样!"他们一路上争论不休,终于到了爱拉瓦古城。

爱拉瓦古城宰相名叫布西沙拉。布西沙拉是一位著名侦探,任何疑难案件,只要诉讼双方说出事情经过,他就能找到公正的解决办法。

3个受骗的旅伴就向布西沙拉宰相告状。布西沙拉沉思良久,下令士兵搜查这4个人,结果一无所获。宰相第一次碰到这么棘手的案子。他束手无策,吩咐把4个人安置好后就回家了。

宰相有个小女儿,叫贾雅什丽,生得非常漂亮。她看到父亲心事重重,就问出了什么事。父亲告诉了她。小女儿听了,说:"父亲,不要难过,我有办法解决。你明天审问他们时,叫他们每人走进一个房间,以后的事由我来解决。"

父亲半信半疑,说:"女儿,连我也难以解决的事,你能解决?"女儿说:"父亲,别那么说。各人有各人的特长。有的事我知道,您不一定知道。父亲,您不必担心,您把这几个外国人交给我,我一定会探出他们的内心秘密,帮您破这个案!"

果然,如贾雅什丽所说,很快她就破了案。

贾雅什丽是如何破案的呢?

162 牧民的宝石

有一个穷困潦倒的牧民,名叫阿巴尔。有一天,阿巴尔在深山里无意中拾到了一块晶莹剔透的宝石。在回家的路上,他遇到了一个喇嘛,便把自己得到宝石的经历喜滋滋地告诉了这个出家人。

喇嘛听完阿巴尔的介绍,很狡黠地说道:"祝福你,年轻的牧民兄弟,我想这一定是佛在帮助你,好让你早日过上幸福的生活。你现在必须把宝石交给我,我把宝石带给你的父母。而你必须马上到庙里去,在那里念一个月的经文,以感谢佛给你的幸福。你要记住，一个月之内可不能回家，否则，宝石就会马上消失！"

阿巴尔闻听，立刻就答应了喇嘛的要求，把宝石交给了喇嘛，并告诉了他自己家的地址，然后来到了一座神庙，在那里念起了经文。

一个月过后，阿巴尔回到了家里，见家中依然如故，依然是破屋破锅，跟从前没有什么两样，便问父母："你们怎么还是这么贫困地生活呢？应该把宝石卖掉，换回钱来，重新造一座帐篷，买一大群奶牛和羊啊！"

老父母惊异地说道："你说什么胡话呢，哪来的宝石呀！"

"难道喇嘛没有将宝石交给你们吗？"

"我们连喇嘛的影子都没有看到过，更别说看到什么宝石啦……"

阿巴尔猜想一定是喇嘛把宝石私吞了。他心中十分气恼，便开始在草原上寻找喇嘛。一个月后，在一个寺院里，他终于找到了那个喇嘛，向喇嘛索要宝石，可喇嘛坚决不承认私藏了宝石，无奈，阿巴尔只得来到皇宫，向可汗告了状，希望可汗能够给他做主。

可汗询问了两人的情况后，问喇嘛："你能证明你没有私吞宝石吗？"

"我能证明！"喇嘛说，"我有3个证人！"

"很好，"可汗命令道，"将你的3个证人都带上来！"

喇嘛马上把3个证人带到大殿内。

可汗把这3个证人安排在大殿内的3个角落，让他们互相之间离得很远，然后让仆人从外面取回来5块泥巴，给每个证人1块。给喇嘛1块，给阿巴尔1块。然后说道："我现在开始数数，从1数到100，在这段时间里，你们都要把泥巴捏成宝石的形状。"

5个人开始捏宝石，当可汗数完100时，检查了每个人手里的泥"宝石"，不禁哈哈大笑道："大胆的喇嘛，还不从实招供侵吞宝石的罪证！"

可汗是如何识破喇嘛的欺骗的呢？

163 多出的30个金币

一天，西班牙的穷苦樵夫提斯到山上去砍柴，准备用砍来的柴去换钱买面包给他的几个孩子充饥。在路上，他捡到了一个口袋，里面有100个金币。提斯一边高兴地数着钱，脑子里一边盘算，展现在自己面前的是一个富裕、幸福的前景。但接着他又想到钱袋一定是有主人的，他对自己的想法感到羞愧。于是他把钱袋藏了起来，便到山里砍柴去了。

可是，直到晚上他从山上砍下的柴也没卖掉，樵夫和他的全家只好挨饿。

第二天早上，钱袋失主的名字便在大街上传了开来，按照那时风行的做法，把钱袋交还给他的人将能得到 20 个金币的赏金。

失主是一个佛罗伦萨的商人，好心的提斯来到他面前说："这是你的钱袋吗？"

商人接过了钱袋，却不想给提斯酬金，他仔细地查看了钱袋，数了数金币，很生气地说："我的好人，这钱袋是我的，但钱已缺少了，我的钱袋里有 130 个金币，但现在只有 100 个了，毫无疑问，那 30 个是你偷去了。我要去控告你，要求惩罚你这个小偷。"

"上帝是公正的，"提斯说，"他知道我说的是实话。"

两个人就来到当地的一个法官那儿。法官对提斯说："请你把事情的经过如实地向我陈述一番。"

"老爷。我去砍柴的路上捡到了这个钱袋，里面的金币只有 100 个。"

"你难道没有想到过有了这些钱，你可以生活得很幸福吗？"

"我家里有妻子和 6 个孩子，他们等着我砍柴换钱买面包回家。老爷，您原谅我吧！在这种情况下，我是想过要用这些金币的，但后来我就考虑到钱是有主人的，他比我更有权力用这些钱。于是，我把这钱藏了起来，我没有回家，而是径直去山上干活了。"

"你把捡到钱的事告诉你妻子了吗？"

"我怕她贪心，所以没告诉她。"

"口袋里的东西，你肯定一点都没拿吗？"

"老爷，我肯定一点都没拿。"

"你有什么说的？"法官又问商人。

"老爷，这人说的全是捏造的。我

钱袋里原先有 130 个金币，只有他会拿走那缺少的 30 个金币。"

见二人争执不下，法官脑筋一转，想出了一个主意，商人立刻便承认了钱袋里是 100 个金币。

·侦探小助理·

讲述人	时间	地点	事件	侦查手段	证据及线索	关键点
樵夫提斯	某天	山上	提斯捡到一个装 100 个金币的钱袋，被失主诬陷私吞了 30 个金币	推理、心理剖析	①失主说原本是 130 个金币②可是钱袋里只有 100 个金币	金币

164 求救信号

一个海滨浴场，阳光明媚，景色宜人，一架游览的小型飞机正在海滨上空飞行着。

机上一共有 4 位游客，都是专门来阿姆斯特丹游玩的。飞机沿着海岸慢慢地飞行着，突然那个一上飞机就对风景不怎么感兴趣的穿白色西装的乘客，拿出一把枪打碎了飞机上的通信系统。然后用枪指着飞行员的脑袋命令道："赶快把飞机飞到前面的那个小岛去！"

吓坏了的飞行员名叫吉米，他知道飞机上遇到了劫匪，心中一阵慌乱，手脚也不禁有些不听使唤了，飞机像法国的巡逻兵飞行表演一样，在空中打着摆子玩着花样。

"蠢货，我不会杀你。只要你按我的指示，降落在那个小岛就是了。快让飞机正常飞行。快点，我可不想让我的子弹因为生气打穿你的脑袋。"白西装乘客用枪敲着飞行员吉米的脑袋说。

"好……好的，只要你不杀我，只要你不杀我。"飞行员吉米结巴地说道。

很快飞机就正常飞行了，眼看着就要着陆了，白西装乘客高兴地对吉米说："朋友，你真是好样的，我不杀你，待会在你的腿上留点纪念就可以了。你看，我的朋友来接我了。我可不想在我的朋友面前展现野蛮的一面。"

果然，小岛附近的海面上，露出一个像鲸似的黑影，划开一条白色的波纹，浮上来一艘潜水艇。小岛上站着荷枪实弹的海军陆战队士兵。

"哈哈，蠢货，放下你的枪吧。睁大你的狗眼，看看是谁的朋友来了。"飞行员吉米大笑着说。

"噢。上帝。我明白你小子是怎么干的了。原来你刚才是故意装害怕的。"白西装乘客绝望地叫道。飞机一着陆他就被抓了。

你知道飞行员吉米是如何求救的吗？

165 斗米斤鸡

于成龙是清康熙时候的著名廉吏，一向以"勤于政务，爱民如子"著称。有一天，于成龙刚刚吃罢早饭，一米店老板拉着一位种田人前来打官司。事件起因是：种田人上街卖柴时，不小心踩死了米店老板的一只小鸡，米店老板硬要他赔900钱。种田人不服，米店老板便把种田人拉到了于成龙的府衙。

于成龙升堂，众衙役站在公堂两旁。于成龙问："是谁击鼓鸣冤要告状啊？"那种田人何曾见过这种场面，吓得一句话也不敢说。那米店老板是城里人，见过世面，他说："这个乡下人进城卖柴。路过我家门口，踩死我家的一只鸡。我的鸡是良种鸡，只要喂几个月就能长到9斤重，按现在的鸡价，1斤是100钱，9斤刚好900钱，请大人判他赔我900钱。"

于成龙一听，笑了笑说："好，我就判农夫赔你900钱。"

农夫听了，大声喊冤说："我卖10担柴还没有900钱呢！"米店老板连称青天，可于成龙又说了一句话，农夫不再喊冤，米店老板却连喊倒霉。

你知道他说了什么吗？

·侦探小助理·

讲述人	时间	地点	事件	侦查手段	证据及线索	关键点
种田人	清朝	府衙	种田人踩死米店老板的小鸡，被诬陷900钱	逆向推理、心理剖析	米店老板耍无赖，提出鸡生鸡理论	米

166 神秘的电文

一天早晨,正在值班的缉私警察小王截获了一份神秘的电报。上面的内容为:"朝,货已办妥,火车站交接。"

小王马上就将电报交给了处长。处长接过电报看了一遍,认定是上次交易未成功的毒品走私残余人员再次进行秘密交易的电文。处长立刻进行了部署,决心要把这伙毒贩子一网打尽。

这时,小王拿着电文,一边看,一边有些犯难地说道:"处长,我看我们还是不容易抓到这伙毒贩子,你看,这份电文只有接货地址,没有接货的具体时间,我们的破案无从下手呀!"

听到小王的话,另一位警察也接过话头说道:"小王说的对,我们的确无从下手,可我们又得破这个案,我看我们只有把全市可能进行毒品交易的地方全都进行秘密监视,哪里有动静就在哪里行动!"

"你说的话更是不可能,我们有多少警员,再说,这不是大海捞针吗?"一位民警说道。

"你们就不要争了!"一直沉默不语的处长开口说话了,"其实这份电文,已经明明白白地告诉了我们交易的时间。"

很快,根据处长的安排,这伙毒贩子全都成了警察们的阶下囚。

你知道处长是如何破译这份电文的吗?

第五章

数字疑案

167 判断页码数

警方查获了一家非法地下印刷厂，但非法印刷的一种书已经被罪犯抢先运走了。现场只留下了罪犯匆忙间没有带走的排印书上页码用的全部铅字，共计2775个。

警长根据这些铅字数码，马上算出了这本非法印制书的总页码。

你知道他是怎样算的吗？

168 破译情报

某军司令部截获一份秘密情报。经过初步破译得知，下月初，敌军的3个师团将兵分东西两路再次发动进攻。在东路集结的部队人数为"ETWQ"，从西路进攻的部队人数为"FEFQ"，东西两路总兵力为"AWQQQ"，但到底是多少却无从得知。后来，苦思不得其解的密码竟然被一位数学老师破译了。

你知道数学老师是怎么破译的吗？

·侦探小助理·

讲述人	时间	地点	事件	侦查手段	证据及线索	关键点
某军	某天	司令部	截获一份情报，急待破译	物证、推理	东路部队人数为"ETWQ"，西路部队人数为"FEFQ"，两路总数为"AWQQQ"	人数

169 联邦调查局难题

某调查局最近截取到一份恐怖分子发的密函（如右图所示），随即对其进行解密，从古罗马文化联想到古巴比伦文化，再到古埃及的符号，用各种各样的方法和假设都没能解开谜底。一天，一位新来的助手随手拿起这份密函，不到一分钟，新助手就告诉大家：这是一份类似于恶作剧的挑衅书，目的是转移调查局的视线。

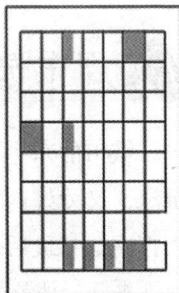

你知道这位新来的助手发现了什么秘密吗？

170 奇怪的钟表并不怪

帆帆的爸爸喜欢收藏一些稀奇古怪的东西。有一次，帆帆进入爸爸的书房，看到桌上的电子时钟显示 12 点 11 分。20 分钟后，他到爸爸的书房去，却看到时钟显示为 11 点 51 分。帆帆觉得很奇怪，40 分钟后他又去看了一次钟，发现它这一次显示的是 12 点 51 分。这段时间没有人去碰这个时钟，爸爸又是用这个钟在看时间，这究竟是怎么回事呢？

·侦探小助理·

讲述人	时间	地点	事件	侦查手段	证据及线索	关键点
帆帆	某天	爸爸的书房	帆帆的爸爸有一个钟表很奇怪	分析、推理	钟表每次的时间	时间

171 神秘的情报

一次，警察局从一个打入贩毒集团内部的警员那里，得到一份极重要的情报，情报上只有几个数字："710 57735 34 5509 51 036145。"据说上面写下了关键人物及要害事件。但警察局上上下下都看不懂这些莫名其妙的记号，而且又不可能向打入对方内部的警员询问。正当一筹莫展之际，大侦探波罗前来警察局看望他的一个朋友，大家急忙向他请教。波罗稍加思索，便知道了这一重要情报的内容。你能破译出来吗？

172 周末选择

城市的东边有一个游泳中心，城市的西边有一个网球中心。杨明语既爱好游泳，又爱好网球。每逢周末，他总站在地铁站面临着选择：去游泳呢，还是去打网球？最后他决定，如果朝东开的地铁先到，他就去游泳；如果朝西开的地铁先到，他就去打网球。

杨明语在周末到达地铁站的时间完全是任意的、随机的，没有任何规律；而无论是朝东开的地铁，还是朝西开的地铁，都是每10分钟一班，即运行的时间间隔都是10分钟。因此，杨明语认为，每次他去游泳还是去打网球，概率应该是一样的，正像扔一枚硬币，国徽面朝上和币值面朝上的概率一样。

一年下来，令杨明语百思不得其解的是：用上述方式选择的结果，他去游泳的次数占了90%以上，而去打网球的次数还不到10%！

你能对上述结果作出一个合理的解释吗？

173 常客人数

某天，警察局例行检查，言语十分不客气，于是商店服务小姐在回答"光顾商店的常客人数"时，这样回答："我这里的常客啊，有一半是事业有成的中年男性，另外1/4是年轻上班族，1/7是在校的学生，1/12是警察，剩下的4个则是住在附近的老太太。"

试问，服务小姐所谓的常客究竟有多少人呢？

·侦探小助理·

讲述人	时间	地点	事件	侦查手段	证据及线索	关键点
警察	某天	商店	商店服务小姐报出的人数需要计算	分析、数学推理	一半是中年男性，另外1/4是上班族，1/7是学生，1/12是警察，剩下的4个是老太太	数学计算

174 拿破仑的结论

一次战斗结束后，有人报告拿破仑说，军需官坎普收了奥地利人的钱，给几个重要据点的士兵提供的军需用品数量都不对。

"竟然有这样通敌叛国的人！"拿破仑震怒了，他马上命令护卫把坎普带来，他要亲自审问。

"尊敬的统帅，我是被冤枉的！"坎普一把鼻涕一把泪地说："我跟随您5年多了，怎么可能做吃里爬外的事情？我负责分发步枪手和霰弹手的子弹。步枪手用的子弹是1发和10发两种包装的；霰弹手用的子弹是100发和1000发两种包装的。我们有200个火力点，每个火力点都需要配发整整10000发子弹。我给每个火力点都配备了60袋不同包装的子弹，这些子弹的总数刚好是10000发！有些别有用心的人诬陷我，尊敬的统帅，您要辨明真情啊！"

拿破仑听完坎普的叙述，转头对随从说道："如果他真给每个据点都配备了60袋不同包装的子弹，那么他即使没有徇私舞弊，至少也不是个合格的军需官。"你知道拿破仑是怎样得出这个结论的吗？

侦探小助理

讲述人	时间	地点	事件	侦查手段	证据及线索	关键点
军需官坎普	一次战斗后	拿破仑的审讯室	坎普涉嫌徇私舞弊，军需品配备不对	分析、数学推理	每种枪支所配子弹比例不同	子弹

175 选择概率

小王在街上遇到一个小赌局。那个摆赌局的人面前放着3个小茶碗。他对小王说："我要把一个玻璃球放在其中一个小碗中，然后你猜测它可能在哪个茶碗中。如果你猜对了，我就给你10元钱，如果你猜错了，就要给我5元钱。"小王同意了，他玩了一会儿，输了一些钱后，这时他计算了一下，发现自己猜对的概率只有三分之一，所以他不想玩了。

这时那个摆赌局的人说："这样吧，我们现在开始用新的方式赌，在你选择一个茶碗后，我会翻开另外一个空碗，这样，有玻璃球的碗肯定在剩下的两个碗中，你猜对的概率就大了一些。"小王认为这样他赢的概率就大多了，于是他继续赌下去，可怜的小王很快就输光了。

你知道这是怎么一回事吗？

176 囚犯抓绿豆

5个囚犯分别按1~5号在装有100颗绿豆的麻袋里抓绿豆，规定每人至少抓一颗，而抓得最多和最少的人将被处死，而且，他们之间不能交流，但在抓的时候，可以摸出剩下的豆子数。

组织者讲解游戏规则：

5个囚犯的情况是这样的：

（1）他们都是很聪明的人；

（2）他们的原则是先求保命，再去多杀人；

（3）100颗不必都分完；

（4）若有重复的情况，则也算最大或最小，一并处死。

最后，谁能活下来？为什么？

177 郊外露营跳舞的女孩有几个

有一次，米莉和很多人一起到郊外露营。晚上举行了盛大的篝火晚会，许多人手拉着手，围着篝火跳起了舞。米莉也在这个圆圈中跳舞。圆圈里，每个跳舞的人的两边都是两个性别相同的人。有一个细心的人，发现这个圆圈里有12个男孩。

现在请问，正在跳舞的女孩有几个？

178 一起枪击事件

一天夜里，某小区发生了一起枪击事件，小区里的人都被吵醒了，只有4个人在醒来的第一时间看了表，他们分别是甲、乙、丙、丁。著名的查尔斯侦探正好住在这个小区的附近，他得知此案发生后，急忙赶到了现场。在侦察了现场之后，他找到了这 4 个看了表的人，并询问了他们。这 4 个人对于疑犯何时作案的时间，分别做了如下回答：

甲："我听到枪声是 12 点零 8 分。"

乙："不会吧，应该是 11 点 40 分。"

丙："我记得是 12 点 15 分。"

丁："我的表是 11 点 53 分。"

作案的时间如此不一吗？其实，这是因为他们的手表都不准。一个人的手表慢 25 分钟，另一个人的手表快 10 分钟，还有一个快 3 分钟，最后一个慢 12 分钟。

请问：如何通过这 4 个不准确的时间来确定准确的作案时间？

·侦探小助理·

讲述人	时间	地点	事件	侦查手段	证据及线索	关键点
查尔斯侦探	一天夜里	某小区	发生一起枪击事件	分析、数学推理	四个人说的案发时间有早有晚，四块表的时间也有快有慢	表

179 车牌号是空的

一辆汽车肇事后逃跑了，警长柳多维克立即赶到了出事地点。

一位见证人说："当时我通过后视镜发现自己车的后面有一辆车突然拐向小路，飞驰而去，就顺手记下了那辆车的车牌号。"柳多维克说："那可能就是肇事的车，我马上叫警察搜捕这辆 18UA01 号车！"

几小时后，警察局告知柳多维克，见证人提供的车号 18UA01 是个空号。现在已把近似车号的车都找来了，有 18UA81 号、18UA10 号、10AU81 号和 18AU01 号共 4 辆车。

柳多维克环顾了所有的车号，然后从四辆车中找出了那辆肇事车。请问是哪辆？

·侦探小助理·

讲述人	时间	地点	事件	侦查手段	证据及线索	关键点
一位见证人	某天	路上	一辆汽车肇事后逃逸	分析、推理	见证人通过后视镜看到后面肇事车车牌号为18UA01	后视镜

180 集中抓捕行动

在一次集中的抓捕行动中，一名刑警紧追一名歹徒，就在刑警将要把罪犯抓捕归案的时候，歹徒跑到了一个正圆形的大湖旁边，跳上岸边唯一的一艘小船拼命地向对岸划过去。

刑警不甘心就这样让歹徒逃走，他骑上一辆自行车沿着湖边向对岸追去。现在知道刑警骑车的速度是歹徒划船速度的2.5倍。

请想想：在湖里面的歹徒还有逃脱的可能性吗？

181 盗墓者的自首

一天，一个被警察追踪多年的盗墓者突然前来自首。他声称他偷来的100块壁画被他的25个手下偷走了。他说，这些人中最少的偷走了1块，最多的偷走了9块。他记不清这25人各自偷了多少块壁画，但可以肯定的是，他们都偷走了单数块壁画，没有人偷走双数块。他为警方提供了25个人的名字，条件是不要责罚他。警察答应了。

但是，当天下午，警长就下令将自首的盗墓者抓了起来。你知道这是为什么吗？

182 狡猾的罪犯

警长抓住了一个特别狡猾的盗窃犯，把他交给了监狱长。监狱长将盗窃犯关在了监狱中最安全的牢房中，从未有人从这个牢房逃脱过。牢房是一条笔直长廊最里端的全封闭部分，外面有 5 道铁门，它们以不同的频率自动重复开启和关闭：第一道门每隔 1 分 45 秒自动开启和关闭一次；第二道门每隔 1 分 10 秒；第三道门每隔 2 分 55 秒；第四道门每隔 2 分 20 秒；第五道门每隔 35 秒自动开启和关闭一次。在某个时刻，5 道铁门会同时打开，也只有在这时警卫会出现在第五道铁门外，他将通过长廊查看盗窃犯是否在牢房内。如果盗窃犯离开牢房在长廊里待的时间超过 2 分半钟，警报器就会报警，警卫会闻讯赶来。

狡猾的盗窃犯能从牢房中逃脱吗？

·侦探小助理·

讲述人	时间	地点	事件	侦查手段	证据及线索	关键点
监狱长	某天	路上	监狱中最安全的牢房中	现场查看、推理	每扇门分别隔多长时间开门一次	门

183 打开保险柜

一个小偷想到某亿万富翁的家中去偷些钱，于是向师傅请教了打开保险柜的方法。师傅告诉他说："在开保险柜之前，首先要转动密码锁里圈的数字盘，只有当里圈的数字与外圈的数字相加，每组数字之和都相同的时候，保险柜的门才会打开。"

在一个漆黑的夜晚，小偷溜进了富翁的家，很快就在地下室找到秘密保险柜。但是，小偷不擅长心算，在转动保险柜密码锁里圈的数字盘时，越算越糊涂，算了半天也没打开保险柜。

保险柜密码锁里圈数字盘上的数字依次是 3、7、12、8、10、9、6、5、外圈数字盘上的数字依次是 5、3、4、7、8、10、6、1。

现在，请你观察一下这些数字，当外圈的 5 和内圈的几对在一起时，里外的每组数之和才能都相同呢？

184 肇事车号

一天早晨，在快速车道上发生一起车祸。一名小学生被一辆超速行驶的汽车撞得在空中翻了半圈，司机肇事后马上加速逃走了。

当交通警察来后，扶起那名小学生，却发现他没有受伤，而且他非常清楚地告诉警察肇事车辆的车号是：8619。

警方立即对这辆车展开调查，要逮捕肇事者，却发现这个号码的汽车确实有不在场的证明，肇事车不是这一辆。

你知道肇事后逃走的汽车车号究竟是多少吗？

·侦探小助理·

讲述人	时间	地点	事件	侦查手段	证据及线索	关键点
小学生	一天早晨	快速车道上	一个小学生被一辆超速行驶的汽车撞翻，司机肇事后逃逸	现场查看、推理	① 小学生说肇事车辆的车号为 8619 ② 小学生当时在空中翻了半圈	8619

185 智推车牌号

在一个十字路口，一辆小汽车闯红灯，撞倒了一位过路行人，然后逃跑了。路过的好心人立刻把被撞行人送进了医院。

交警闻讯赶来，向路人了解肇事汽车的情况。一人说，汽车牌号的最后两位数字相同。另一个人说，牌号的前面两位数字也相同。第三个人说，那号码是 4 位数，是一个完全平方数。

尽管没有人可以把牌号确切的数字说出来，但聪明的交警很快就根据这些情况，知道了逃跑汽车的牌号。

你知道是多少吗?

186 报警的数字

这天傍晚,比利夫人刚进家门,电话就响了。听筒内传来一个陌生男人的声音:"你丈夫比利现在在我们手里。如果你希望他继续活下去,就快准备40万美金;你要是去报警,可别怪我们对比利不客气!"比利夫人听罢,险些瘫坐在地上。她思来想去一整夜,觉得还是应该去报警。

波特警长接到电话后,立即驾车来到比利的别墅。首先,他去询问管家。管家说:"昨天晚上来了个戴墨镜的客人,他的帽檐压得很低,我没看清他的脸。看样子他和先生很熟,他一进来先生就把他领进了书房。过了1小时,我见书房里毫无动静,就推门进去,谁知屋里空无一人,窗子是开着的,我就给夫人打了电话。"

波特走进书房查看,没有发现什么线索。他又看了看窗外,只见泥地上有两行脚印,从窗台下一直延伸到别墅的后门外。看来,绑匪是逼迫比利从后门走出去的,波特转回身又仔细看了看书房,发现书桌的台历上写着一串数字:7891011。波特警长想了想,问比利夫人:"你丈夫有个叫加森(JASON)的朋友吗?"她点了点头,波特说:"我断定加森就是绑匪。"果然,波特从加森家的地窖里救出了比利,加森因此锒铛入狱。

你知道波特为什么根据那串数字,就断定加森是绑匪吗?

·侦探小助理·

讲述人	时间	地点	事件	侦查手段	证据及线索	关键点
比利夫人	一天傍晚	比利夫人的家	比利先生被绑架	分析、推理	书桌的台历上写着7891011	数字

187 匿藏赃物的小箱子

夜晚，一个身手矫健的黑影趁门卫换岗的机会，溜进了一家民俗博物馆，盗走了大批的珍宝。

侦探阿密斯接受这个任务后，马不停蹄，迅速地把本市所有的珠宝店和古董店都调查了一遍，但一无所获，没有一点儿线索。

无奈，阿密斯找到了大名鼎鼎的探长斯密特向他请教。

"请问，假如你偷了东西，你会藏到珠宝店或者银行的保险箱里吗？"斯密特探长反问起来。

"哦，我当然不会。"阿密斯答道。

斯密特探长说："我说你不必费心了，不要到那些珠光宝气的地方去找，应到那些不起眼的地方走走。"

他们说着话来到了城边的贫民区。阿密斯一脸的疑惑："这里能找到破案的线索吗？"他表现在脸上，但嘴里没有说。这时，有一个瘦弱的青年从身后鬼鬼祟祟地闪了出来。他低声问："先生，要古董吗？价格很便宜。"

"有一点兴趣。"斯密特探长漫不经心，"带我去看一看。"

只见那个青年犹豫一下，斯密特马上补充了一句："我是一个古董收藏家，要是我喜欢的话，我会全部买下来的。"

那人听说是个大客户，就不再犹豫，带着他们走过了一个狭小的胡同，来到一个不大的制箱厂。在这里还有一个青年，在他面前堆满了从 1 ～ 100 编上数字的小箱子。

等在这里的青年和带路人交谈了几句，就取出了笔算了起来，他写道："×××＋ 396 ＝ 824。"显然，第一个数字应该是 428，他打开 428 号箱子，取出了一只中世纪的精美金表。忽然，他看见了阿密斯腰间鼓着的像是短枪，吓得立刻把金表砸向阿密斯，转身就跑。阿密斯一躲，再去追也没有追上，就马上返回了。

斯密特探长立刻对带路人进行了审讯。

"我什么也不知道。"带路人看着威严的警察，"我是帮工的，拉一个客户给我 100 美元。"

"还有呢？"斯密特探长追问。

"我只知道东西放在 10 个箱子里，他说过这些箱子都有联系而且都是 400 多号的……"

"联系？"斯密特探长琢磨起来。接着，他发现一个有趣的现象：把 428 这个数字的不同数位换一换位置，就是 824，这就是说，其他的数字也有同样的规律！斯密特探长不用 1 分钟就找到了答案。

斯密特探长是怎样找到答案的呢？

188 奇异的钟声

夜半时分，突然，一个黑影窜到了山村的一个小卖店门前。黑影掏出尖刀，轻轻拨开了门闩。

更夫李大伯朦胧中听见外面有动静，忙摸黑爬起来。就在这时，他脑袋上重重地挨了两棍子，"扑通"一声摔倒在地上。

歹徒把这个小卖店洗劫一空，扬长而去。就在歹徒逃离现场的时候，李大伯苏醒过来。他想爬起来，但身子已被歹徒绑在了木椅上；他想喊人，但嘴里被塞上了毛巾。他后悔自己警惕性不高，打更的时候睡觉。可是已经晚了，他连气带疼又昏过去了。

清晨，有人路过这里，看见店门大开，小卖店被盗，急忙报告了乡派出所。

派出所所长老洪和民警小许迅速赶到了案发现场。李大伯的伤不算太重，这时神志已经清醒了许多。老洪对小许说："我去勘察一下现场，你先在这里向李大伯询问一下案发的情况。"

老洪来到营业室，仔细地察看着。可是一无所获，犯罪分子太狡猾了，一个指纹也没有留下，脚印也不知用什么东西清扫掉了。

小许正在屋子里与李大伯谈话。

"案发在什么时候？"

"不知道。"

"您什么时候惊醒的呢？"

"不知道。"

"犯罪分子长得什么样呢？"

"不知道。"

小许见李大伯一问三不知，有些不耐烦地问道："那您都知道些什么呢！"

李大伯满脸通红，不好意思地低下头。

"当当当……"墙上响起了钟声。

听到钟声，李大伯忽然想起了什么，惊呼道："有了，我知道那小子什么时候逃跑的了。"他眯缝起眼睛回忆说:"那小子走的时候,可能是怕我报案,把我往椅子上绑。他那么一折腾,把我弄醒了。我虽然什么也没看清,但我听到了钟响。"

"响了几声?"

"4声。"

"太好了!这说明犯罪分子是4点逃离现场的。"

小许高兴地刚要出去喊老洪,却又被李大伯叫住了。

"不对,不是4点钟,而是4声钟响。"

"4声钟响,不就是4点钟吗?"

"那不是连续的,都是隔了一段时间才听了一声。"

"间隔的时间一样长吗?"

"是的。"

"那是几点呢?"小许忽然想出了个主意,他把墙上的挂钟摘下来,做起了模拟实验。可除了4点钟以外,再也找不出间隔时间相同的4下钟声。他又问李大伯:"您记错了吧!你看这钟只能打出间隔的3下钟声,那是12点30分一声,1点钟一声,1点30一声,再也不能比这多一声了。"

"是啊,这是怎么回事呢?"李大伯也感到莫名其妙,但他还是坚持相信自己没有听错。

这时,老洪进来了。听他们把4声钟响的事一说,老洪马上明白了,立即对小许说:"我知道犯罪分子是什么时间逃离现场的了。现在我们应该马上查清,所有嫌疑人半夜12点钟在干什么?"

果然,按此时间排队查人,很快就抓住了犯罪分子。

根据老洪的推断,犯罪分子逃离现场的时间,是在半夜12点。那么4声钟响又是怎么回事呢?

·侦探小助理·

讲述人	时间	地点	事件	侦查手段	证据及线索	关键点
路人	夜半时分	山村小卖店	小卖店被歹徒洗劫一空,更夫李大伯被绑	证词、推理	4声钟响	钟声

第六章

自杀还是他杀

189 谎言

格雷手脚麻利地将布兰顿的尸体悬挂在死者租用的小楼的顶楼上。当他想锁门离开时，才发觉锁门要用钥匙，急切中找不到便没有锁门。两小时之后，他驾着车与哈莱金一道回到这幢房子。

"布兰顿近来因离婚心情很不好。"格雷对哈莱金说，"本来我早该来看看他的，可是没人知道他把自己藏到哪儿去了。今天上午他突然打电话给我，说他不想活了，我这才问明了他的住址，我想您跟我一起来也许能开导开导他。他在电话里说他住在德拉维尔街 126 号一幢白色楼房里，我们大概已经到了。"

哈莱金先走下车子，见大门虚掩着，便推门而入，扭亮电灯。5 分钟之后，两人在顶楼上发现了布兰顿。正当他俩面对悬在梁上的尸体瞠目结舌时，楼下传来"吱"的一声开门声响。哈莱金跟着格雷赶到楼下的后门，只见一个漂亮的小姑娘站在门口。

"我妈妈叫我把这瓶牛奶送给布兰顿先生。"她甜甜地说。

哈莱金接过牛奶，待女孩离去后，立即给警察局打了个电话。警察赶到之后，哈莱金立刻命令他们将谋杀犯罪嫌疑人格雷拘捕候审。

请你快速判断一下，哈莱金为何看出布兰顿死于他杀呢？

190 画家被杀

"我把来访的两个客人带进会客室时，他已经死了。"死者的妻子说。

死者是一个知名的画家，死因是被子弹击中头部。当时，他的左手握着一支手枪，外表看来，好像死于自杀。

查克斯探长展开调查，询问有关的人物。来访的两个客人，一个叫道明。他是死者妻子的旧恋人，三年前去巴黎，两天前才回来。另外一个叫小田，他也是画家，本来和死者并不认识。他这几天一再到死者家中拜访死者，他说死者剽窃了他的作品，故前来追究。

两个人都和死者有仇。不过，死者也不是没有自杀的动机。死者的妻子曾对警方表示，两个月前，死者生病后左手麻木，不能再拿画笔，这使他十分沮丧。

最后，查克斯探长确定两人之中有一个一定是凶手。

谁是凶手呢？

·侦探小助理·

讲述人	时间	地点	事件	侦查手段	证据及线索	关键点
画家的妻子	某天	画家的会客室	画家被子弹击中头部而死	排查、推理	①两个嫌疑人中的一个是凶手②道明两天前才回来	左手

191 凶手可能是美国人

在旧金山的一家宾馆内，有位客人服毒自杀，名探劳伦接到报案后前往现场调查。

被害者是一位中年绅士，从表面上看，他是因中毒而死。

"这个英国人两天前就住在这里，桌上还留有遗书。"旅馆负责人指着桌上的一封信说。

劳伦小心翼翼地拿起遗书细看，内文是用打字机打出来的，只有签名及日期是用笔写上的。

劳伦凝视着信上的日期——3.15.99，然后像是得到答案似的说："若死者是英国人，则这封遗书肯定是假

的。相信这是一宗谋杀案，凶手可能是美国人。"

究竟劳伦凭什么这么说呢？

·侦探小助理·

讲述人	时间	地点	事件	侦查手段	证据及线索	关键点
旅馆负责人	某天	旧金山的一家宾馆	有位客人服毒自杀	物证、分析	遗嘱上的日期为3.15.99	日期

192 他绝不是自杀

探长被人发现在自己办公室内自杀，他所用的是自己的佩枪。到现场调查的探员，在佩枪上发现了探长的指纹。探长平时习惯用右手握枪，自杀时用的也是右手。因此,现场调查的探员推断他是自杀无疑。

但探长的好友卡特认为探长性格坚强，不可能自杀。他经过观察、分析后，提出有力证据，证明探长是被人谋杀的。请细心观察右图，指出卡特提出的证据是什么。

193 一位孤独的老人

在一幢被杂木林所包围的别墅中，一位孤独的老人死了。在现场发现了写得很潦草的遗书，看起来他似乎是服毒自杀。

发现尸体的人是死者生前的女友，他们有好几年没见面了。

房后有很多鸟笼，一群小鸟不知主人已死，仍然在那里快乐地唱歌。

老人的女友告诉刑警说："一直到三年前，他都是爱鸟协会的会长。"

刑警听了以后，立刻就断定："既然是这样，这必然是他杀，遗书也一定是伪造的。"

请问：这是为什么呢？

·侦探小助理·

讲述人	时间	地点	事件	侦查手段	证据及线索	关键点
死者的女友	某天	一幢别墅中	一位孤独的老人死了，不能判断是不是自杀	现场查看、推理	①房后有很多鸟笼 ②老人生前是爱鸟协会的会长	鸟

194 聪明的伽利略

伽利略有个爱女叫玛丽娅，在离伽利略住处不远的圣·玛塔依修道院当修女。伽利略常去看望女儿。

有一天，玛丽娅给伽利略写了一封信。信中写道："昨天早晨，修女索菲娅躺在高高的钟楼凉台上死去了。她的右眼被一根很细的约五厘米长的毒针刺破。这根带血的毒针就落在尸体旁边。有人说，她是自己把毒针拨出后死去的。钟楼下面的大门是上了栓的。这大概是索菲娅怕大风把门吹开，在自己进去之后关上的。因此，凶犯绝不可能潜入钟楼。凉台在钟楼的第四层，朝南方向，离地面约有15米。下面是条河，离对岸40米。昨晚的风很大，凶犯想从对岸把毒针射来，而且正好射中索菲娅的眼睛，是根本不可能的。院长认为索菲娅的死是自杀。可是，极端虔诚的索菲娅，能违背教规用这样奇特的方法自杀吗？"

伽利略看完信，就去修道院看望女儿。

"就是那钟楼。看见凉台了吗？"在修道院的后院，玛丽娅指着钟楼上的凉台说。

钟楼的台阶毕竟太陡，伽利略上不去，就在下面对凉台的高度和到对岸的距离进行了目测，并断定凶犯不可能从河那边把毒针射过来。

"听人说，她对您的地动说很感兴趣，还偷偷地读了您那本已成为禁书的《天文学对话》。院长要是发现，很可能把她赶出院门。可是她非常好学，又很勇敢。那天晚上，肯定是上钟楼眺望星星和月亮去了。"

"有没有他杀的可能？也就是说有人对她恨之入骨，想置她于死地的可能？"

155

伽利略问道。

"索菲娅家里很有钱。她有个同父异母的弟弟。今年春天，她父亲去世了。索菲娅准备把她应分得的遗产，全部捐献给修道院。可是，那个异母兄弟反对她这样做，还威胁说，要是索菲娅敢这样做，就提出诉讼，剥夺她的继承权。事情发生的前一天，她弟弟送来一个小包裹，可能是很重要或者很贵重的东西。今天，在整理她房间的时候，那个小包裹却不见了。会不会是凶犯为了偷这个小包裹，而把她杀死了？"

伽利略朝着钟楼下流过的河水，喃喃自语道："如果把那条河的河底疏浚一下，或许能在那里找到一架望远镜。"

第二天早晨，玛丽娅急匆匆地回到自己家中，对伽利略说道："父亲，找到了。是这个吧？"说着，取出一架约有47厘米长的望远镜。"这是看门人潜入河底找到的，准是索菲娅的弟弟送来的，因为以前我从未见到她有过望远镜。可是，这和杀人有什么关系呢？"

伽利略马上告诉了女儿他自己的推理，后来，事实证明，这位伟大的科学家完全正确。

你能猜出伽利略是怎么推理的吗？

195 他杀证据

某影坛明星不幸在一次大爆炸中炸瞎了双眼，又毁了容貌。男友觉得让她活着，是在折磨她，遂产生了让她结束生命的想法。于是他去委托好友，帮他处理这件事情，但要造成是自杀的假象，好友答应了。

晚上9点半，护士查完病房离去。凶手悄悄潜入房内，将女明星抱至窗口，留下她的指纹后，扔了下去。不一会儿，凶手气喘吁吁地跑了回来，说干得非常漂亮，请他不必担心。

第二天，女明星之死见报了。警方确认是他杀，并开始调查。女明星的男友急忙找到委托人，问他昨夜的事发生了什么差错？那人说："没有啊，我潜入病房时，她面部都缠着绷带，睡得很香，为了制造假象，我特地在窗口上留下她的指纹，制造了自杀的假象，可以说一切做得天衣无缝，警方怎么会判断出是他杀呢？"

现在，你知道破绽出在哪里了吗？

·侦探小助理·

讲述人	时间	地点	事件	侦查手段	证据及线索	关键点
凶手	晚上9点半	病房	被毁容的影坛明星被扔下楼至死	分析、推理	明星当时睡得很香	睡觉

196 灭口案

有一天，罪犯 A 为了灭口，把一名了解自己底细的女子杀死，并将她伪装成上吊自杀的样子。

被绳圈勒住脖子的尸体，两只赤脚离地大约有 50 厘米。A 还将化妆台边的凳子放倒在死者的脚下。那是一个外面包有牛皮的圆凳。

这样一来，给人的感觉是那名女子用这个凳子来垫脚而上吊自杀的。

但当尸体被人发现后，公安人员仔细检查了凳子，说："这绝不是自杀，而是他杀！"

作案时 A 戴手套，所以绝不可能在现场留下指纹。那么，是哪儿露馅儿了？

197 不是自杀

在一所豪华别墅里，警方发现了一具女尸，一个 40 多岁的女子，身体已经有些变硬，身上穿着一件睡裙，看来是别墅的女主人。在死者的身边有一支没有套上笔套的笔和一封遗书。遗书中说她发现自己身患绝症，觉得心灰意冷，所以服药自杀。遗书最后还写着时间，是三天前的中午。

警察小心地检查了现场的所有东西，没有发现什么特别有价值的线索，认为可能是自杀。这时，警官墨菲也来到了现场。他细细观察了一番后，随手拿起了那支笔。这是一支挥发性很强的油性笔。墨菲随手用那支笔写了几个字，发现写出来的字十分清晰。

墨菲微微一笑："这不是自杀，死者是被人杀死后搬到这里来的，现场是假象。"

他是根据什么线索这样推测的呢？

·侦探小助理·

讲述人	时间	地点	事件	侦查手段	证据及线索	关键点
警察	某天	一所豪华别墅里	别墅女主人死亡，身边留有遗书	物证、推理	①遗书是用一支挥发性很强的油性笔写的②三天后笔写出来的字十分清晰	油性笔、

198 神父的判断

有一个农夫是基督徒，因为对生活失去信心，总是想自杀，可是他的信仰又不允许他自杀，于是他想伪装成他杀，作为寻死的办法。

一天，他在院子里自杀了。后来，警察来到现场，发现这个人的太阳穴中了致命的一枪，可是尸体旁边没有任何凶器。在十几米外的羊圈里有一把小型手枪，经鉴定，这就是凶器。羊圈里养着十几只羊，羊圈的门没有打开。死者不可能开枪之后将手枪扔到十几米外的羊圈里，羊也不可能出来将手枪衔进羊圈。

警察断定此案属于他杀，可是住在附近的神父却充满了疑惑，因为他知道死者是一个消极的人，总是想自杀。他站在羊圈门处想了一会儿，忽然明白了农夫自杀的方法。经过警察的调查，终于确定农夫属于自杀。

你知道神父是凭什么判断的吗？

199 森林公园深处的凶情

在森林公园的深处发现一辆高级的敞篷车，车上有少量树叶，一个老板模样的人死在车里。警方迅速封锁了现场。

"发现了什么线索？"警长问。

"法医估计已死亡两天。没有发现他杀的迹象，死者手边有氰化钾小瓶，所以初步认定是自杀。"

"有没有发现第三者的脚印？"

"没有。地面上落满了树叶，看不到什么脚印。"

"请大家再仔细搜查现场，排除自杀的主观印象。这不是自杀，而是他杀后移尸到这里的。估计罪犯离开不到一小时，他一定会留下马脚的。"大家又投入仔细搜查，果然发现了许多线索，追踪之下，当天便抓获了杀人犯。

请问：警长为什么认定不是自杀而且罪犯没有走远呢？

·侦探小助理·

讲述人	时间	地点	事件	侦查手段	证据及线索	关键点
警方	某天	森林公园深处的敞篷车里	一个老板模样的人死在车里	现场查看、推理	①车上有少量树叶②地面上落满树叶	树叶

200 飞机上的遗书

一日，亿万富翁查理乘坐私人直升机到海边别墅度假。一小时后，直升机返回机场。驾驶员向警方报案，称查理在飞行途中，突然打开舱门跳机自杀了，座椅上留有一份遗书。警方立即到直升机上勘察，查理的座椅上确实放着一份遗书，表明自己已经厌倦人生，所以自杀。随后，警方经过多方调查，发现了其中的破绽，判断遗书是由驾驶员事先伪造，杀害查理之后放在座椅上的。

请问警方是通过什么得出这个判断的？

201 毛毯的破绽

一天，警方接到报案说有人在家中自杀身亡。警方迅速赶到现场，见死者全身盖着毛毯躺在床上，头部中了一枪，手枪滑落在地上。床边的柜子上放着一张纸，上面写着："我挪用公款炒股，负债累累，只有一死了之……"警官走到床边，掀开盖在死者身上的毛毯看了一眼说："又是一起伪造的自杀案。"

请问警官根据什么判断这不是自杀？

202 保险诈骗案

徐某是某民营企业的董事长，由于经营不善，企业濒临破产。徐某一连失

踪多日，后来有人在郊外的别墅中发现他的尸体，喉咙被利器割断。

警方在调查中了解到，徐某死前购买了一份巨额意外险，按照合同规定，若徐某意外死亡，其妻子将获得一百万元的赔偿。

由此，警方初步推断这是一起保险诈骗案，认为徐某是为了让妻子获得巨额赔付，自杀身亡而伪装成他杀的。然而，如果是自杀，屋内应该留有刀片之类的利器，而且应该就在死者周围。可是经过三遍搜查，始终没有找到任何利器。

最后，有一位细心的警察在窗户旁发现了一片鸟的羽毛，于是大家恍然大悟。

你知道这其中的玄机吗？

203 杀妻的男人

一天晚上，一位男士打电话报警，称其妻子在家中开枪自杀了。

警官赶到现场，男士说："我当时正在楼下看电视，忽然听到楼上卧室传来一声枪响，跑上楼一看，我妻子倒在写字台上，右手握着一把枪，头部中弹。"

警察随即检查了整个卧室，然后将溶解了的石蜡涂在死者的右手上，对男子说："等石蜡一凝固，就什么都知道了。"男子见状，便乖乖认罪了。

你知道这是为什么吗？

·侦探小助理·

讲述人	时间	地点	事件	侦查手段	证据及线索	关键点
死者丈夫	某天晚上	家中	一名女子	现场查看、化学分析	①男子称其妻子是开枪自杀②石蜡的特性	子弹成分

204 融化的巧克力

美国总统罗斯福曾当过私人侦探。有个夜晚，罗斯福接到考古学博士卡恩打来的电话："罗斯福先生，不好了，古代玛雅文明的黄金假面被盗了。"

两小时后，博士的秘书驾车来到罗斯福家。秘书一边开车，一边向罗斯福讲述：被盗的黄金假面，是从墨西哥的尤卡坦半岛古代玛雅金字塔里发掘出来的，现为亿万富翁卫斯理所有，卡恩博士是为了研究才将它借来的。汽车在路上足足用了一个半小时才到达卡恩博士的研究所，这时已是深夜 11 点了。

秘书请罗斯福在客厅稍事休息，自己上二楼研究室去请博士。罗斯福刚要坐下，就听到楼上传来惊叫声："哎呀，不得了啦！博士自杀了！"

罗斯福大吃一惊，飞快地奔上二楼，只见天花板下的铁管上拴着一根绳子，博士的头颈套在里面，用来垫脚的椅子摔倒在脚下。室内除了写字台、书橱等研究用具外，还有一张铺着电热毯的简易木床，别无其他陈设。

"他大概是感到黄金假面被盗，责任重大才自杀的吧？"秘书说道，脸色吓得苍白。

罗斯福摸了摸死者的面颊和手，发现尸体还很热。他感到奇怪：室内相当冷，怎么死者的体温与生前几乎完全一样？这样的体温，表明人死后还没超过一小时。

罗斯福把博士的工作服口袋检查了一下，发现仅有半块没吃完的锡纸包着的巧克力，但已经融化了。他拿着它，思忖了片刻，然后指着秘书说："杀人犯就是你！你在开车来接我之前，先将博士杀死，然后再把他伪装成上吊自杀。由此看来，盗窃黄金假面的也是你。"

罗斯福是怎么知道秘书就是凶手的？秘书又是如何杀害博士的呢？

讲述人	时间	地点	事件	侦查手段	证据及线索	关键点
卡恩博士的秘书	一个夜晚	博士的家	卡恩博士死于家中	现场查看、物证	①博士的尸体还很热②他工作服口袋里的巧克力已经融化了	巧克力

205 冒牌的声音

一个初夏的夜晚，在凤凰湖西岸的一间低矮的茅草屋里，突然跑出一个披头散发的女人，她一边惊慌地跑着，一边呼喊救命。当有些好奇者开门探视，看到是刘素英的时候，又都很快关了门。原来，这户人家，男的叫田丰，女的叫刘素英，他们靠耕种二亩良田和纺线织布为生，家里还有一个未满周岁的孩子。田家的日子本来过得还算不错，但是近来不知什么原因，夫妻俩经常大吵大闹。邻里们认为夫妻吵架不足为怪，开始还有人劝说几句，到后来就干脆没有人理睬了。

第二天黎明，一个老汉因为前一天晚上和田丰约好了一早进山，便早早地叩响了田家的破竹门。可是屋内没有一丝回声。老汉用手轻轻一推门，门没插，"咯吱"一声开了。他刚一探头，吓得"妈呀"一声，扭头就往回跑。屋里炕上躺着3个血肉模糊的人，正是田丰一家。

很快，有人报知了县令，当县令一行数人赶到案发现场时，这里已经围了几层人。县令听那个老汉讲述了刚才他所看到的情景后，便到屋内仔细观察。只见屋内陈设不乱，3具尸体并排横卧在炕上，炕头的一块青砖下压着一张字条，上面写道：

"生不逢时何再生，互往中伤难相命，送汝与儿先离去，我步黄尘报丧钟。"

县令围着3具尸体慢踱着。蓦地，他站住了，弯下腰，伸手拉了拉田丰僵硬的胳膊。一会儿，县令直起腰，略思片刻，然后走出茅屋，对还未散去的众乡民说道：

"田丰杀妻害子后自刎而死，已查证属实。只是这孩子吓昏过去，需要听见母亲的声音才能唤醒。本官宣布，谁能学得刘素英的声音，救活这个孩子，田家的遗产就归他一半……"

话音未落，人群中便走出一个自称叫冷华的年轻人，她躬身道："大人说话可算数？"

县令细细打量了一下冷华，说道："一言为定，字出千斤。"

于是，冷华上前学起来："宝贝儿，我的宝贝儿，妈妈回来啦……"可是她叫了半个小时孩子依然"睡"着。

县令问那老汉："这与昨天晚上刘素英的声音相像吗？"

"像！真像！像极了！"老汉肯定地点了点头。

县令转身对冷华道："好了，虽然孩子没被救活，但你学的声音却很像，鉴于田家已无后人继承产业，所以田家遗产全部归你所有……"

冷华刚要谢恩，县令抬手止住了她，继续说道："按当地的习惯，外姓人继承遗产，必须用左手一刀砍断院中最粗的一棵树。我看你身单力薄，不能胜任，就由你指派一个最亲近的人来完成吧！"

听完县令的吩咐，冷华伸脖子往人群中探了探。人们顺着她探视的方向，看见人群外层忽地站起来一个壮实汉子。此人膀大腰圆，原来是冷华的丈夫杨艮。他径直奔到县令面前，接过柴刀，用左手掂了掂，几步跨到院中那棵最粗的红柳树旁，猛地抡起锋利的柴刀劈了下去，只听"喀嚓"一声，刀落树断。这时县令的锐眸中闪出了欣喜的光芒。他干咳了一声，人们立时安静下来。只见他开口说道："本官对这起人命案已审理完毕，现宣布捉拿案犯杨艮和冷华归案。"

杨艮和冷华"扑通"一声跪在地上，口喊冤枉。

县令瞥了他们一眼，朗声说道："你们有罪不认，冤在哪里？"

杨艮颤颤地问道："田丰杀妻害命而死，大人怎说是被我们所害？"

县令笑道："这是你们自己表演的结果。"说着转向围观的人们，"昨天半夜，有人听见刘素英呼喊救命，可是从死尸干黑的刀口上看，案发是在傍黑时分。这就怪了，难道刘素英被杀后还能到处呼喊救命吗？所以，我想一定是有人冒名顶替，制造了假象，这个冒名者一定是这起命案的杀人凶手。于是，我便决定先从声音上查出冒名者。当查出冷华就是冒名者后，我发现她身体单薄，绝非是直接作案人，一定还有同谋。于是，我便利用在现场观察出的凶手是左手使刀这一特征，以田家的遗产作诱饵让凶犯自投罗网。"

田丰全家被杀一案，县令由刘素英的刀伤血迹，推断出有人冒名顶替。可是，却怎么知道田丰不是自刎而死的呢？

206 大力士之死

剧场里，正在演出一场杂技节目。下个节目就是大力士铁汉的了，舞台监督让人去找铁汉做准备。正在这时，只见演员程华慌慌张张地跑了上来。

"不好了，铁汉死了！"

"在什么地方？"舞台监督和坐在身边的团长都霍地站了起来。

"在装道具的小仓房里。"

团长对舞台监督说："你先安排下一个节目上场，我去后面看看。"

程华说完领着团长等人朝小仓房跑去。

小仓房里，铁汉直挺挺地躺在地上，两只手紧紧地掐着自己的喉咙，脸上布满了痛苦的神色。

团长吩咐大家不要随便进入现场，并命人立即向警察局报案。

几分钟后，黄警长和几个警察赶到了现场，经过仔细勘察，发现现场除了铁汉的脚印外，还有两个人的脚印。然后，他来到团长跟前问道：

"是谁先发现被害人的？"

"是程华。"

"让他来一趟。"团长很快让人把程华叫来了。

"是你发现铁汉被害的吗？"

"是我发现的。"

"你把刚才见到的情况再详细和我说说可以吗？"

"可以。"程华抹了把额头上的汗水，说道，"刚才，台上有个布景架子活动了，我想到小仓房里拿根绳子把它捆绑一下。可是，我刚走到小仓房的门口，就听见里面有动静。我从门缝往里一看，吓得几乎叫出声来。我看见铁汉正在使劲掐自己的脖子呢。我便进去使劲掰他的手，可是他力气太大了，怎么也掰不开，我便跑出来喊人。谁知当我把人找来时，他已经死了。"

听完程华的情况介绍，黄警长哈哈大笑起来："程华，我看你还是把真实情况说出来吧！你的同伙是谁？"他厉声喝问。

黄警长是怎样识破程华的谎言的呢？

207 新郎之死

　　清朝的时候，在南方的一个农村里，有一对刚刚结婚的恩爱小夫妻，男的叫李二保，女的叫小凤。7月的一天，李二保下田干活被雨淋了，一病3天，粒米未进，新婚妻子小凤守在他身边心疼得直抹眼泪。

　　第四天早晨，李二保从床上爬了起来，晃了晃脑袋，感到轻松了许多，他惦记着田里的活儿，便对妻子说："小凤，煮点稀粥，我吃了好下田。"

　　小凤劝丈夫再养两天，可李二保说什么也不肯。无奈，小凤端来了粥，又炒了一碟鸡蛋。李二保喝了一口粥，看着鸡蛋皱起眉头："油太大，吃不下。"

　　小凤想了想，忽然说："搅点蜂蜜吧，保证爽胃口！"

　　她从门前的蜂箱里舀了满满一勺蜂蜜，倒进丈夫的碗里。李二保果然津津有味地吃起来。

　　吃罢饭，李二保就朝田里走去。可是还没走到田头，他就感到腹部一阵剧痛，摔倒在地上。

　　小凤闻讯赶去时，李二保已经咽气了。

　　很快，乡邻们就把案件报告了县衙，并说是小凤害死了自己的丈夫，县令于忠立即赶到现场。县令看见小凤哭得泪人似的，十分悲切，不像是她谋害了丈夫的样子。于是问道："今天早晨你丈夫吃的是什么？"

　　"只吃了碗粥。"

　　"你吃的什么？""吃的也是粥。"

　　于忠心想，怪事儿，同吃一样的东西怎会有不同的结果？他又进一步问道："吃的菜也是一样的吗？"

　　小凤思忖片刻，忽然说道："他拌的是蜂蜜，我吃的是鸡蛋。"

　　蜂蜜？吃蜂蜜怎能置人于死呢？于忠来回踱步思索着。忽然，他望着山坡怔住了。山坡上虽郁郁葱葱，但各色的鲜花已不如前些时那样繁盛了，只有断肠草花、野百合花、醉鱼草花在盛开。于忠似有所悟，立即下令回府，宣布小凤无罪。

　　于忠为什么认为小凤是无罪的呢？

·侦探小助理·

讲述人	时间	地点	事件	侦查手段	证据及线索	关键点
妻子小凤	清朝的一天	南方农村一对小夫妻的家里	丈夫李二保吃过饭，在去田里的路上死去	现场查看、分析	①李二保吃了蜂蜜 ②山坡上有断肠草花、野百合花和醉鱼草花	花

208 杀人的毒蝎

清朝的时候，某县城里有个叫李原的小商贩。他家里有年迈的老母和漂亮贤惠的妻子。这年夏天，李原出门做生意发了财，高高兴兴地回到了家中。为了犒劳丈夫，妻子秀花杀鸡备酒，全家人围坐在葡萄架下共进晚餐。

酒足饭饱后，秀花看见丈夫连日劳累，眼窝深陷，便心疼地催他早点歇息，谁知李原刚躺下不久，就翻滚着直喊肚子疼，不一会儿便气绝身亡了。

秀花扑在丈夫的身上，哭得死去活来。

当即有人把案子报到县衙。县令带人来到李家检验了尸体，认定李原中毒而死。县令冷冷地询问了晚上吃饭时的情况，便认定是秀花趁丈夫不在家的时候与人私通，等丈夫回来时便投毒害命。于是，秀花被押到了县衙。县令升堂审案。

"你与何人私通？"

"小女乃良家女子，不曾与任何人私通！"

"那你是如何害死李原的呢？"

"我与李原恩恩爱爱，怎么能下此毒手呢？"

"我看不用严刑你是不会招的，来人，大刑侍候！"

于是，秀花被按在大堂上，打得皮开肉绽。

她实在受刑不过，只得含冤喊道："我招，我招！"

结果，秀花被砍了头。

他们死后，亲朋好友纷纷递状上告，为他们鸣冤叫屈。

有一天，一个清瘦的老头儿来到李原家。

老头儿讨了口水喝，向李原的母亲问道："那天，你们3个人一起吃的饭，为什么唯独你儿子死了呢？"

"这事儿我也感到奇怪。儿子死后，我也不想活了。当听人说是媳妇在酒里下毒药后，我就把剩下的半瓶酒喝了，可是却没死！"

老头儿想了想，又问道："那天你们吃的是什么饭？""白米饭！""菜呢？""有鸡……"老太婆忽然想起来，"对了，是鸡，只有我儿子吃了鸡。""为什么？""那天正巧是我和媳妇的忌口日，我们只吃了点素菜，整个一只鸡都让我儿子吃了。"

原来，老头儿是巡抚寇安。他接到百姓的诉状后，便来到李家微服私访。

"拿上来！"寇安让人端上来一个热气腾腾的大盘子，上面是一只肥嫩的清蒸鸡。盘子被放到了葡萄架下，立时香气扑鼻，美味四溢。

忽然，葡萄架上飘下了一缕不易被肉眼察觉的细丝，直落到盛鸡的盘子里。寇安这时才站起身来，用筷子撕下一块鸡肉，扔到了地上。李家那条看门狗猛扑上来，把鸡肉吃掉，不一会儿就倒地毙命了。

"糊涂昏官，误民命矣！"寇安十分痛心而不安地说道。

显然，寇安已经查明秀花是含冤而死的，并知道了李原的死因。

请问：李原究竟是怎么死的？

209 天上的凶手

宋朝钦宗的时候，有一个地方叫王家庄。在王家庄的边上住着一户人家，家中只有哥俩，哥哥叫王壮，弟弟叫王勇。兄弟俩从小父母双亡，相依为命，靠租种地主的田地勉强为生。光阴荏苒，岁月如梭，转眼，哥俩都到了娶亲的年龄。

村里有个叫桃枝的姑娘，和兄弟俩年龄相差无几，即将嫁给弟弟王勇。

这天早上，哥哥王壮发现自己身体异常不舒服，就想在家里歇一歇。弟弟见状，就跟哥哥说道："哥哥，你今天就不要下田了，我自己去干活吧！"说完，他就自己扛着农具独自下田干活去了。

快到中午的时候，突然天空乌云密布，转眼间就下起了倾盆大雨。王壮见状，想起弟弟下田干活走的时候没有带雨具，就赶紧摇摇晃晃地穿好蓑衣，又给弟弟带上一件，推开门，顶着雨向田里奔去。

雨下得非常大，王壮深一脚浅一脚地来到自家的田里，却没有发现弟弟王勇。他沿着田地寻找，猛然发现弟弟倒在田边的一棵大树下，他上前一摸，见弟弟已经气绝身亡。

王壮好不悲伤，就冒雨找来了四邻，好帮助自己来料理这突降的横祸。

此时，大雨已停了，乡亲围拢过来，看着死了的王勇，开始纷纷指责王壮，有的人甚至说是王壮看弟弟要结婚而心存妒忌，故而把亲弟弟给杀了。

王壮本希望乡亲们能帮助自己把弟弟的丧事处理了，万万没想到乡亲们却怀疑是自己杀害了弟弟。

就在他既不明白弟弟的死因，又不明白乡亲们为何怀疑他的时候，县令张巡恰巧路过此地，乡亲们便向张县令报了案。

这张县令是一个饱学之士，不仅喜欢经史，而且善于研究天文历算。他见王壮朴实憨厚，不像是一个不法之徒，便开始勘验现场。他见王勇死的地方有一棵大树，他的胸口上又有两处被灼伤的痕迹，便知道了大概。

于是，张县令对大伙说道："请乡亲们不要怀疑是王壮杀害了弟弟，真正的凶手不是王壮。"

张县令为什么这样说呢？

·侦探小助理·

讲述人	时间	地点	事件	侦查手段	证据及线索	关键点
哥哥王壮	宋朝的一天	王家庄	弟弟王勇死在田里	情景再现、推理	①当时下着倾盆大雨②王勇死在田边的一棵大树下	大雨

第七章
罪犯的阴谋

210 不翼而飞的赎金

某银行董事长的儿子被绑架，歹徒索要 20 万美元的赎金。

歹徒打电话给受害者的家属说："把钱放在手提箱里，在今晚 9 点放到火车站 22 号寄物箱内。寄物箱的钥匙在旁边公用电话亭的架子下面，用胶布黏着。把手提箱放入寄物箱之后，再将钥匙放回原处。"

儿子性命攸关，董事长答应了歹徒的要求，但他还是叫人秘密地报了警。

董事长把 20 万美元装进手提箱，于晚上 9 点钟赶到火车站。在寄物箱附近，已有警察在秘密监视。

董事长找到钥匙，把手提箱放入 22 号寄物箱，锁上箱子，将钥匙放回原处后，便驱车离开了。

电话亭附近也有警察监视。可是一直到天亮，歹徒始终没有露面。

第二天中午，董事长接到歹徒的电话说："20 万美元已经收到，你的儿子今天就能回家。"

警察接报后马上打开 22 号寄物箱。手提箱仍在，但离奇的是，20 万美元已经没有了。

请问：歹徒究竟是怎样把钱取走的呢?

170

211 凶器是什么

杰克经过深思熟虑想出了一个报复吉利的办法。

"还下着雨……今晚就是个好机会。呵呵呵！"

夜深后，杰克爬上吉利家正后方的建筑物顶上。没过多久，随着"咣"的一声巨响，吉利的小木屋就倒塌了。

第二天早上，吉利从昏迷中醒过来。

虽然侥幸逃过一死，可是吉利已经浑身是伤，而且还得了感冒，浑身疼痛。吉利报了警，把事情从头到尾跟警察说了一遍。

"昨天晚上，不知是谁从高处扔了什么东西下来把房顶砸烂了……"

"可是，我们没有找到任何的证据。如果有什么东西砸下来的话总该有一些碎片吧。"

警察摇着头做出无奈的表情。

"请你们一定快点抓住罪犯，好吗？"

"我们当然会尽力的，可是这件案子一点头绪也没有……"

吉利伤心得眼泪都要流下来了，可警察不置可否地回答后就回去了。

突然，吉利想到了杰克："对了，肯定是杰克干的。我一定要把那个讨厌的家伙送进监狱……"

杰克到底是用了什么方法才没有留下证据呢？

·侦探小助理·

讲述人	时间	地点	事件	侦查手段	证据及线索	关键点
吉利	夜深后	吉利家	吉利家的小木屋被砸塌	情景再现、推理	①小木屋被砸烂却没有砸东西的碎片②当时下着雨	下雨

212 吞蛋送命

王忠准备生吞十枚鸡蛋。他这样表演，是因和朋友打赌引起的，可惜他不知道其中一个朋友赵三对他有谋害之心。

王忠打开第一枚鸡蛋，仰起头猛吞下去，接着又吞下两枚，赢得了全场的掌声。

第四枚鸡蛋被一口吞下时，只见王忠脸色一变，吐了一口鲜血，话也说不出来了。

在场的人大惊，忙把他送进医院，经抢救才脱险。

警官接手调查此案，查到鸡蛋是赵三提供的，里面藏有钢针，于是逮捕了他。

你知道赵三是如何把钢针放入鸡蛋的吗？

213 寻找凶器

在女子大学体育馆的浴室里，一女大学生被害，死时全身一丝不挂，好像是被细绳一类的东西勒死的。然而，现场只有一条短毛巾，没有发现绳子一类的东西。案发时，还有另一名女生一同在浴室洗澡，故她被视为嫌疑人。然而，这名女生是光着身子从浴室跑出来的，当时在门外的同班同学可以证明。

刑警在现场没有发现可能用作凶器的绳子，觉得不可思议。无意中，他注意到了什么。"原来如此。"刑警马上找到了凶器。

你知道凶器在哪儿吗？

·侦探小助理·

讲述人	时间	地点	事件	侦查手段	证据及线索	关键点
刑警	某天	女子大学浴室	一女大学生被勒死	情景再现、推理	①现场没有细绳类东西②另一名女生被视为嫌疑人	细绳

214 凶器消失了

在女性专用的蒸汽浴室里，一个高级俱乐部的女招待被杀。死者一丝不挂，被刺中了腹部。从其伤口判断，凶器很可能是短刀一类的东西，可浴室里除了一个空暖水瓶外，根本找不到其他看似凶器的刀具。

因为案发时还有一名女招待同在浴室里，所以被怀疑为凶手。但是当时在门外的按摩师清楚地看到，此人未带任何东西一丝不挂地从浴室出来，而且直到15分钟后尸体被发现，再没有任何人出入浴室。

试问，凶手究竟用的是什么凶器，又藏在什么地方呢？

215 手枪队护送宝马

一位欧洲富人不惜重金从亚洲买了一匹日行千里的宝马。为了把马安全运送到家，他专门请了一支手枪队护送这匹马。手枪队和马被安置在火车的同一节车厢上，可是在开往欧洲的路上时，马却被盗了。据说这支大约10人的手枪队一直和马寸步不离，也不是手枪队监守自盗，这究竟是怎么回事呢？

216 失踪的赎金

百万富翁贝克的独生子突然失踪了。这天，贝克收到一封恐吓信："如果你还想见到你的儿子，就把100万美元赎金装进手提包，明晚12点，让你的司机在万圣公园的雕像旁边挖一个坑埋进去，后天中午你的儿子就可以回家了。"

贝克心急如焚，立即报告了警方。警方立即派警察埋伏在万圣公园暗中监视。

夜深了，公园里漆黑一片，公园门口有警方把守，雕像附近也隐蔽了好几个警察。

司机带着装有100万美元的手提包来了。他按绑匪的要求，在黑暗中挖了一个很深的坑，把手提包放进去埋好，然后空着手走了。警察们紧紧盯着雕像附近的一切动静。

可是，直到第二天中午，还是不见任何人来取钱，贝克的儿子却平安地回到了家。

警方不知绑匪在耍什么花招，决定挖开埋钱的坑，手提包还在，可是打开一看，100万美元不翼而飞。警方日夜监视着那个坑，司机也确实把手提包放进坑中埋好，那100万美元到哪去了呢？

请你想想：赎金会在哪里？绑匪又是谁？

·侦探小助理·

讲述人	时间	地点	事件	侦查手段	证据及线索	关键点
百万富翁贝克	某天	万圣公园	贝克的独生子被绑架，司机送去的赎金不翼而飞	分析、推理	①没有任何人取钱②钱是司机送去的	司机

217 引爆

一天，市区内发生了一宗爆炸事件。一位外出归来的音乐家回到住所不久，屋里突然发生爆炸，音乐家当场被炸死。

侦探勘查现场时发现，窗户玻璃碎片里还掺杂着一些薄薄的玻璃碎片，分析可能是乐谱架旁边桌上一个装着火药的玻璃杯发生了爆炸。奇怪的是室内并没有火源，也找不到定时引爆装置的碎片。如果不是定时炸弹，为什么定时引爆得那么准确呢？真不可思议！

就在这时，侦探获得了一个线索：发生爆炸前，音乐家正在用小号练习吹奏高音曲调。

侦探从这个小小的线索中，立即识破了罪犯的手段。

你知道罪犯是如何引爆炸药的吗？

218 寡妇之死

住在犹太人聚居区的一位年轻寡妇，有一天被发现死在自己寓所的卧房内。推断死亡时间为前一天晚10点左右，致死原因是氢酸钾中毒。

死者没留下遗书，但是由反锁的门与防盗链、扣紧的门窗来推断，警方一致认为是服毒自杀。

但是该区神父却怀疑警方的推断。因为死者是虔诚的犹太教徒，而犹太教是反对自杀的，认为自杀是亵渎神旨，有违神意，而且听说她最近还有再婚的打算呢！

根据资料，前一夜死者的小叔曾拜访过她。警方指出："此人7点左右来，在9点以前就离开了，走的时候死者还亲自送他离去，这是管理员亲眼看见的。"

神父忽然想起死者有服用安眠药的习惯，于是向警方道："死者的小叔就是凶手！因为如果死者是自杀的，现场必有盛毒容器。"

接着，神父就把凶手杀人的计谋有条不紊地说了出来。

你知道是什么计谋吗？

·侦探小助理·

讲述人	时间	地点	事件	侦查手段	证据及线索	关键点
神父	晚上10点左右	犹太人聚居区	一位年轻寡妇死在自己寓所的卧房内	情景再现、推理	①死者有服用安眠药的习惯②现场没有盛毒容器	容器

219 犯罪手法

一个法国大怪盗，名叫鲁彭。他身体轻巧，又会变身术，容貌声音可随机应变。后来，他当了侦探。一次，一个罪犯进行犯罪活动，鲁彭欲破案，就给罪犯家里打了个电话。尽管当时罪犯还未能离开现场，接电话的却是罪犯本人。这可把鲁彭弄糊涂了，他当时想了很久也不知罪犯使用了什么手段，伪造了"不在现场的假象"。后来他一下子就猜出了罪犯使用的是什么手法。你能猜出来吗？

220 被偷得彻底的别墅

小北的家在城市近郊，那是一幢别墅式的住宅，房子外面有一个大花园，附近没有邻居。秋天的时候，小北的夫人带孩子去外婆家，只有小北一人在家，他每天都在公司吃过晚饭再回家。

一天晚上，当小北回到家时不禁大吃一惊：只见大门敞开，家里的一切都没有了。包括钢琴、电视机、录像机，就连桌子和椅子这些家具也全不见了，整个屋子空空如也。

这显然是被盗，但是令人不可思议的是窃贼怎么会这么大胆，大白天居然把小北家偷得这么彻底呢？并且，据说在窃贼们偷盗的时候，有两个巡逻警察还站在旁边看了一会儿热闹。这到底是怎么回事？

·侦探小助理·

讲述人	时间	地点	事件	侦查手段	证据及线索	关键点
小北	秋天	小北的家	小北的家被盗	情景再现、推理	①整个屋子被偷得空空如也②当时警察看到了却没干涉	搬空

221 工人偷运橡胶事件

在一家提炼橡胶的工厂，经常发生工人偷运橡胶倒卖的事件。工厂的负责人为了防止橡胶被偷运，特意雇用了保安人员，对下班出厂的车辆、工人进行严格检查。

这一天，保安部接到举报，说今天有人要偷运橡胶出厂。保安人员立即行动起来，对来往行人、车辆都十分认真地进行排查。这时，一辆满载胶桶的货车准备驶出工厂大门，保安人员检查时，发现车上装的只是一些空胶桶，里面并没有装橡胶，就准予货车驶出工厂。过了一会儿，举报人又打来电话，说："刚才出去的那辆车已把橡胶偷运出厂了。"说完就挂掉了电话。保安人员十分不解，他们对货车进行了全面检查，橡胶被藏在了什么地方呢？你能想得到吗？

·侦探小助理·

讲述人	时间	地点	事件	侦查手段	证据及线索	关键点
保安人员	某天	提炼橡胶的工厂	有人偷运橡胶出厂	物证、推理	车上装的只有一些空胶桶	胶桶

222 怪盗传递信件

一天夜里，有个名叫西夫的怪盗，潜入一个外交官的住宅，在三楼卧室里，偷到一份重要的外交信件。他正要离开房间，突然听到门外有脚步声——外交官回来了。西夫从门那逃走已经不可能了，看来只能跳窗户。

窗下有一条运河，跳下运河就可以脱身。但西夫担心外交信件被弄湿而前功尽弃。踌躇中，他看到自己的同伙在对面大楼窗口等待接应，于是灵机一动，决定先把信件递给同伙，再只身逃走。

西夫钻到窗外，站在窗台上，探身、伸手，可是很遗憾，还差一点儿，够不着对面大楼。手边又没有杆子或棍子之类的工具；对面大楼的窗台很窄，跳过去也没有落脚之处；把信件扔过去，又担心被风刮跑。一时，足智多谋的怪盗西夫竟束手无策。

可是仅仅几分钟之后，西夫就有了办法，什么工具也没有用，就把信件递给了同伙，然后只身跳入运河之中，匆匆离去。

你知道西夫是用什么方法把信件递给同伙的吗？

223 同样的剧情不同的结论

一个深夜，江文驾车正在峭壁险峻的海岸线车道上兜风，当到了一个急转弯处时，突然前方出现了急驶而来的汽车灯光。

那辆车灯的车速与江文的车速相同，离得越来越近。这条路只有对开两辆车那么宽，江文向左打轮时，对方似乎也同样在向右打轮。车灯从正面直射过来，江文心想，如果这样下去会迎面撞在一起，但为时已晚，已经没有躲闪的余地了。

江文不由得闭上眼睛，一狠心向右猛打方向盘，就在这一刹那间，他的车子撞断护栏，冲下悬崖掉进大海，幸好江文迅速钻出车子浮在海面上，才捡了一条命。

这起交通事故实际上是江文的情敌王力一手策划的。可奇怪的是，江文错打了方向盘时，对面一辆车也没有，现场连对面会车的轮胎痕迹都没留下。

你知道王力用的是什么手段吗？

224 警犬也会有失误

一个初秋的夜晚，监狱中有个囚犯越狱了。他用监狱厨房里烧火的木棒当高跷，跨过高耸的围墙，成功地逃出了监狱，接着穿过围墙边的空地，逃进了满是树林的山丘。

不过，由于正好下雨，被雨打湿的地面上留下了清楚的脚印。狱警带着警犬沿着脚印进行追踪。警犬仔细嗅过囚犯的足迹之后，一直循此足迹前进，直到进入树林。但追到途中，警犬不知为什么突然停下了脚步，左顾右盼，一步也不前进了。

逃犯并没有换穿别的鞋子继续逃亡，他脚上穿的始终是同一双鞋。

请问：他是如何骗过嗅觉灵敏的警犬的呢？

侦探小助理

讲述人	时间	地点	事件	侦查手段	证据及线索	关键点
警方	一个初秋的夜晚	监狱外的树林	有个囚犯越狱，逃到树林里警犬却不追了	物证、推理	囚犯没有换鞋，仍是同一双鞋	气味

225 古屋幽灵

这是一座南北战争时代留下的古屋，据说曾出现过幽灵。买下这座古屋的人想将屋子整修一番，便雇来了工人。工人们刚刚走进前厅，突然出现一个全身冒着火焰、身高2米以上的幽灵，手持匕首，似乎要扑过来。工人们吓得拔腿就跑。

事情传出去以后，有些曾经进入过这座屋子的人提供了一些线索。他们说，这座屋子已建造了几十年。当时的主人据说在屋内藏了大量的珠宝。后来主人死了，珠宝究竟藏在哪里，没有人知道。曾进去过的人只知道，这所屋子的墙上装了许多大镜子。

不信邪的道格斯教授决心解开这个谜。他在漆黑的客厅里等幽灵出现。果然，像以前一样，幽灵手持匕首在火光中出现了。道格斯教授盯着幽灵细看，好像看到一个穿着宽大衣服的高个子男人。再仔细看，道格斯教授突然明白了，他猛地抓起身边的一把椅子朝前砸去。

"乒嘟嘟……"只听见一阵玻璃破碎的声音，幽灵随即不见了。

道格斯教授从屋里出来，马上与警方联系。警察包围了古屋……不久，事情便真相大白了。

你能想象出这幽灵究竟是怎么回事吗？

226 女窃贼

女窃贼成田久子越狱逃跑了，女看守辛吉慌慌张张地向她的上司银次警长报告了这一惊人的消息。银次警长赶到 104 号女监一看，牢门敞开着，打开的铁锁掉落在水泥地上，锁上还插着一把用旧铁片锉成的钥匙。显然，女窃贼成田久子就是用这把钥匙打开铁锁逃跑的。

银次警长记得很清楚，昨天他把成田久子送入女监时，曾经指令女看守辛吉脱去成田久子的衣服进行了认真的检查。事后辛吉向他报告说，她就连成田久子的内衣都仔细地检查过了，没有发现任何夹带之物。再说，女窃贼事先并不知道将她关押在女监 104 号，她不可能事先准备好这间牢房的钥匙。那么，这把铁片锉成的钥匙是哪里来的呢？

"在你值班期间，有人和成田久子接触过吗？"银次警长想了想，厉声问女看守辛吉。

"没有……啊不，有过的，但他并未和成田久子直接碰面呀！"辛吉结结巴巴地说。

"那人是谁，他来干什么？"

"啊，是这样的。"辛吉回忆说，"昨晚，长寿庵的和尚伸助来找我，说成田久子是庵里的女施主，曾经出钱维修过长寿庵。现在犯罪了，他送碗面条来给她充饥。我把面条捞起来细细地检查了一番，没有发现碗里有其他东西，就亲自送给成田久子吃了，空碗也是我拿回来交还给伸助的。伸助根本没有和成田久子见面，他也不可能给她钥匙。可是……等我上完厕所回来，只几分钟光景，该死的女窃贼就打开铁锁逃跑了。"辛吉显得非常难过。

"这是你的疏忽。"银次警长严肃地说，"你对那碗面条检查不严格。就是那个好色的伸助和尚，在你的眼皮底下把仿制的牢房钥匙送给了他的情妇成田久子，让她打开牢房的门逃跑了，你难道还不明白吗？"

"我……"辛吉并没有明白银次警长的意思。

请问：伸助和尚是怎样把仿制的牢房钥匙送给成田久子的？

·侦探小助理·

讲述人	时间	地点	事件	侦查手段	证据及线索	关键点
女看守辛吉	某天	女子监狱	女窃贼田久子越狱逃跑	物证、推理	①伸助和尚曾送给田久子一碗面②面碗里面没有可疑的东西	碗

227 酬金有诈

星期天，某公司经理查理斯正在公园的林荫小道上散步。

忽然，一个年轻漂亮的女子与他打招呼。

查理斯问道："小姐，您是哪一位？"

那女子冷冷地说道："我是一个杀手！"

查理斯的脸色一下子变得煞白，脱口而出："啊，你是那个小子派来的吗？"并苦求饶命。那女子说："请别误会，我不会杀你的，我是来帮助你的。刚才你说的那个小子，是不是 H 公司的经理？"

"是，是，在商业上，他是我最大的敌人，我巴不得他早点死掉！"

那女子用商量的口气说道："这件事就交给我办吧！我要让他不留痕迹地无声无息地死掉。至于采取什么办法，你最好别问了。"

"好！事成之后，重金酬谢！"

3个月后，查理斯听说 H 公司的经理因心脏病突发，治疗无效去世了。随后，在一个星期天的早晨，还是在那条林荫道上，查理斯再次碰到那位女子，他如数付了酬金，那女子迈着轻盈的步子走了。

那个女子用什么办法使 H 公司的经理死掉，却没被警察发现，从而得到一笔数量可观的酬金呢？

228 瞬间逃窜的匪徒

一天深夜，某大厦 21 楼的保险柜被人炸开，一笔巨款随之失踪。由于这家大厦装有直通警署的警报系统,所以警察的巡逻车不到 1 分钟就到达了犯罪现场。

警察到达现场后，发现这座大厦正在停电，一片漆黑。警察找到了大厦的管理员，他声称，由于电箱的保险丝被烧断了，这才导致停电。警察守在大厦的出入口，又来到 21 楼失窃现场，发现案犯已经逃走。但是，大厦是封闭式的，根本没有其他出口供案犯逃跑。警方又经过实验，证明普通人由 21 楼跑到楼下，至少也需要两分钟。但警车在一分钟内即到达了现场，案犯是用什么办法逃走的呢？

最后经过调查，警方发现管理员是匪徒的同谋人。

那么请问，为什么案犯能在 1 分钟内逃出大厦呢？

·侦探小助理·

讲述人	时间	地点	事件	侦查手段	证据及线索	关键点
大厦管理员	一天深夜	某大厦21楼	保险柜被人炸开，一笔巨款随之失踪	现场查看、情景再现	①当时保险丝烧断导致停电②逃跑需要2分钟，而警察赶到花了1分钟	楼梯

229 罪犯的阴谋

夕阳西下，广阔的原野上阿尔法策马而行，奔往 A 城。途中的一株枯树上，捆绑着一个死去的牧马人。牧马人的嘴被堵着，脖子用 3 根牛皮条捆住，显然是由于脖子被勒住后窒息而死的。阿尔法解开绳子，把尸体放在马上，运到 A 城的警局。经检验，警官推断死亡时间是当日下午 4 点钟左右。第二天，警官逮捕了一名犯罪嫌疑人。但是，经过调查，这个人从昨天中午到死尸被发现这段时间一直在 A 城，有人证明他一步也没离开 A 城。因为有人证明他不在场，所以，尽管他嫌疑很大，也不得不释放。警官十分为难。"警官先生，所谓罪犯不在现场是一个骗局。"阿尔法三言两语，便使得真相大白。罪犯使用什么手段制造了骗局？提示：罪犯是单独犯罪，没有同案犯。

230 凶手的作案手段

一天早晨，侦探在自家附近的公园里散步时，发现空地中央处仰面躺着一个年轻女子。人已经死了，其左胸上插着一把细长的没有把手的日本刀，大概她被刺中后没走几步便气绝身亡了。

刚刚下过雨，地面仍湿漉漉的。可是，令人感到奇怪的是，以尸体为中心半径25米的范围内，只留有被害人高跟皮鞋的鞋印，却不见凶手的足迹。而且四处又找不到刀鞘，既不能认为是被害人自己拿着一把没有把手的日本刀刺进自己的胸膛自杀的，也不能认为是凶手把刀拴在25米长的竹竿或木棒一端行刺的。如果拿那么长的棒子，被害人会及时发现逃脱的。

那么，凶手究竟是用什么手段行刺的呢？这个案子就连老谋深算的侦探也思考了良久。当他注意到日本刀没有把手时才恍然大悟，进而识破了凶手巧妙的作案手段。

请你也当一次侦探，把这个案子推理一下。

·侦探小助理·

讲述人	时间	地点	事件	侦查手段	证据及线索	关键点
侦探	雨后的一天早晨	公园	空地中央仰面躺着一个死去的年轻女子	现场查看、情景再现	①死者身上插着一把没有把手的日本刀②凶手不是近距离作案	刀

231 蠢管理员

一个炎热的夏天，当夜总会的侍者上班的时候，听到顶楼传来了呼叫声。他跑到顶楼，发现管理员的腰部被绑了一根绳子，整个人被吊在了顶梁上。

管理员对侍者说："快把我放下来，然后报警，我们被抢了！"

警察来了之后，管理员把事情的经过说了一遍："昨晚夜总会停止营业之后，进来了两个强盗，把钱全抢走了。然后他们把我带到顶楼，用绳子将我吊在了顶梁上。"

警察对管理员的话深信不疑，因为顶楼空无一人，而且那里也没有垫脚之物，他无法把自己吊在这么高的梁上。一部大概是被这伙盗贼用过的梯子是放在门外的。

然而，没过多久，管理员还是因盗窃罪被警方抓了起来。

请你想象一下，在没有任何人帮助的情况下，管理员是如何把自己吊在半空中的？

232 金发美女与敲诈犯

大富翁鲁尔在酒吧邂逅了一位金发美女，这位美女不仅长得性感，而且还十分开放。跳了几支舞，鲁尔就把她带回了寓所，二人匆匆地冲了澡，就迫不及待地在床上狂欢起来。

正当二人兴致未尽之时，电话铃突然响起来没完没了，鲁尔极不耐烦地拿起电话。这时电话那头传出来一个阴沉的男中音："你好快活呀！你刚才的一切声音都被我录下来了，如果你不想让你太太知道的话，就往我的银行卡上存两万美金。"

鲁尔大惊，因为电话那头的确传来了他和金发美女狂欢时发出的声音。鲁尔很是不解，因为自己的房间有高科技的探测仪，任何窃听器都不可能安装在屋内，况且房间的隔音效果非常好，那么这个敲诈的人是如何录下声音的？

·侦探小助理·

讲述人	时间	地点	事件	侦查手段	证据及线索	关键点
大富翁鲁尔	某天	私人寓所	不伦被录音	现场查看、情景再现	房间内部和附近都没有安装窃听器的可能	电话

233 雪后脚印

一处悬崖峭壁，屹立在惊涛骇浪的海岸上。大雪纷飞，不一会儿，山顶上就积满了白茫茫的一层白雪。大雪过后，在积雪中清清楚楚地留下了一串脚印，由远处的村庄走到了绝壁跟前……

再也找不到别的脚印了，是不是村里有人跳海自杀了？

但是经过调查了解，得知并没有人跳海自杀。请想一想，这可能是怎么回事呢？

234 中毒

一天，亨利探长应友人之邀去一家小酒店饮酒。突然，隔壁桌上的一位老板呻吟着呕吐起来，两位保镖立即拔出匕首，对准与老板同座的一位商人。

亨利探长一问，才知道双方刚谈成一笔生意，共同喝酒庆贺，谁知老板竟中毒了。那位商人举着双手，吓得不知所措。

探长走上前，摸了摸温酒的锡壶，又打开盖子，看见黄酒表面浮着一层黑膜，就说："果然是中毒了！"

这时，中毒的老板摇晃着身子说："探长，救救我！他身上一定带着解毒药！搜出来……"探长笑着说："错了，他身上没带解毒药！这酒是你做东请客的，他怎么有办法投毒呢？"

大家很吃惊，到底酒里有没有毒？

235 滑雪场的凶案

在某著名滑雪场，一架登山升降车正缓缓向山上移动着。

这时，坐在里面的一位女游客突然发出一声尖叫，从登山升降车里掉下去摔死了。

警察查看了死者身上的伤，发现女游客是被尖锐的器物刺进胸口后，摔入山谷而死的。但是，现场却没有发现任何凶器。

据了解，当时在女游客的升降车前后并没有人坐，只有在靠近其升降车较前位置坐着一位中年男子，可是这位男子坐的位置离女游客有七、八米远。他怎么可能杀死女游客呢？

你能猜出来吗？

·侦探小助理·

讲述人	时间	地点	事件	侦查手段	证据及线索	关键点
游客	某天	滑雪场	登山升降车上一位女游客被尖锐器物刺进胸口后摔入山谷而死	现场查看、推理	①现场没有发现任何凶器②最近的男子离女游客有七、八米远	滑雪用具

236 不可能发生的事

在风景如画的海滨沙滩上，有人发现了一具完整的女尸，死者身高大约在1.8米左右。

尸体被装在一只布袋里，布袋四周绑有32个铁饼，相当笨重。看上去，凶手在杀死女人之后，企图将尸体沉入大海。没想到，沉重的布袋依然被冲上了沙滩，结果尸体被发现了。

经过调查，警方找到了几个犯罪嫌疑人：一个是身材矮小、瘦削的出租车司机，一个是身材高大的流氓，还有一个则是孔武有力的壮汉。

警方依法进行了仔细搜查，结果在那辆出租车里发现了死者留下的血迹。原来，这个司机看到死者的钱包里有很多现金，见财起意，就杀死了她，并弃尸大海。

但是，一个瘦小的歹徒，怎么能够把这具绑着这么多铁饼的尸体，拉过沙滩再抛入大海呢？

·侦探小助理·

讲述人	时间	地点	事件	侦查手段	证据及线索	关键点
警方	某天	海滨沙滩上	有人发现一具女尸	现场查看、推理	布袋绑有 32 个铁饼	铁饼

237 硬币透露了案情

在学生宿舍楼的正门外，一具尸体背朝上倒在地上，背部垂直射进一支羽箭，从头朝门、脚朝大道的姿势看，显然死在外出归来正要开门的时候。经查询，死者名叫吉姆。警长卡特翻动了一下尸体，发现尸体下面有 3 枚 100 元的硬币；在死者衣兜的钱夹里，有不少 10 元和 100 元的硬币。

卡特问宿舍楼管理员："这幢楼里有多少学生居住？"

管理员说："现在是暑假期间，学生们大都回家了，只剩下吉姆和布朗两人。他俩都是射箭选手，听说下周要进行比赛。"他抬头指着对着正门的二楼房间介绍说："那就是布朗的房间。不过，今天晚饭后布朗一直没有从二楼下来过。"

卡特来到布朗的房间里，叫醒了他。布朗吃惊地说："你们怀疑我吗？请别开玩笑。吉姆是正要开门的时候，背后中箭死的嘛！就算我想杀死他，但我从窗口里也只能看到他的头顶，无法射到他的背部啊！"

卡特走到窗口，探身望了望，便转身取出 3 枚 100 元的硬币，对布朗说："这是你的吧，也许上面还有你的指纹哩。"

布朗一看，结结巴巴地说："可能是我傍晚回来，不小心从兜里掉出来的。"

卡特说："不，是你用它为吉姆设下了陷阱！"

请问：住在二楼的布朗究竟是怎样谋害吉姆的呢？

238 狡诈的走私犯

霍普是个国际走私犯，每年从加勒比海沿岸偷运东西，从未落网。

根据海关侦查，6 个月前他曾在海关露面，开一辆新出厂的黑色高级蓝鸟敞篷车，海关人员彻底搜查了汽车，发现他的 3 只行李箱都有伪装的夹层，3 个夹层都分别藏有一个瓶子：一个装着砾岩层标本，另一个装着少量牡蛎壳，第三个装的则是玻璃屑。人们不明白他为什么挖空心思藏这些东西。更奇怪的是，他每月两次定期开着高级轿车经过海关，海关人员因抓不到证据，每次都不得不放他过去。

迷惑不解的海关总长找名探洛里帮助分析，洛里看着"砾岩层、牡蛎壳、玻璃屑"深思着。"这些东西有什么意义？"总长心急地问，"他到底在走私什么东西？"洛里点燃烟斗，沉思良久，恍然大悟，笑着说："这个老滑头，你把他拘留起来好了。"

霍普到底在走私什么东西？

·侦探小助理·

讲述人	时间	地点	事件	侦查手段	证据及线索	关键点
海关总长	某天	海关	走私贩霍普走私东西，却无法发现	现场查看、推理	他每次都开着高级轿车经过海关	轿车

239 打破的水晶花瓶

波洛侦探的助手报告说："迈克被杀死了，凶手就是他的仆人，但是一直没有找到凶手用的凶器。而地上的水晶花瓶碎片是凶手离开现场时不小心打破的。"

波洛说："不，他是故意打碎的。"

你知道凶手为什么这么做吗？

240 盗窃犯

夏日的早晨，一家大型超市的出纳上班时发现保险箱被撬了，共失窃了价值25万元的财物。警方在箱体上发现了罪犯留下的指纹，并确定作案时间是凌晨2至4点。经过调查，给超市送货的食品公司货车司机的指纹与现场作案指纹相符。

警方传讯了司机，可司机却说这段时间他正在家中拍摄牵牛花开花的过程，并拿出了拍摄照片。审讯陷入僵局。

迷惘的刑警来到植物研究所，请教了专家，证实牵牛花确实是在夏日早晨开放。而且经对比，确认拍摄的照片就是司机家中的盆花。这就怪了，指纹是不可能相同的。

那么司机究竟是不是盗窃犯呢？如果是，那他又是采取什么办法分身的呢？

◀ **·侦探小助理·** 🎩🔍

讲述人	时间	地点	事件	侦查手段	证据及线索	关键点
司机	夏日的早晨	一家大型超市	保险箱被撬，失窃了25万元的财物	物证、推理	①司机称当时在拍摄牵牛花开的过程 ②指纹是他留下的	牵牛花

241 遗书上的签名

杰克是一个职业杀手，这一次，他受雇谋杀一位百万富翁。雇主要求杰克在杀死富翁后，把现场伪装成自杀的模样。他还给杰克准备好了一张纸，上面有富翁的亲笔签名，好让杰克在杀死富翁之后，伪造出一份遗书。

一天深夜，杰克潜入富翁的家，开枪打死了他。然后，杰克把手枪塞在富翁的右手，把那张纸塞进了屋里的打字机，伪造了一份遗书，然后满意地离开了。在整个过程中，他一直带着橡胶手套，因此不担心有指纹留下。

第二天，清洁女工发现了富翁的尸体，立刻报了案。警方在现场勘查后，判定这是一宗谋杀案。警方认为，虽然遗书上的签名确实是富翁的亲笔签名，但上面的文字却并非他本人所打。

请问：警方是怎么知道这一点的呢？

242 巧用厕所

莫斯是一个高智商犯罪分子，他曾用电子计算机偷窃某国一家银行几十亿美元，甚至窃取某国的国防机密。当然，他最终被警方抓获，并被法院处以终身监禁，关押在某国看守和保安系统最先进的监狱里。

监狱里面给他安排了一间单人牢房，里面条件很好，有看书的地方、睡觉的地方，还有一间独立的厕所。莫斯在这里表现也很好，从不违反规定。

可令人费解的是两年后的一天晚上，他竟然失踪了，准确地讲是他越狱逃跑了。

狱警在他的床底下找到了一条通往监狱外长达 20 米的地道。根据警方测算，挖一条如此长的地道，要挖出的土达 7 吨，可警方连一捧土都没找到，难道他把土吃了不成？

狱警马上请来了著名侦探洛斯。洛斯来到监狱后，经过仔细勘察，找到了莫斯越狱的证据。

洛斯找到的证据是什么呢？

·侦探小助理·

讲述人	时间	地点	事件	侦查手段	证据及线索	关键点
狱警	某天	监狱	罪犯莫斯在牢房床下挖通地道越狱	现场查看、推理	单人牢房里有一间独立的厕所	厕所

243 吃人的老虎

玛莉美丽热情，是动物园的驯兽师，负责训练狮子和老虎等猛兽。这些平时非常凶猛的猛兽，一看到玛莉就变得温顺听话。在玛莉的调教下，老虎和狮子学会了钻火圈、滚球等节目，成了动物园的大明星！

每次动物园举办表演，最后一个压场节目都是由玛莉和老虎来表演：老虎张开血口，玛莉把头伸进老虎嘴里。

这天，正是动物园举办表演的日子，游客们从四面八方赶来，观看玛莉的驯兽表演。老虎和狮子在玛莉的指挥下既机敏又驯服，观众们不停发出啧啧的赞叹。

终于，最后一个节目来了，玛莉要像往常一样把头伸进老虎嘴里去，观众的心都提到了嗓子眼，玛莉却一点也不慌——她和老虎已经配合了不知道多少次，是不可能有危险的。

在玛莉的指挥下，老虎顺从地张开了大口，玛莉优雅地给全场观众鞠了一躬，然后返身弯腰，把头伸到老虎嘴里，观众席上发出了潮水般的掌声。

就在玛莉准备把头抽出来的一刹那，老虎嘴角上翘，做出了微笑一般的表情。接着，老虎将嘴一合拢，玛莉顿时倒在血泊之中！

观众们顿时惊呆了，老虎好像也受惊了，它不停地用舌头舔她的脸。其他驯兽师飞快冲上去把玛莉救出来，但玛莉因为颈部血管破裂，失血过多，已经死了。

动物园园长无论如何也不能相信这样可怕的事实，最有天赋的驯兽师玛莉竟然被自己驯养多年的老虎咬死！这是完全不可能的！

他强烈要求警方调查，可是警方说事情已经非常清楚，玛莉被老虎咬死，全场观众都亲眼看见，这有什么好调查的呢？无奈之下，动物园园长找到了布莱尔侦探，请他来解决这个离奇的事件。

布莱尔静静听完了事情的经过，问道："当天老虎喂饱了吗？老虎的情绪很差吗？"

园长肯定地答复道："老虎在表演前绝对喂饱了，情绪也非常好！何况就算饿着肚子或者心情很糟，它也不会袭击玛莉。他们之间有很深的感情。"

"这就奇怪了。"布莱尔继续问道，"那么，还有什么其他特别的事情吗？"

"倒是有一件事情。"园长说，"不知道重要不重要。有观众告诉我，老虎在合上嘴以前，露出了微笑一般的表情。"

"微笑？真是莫名其妙！"布莱尔琢磨着。可是，老虎为什么合上嘴前笑一笑呢？忽然，他想到了什么，大声说道："我明白了，玛莉是被人害死的，这个凶手真是太聪明了！""是吗？"园长连忙问道，"那么凶手到底是谁呢？"

布莱尔胸有成竹地答道："很可能就是玛莉的发型师！"

为什么布莱尔能根据老虎的微笑推测出凶手呢？

244 影星之死

参加完电影节后，青年影星麦克尔便来到了好友史密斯和他的太太为他准备的家庭宴会。

当他一走进客厅，亲朋好友纷纷过来向他表示祝贺，他们频频举杯，尽管麦克尔每次只喝一点点，但还是觉得有点头重脚轻了。

已经注意麦克尔多时的史密斯拍了下手，用叉子叉上一个沾了调味汁的大虾走上前去："麦克尔，今晚我们为你准备的家庭宴会还满意吗？来来，别光顾着喝酒，吃一只大虾吧。"他脚步踉跄，一个趔趄，手中晃动着的叉子就把虾上的黑红的调味汁溅了麦克尔一领带，雪白领带立即污迹斑斑。

"哎呀，对不起，真对不起。"史密斯抱歉地说。

"不，没什么，一条领带算不了什么……"麦克尔毫不介意，取出手帕欲将上面的污迹擦掉。

这时，史密斯夫人走了过来，说："用手帕擦会留下痕迹的，洗手间里有洗洁剂，我去给你洗洗。"

"不用了，夫人，没关系，我自己去洗，夫人还是去应酬其他客人吧。"因有史密斯在场，麦克尔假装客气一番，然后迅速朝洗手间走去。洗洁剂就在洗手间的架子上放着，他将液体倒在领带上擦拭污迹，擦掉后立即回到宴会席上，边喝着威士忌，边与人谈笑风生。突然，他身子晃了一晃便倒下了，威士忌的杯子也从手中滑到地上摔碎了。

宴会厅里举座哗然。急救车立即赶来，将麦克尔送往医院，但为时已晚。死因诊断为酒精中毒。

这时，警察来到了医院，调查了详情后，又来到史密斯家里，经过一番查验，认定史密斯夫妇是杀人凶手。

请问：凶手是如何杀人的呢？

245 结婚纪念日

69岁的批发商奥利弗，十分喜欢25岁的酒吧女老板多丽丝，并娶她为妻子。奥利弗是个亿万富翁，在好几个国家都有产业。前妻刚死不久，他精神受到巨大伤害，便准备把家族庞大的产业交给前妻的两个儿子打理，自己和年轻漂亮的多丽丝过几年轻松快乐的日子。但多丽丝早就有自己的意中人，她之所以和男友分手而同意和奥利弗结婚，并不仅仅是为了和他过几年快乐日子，而是盯上了他那庞大的产业。因为她知道，一旦奥利弗去世，她将会以妻子的身份继承一大笔财产。多丽丝无时无刻不盼望这一天早日到来。

这一天终于如愿以偿地来了。那是奥利弗和多丽丝结婚两周年的日子，他们俩喝酒庆祝了他们的结婚纪念日，然后二人一起到屋外散步。后来奥利弗回屋洗澡时，死在自己家中的浴室内。多丽丝惊慌失措地打电话告诉了奥利弗的儿子，要他们赶快回来。奥利弗的儿子赶来后认为父亲死得蹊跷，便向警方报了案。警方根据调查结果，推断其为意外死亡，死因是心脏停搏：因为死者具备心脏停搏而死的一切症状。而且，奥利弗在死前曾饮过白酒，进入热气腾腾的浴室中，酒精发挥了作用，引起心脏停搏导致死亡是理所当然的事。

但奥利弗的儿子仍不相信警方的结论，于是他们请来了有名的侦探大卫先生，大卫先生仔细检查后认为这是一起巧妙的谋杀案。经大卫侦探调查，凶手正是多丽丝。同时，根据解剖，发现死者胃内除了酒精之外，还残留有安眠药的成分。多丽丝到底是以何种手段杀害了死者，又伪造出一副意外死亡的情景呢？

·侦探小助理·

讲述人	时间	地点	事件	侦查手段	证据及线索	关键点
奥利弗的儿子	某天	奥利弗的家	奥利弗死在浴室	现场查看、情景再现	①死者曾饮过白酒与安眠药②死因是心脏停搏	妻子

246 没有消失的指纹

躲在远离 S 国的一家五星级宾馆的大床上，约翰深深地舒了一口气，心中暗暗得意：哼，让那些愚蠢的警察尽情地找我去吧！除了那处指纹以外，我什么也没有留下。

原来，约翰就是前几天震惊世界的"S 国国宝盗窃案"作案团伙成员之一。他们合伙窃取了收藏在 S 国国家博物馆中价值连城的宝物——黄金神像之后，约翰为了独吞赃物，干掉了其他同伙，独自带着珍宝来到国外，想等风声过了再将宝物卖出。那样的话，自己就会得到一大笔钱，足够后半辈子吃香喝辣的了。

本来计划得挺完美，可是作案时，约翰不小心把一处指纹留在了现场。警方勘查现场的时候找到了这个线索，于是通过国际刑警组织，在世界各国寻找与现场指纹吻合的人。走投无路的约翰灵机一动，想出了变换指纹这一招，于是，他出高价在黑市上找到一位医生，从自己的小腿上割下一些皮肤，移植到了自己割掉指纹的手指上。

看着自己刚刚做过手术的手指，躺在床上的约翰满意地闭上了眼睛，梦想着即将实现的荣华富贵，嘴角不禁露出了一丝坏笑。

可是不知道为什么，不久之后，当约翰就要取得永久居住在 C 国的护照时，国际刑警组织找上门来了。约翰看到警察出示的逮捕证，顿时瘫软在地。他怎么也不明白，自己的计划那样完美，行动那样谨慎，就连唯一留下的证据也被自己销毁了，可是警察到底是怎样找到自己的呢？

247 毒蜂与录音机

星期天的下午，警方接到报案，一位日本商人死在自家院子里一棵大树下的椅子上，地上丢着两个空啤酒罐和一些日文报纸。

警察立即赶到现场。报案的是这里的管家，他指着尸体对警察说："主人当时正在凉爽的树荫下一边喝着啤酒，一边看报纸，不巧被毒蜂蜇了。你瞧，他胸部还有被毒蜂蜇过的痕迹哩。"

所谓毒蜂是非洲的一种蜜蜂，它的产蜜量要高出普通蜜蜂的 3 倍，但它的毒性很大，一旦被这种蜜蜂蜇了，再强壮的人也会死掉，所以它被称为杀人蜂。

"就算是被毒蜂蜇了，从他没来得及逃进屋里的状况看，大概是喝了啤酒醉醺醺地昏睡过去了。这附近有毒蜂窝吗？"当警察对周围一带调查了一番之后，发现一家邻居的空院子里有一棵大洋槐树，树上有个很大的毒蜂窝，挂在树叶遮掩的树枝上。

当时已经是夕阳西下的时候，毒蜂都钻进了蜂窝里。警察轻手轻脚地走到跟前一看，发现在另一个树枝上挂着一架日本制的微型录音机。

"这种地方，谁会把录音机丢在这儿？"警察取下录音机，把磁带倒回后一放，是盘音乐带。警察听了一会儿，突然想到了什么，马上断定说："这个日本商人不是在院子午睡时偶然被毒蜂蜇死的，这是巧妙地利用毒蜂作案的杀人案。"

说完，他又把录音机依旧放回原处，并隐藏在院子里的树丛中耐心监视着。夜里9点多，闪出一个身影接近洋槐树，要取下录音机。

"喂！不许动，你因杀人嫌疑被逮捕了。"警察迅速跳出来追上欲逃跑的罪犯并将其抓获。原来这个罪犯是被害人的手下，因贪污贷款行为将败露而作案杀人。

可是，尽管如此，这位警官为什么只听了一会儿音乐，就能果断地识破罪犯的诡计呢？

·侦探小助理·

讲述人	时间	地点	事件	侦查手段	证据及线索	关键点
管家	星期天下午	日本商人的家	日本商人死在自己院子里一棵大树下的椅子上	现场查看、情景再现	蜂窝附近的树枝上挂着一架微型录音机	录音机

第八章

关键的蛛丝马迹

指纹

　　一天夜间 10 点左右，小岛正要入睡，忽然听见门铃响了起来。他打开门一看，只见一个瘦高个男人正冷冷地盯着他。小岛见来人正是他一再躲避的债权人中村，心里不禁倒吸了一口冷气。

　　中村一把推开小岛，气呼呼地走进房间，抬眼朝室内环视一周，冷笑一声说："嘿，好漂亮的公寓呀！这是用我的钱购置的？"接着大声威胁说，"别再躲躲藏藏了，快把钱还给我，不然我只有到法院去控告你！"

　　"请相信我，钱我明天如数还你，好久不见了，来一杯吧！"小岛一边连连道歉，一边从冰箱里取出一瓶啤酒。他趁中村坐下之际，抢起酒瓶朝中村的脑袋砸去，中村连哼也没哼一声，就应声倒在了地上。

　　小岛砸死了中村，慌忙把尸体背到停车场，用汽车把尸体运到郊区，扔在了公园里。他返回家后，立即来个彻底大扫除，用手巾擦掉了留在桌子和椅子上的指纹，连门上的把手也擦得干干净净，直到觉得房间里再也不会留下中村的痕迹了，才长长地吐了一口气。

　　第二天一早，小岛刚起床，就听到一阵"咚咚咚"的敲门声，他打开门一看，竟是山田警长和段五郎侦探。

　　山田警长脸色严峻地问道："今天早晨，我们在公园里发现了中村的尸体，在他口袋里的火柴盒后面写着你的地址。昨晚上中村来过

你家吗？"

小岛忙说："昨晚谁也没来过，我已经一年多没有见到他了。"

这时，站在一边的段五郎淡淡一笑，说："不要说谎了，被害者来过这里的证据，现在还完好地保留着……"

没等段五郎说完，小岛声嘶力竭地叫道："在哪？请拿出证据来！"

"安静点，瞧，在那儿！"小岛顺着段五郎指的地方一看，顿时吓得面如土色。那里确实留下了中村的指纹。

你知道中村的指纹留在什么地方吗？

·侦探小助理·

讲述人	时间	地点	事件	侦查手段	证据及线索	关键点
小岛	夜间10点左右	小岛的家	小岛将中村杀死，清理了现场	现场查看、情景再现	小岛将屋内清理完毕	指纹

249 大毒枭

某大毒枭连闯四国，马上就要将价值不菲的海洛因带进毒品价格最高的 X 国了。为了顺利通过机场的安检，他把毒品藏在一个新足球内，足球上有好几个世界著名球星的英文签名。他认为这样一个有着世界球星签名的足球，肯定不会有人怀疑里面藏着毒品。

不巧的是，他在机场遇到了一位反毒专家。专家只看了一眼足球，甚至都没有掂一掂足球的分量，就怀疑足球有问题，并请大毒枭到毒品检查站去一趟。

大毒枭又吃惊又着急，大声说："世界球星签名的足球，能有什么问题呀？"

如果你是专家，你是怎么看出足球有问题的呢？

250 警察破案

这件案子发生在夏天的晚上。

渔民 A、B 坐在远离村子的河堤上，一面乘凉一面闲聊，可能因为天气闷热的缘故，蚊子特别多，咬得人心里直发烦。两个人谈着谈着突然大吵起来。

A一气之下，拿了块石头击中B的头部，没想到一失手就把B打死了。

A虽然非常后悔，但为了逃避罪责，还是匆忙用草将B的尸体盖住后逃离了现场。当然他在逃走前，没忘记把自己的脚印和指纹都抹掉。

第二天，尸体被人发现后，警方对现场进行调查，虽然谁也没想到A和B吵架，但警方还是一下子就捉住了A。事实上，警方是根据A的血液破案的。

你知道警察为什么能破案吗？

251 枪击案

刚刚发生了一起枪击案，枪响后，酒吧里只有哈瑞一个顾客。他刚刚喝了一口咖啡，就看到三个人从银行里跑出来，穿过马路，跳上了一辆等在路边的汽车。

不一会儿，一个修女和一个司机进了酒吧。

"二位受惊了吧？"善良的哈瑞也没有仔细打量这两个人，就说，"来，我请客，每人喝一杯咖啡。"

两个人谢了他。修女要了一杯咖啡，司机要了一杯啤酒。三个人谈起了刚才的枪声和飞过的子弹，偶尔喝一口杯子里的饮料。这时，街上又响起了警笛声。抢劫银行的罪犯抓住了，被送回银行验证。哈瑞走到前边的大玻璃窗前去看热闹。当他回到柜台边时，那个修女和司机再次感谢他，然后就走了。

哈瑞回到座位上，看着旁边空空的座位和杯子，咖啡杯的杯口处还隐约有些红色，他突然明白了什么，叫起来："噢！这两个家伙是刚才抢银行罪犯的帮手！"说完赶紧报了警。

请问，是什么东西引起了哈瑞的怀疑呢？

侦探小助理

讲述人	时间	地点	事件	侦查手段	证据及线索	关键点
哈瑞	某天	酒吧	刚刚发生了一起枪击案	询问、推理	①修女喝了咖啡②咖啡杯的杯口处隐约有些红色	咖啡杯

252 为何指控她

　　大律师奥尔森先生在自己的办公室里被人谋杀了。警察赶到现场，发现奥尔森的尸体躺在椅子上，他是被人从椅子后面用一根毒刺刺中心脏而死的。现场一片狼藉，但似乎没有少什么东西。在奥尔森先生的办公桌上有几张纸，上面沾了几滴咖啡。奥尔森先生并不喝咖啡，办公室里也没有任何装咖啡的东西。地板上扔着一双手套。奥尔森先生手上戴的手表也摔坏了，上面显示的时间是3点50分。

　　奥尔森先生的秘书玛丽哭得十分伤心。她告诉警察，今天下午奥尔森先生总共有3个约会，分别是和科尔顿先生（2点30分）、路易斯小姐（3点）和约瑟夫先生（3点30分）。玛丽说，只有约瑟夫先生要了一杯咖啡，是装在一个纸杯里的。

　　警察在玛丽的废纸篓里找到了这个装咖啡的纸杯。玛丽说，约瑟夫端着咖啡杯进了奥尔森先生的办公室，出来的时候把杯子留在了她的桌子上，她顺手把它扔进了废纸篓。

　　警察对毒刺和纸杯进行了检查，发现毒刺上面没有任何指纹，而纸杯上则留有约瑟夫的指纹。

　　警察传讯了玛丽，指控她谋杀了奥尔森。这是为什么呢？

253 小错误很致命

　　阿尔夫警官开车来到一座公寓前。他要找一个名叫安格莉卡的人。

　　开门的正是安格莉卡，她将阿尔夫让进屋说："先生有何贵干？"

　　"太太，您认识一个叫哈里希的人吗？"

　　"哈里希？我从未听说过。"

"我刚从拘留所来，他说认识您。"

安格莉卡很镇定地抽了口烟，说道："我真恨不能将你从窗子里扔出去！"

阿尔夫说："哈里希从银行抢走了19万马克。但我们很快就将他抓获了。我们和他长谈后，他已说出将钱给谁了。"

"我不认识哈里希，对银行抢劫案也不感兴趣！"

"那为什么哈里希会说，他将钱给了你呢？你又将钱藏在什么地方了？"

安格莉卡气得大叫道："我要说多少遍，我根本就不认识什么路德维希·哈里希！"

阿尔夫笑着说道："太太，很遗憾，你刚才犯了个小错误。请跟我们走吧。"

你知道安格莉卡犯了什么错误吗？

254 一起报案

李警官正在值班时，接到一起报案：在河西区有一户人家被盗了。他赶紧驱车前往。

到了被盗人的家中，他注意到室内陈设整齐，只看见主人被绑在一张椅子上。那位主人看见李警官，惊喜地喊道："快救救我！"李警官给他松了绑，并听他讲述案情："我正在睡午觉，迷糊中看见一个人向我扑来，我拼命地和他搏斗，但终敌不过盗贼，我被他绑了起来。他在我眼皮底下开始东搜西找，把我家的存折、现款、首饰全部卷走，幸亏我把所有财产都上了保险……"

还没等主人说完，李警官便打断他："请你闭上嘴，你这个自欺欺人的家伙，请跟我去警察局。"

你知道这是为什么吗？

·侦探小助理·

讲述人	时间	地点	事件	侦查手段	证据及线索	关键点
一户人家的主人	某天	酒吧	河西区一户人家家中被盗，主人被绑	询问、推理	①被盗者家中陈设整齐②主人说盗贼曾东搜西找	整齐

255 又是一次导演案

上午 10 点，某公寓二楼传出"砰"的一声枪响。接着一个持枪的蒙面大汉冲下楼乘车逃跑了。罗波侦探接到报告，立即赶到现场。

只见一个男人倒在地上，额头中了致命的一枪。显然被害者是在开门前，被隔着门的手枪击中的。经公寓管理员辨认，死者不是该房的居住者吉姆，因为吉姆是个最次轻量级职业拳击家，身高只有 1.5 米，而死者身高足有 1.8 米。

由于不清楚死者的身份，只好取他的指纹进行化验。没想到死者竟是前几天从 M 银行里席卷 500 万巨款而逃的通缉犯鲍伯。

罗波侦探来到拳击场找吉姆。吉姆一听鲍伯被杀，面色陡变。他说鲍伯是他中学同学，昨夜突然来他家借宿，不想当了他的替死鬼。

查理斯警长听说"替死鬼"三字，连声诘问："怎么，有人想杀害你？"

吉姆回道："正是！上周拳击比赛，有人威胁我，要我故意输给对手，然后给我 50 万元，不然就要我付出代价，而我拒绝了。他们把鲍伯当成了我……"

没等吉姆说完，罗波侦探说："不要再演戏了，是你导演了这幕凶杀案，目的是想夺取鲍伯从银行盗来的巨款！"

你能猜出罗波侦探是怎样识破吉姆的吗？

256 巨款仍在

已到暮年的北极探险家巴斯，过着独居生活。一天，他被暗杀在密室中，放在密室壁内保险柜里的 40 万美元被盗去。根据这里特有的防范措施，警方认定罪犯并没有将这笔巨款带出住宅，而是藏在宅内某处，等日后伺机取走，于是当局公告拍卖巴斯的私人财产，警长布里和刑事专家伯纳来到了探险家的庄园。

博物厅里，拥挤的顾客正在注视着死者一生中 5 次去北极探险获得的纪念品——2 只北极熊标本、1 只企鹅标本、3 只大龟标本以及因纽特人的各种服装、器皿和武器。

警长预计罪犯会来，因为拍卖时间只有两天，但他担心警署人员不可能周密地注视到所有纪念品。伯纳说："很关键，罪犯肯定会来取某样东西。"

请问：罪犯会来取什么呢？

257 可疑旅客

某夜，马尼拉—北京航线的某班机，降落在北京首都机场。海关人员开始检查旅客们的行李。

检查员小刘发现从飞机上下来的 3 个商人打扮的人神色可疑：他们带有一个背包、一个纸箱子和一个帆布箱。小刘查看了他们的护照，他们来京的目的是旅游。当天早上从泰国首都曼谷出发，经过菲律宾首都马尼拉，再经我国广州，然后飞抵北京。

小刘拿着护照看了一会儿，便认为他们肯定有问题，最后果然在行李的夹层里发现了毒品海洛因。

是什么引起了小刘的怀疑呢？

·侦探小助理·

讲述人	时间	地点	事件	侦查手段	证据及线索	关键点
小刘	某夜	马尼拉—北京某班机	海关人员发现 3 个可疑人员	物证、推理	①马尼拉、北京和曼谷三地的位置 ②行李	护照

258 如何接头

探长接到线报，称有两大犯罪集团的成员在某百货公司接头交换情报。探长亲自到场监视，终于等到其中一名犯罪集团的成员出现。

这名男子快步来到百货公司的问讯处，向女职员说了些话，女职员便播出了以下的广播："魏兰小朋友，你的爸爸在百货公司一号门门口等你，请你立刻前去。"探长一直在监视着那名男子的举动，但始终没有看见那个名叫魏兰的小朋友出现。

而在此期间，两名犯罪人员已经成功地接头了。

你知道他们是怎么接头的吗？

259 一张照片引发的秘密

房地产公司董事长的女儿被歹徒绑架，绑匪声称需用一百万来交换，不许报警，否则立即撕票。

董事长急得团团转，一时不知该怎么办才好。恰好他的老友，一位摄影师来看望他。听完董事长的诉苦，他不紧不慢地说道："别慌，等歹徒再来电话的时候，你就说为了证明被他们劫持的确实是你的女儿，请他们先送一张您女儿近日的照片。情况属实，就一切听从他们的安排。"

董事长照他朋友说的去做，收到照片后，立即交给老友。仅凭这张照片，警方一举破案。那么，这张照片与破案有什么联系呢？

260 臭名昭著的大盗贼

国际刑警组织正在追捕臭名昭著的大盗贼哈里。一天，他们收到报告说哈里正驾车朝码头驶去，他是为了与"东方神秘"号船上的什么人接头的。

于是加尔探长命令加强对船上所有人员和码头周围人员的监视。

根据几天的观察，加尔探长得到如下线索：这条船上有1个船主，5个水手和1个厨师。每天早上9点，船主盖伦走上甲板，活动筋骨，呼吸新鲜空气，然后又回到甲板下面去。上午10点，一个矮胖的厨师走出船舱，骑着自行车上街采购。他每天总是循着相同的路线：先去一家面包店，然后去一家调味品批发商店，再去一家肉店，一家乳品店，一家中国餐馆，最后去报摊买当日的报纸。在每个地方，他都短暂停留。5个水手上午在船上工作，下午上街游玩，傍晚喝得醉醺醺，嘴里胡乱哼着小调回船，天天如此。

加尔经过缜密的分析和调查，逮捕了船上的厨师。最后厨师供认：每天他都在一家商店里与哈里接头。

请问：厨师与哈里是在哪家商店接头的？

·侦探小助理·

讲述人	时间	地点	事件	侦查手段	证据及线索	关键点
加尔探长	某天	"东方神秘"号船	大盗贼哈里准备与船上的人接头	推理、分析	厨师每天去面包店、调味品批发商店、肉店、乳品店、中国餐馆和报摊	厨师

261 使用伪钞的家伙

凌晨1时45分，比尔旅馆夜班服务员克罗伯在核对抽屉里的现金时，发现了一张面额为100马克的钞票是伪钞。半小时后，探长霍尔赶到了这家旅馆。

"你是否记得是谁把这张100马克给你的？哪怕一点印象也好。"探长问。

"我没留心。"克罗伯说，"我值班时，只有3个旅客付过钱，他们都没有离开旅馆。"

探长眼睛一亮，说道："你说的是真的？"

"决不会错！我今晚收到731马克现金，其中14马克是卖晚报、明信片等物品收进的，其余的现金都收自3位旅客。考纳先生给了我一张100马克和24马克的零票；鲍克斯先生给我两张100马克加19马克的零票；施特劳斯先生给我3张100马克以及74马克的零票。"

探长的手指在桌面上轻轻弹着："你能肯定他们都是付给你100马克票面的钞票？"

克罗伯肯定地答道："请放心，凡涉及钱，我的记忆力特别好。"

"那好吧，我想我已找到了我要找的人。"探长霍尔说。

请你根据题意判断一下，谁是使用伪钞的家伙？

·侦探小助理·

讲述人	时间	地点	事件	侦查手段	证据及线索	关键点
夜班服务员克罗伯	凌晨1时45分	比尔旅馆	克罗伯收到了100马克的伪钞	推理、分析	考纳先生交了一张100马克，鲍克斯先生交了两张100马克，施特劳斯先生交了3张100马克	钞票

262 谁把花踩坏了

一个晴朗而干燥的下午，尼娜看见邻居本特先生站在他的花圃里，不住地摇头。

"有人弄坏了我所有的花，"本特说，"我刚用水管给它们浇过水。可就在我出去把水管放起来的时候，有人溜了进来，把所有的花都踩坏了。"

"谁会做这种事情？"尼娜问。

本特叹了口气："我想是个喜欢恶作剧的人。"

"我现在要去超市买东西。也许过一会儿我能帮您找出究竟是谁干的。"尼娜告诉本特。

她出了门，看到三个小女孩正在玩跳房子游戏。她很感兴趣，就停下来看她们跳。

琳达跳得十分小心，因为她左脚凉鞋的带子断了。

凯蒂跳得很慢，而且看上去很疲倦。她穿着一双紫色的运动鞋，像是已经快穿坏了。

跳得最快的萨拉穿着一双白色的跑鞋，鞋底上沾满了泥。她跳得那么快，好像脚都没有踩在地上一样。

"你想来玩一会儿吗？"凯蒂问尼娜，"我正好想休息一会儿。"

"不了，我要去买东西。"尼娜回答说，然后准备走了。就在这时，她突然醒悟过来，她已经知道谁踩坏了本特先生的花了。

尼娜是怎么发现的呢？

263 没能力做证人

汤姆作为一件伤害案的证人，被传到加州某市地方法院出庭候讯。他的证词将给被告带来很大的不利，但在作证前，还照例得接受被告辩护律师的一番盘诘，法官和陪审团将根据盘诘的结果，来裁定他是否具备作为公诉方面证人的资格。

被告律师问："汤姆先生，有些人由于看多了侦探小说，便养成了推理的习惯，往往就凭着自己的臆想，来对周围发生的事情进行推测。不知道你是否也有这样的习惯？"

汤姆回答："我从来不看侦探小说，也没有你说的那种习惯，我一向都是依照事实来说话的。"

律师点了点头，又问："你已经 51 岁了。在这样的年纪上，记忆力是否已经有点衰退了？"

汤姆回答："我的记忆力并没有丝毫衰退。二三十年前的事情，我依然记得很清楚，就像昨天刚发生过的那样。"

"那么，你有抽烟的嗜好吗？"

"有。但抽得并不多。"

"抽过骆驼牌吗？"

"过去抽，最近不抽了。"

"那么，你能告诉我：骆驼牌烟盒上面印的那个牵骆驼的人的头上是不是裹着头巾？"

汤姆微蹙起眉头，思索了片刻，在自己的记忆中搜索着问题的答案。他的记忆告诉他骆驼被称为"沙漠之舟"，是居住在中东的阿拉伯民族的主要交通和运输工具，牵骆驼的当然是阿拉伯人，谁都知道阿拉伯人的服装特色是……想到这里，汤姆毫不犹豫地回答："那牵骆驼的人当然是裹着头巾的。"

"是吗？"律师脸上现出狡黠的微笑。他从衣袋里掏出一包骆驼牌香烟，高擎着走到陪审员席前面。

这一举动使汤姆立刻处于不利地位，按照美国的法律和司法惯例，汤姆立即被陪审团裁决为"没有能力提供有效证词的人"，否定了他作为公诉方面证人的资格。

请你想一想，一包香烟如何起了这么大的作用呢？

264 蓄意谋杀

检察官一走进死者斯塔尔的办公室，卡宾就迎上前说："除了桌子上的电话，我什么也没碰过。我发现这一切后就立即给你打了电话。"

检察官发现，斯塔尔的尸体倒在办公桌后面的地毯上，右手旁边有一支法国造手枪。

"你快说这是怎么回事！"检察官急切地追问。

"斯塔尔叫我到这儿来一下，"卡宾说，"我来到之后他立即破口大骂他的妻子和我关系暧昧。我告诉他一定是他弄错了。但他在火头上已经变得无法自制。突然，他歇斯底里地大叫：'我非杀了你不可！'说着，他拉开办公桌最上面的抽屉，拿出一支手枪对着我就开了枪，幸好没击中。在万分危急之中我不得已只好自卫。这完全是正当防卫。"

检察官将一支铅笔伸进手枪的枪管中，将它从尸体边挑起，然后拉开桌子最上面的抽屉，小心翼翼地将枪放回原处。

当晚，检察官对神探哈莱金说："卡宾是一名私人侦探，他的手枪是经注册备案的。我们在桌子对面的墙上发现了一颗法国造手枪弹头，就是卡宾所说的首先射向他的那颗。那支枪上虽留有斯塔尔的指纹，但他并没有持枪执照，我们无法查出枪的来历。"

"我想你已经可以立案指控卡宾蓄意谋杀了吧？"哈莱金问。

你知道卡宾在哪儿露出了马脚吗？

·侦探小助理·

讲述人	时间	地点	事件	侦查手段	证据及线索	关键点
卡宾	某天	斯塔尔的办公室	斯塔尔的尸体倒在办公室里	现场查看、情景再现	①卡宾称卡宾曾拉开抽屉开枪②检察官拉开抽屉把枪放回原处	抽屉

265 绑票者是谁

一个深秋的夜晚，纽约市某董事长的儿子被绑票了，绑架犯索要 5 万美元的赎金。那家伙在电话里说："我要旧版的百元纸币 500 张，用普通的包装，在明天上午邮寄，地址是查尔斯顿市伊丽莎白街 2 号，卡洛收。"接到电话后，某董事长非常害怕。为了不让孩子的生命受到危害，他只好委托私家侦探菲立普进行调查。因为事关小孩的生命，菲立普也不敢轻举妄动。于是，他打扮成一个推销员，来到了绑架犯所说的地址进行调查，结果却发现城名虽然是真的，但是地址和人名却是虚构的。难道绑架犯不想得到赎金？这当然是不可能的。忽然，菲立普灵机一动，明白了绑架犯的真实面目。第二天，他就成功地抓获绑架犯，并成功救出了被绑架的小孩。

菲立普明白了什么？

266 悬赏启事

罗蒙德医生的一块祖传怀表丢失了。他吩咐司机路里在当地报纸的广告栏里登了一则寻找怀表的启事。这会儿，罗蒙德正拿着报纸仔细看着启事。

启事登在中缝。标题：找到怀表者有赏。全文如下："怀表属祖传遗物，悬赏 250 美元，有消息望告知，登广告者 LMD361 信箱。"

路里正在花园里干活，这时，门铃响了，开门一看，外面站着一位绅士。他恭敬地说道："我叫亨利。我是为那则怀表启事来的。怀表是你的吗？"

罗蒙德想不到这则启事还真管用。他激动地抓住亨利的手说："是的，就是这块表。真是太感谢你了。你是在哪儿捡到的？"

亨利说："这表不是捡到的，是我在车站看见一个小孩在兜售，就用5美元买了下来。今天，我从报纸上看了广告，马上就赶来了……"

罗蒙德还没等亨利说完，便和路里将他扭送到了警察局。

试问，亨利在什么地方露出了破绽？

·侦探小助理·

讲述人	时间	地点	事件	侦查手段	证据及线索	关键点
罗蒙德医生	某天	罗蒙德的家	罗蒙德的祖传怀表丢失了，有人看了失物启事来送还	物证、推理	①罗蒙德曾发表了一则失物启事②亨利上门来送还怀表	启事

267 无冤无仇

一天晚上，建筑商波恩在家中独自饮酒。突然，一个杀手从窗户跳了进来，对波恩说："波恩！我受人之托，今天要杀了你！"说着从怀里掏出手枪，用颤抖的手扣着扳机。波恩却若无其事地说："朋友，咱俩无冤无仇，是谁请你杀我的？"

"这个你不必知道。"

"好！我出三倍的价钱买我的命如何？"

杀手一听有三倍的出价，立刻露出了贪婪的目光。波恩见状，便取了另一只酒杯，斟上了酒，对杀手说："要不要来干一杯？哦！喝酒不会影响你的技术吧？"杀手接过酒杯喝了下去，但手依然紧扣扳机。波恩接过杀手的酒杯，走到保险柜旁，说："钱在保险柜中，我现在就给你拿。"杀手用枪顶住波恩的后脑勺说："不许耍花招，否则让你脑袋搬家。"

波恩打开保险柜，取出一个厚厚的信封放在桌上，趁对方不注意，迅速将保险柜钥匙和酒杯放进保险柜中，锁上了保险柜。这样一来保险柜就打不开了。杀手发现那个厚信封里装的不是现钞，正要发火，波恩转过身来，笑着说："先生，现在你不敢杀我了，因为保险柜中锁着你留下的重要证据。"杀手见事已至此，只得落荒而逃。

保险柜中锁着的是什么证据呢？

268 集邮家

85岁高龄的集邮家，今晚在他的卧室里为一位朋友的集邮品估了价。朋友去客厅参加舞会了，仆人走进来想请老人家上床休息，却发现他伏在桌子上，因颅骨受到致命打击而死亡，于是立即打电话请来了名探霍金斯。

霍金斯验过尸体，判断死亡时间约在20分钟以前。

仆人说："我进门时，好像听见轻轻的关门声，似乎是从后楼梯口传来的。"

霍金斯仔细察看了桌子上的5件物品：一把镊子、一本邮集、一册集邮编目、一瓶挥发油和一支用于检查邮票水印的滴管。霍金斯走出房间来到楼梯边，俯视下面的客厅，那儿正为集邮家的孙女举行化装舞会。

"谁将是死者遗嘱的受益者？"霍金斯问。

"嗯……有我，还有今天舞会上的所有人。"仆人答道。

霍金斯居高临下，逐一审视那些奇装异服的狂欢者，目光最后落在一个扮作福尔摩斯的年轻人身上。他斜戴着一顶旧式猎帽，叼着个大烟斗，将一个大号放大镜放在眼前，装模作样地审视着身边一位化装成白雪公主的姑娘。

"快去报警！"霍金斯吩咐仆人，"我要拘捕这位'福尔摩斯'先生。"

请你想一想，霍金斯依据什么判断出了凶手？

▶侦探小助理◀

讲述人	时间	地点	事件	侦查手段	证据及线索	关键点
仆人	一天晚上	老集邮家的卧室	老集邮家因颅骨受到打击而死亡	物证、关联推理	桌上的5件物品为镊子、邮集、集邮编目、挥发油和滴管	放大镜

269 摆摊算命

一位盲相士在街边摆摊算命。

这天一位富绅来看相，相士听了富绅的生辰八字，再为他摸骨，之后忽然脸色大变。

他压低了嗓音告诉富绅："太可怕了，我认为你将会被谋杀。"

"一个穿风衣的男人，会在你背后开枪，看来你劫数难逃了。"盲相士说。

富绅不屑一顾，连相金都没留下就走了。

第二天，富绅在街上被人从背部开枪击毙，警方追捕时犯人坠楼身亡，他身穿风衣，手里拿着枪。

情形和盲相士所说几乎一模一样，相士为何算得如此准确呢？

你能猜出其中缘由吗？

270 逃犯与真凶

一场混乱的枪战之后，某医生的诊所进来了一个陌生人。他对医生说："我刚才穿过大街时突然听到枪声，只见两个警察在追一个凶手，我也加入了追捕。但是在你诊所后面的那条死巷里遭到那个家伙的伏击，两名警察被打死，我也受伤了。"医生从他背部取出一粒弹头，并把自己的衬衫给他换上，然后又将他的右臂用绷带吊在胸前。

这时，警长和地方议员跑了进来。议员朝陌生人喊："就是他！"警长拔枪对准了陌生人。陌生人忙说："我是帮你们追捕凶手的。"议员说："你背部中弹，说明你就是凶手！"

在一旁目睹一切的亨利探长对警长说："是谁，一目了然。"

你能说出个中究竟吗？

271 墙上的假手印

某公寓发生了一起杀人案。一个独身女性在三楼的房间里被刀刺死。卧室的墙壁上清晰地印着一个沾满鲜血的手印，可能是凶手逃跑时不留神将沾满鲜血的右手按到了墙壁上。"5个手指的指纹都很清晰，这就是有力的证据。"负责此案的探长说道。

当他用放大镜观察手印时，一个站在走廊口，嘴里叼着大烟斗，弯腰驼背的老头儿在那里嘿嘿地笑着。

"探长先生，那手指印是假的，是罪犯为了蒙骗警察，故意弄了个假手印，沾上被害人的血，像盖图章一样按到墙上后逃走的。请不要上当啊。"老人好像知道实情似的说道。探长吃惊地反问道："你怎么知道手印是假的呢？"

"你如果认为我在说谎，你可以亲自把右手的手掌往墙上按个手印试试看。"刑警一试，果然不错。请问：这位老人究竟是根据什么看破了墙上的假手印呢？

·侦探小助理·

讲述人	时间	地点	事件	侦查手段	证据及线索	关键点
一位老人	某天	某公寓	一个独身女性死在三楼的房间里	物证、逻辑推理	墙壁上印着5个指纹都很清晰的手印	手印

272 目击证人

乔博士和警长杰克沿着一条小路缓缓地行走。这条小路从迈克尔·海德油漆过的后门廊和后院的工具屋之间穿过。

"在这条小路的任何地方，"警长说，"海德都可以看见沙克·威尔被杀的情景。他是唯一可能的目击证人，但他却说什么也没有看见。"

"那他对此又做何解释？""海德声称他一直走到工具房才发现油漆洒了一路。"乔博士于是更加仔细地察看油漆滴在地上的痕迹。从门廊到小路间，滴在路面的油漆呈圆点状，每隔两步一滴；从路中间到工具房，滴下的油漆则呈椭圆点状，间隔为五步一滴。进到工具房里，乔博士发现门背后挂着一把大锁。"无疑，他怕说出真情后会遭到凶手的报复。"乔博士说，"但他肯定看到了这里所发生的一切。"

请问：乔博士是根据什么做出这样的论断的呢？

·侦探小助理·

讲述人	时间	地点	事件	侦查手段	证据及线索	关键点
警长杰克	某天	迈克尔·海德的家里	迈克尔·海德被杀	现场查看、情景再现	①从门廊到小路间，滴落的油漆呈圆点状，每隔两步一滴②从路中间到工具房，滴落的油漆呈椭圆点状，间隔为五步一滴	油漆点

273 考卷里的错误

琼斯在警察学院当学员。他以《贩毒犯》为题写了一份案例。内容如下：

某日中午，太阳当空照，在湖上留下长长的树影。马捷和沙多把一艘预先准备好的小船推进了湖。他们顺着潮流漂向湖心，这个湖是两个毗邻国家的界湖，由地下涌泉补充水源，不会干涸。马捷和沙多多次利用这个界湖干着走私的勾当。

他们在湖心钓鱼，不时能钓到一些海鳟，然后把内脏挖出，装进袋里。夜幕降临，四周一片漆黑，两人把小船快速划到对岸，与接应人碰头，然后一起把小船拖上岸，朝天翻起，船底装着一个不漏水的罐子。他们把小包毒品放在里面。他们干得相当顺利，午夜刚过 10 分钟，便开始往回划，在离开平时藏船处以北半公里的地方靠岸。两人将 100 包毒品取出平分。5 分钟后，一支海关巡逻队在午夜时分发现这只船时，没有引起丝毫怀疑。但当他俩回到镇上时，撞上了巡逻的警察，马捷和沙多被缉拿归案了。

哈莱金探长看完后，大笑着说："这张考卷里错误百出，琼斯应该留一级才对。"

你能发现这张考卷里有多少处错误？请至少找出三处。

274 完全不对的车子

两名武装歹徒冲进一家银行，抢了钱后，立即乘一辆福特车逃跑了。

一个银行职员记下了车子的号码。一刻钟后，布伦茨警长就带着助手赶到了现场。正在谈论案情时，他们突然发现了要找的那辆福特车。

警官克勒姆叫了起来："这不可能，车子的牌号、颜色、车号都对。"

他们迅速将车拦下。车中是一位年轻男子，名叫西格马尔。布伦茨警长对西格马尔进行了审问。虽然怀疑他跟这一起银行抢劫案有关，由于他有不在现场的证据，只好将他放了。

事后调查，歹徒从那家银行抢走 75000 马克新钞票。

没过几天，又发生了一起银行抢劫案。案发不久，西格马尔违章行驶，被警察罚了 10 马克。两天后，警方逮捕了他，理由是与银行抢劫案有关。

"这不可能，"西格马尔说，"我有不在现场的证据！"

布伦茨警长说道："但你是主谋。你找了两个朋友，弄了一辆完全相同的车。每次抢劫银行，你就将警方的注意力吸引到自己身上来，他们就趁机跑了。但是，这次你犯了个小小的错误，终于露了马脚！"

你能判断出西格马尔失误在何处吗？

275 牙科诊所

伊大林·威廉斯医生在英国出生，小时候随父母移居美国，现在在纽约郊区的一幢大楼里开了家牙科诊所。

"多萝西·胡佛小姐昨天下午 3 点多钟来到威廉斯诊所镶牙。"巡警温特斯说，

"就在医生给她的牙印模时，门轻轻地被推开了，一只戴着手套的手伸进来，手中握着手枪。

"威廉斯医生当时正背对着门，所以只听两声枪响。胡佛小姐被打死了。在案件发生一个小时后，我们找到了犯罪嫌疑人。

"开电梯的工人说，他在听到枪声之前的几分钟，把一个神色慌张的人送到15楼，那个地方正是牙科诊所。据电梯工描述，我们认为那个人正是假释犯伯顿，他因受雇杀人未遂入狱。"

警长哈利问："把伯顿那家伙抓来了吗？"

"已经抓来了。"温特斯答道，"是在他的住所抓到的。"

哈利提审了伯顿，开头就问："你听说过威廉斯这个人的名字吗？"

"我没听说过。你们问这干什么？"

哈利佯装一笑："不为什么，只是两小时前，有位名叫多萝西·胡佛的小姐在他那里遇上了点麻烦，倒在血泊中。"

"这关我什么事？整个下午我一直在家睡觉！"伯顿回道。

"可有人却看见一个长得像你的人在枪响前到15楼去了！"哈利紧逼了一下，目光似剑。

"不是我，"伯顿大叫，"我长得像很多人。"他接着又说，"从监狱假释出来我从未去过他的牙科诊所。至于威廉斯，我敢打赌这个老头从来没见过我。他要敢乱咬我，我跟他拼命！"

哈利厉声道："伯顿，你露马脚了，准备上断头台吧！"

你能猜出罪犯的申辩中何处露了马脚吗？

·侦探小助理·

讲述人	时间	地点	事件	侦查手段	证据及线索	关键点
巡警温特斯	某天	威廉斯的牙科诊所	多萝西·胡佛小姐被枪杀	询问、推理	伯顿称不认识威廉斯	证词

276 一个报案电话

警察局接到一个报案电话，报案的是费林先生，他说他发现朋友伍德先生

死在自家的书房里了。费林先生向警察回忆了这段可怕的经历："我当时正在伍德先生家旁边的路上散步，打算进去看看伍德先生。我注意到他书房的灯开着，就走过去想看看他是不是在那儿。由于窗户玻璃上都是雾气，我就把它们擦干了，然后往里看。结果一眼就看到了他倒在地上。我赶紧踢开门进去，发现伍德先生已经死了，于是我立刻打电话报警。"

听完费林先生的话，警察立刻掏出手铐，逮捕了他，罪名是谋杀。

你知道费林先生的话里有什么问题吗？

277 自杀的餐馆老板

这是普普通通的一天。波洛正在街上闲逛，突然听到一声枪响。他连忙向枪响的地方跑去，发现是附近的一家餐馆。他跑进餐馆，看到餐馆老板血流满面地倒在地上，额头上有一个弹孔，人已经死了。桌子上放着一把手枪，手枪上面有一张便条，是餐馆老板写的，说他对生活失去了信心，所以选择自杀。

警察赶来之后，判断说这很明显是自杀，因为这家餐馆十分不景气，马上就要倒闭了。而且，那张便条上的字也很像餐馆老板的笔迹。

波洛却不这么认为。你知道他的理由是什么吗？

·侦探小助理·

讲述人	时间	地点	事件	侦查手段	证据及线索	关键点
波洛	某天	一家餐馆	餐馆老板遭遇枪杀	现场查看、推理	案发现场桌子上放着一把手枪，手枪上面有一张便条	手枪

278 保密的措施不保密

无赖雪特打听到海滨别墅有一幢房子的主人去瑞士度假，要到月底才能回来，便起了邪念。他找到懒鬼华莱，两人决定去碰碰运气。

两天后的一个夜晚，气温降到了零下5摄氏度，雪特和华莱潜入了别墅，撬开前门，走进屋里。他们发现冰箱里摆满食物，当即拿出两只肥鸭放在桌子上让冰溶化。几个小时过去了，平安无事。雪特点燃了壁炉里的干柴，屋子里更暖和了。他们一边坐在桌边，转动着烤得焦黄、散发着诱人香味的肥鸭，一边把电视打开，将音量调得很低，看电视里的综艺节目。突然，门铃响了，两人吓得跳起来，面面相觑，不知所措。门外进来了两个巡逻警察，站在他们面前，嗅嗅烤鸭的香味，晃晃两副叮当作响的手铐。

请你判断一下：他们究竟在什么地方露出了马脚？

279 空的保险柜

富翁西蒙斯不堪年迈久病的折磨，4天前服安眠药死去，生前他给刑事专家约瑟夫和侄儿索尼留下两封短信。

他的房间只有一把钥匙，在索尼手中。他留给索尼的信中，要求侄儿必须在他死后要等待4天，才能进入他的卧室，打开藏在他肖像后的保险柜，并说柜中放着10万美元，一半赠给母校，一半留给索尼。

现在，按照死者信上交代的，索尼邀请约瑟夫一起进入叔叔的房间。约瑟夫看到壁炉的正方挂着肖像，炉台上放着一盆绿色植物，宽大的叶片个个倾向墙壁，触及肖像。索尼移开花盆，约瑟夫叫他打开保险柜。

当索尼对暗码时，约瑟夫朝窗子走去。窗子正对着肖像，明媚的阳光穿过窗子直射到肖像上。窗子在里边锁着。忽听索尼一声惊叫："是空的！"

"是空的。"约瑟夫说，"你叔叔生前把钱寄给我了。他想考验考验你，看你是否等得了4天，你竟然没经受住这场考验。"

请问：约瑟夫看出了什么破绽？

280 遗书是伪造的

侦探乔森村的助手石原近几天正为女友遇到的麻烦而心神不定，终于他向乔森村讲了这件事的原委：女友的父亲因交通事故住院，上星期去世了。在葬礼之夜，她的伯父，也就是死者的哥哥，拿着她父亲的遗书，提出要分一半财产给他。遗书是去世的前两天写的。内容是："生前多蒙哥哥的照料，故将我财产的一半馈赠于您，作为报答，唯恐儿子或女儿反对，故立此遗言。"女友的父亲负重伤后就卧床不起。她伯父说这份遗书是她父亲在他一人去探视时写的，没有第三人在场。因为不能坐起来，是仰面躺在床上用普通的圆珠笔写的，所以上面的字简直就像蚯蚓一样七扭八歪的，无法同生前的笔迹相比较，也就无法判断遗书的真伪。

乔森村听了，从写字台上拿起一支圆珠笔来，问道："是这种吗？"

石原说："是的。"

乔森村右手拿着那支圆珠笔，左手拿着纸仰面朝上写了一阵子。突然，向着石原吼了一声："笨蛋！那份遗书纯粹是伪造的。还不快点告诉你的女友，好让她放心。"

请问：乔森村连遗书都没看，怎么就知道那份遗书是伪造的呢？

·侦探小助理·

讲述人	时间	地点	事件	侦查手段	证据及线索	关键点
助手石原	某天	石原女友的父亲的家	石原女友继承父亲的遗产，她的伯父称自己有权继承	物证、逻辑推理	石原女友的伯父称其哥哥是仰面躺在床上用普通的圆珠笔写了遗嘱	圆珠笔

281 可靠的证据

有一对兄弟在伦敦经营着一家小珠宝店。忽然有一天，一个堂弟从远方来投靠他们，于是这对兄弟就让堂弟到店里帮忙，顺便照顾他，可是心怀叵测的堂弟却计划把平日与他合不来的弟弟杀死，并准备偷走店中的珠宝后逃走。

他和这对兄弟中的弟弟长得几乎一模一样。一天，他假装哥哥的声音，从外面打电话给弟弟，将弟弟骗出去杀了。然后把尸体投入水井之中，并且把弟弟所穿的衣服藏起来，到了半夜，他偷偷地进入珠宝店，把现款、珠宝及弟弟的旅行支票拿走。第二天是礼拜天，珠宝店公休，他就把头发染成与弟弟一样的金黄色，穿上弟弟的衣服带着他的旅行支票，这样的打扮，几乎就是弟弟。

他首先将珠宝放到挖空的书本中，然后以自己为收件人把书寄出去；接着用弟弟的旅行支票，搭船渡过多佛海峡，并且尽量地引人注意。最后他再以自己本来的面貌回到伦敦。

星期一哥哥来到珠宝店时，发现现款、珠宝被偷而弟弟失踪，大惊失色，连忙报警。伦敦警察局的科尔警长奉命调查此事。哥哥对他说，弟弟平时生活虽然不太检点，但是珠宝的产权有一半是弟弟的，所以不可能是弟弟偷的。

科尔警长认同他的说法，现场留下的线索虽然对弟弟不利，可是科尔认为弟弟是无辜的，最大的犯罪嫌疑人是堂弟了。

科尔警长在珠宝店中仔细地搜查，最后发现了可靠的证据。

试问：科尔找到了什么证据呢？

282 一起盗窃案

某博物馆发生了一起盗窃案，丢失了大批十八世纪中期的文物，其中包括一批纯银的古董。近期，常有人在古玩市场暗中交易这批文物。李侦探乔装成古董收藏家去古玩市场寻找有关线索。他在一家店铺发现了这批古董中的一部分，他就询问店主："嗨！先生，我想看看那件纯银烛台，大约值多少钱？"店主神秘地低声说道："老兄，这可是珍品，是近期博物馆丢失的那批十八世纪文物中的一部分。"说着，店主拿过来一个闪亮的纯银烛台。

李侦探看了看，微笑着说道："老兄，我可以告你以诈骗罪敛财！"店主听了，大惊失色。李侦探是怎么识破他的？

·侦探小助理·

讲述人	时间	地点	事件	侦查手段	证据及线索	关键点
李侦探	某天	古玩市场	某博物馆失窃了大批十八世纪中期的文物	物证、推理	①店主称货物是十八世纪的②他拿过来一个闪亮的纯银烛台	烛台

283 露出马脚的高级骗子

8月中旬一个炎热的夜晚，在伦敦一家"汽车旅馆"里，正在被警方追捕的高级骗子塞克和他的3个助手聚在一起，商讨抢劫亨利与哈罗父子的公司的事。亨利与哈罗父子的公司是伦敦西区一家最高级的珠宝店，防范非常严密，有一

套最先进的电子报警系统，雇用了一名私人侦探，通过闭路电视，日夜监视6个柜台，只要稍有一点风吹草动，可以马上按动电钮，自动封闭公司所有的出入门。

因此，塞克警告同伙，在行动的整个过程中，不准脱掉手套，不准直呼同伙的姓名，动作必须迅速，一分钟也不能延误。

第二天早晨6时整，化装成警官查理的塞克和3个助手来到珠宝店，找到公司的私人侦探莫里斯，向他通报道："根据情报，在11点整，一伙歹徒要来抢劫贵公司。我们准备当场将其抓获。"然后，他指指电话机，说："我想给苏格兰场打个电话，问问有什么新消息。莫里斯先生，您能给我接通电话吗？"

莫里斯点点头。警方电话交换台很快接通了。"请接……"话还没说完，塞克从莫里斯手里接过话筒，"是的，我是查理。嗯嗯……我们就在这儿，如果有什么消息，请立即通知我们。我在公司的监视中心。噢，明白了。"

待他挂上电话，莫里斯忙问："查理先生，他们有多少人？"

"我们也不太清楚。"塞克答道："我们只知道可能作案的时间。不过，不必担心，半小时前，警察已经包围了这幢大楼。3名歹徒一踏进大门，大门外面的马路都将被封锁，他们一离开公司，我们就行动。"

莫里斯若有所思地看了塞克一眼，走到隔壁房间打了一个电话。不一会儿，警察驱车赶到，逮捕了塞克和3个助手。

他们在哪儿露出了马脚？

284 发难名探

富有的贵妇人沃夫丽尔太太闲得无聊，竟动起了难倒名探哈利的念头。

这天，凌晨2时，哈利接到沃夫丽尔太太的男管家詹姆斯的告急电话，说"夫人的珠宝被劫"，请他立刻赶来。

哈利走进沃夫丽尔太太的卧室，掩上门，迅速察看了现场：两扇落地窗敞开着。凌乱的大床左边有一张茶几，上面放着一本书和两支燃剩3英寸的蜡烛，门的一侧流了一大堆烛液。一条门铃拉索扔在厚厚的绿地毯上，梳妆台的一只抽屉敞开着……

沃夫丽尔太太介绍说："昨晚我正躺在床上借着烛光看书，门突然被风吹开了。一股强劲的穿堂风扑面而来。于是我就拉门铃叫詹姆斯过来关门。不料，走进来一个戴面罩的持枪者问我珠宝放在哪里。当他将珠宝装进衣袋时詹姆斯走了进来。他将詹姆斯用门铃的拉索捆起来，还用这玩意儿捆住我的手脚。"她边说边拿起一条长筒丝袜，"他离开时，我请他把门关上，可他只是笑笑，故意敞着门走了。詹姆斯花了20分钟方挣脱绳索来解救我。"

"夫人，请允许我向您精心安排的这一劫案和荒唐透顶的表演致意。"哈利笑着说。

请问：沃夫丽尔太太的漏洞在哪里？

·侦探小助理·

讲述人	时间	地点	事件	侦查手段	证据及线索	关键点
沃夫丽尔太太	凌晨2时	沃夫丽尔太太的家	沃夫丽尔太太诈称自己的珠宝被劫	物证、分析	①沃夫丽尔太太称当时穿堂风扑面吹来②哈利发现两支蜡烛门的一侧流了一大堆烛液	烛液

285 开具火葬证明

一天晚上，有个五十来岁的男人，走进派出所，脸呈悲伤神情，眼含痛苦泪水，以低沉而颤抖的声音向正在值班的警察申报妻子死亡，同时递上了医院的死亡证，要求给开具证明，以便将尸体运往火葬场火化。

警察朝来人投去审视的一瞥，探测到一种异常的迹象，于是决定查个水落石出，就找个借口让来人先回去，立即向值班长报告。

在医院里，警察看到死者安详地躺在那里，并无异常迹象，口中也无异味。病历证实死者确有心脏病史，医生认为可能是正常死亡。而死者的姐姐经警察耐心开导，讲出了自己的疑惑。于是警察进行了尸检，果然，在死者的胃里发现了山萘。

请问：警察从哪里发现了疑点？

286 奸细是怎么找出来的

在抗日战争时期，有一个侦察员奉命到桃花岛侦察敌情，与一个渔夫打扮、左手拿着一顶斗笠、斗笠上写有一个"王"字的人接头。

侦察员准时到达岛上，只见码头上站着一个模样与渔夫相似的人，斗笠上的"王"字笔迹也完全相同。

侦察员很是高兴，很想快步走上去接头，但他又突然止步。因为他想起临走前上级对他的嘱咐："一个侦察员必须处处冷静、沉着、仔细，千万不能贸然行动……"

于是他又观察了一遍，终于在斗笠上发现了疑点，并断定这个人是敌人派来的奸细。

请问：侦察员发现了什么疑点？

287 雪地上的脚印

在一个严冬的早晨，积雪厚达30厘米，罪犯在自己家中杀人后，穿过一片空地，将尸体扛到邻居一所正在建造中的空房内，转移了杀了现场。然后他顺原路返回家，拨通了报警电话，装作若无其事的样子说发现有人被害了。

警探赶到后，查看了那个人往返现场时留在地上的脚印，便厉声呵斥说："你在说谎，凶手就是你！"

你知道警探是怎么判断的吗？

侦探小助理

讲述人	时间	地点	事件	侦查手段	证据及线索	关键点
罪犯	一个严冬的早晨	自己家中	罪犯杀人后，将尸体扛到邻居的空房内	现场查看、推理	当时积雪厚达30厘米，罪犯往返现场时在地上留下了脚印	脚印

288 重大发现

某城市动物园的一只鸵鸟被人杀害了，还被剖了腹。

警方得到报案后，了解到这是一只从非洲进口的鸵鸟，非常受游人喜爱。警方一直弄不明白为什么有人会杀害这样一只鸵鸟。后来一个警察从他家孩子的地理教科书里找到了答案，案子很快就告破了。

你知道他从地理教科书里发现了什么吗？

289 不在场证明

昨晚下了一场大雪，今早气温降到了零下5℃。刑警询问某案的犯罪嫌疑人，当问到她有无昨夜11点左右不在作案现场的证明时，这个独身女人回答："昨晚9点钟左右，我那台旧电视机出了毛病,造成短路停了电。因为我缺乏电的知识，无法自己修理，就吃了片安眠药睡了。今天早晨，就是刚才不到30分钟之前，我给电工打了电话，他告诉我只要把大门口的电闸给合上去就会有电了。"

可是，当刑警扫视完整个房间，目光落在水槽里的几条热带鱼时，便识破了她的谎言。

请问：刑警发现了什么？

290 凶手的破绽

古时候，苏州有个商人名叫张庆，他经常外出做生意。这一天晚上，他雇好了船夫，约定第二天在城外寒山寺上船出行。

第二天清晨天还没亮，张庆便带着很多银子离家去了寒山寺。太阳出来以后，张庆的妻子听到有人慌忙地拍门喊道："张大嫂，张大嫂，快开门！"张妻开门后，来的正是船夫，他开口便问："大嫂，张老板在哪里？他怎么还不上船啊？"

张妻赶紧随船夫来到寒山寺一探究竟，只见小船停在河边，张庆却失踪了。张妻到县衙去报案，县令听了她的诉说之后，便断定杀害张庆的人是船夫。

你知道这是为什么吗？

·侦探小助理·

讲述人	时间	地点	事件	侦查手段	证据及线索	关键点
张妻	太阳出来以后	寒山寺外的河边	船夫来张家喊张庆上船，发现他已经失踪	证词、逻辑推理	船夫来张家就喊张大嫂，让张老板上船	证词

291 一根白色的细毛

欧洲某国家博物馆展出了一项中世纪的皇冠。皇冠上的特大钻石引起了众多参观者的兴趣，博物馆视这顶皇冠为重点保护对象，严加看护。可人算不如天算，皇冠上的宝石还是被盗了。

博物馆的警卫向前来调查此事的国家安全专家报告：报警器没有响，皇冠展橱和馆内所有的门窗都完好无缺。

安全专家巴特见皇冠展橱是个精致而坚固的透明罩，在它的基部交接处有一个对位孔，窄小得只能容一只小老鼠通过。忽然，他眼睛一亮——展橱的边沿有一根白色的细毛。

第二天，他让助手在报纸上刊登一则消息："盗窃皇冠钻石的罪犯现已被捕，正在审讯中。"同时登出了罪犯的相片。

半个月后，他以化名在报上登出一则启事："本人因不慎将一块瑞士高级金表滑落至25层楼的下水道中，如有高手能不损坏建筑而把表取出来，本人将以金表价值的一半作为酬谢。"

几天后，助手向他汇报："有一个医生模样的人，说他训练了一只灵巧的小白鼠，可以担此重任。"巴特高兴地叫道："好！马上逮捕他！他就是盗窃钻石的罪犯。"

巴特是如何让罪犯自投罗网的呢？

292 能说话的尸体

东汉的时候，有个县城里正在举行庙会，大街上人山人海，商人卖东西的叫卖声，大人寻找走失的小孩的叫喊声，还有牛马鸡鸭的叫声，闹成了一片，真是太热闹了。

有个叫周纡的县官，带着几个随从，穿着便服也来逛集市。他站在一个画摊前，正拿着一幅画慢慢欣赏，忽然，听到西边有人惊叫："不好啦！有人被杀啦！"人们一听，都往那边奔过去。周纡心头一震，马上放下画卷，跟着人们跑过去。

在县城的西门边上，躺着一具男尸，围观的人里三层外三层，大家纷纷议论说："刚才我进城门的时候，怎么没有看到他啊？"也有人说："你们就别瞎议论了，快去报官吧！"周纡大声说："别去报了，本县已经来了。"人们看见县官来了，就让开了一条路。

周纡挤进去一看，那尸体穿得破破烂烂，好像是个乞丐，脑袋上有一个大窟窿，血迹已经干了。周纡高声说："诸位请肃静，本官要亲自审问尸体，查出凶手！"

众人大吃一惊：难道尸体会开口说话？大家都停止了议论，看县官怎么审问，周纡朝尸体大喝一声："是谁把你害了，快从实招来！"然后凑近尸体耳朵，好像在和尸体说悄悄话呢。

过了一会儿，周纡大声宣布："尸体已经告诉本官真相了！"他叫来守城门的士兵，问他："刚才有谁运过稻草进城？赶快把他抓起来！"

周纡为什么能"听"到尸体说出真相呢？

293 店员的智慧

一天下午，一家珠宝专卖店里来了一对夫妇。丈夫身穿高贵的西服，手上拿着一个不锈钢保温杯，夫人身穿时髦的长风衣，两人看上去都很阔气。

这时，丈夫礼貌地告诉店员，今天是他们的结婚纪念日，所以打算替夫人挑选一些首饰，店员热情地为他们介绍了各种款式和最近优惠的几个品种后，那对夫妻商量了一下，决定先试戴看看。

接着他们出示了贵宾卡，这是极少数顾客才持有的卡，标志着顾客的地位和诚信。于是，店员为他们提供了单独的试戴间，根据他们的要求将珠宝送进去给他们试戴。

这对夫妇在店里待了整整一个下午，几乎试过了一半的珠宝，最后，他们决定购买一套项链和一对手镯。

就在收银员准备为他们结账时，一个店员忽然注意到站在丈夫身后的夫人好像很紧张，捧着不锈钢保温杯的手在微微颤

抖。丈夫笑着解释说，夫人神经方面有点病症，大夫嘱咐每隔半小时必须吃一次药，所以才会随身带着杯子。他出示了口袋里的药物，又打开了杯子给店员看，杯子里是满满的一杯咖啡。

夫人向店员微笑着表示歉意，同时喝了一口咖啡，证明这里面确定只是咖啡而已。店员有些迷惑，她总觉得什么地方有点不对劲。可具体又说不出哪里有问题，这对夫妻持有贵宾卡，要对他们进行搜查是不可能的。何况楼上负责接待的店员没有发现珠宝被盗，要求检查更是毫无道理。

这时丈夫取出一片药递给夫人，夫人则接过药片，喝下一口咖啡。接着，丈夫拿出信用卡，准备付钱。这时，店员忽然想到了什么，她毫不犹豫地报了警。

很快，警察在装咖啡的杯子里找到了4件珠宝，而这些珠宝都是他们用赝品替换下来的。经过调查，警察发现连贵宾卡都是伪造的。大家都对店员的聪明细致赞不绝口。那么，店员是如何看出破绽的呢？

·侦探小助理·

讲述人	时间	地点	事件	侦查手段	证据及线索	关键点
店员	一天下午	一家珠宝专卖店	珠宝店丢失了4件珠宝	物证、分析	夫人手里捧着不锈钢保温杯，里面是满满的一杯咖啡	咖啡

294 跳崖者的眼镜

警方接到了报案，日本著名旅游风景区十海子的海边悬崖下发现一具男尸。

探长桥本立即带上了精干的助手赶赴现场。只见那具男尸趴在悬崖下的碎石上，浑身血迹斑斑，身上穿着一件大衣，一只脚穿着鞋子，另一只脚赤裸着，一副太阳镜架在死者的鼻梁上，旁边的立陡悬崖足有20多米高。

闻讯赶来的死者亲属说死者最近做生意失败，但是他是个坚强的人，而且又不是第一次失败，他这样性格的人是不会选择死亡来逃避的。

助手们仔细地勘察了地形，考察了现场，最后的结论都是一致的，认为这是一宗自杀案件。

桥本觉得不像是自杀，但是他一时半会还拿不出确凿的证据来。于是，他开始仔细地观察尸体及其周围的环境。突然，他大叫一声："这不是自杀案，这是谋杀案！尸体是被人搬运过来放在这里的，然后伪装成他是自杀的假象！"

助手和围观的人们议论纷纷，都怔怔地望着他，究竟探长发现了什么？令他如此肯定地说这并非一宗自杀案呢？

295 树叶上的血迹

一天，一家工厂的电话接线员摔死在工厂的电话室楼下，警长接到报案后，立即带领助手赶到了现场。两人到现场一看，只见二层总机值班室的窗户大开，死者显然是从楼上摔下来的，手中还抓着一条湿抹布。二人来到楼上一查，发现电话总机值班室的暗锁和插销都完好无损。两人又来到楼下，只见越来越多的围观者都在窃窃地议论着，一些人还大声地说死者一定是在上面擦洗窗户时不慎失足掉下来摔死的。

难道死者真的是摔死的吗？警长让助手到群众中去调查，自己则开始仔细地勘查现场。

警长先验查了楼上办公室的门，接着又来到楼下，很快，在一楼外阳台上发现了一片树叶，这引起了他的注意。他轻轻地把树叶拿起，仔细地观察，发现树叶上有一小块红点，他判断这个红点一定是血迹。

这时，助手走了过来，向他说道："与死者熟悉的人向我反映，近几日根本没有发现死者情绪有什么反常现象，所以，我想可以排除自杀的可能性。另外，大家还反映说，死者生前作风正派，群众关系非常好，所以，他杀的可能性也是可以排除的。"

"你的调查和分析都有道理，但是，我告诉你，我现在发现了一个非常重要的证据，我认为可以证明死者是被谋杀的。"说完，警长便把那片带有血迹的树叶拿到助手的面前。他让助手看了一下后，便对助手说道："我们现在分头行动，你去调查死者的家庭情况，我去局里对树叶的血迹和死者的血型进行化验，看看它们是否吻合。"

他们马上就开始了行动。仅仅一天工夫，助手的调查结果就出来了：原来死者与丈夫的关系非常不好，她的丈夫一直在找借口来要求与她离婚，可死者始终不同意，所以，她的丈夫极有作案动机。之后，警长的化验结果也出来了，化验证明，树叶上的血迹与死者血迹完全吻合。两项调查一综合，警长认定，死者的丈夫嫌疑最大，于是，他果断地让助手将死者的丈夫带到了派出所，经过审问，死者丈夫交代了犯罪事实：那天晚上，他乘死者一人值班之时，悄悄地进入电话室，乘妻子不备，将其杀死，然后伪造了因擦玻璃不慎失足落地而死的现场。可他万万也想不到，尽管他竭尽清理了现场，但还是被警长从一片树叶上的血迹发现了证据。

那么警长是如何从树叶上的血迹看出来是谋杀的呢？

·侦探小助理·

讲述人	时间	地点	事件	侦查手段	证据及线索	关键点
助手	某天	一家工厂的电话室楼下	电话接线员摔死在楼下	物证、推理	一楼外阳台上的树叶上有血迹	血迹

296 森林里的杀人案

密密的原始森林里，布兰特沿着巡逻路线，慢慢前进着，他是一名森林警察，他知道，每年到了秋冬季节，森林里变得特别干燥，这时候，最担心的就是发生森林大火。

森林大火可不是闹着玩的，那一棵棵粗大的树木，就好像一支支巨大的蜡烛，猛烈地喷吐着火舌，熊熊的火焰猛烈地燃烧，会把整个天空都烧红了。千年的森林毁掉了，森林里的动物，有的被活活烧死，有的无家可归，多悲惨啊！所以，布兰特睁大了眼睛，透过浓密的枝杈，仔细观察着四周的一切。

忽然，他感到脖子痒痒的，还以为被小虫子叮咬了，伸手一摸，却是几粒松子，还听到松枝发出"哗哗"的声响。他抬头一看，原来是一只可爱的小松鼠，在剥松果吃呢，小松鼠朝他眨眨小眼睛，大尾巴一甩，调皮地往东面跳去。布兰特冲小松鼠眨眨眼睛，吹了一声长长的口哨，就在这时候，他看到东面的小路上，好像有一只高跟鞋。

他赶紧跑了过去，确实是一只红色的高跟鞋，不过，它穿在一个姑娘的脚上，姑娘躺在枯黄的叶子堆里，已经死了！她的裙子上，有一条黏黏的污垢，亮晶晶的，布兰特知道，那是蜒蚰爬过的痕迹。死者的旁边放着一封遗书，上面写着："我患了不治之症，不愿意再连累家人，就来到这里自杀……"

布兰特刚才还十分愉快的心情，一下子变得很沮丧。他拿起电话，向警察局报案："这里发生了谋杀案！"

姑娘的遗书上明明写着是自杀，布兰特为什么说她是被谋杀的呢？

297 救命的闹钟

凯乐是名优秀的特工，他也被敌方的情报部门视为眼中钉，曾经遭受到多次暗杀，可他凭着机智勇敢，一次次地躲过了这些危险。这次，S国情报部门得知凯乐在海边度假，就派出本国最出色的暗杀者列托夫谋杀凯乐。

列托夫没费多少力气就找到了凯乐。跟踪后的第三天，列托夫搬到了凯乐住的酒店，在凯乐房间的对面住了下来，他决定晚上动手。

列托夫在自己的手枪上装好消声器，在傍晚时候，他用万能钥匙打开凯乐的房门，溜进了房间。他看了看表，距离凯乐回来还有大约一个小时的时间，便打开床头灯，搜索房间里的物品。搜索了一会儿，没有发现什么有价值的东西，列托夫把灯关了，静静地等凯乐回来。

15分钟后，外面传来了凯乐开门的声音。听走路的声音有点立足不稳，像是喝醉了似的。走进走廊的时候，凯乐好像稍微迟疑了一下，接着，列托夫看到一个黑影扑进卧室，他立刻开枪，准确地击中了那个黑影。

正当列托夫以为大功告成的时候，忽然，他又听到一声枪响，然后一阵剧痛让他倒在地上。凯乐打开灯走了过来，微笑着说："对不起，刚才进来的是我的衣服——我一进门就知道有人来过。"

列托夫痛苦地低下头，他大声问道："为什么……为什么你知道有人来过？"

凯乐拿起床头的闹钟晃了晃说道："你很不走运，如果不开灯的话，现在倒下的人就是我了。"你知道凯乐是怎么知道有人来过的吗？

298 桅杆上的白布

最近，劳尔探长一直在调查市政府官员詹姆森被害的案子，这天黄昏，他驾车来到海边的港口，踏上一只帆船，找到了涉嫌者鲍里金。鲍里金听劳尔探长说他的朋友詹姆森被人杀害后，惊得嘴里的雪茄差点掉下来。探长向鲍里金询问："出事的时候——也就是那天下午2～4点，你在什么地方？"

鲍里金歪着头想了想，说："哦，那天天气很好，中午12点我驾船出海办事，不料船开出两个小时后，发动机就坏了。那天海面上一丝风也没有，船上又没有桨，我的船被围在大海上，无法靠岸。情急之下，我在船上找到了一块大白布，在上面写上'救命'两个黑色大字，然后把桅杆上的旗子降下来，再把这块白布升上去。"

"哦？"劳尔探长很有兴趣地问，"有人看见它了吗？"

鲍里金笑着回答："说来我也挺幸运的。大概半小时后，就有人驾着汽艇过来了，那人说，他是在3英里外的海面上看见我的呼救信号的，后来，他就用汽艇把我的船拖回了港口，那时已近黄昏了。"

鲍里金说完，轻轻地呼了口气。谁知劳尔探长却对他说："鲍里金，假如现在方便的话，请马上随我到警局走一趟。"

鲍里金的脸唰地白了："这是为什么？"

你知道这是为什么吗？

·侦探小助理·

讲述人	时间	地点	事件	侦查手段	证据及线索	关键点
鲍里金	下午2~4点	港口的一只帆船上	鲍里金的船被困在大海上	询问、证词	①鲍里金称将一块大白布写了救命做旗子②当时海面上一丝风也没有	旗子

299 翻下悬崖的吉普车

西拉蒙是一名间谍，这一天，他得到一个消息：今天半夜里1点钟左右，S国的情报官，将要驾驶一辆吉普车，带着一份绝密文件，经过5号盘山公路。西拉蒙马上决定，在公路上堵截情报官，抢走绝密文件。

夜深了，公路上几乎没有车辆来往。西拉蒙坐在一辆卡车里，关闭了车灯，隐蔽在路边。他看了看夜光手表，已经半夜1点钟了。这时候，远处传来汽车马达声，接着，灯光越来越近，他看清楚了，就是那辆吉普车。他立刻打开车灯，发动马达，打算去拦截，谁知道，吉普车"突突突"叫了几声，自己停了下来，情报官跳下车，骂了一句："见鬼了，忘了加油！"

这真是天赐良机啊！西拉蒙一踩油门，卡车冲了过去，又"吱"的一声，在吉普车旁边刹住了。西拉蒙跳下车，拔枪对准情报官。那情报官拿了公文包，撒腿就逃，可是他怎么逃得过子弹呢？西拉蒙"砰砰"两枪，把情报官打死了。他打开公文包，拿走了绝密文件，然后，把尸体和公文包放进吉普车，又拿出事先准备好的汽油瓶，扔进驾驶室。最后，他把吉普车推下悬崖，"轰"的一声，山谷下面燃起了熊熊大火。

第二天早上，电视新闻里报道："5号公路发生车祸，一辆吉普车翻下悬崖起火，车和驾驶员被烧焦……"西拉蒙放心地笑了。可是他听到电视里又在说："警方根据初步调查，认为这起事故是一个大阴谋……"西拉蒙吓出了一身冷汗，他不明白，警方从哪里发现破绽了呢？

·侦探小助理·

讲述人	时间	地点	事件	侦查手段	证据及线索	关键点
西拉蒙	半夜1点钟左右	5号盘山公路	西拉蒙抢劫了情报官，并制造了对方车祸的假象	现场查看、推理	汽车被烧毁之前，情报官的车已经没油	油箱

300 伪造的照片

这是一张用闪光灯拍摄的惊心动魄的照片：照片上是一个正在划火柴的小姑娘，蜡烛旁摆着许多漂亮的圣诞礼物。小姑娘的后面是一个美丽的少妇，面对照相机，正从窗外飞身下落。照片下有这样一段说明："这张惊人的照片由巴菲尔于8月24日晚上9时30分摄于布鲁克林摄影室。当巴菲尔先生按下快门时，莫纳太太正从6楼的平台上跳下。这幅以她在空中坠落作背景的惊人之作被《现代家庭》杂志选为圣诞期刊的封面。据说莫纳太太体重几十磅，当晚因时速高达40英里的风暴袭击而失足坠下楼去，当即摔死在人行道上。"

现在，这张题为《投入死亡》的照片出现在摄影佳作巡回展上。业余摄影家、大侦探凯恩在参观时，很快被吸引住了。这时，凯恩身后来了几位官员，其中一位手中拿着一条蓝缎带。当他们正要把这代表最高奖赏的蓝缎带钉在《投入死亡》这张照片上时，凯恩讥笑说："你们为什么要给这幅伪造的作品以最高奖赏呢？"

"什么？这是伪造的作品？"官员惊讶地问。

你知道凯恩为什么说这张照片是伪造的作品吗？

第九章

超级判断

301 被害者

有一个美丽的女孩在河边洗澡，当她洗完后发现自己放在岸边的衣服被人偷了。

关于这件事，受害者、旁观者、目击者和救助者各有说法。她们的说法如果是关于被害者的就是假的，如果是关于其他人的就是真的。

请你根据她们的说法判定谁是被害者。

玛亚："凯瑞不是旁观者。"

凯瑞："希尔不是目击者。"

波西："玛亚不是救助者。"

希尔："凯瑞不是目击者。"

302 锐眼识画

一天，有人拿来一幅画给一位著名的艺术收藏家看。这是一幅圆桌武士比武的图画，看起来非常古老，有些地方有虫蛀的痕迹。图上画的是四个武士正从自己的剑鞘中拔出剑来准备战斗，其中第一个武士的剑的形状是直的，第二个武士的剑是弯的，第三个武士的剑是波浪形的，第四个武士的剑是螺旋形的。

稍稍看了一眼，这位收藏家就立刻断定这幅画是假的。你知道他是怎么判断的吗？

·侦探小助理·

讲述人	时间	地点	事件	侦查手段	证据及线索	关键点
某人	某天	艺术收藏家处	有人来请艺术收藏家鉴别一幅古画	查看、分析	①图画看起来非常古老②第三个武士的剑是波浪形的	第三个武士的剑

303 受过伤的死者

"死者的右手上个月被打断了，一直不能动弹。我们在他裤子的左兜里面发现了一包香烟，在右兜里面发现了一盒火柴。"

探长听了手下的话说："那他肯定是被杀的。"你知道这是为什么吗？

304 狙击手的绰号

刑事局干事历经千辛万苦，总算取得有关 A、B、C、D、E 五名狙击手的部分情报，再通过仔细分析，旋即理解 B 狙击手的绰号。其资料如下：

（1）大牛的体型比 E 狙击手壮硕。

（2）D 狙击手是白猴、黑狗的前辈。

（3）B 狙击手总是和白猴一起犯案。

（4）小马哥和大牛是 A 狙击手的徒弟。

（5）白猴的枪法远比 A 狙击手、E 狙击手准。

（6）虎爷和小马哥都不曾动过 E 狙击手身边的女人。

请问，B 狙击手的绰号是什么？

305 赌棍、骗子和牧师

普林监狱的看守亨利对警官说："真糟糕！伯金斯下班时留下一张便条，说昨天晚上他逮捕了两个打扮成牧师的流氓，一个是骗子，另一个是赌棍。可是今天早上我上班时，却发现 1 号、2 号、3 号单人牢房里关着的都是牧师打扮的人，现在看来，其中一人是真正的牧师，他正好来监狱探望误入歧途的人。可是我实在分不清到底哪个是真正的牧师。"

警官建议道："想法子问问他们，相信真正的牧师总是会讲实话的。"

"可我要是问到的那人正好是个骗子呢？据伯金斯讲，这个骗子是撒谎的老手，他从来不讲真话；而那个赌棍又是专门见风使舵的家伙，他撒不撒谎要看情况对他是否有利。"

警察和亨利一起来到单人牢房门前。

"你是什么人？"警官问关在1号牢房的那个人。

"我是赌棍。"那人答道。

警官又走到2号牢房门前问："关在1号牢房的是个什么人？"

"骗子！"

警官又问3号牢房里的人："你说关在1号牢房的那个是什么人？"

"他是个牧师。"

警官转身对亨利说："事情已经很明显了，你可以释放牧师了……"

请问：警官是怎样判断出哪个牢房里关着牧师的？

·侦探小助理·

讲述人	时间	地点	事件	侦查手段	证据及线索	关键点
看守亨利	某天	普林监狱	牧师进监狱探望，与两个打扮成牧师的人混淆，无法分辨	询问、证词、推理	骗子从来不讲真话，赌棍见风使舵，牧师说真话	证词

306 谁拿错了谁的伞

赵金、钱银、孙铜、李铁、周锡一起参加会议。由于下雨，他们各自带了一把伞。散会时恰好停电，结果他们都拿错了伞。

赵金拿的伞不是李铁的，也不是钱银的；钱银拿的伞不是李铁的，也不是孙铜的；孙铜拿的伞不是周锡的，也不是钱银的；李铁拿的伞不是孙铜的，也不是周锡的；周锡拿的伞不是李铁的，也不是赵金的。另外，没有两个人相互错拿了对方的伞的情况。

请问：他们五人各错拿了谁的伞？

307 手机是谁捡到的

A、B、C、D四个同学拾到一部手机，交给了老师。可谁都不说是自己拾的。A说："是C拾的。"C说："A说的与事实不符。"老师又问B，B说："不是我拾的。"D说："是A拾的。"

现在已知他们中间有一人说的是真话。你能判断出谁才是那个拾手机的人吗？

·侦探小助理·

讲述人	时间	地点	事件	侦查手段	证据及线索	关键点
老师	某天	某地	A、B、C、D四个同学拾到一部手机，老师无法确定是谁拾的	询问、证词、推理	他们中只有一人说的是真话	真话

308 甲的帽子是什么颜色

有6顶帽子，其中3顶是红色的，2顶是蓝色的，还有1顶是黄色的。甲、乙、丙、丁4人闭上眼睛站成一排，甲在最前面，乙其次，丙第三，丁最后。老师给他们每人戴了一顶帽子，他们不知道自己的帽子的颜色，但后面的人可以看到前面人的帽子的颜色。老师先问丁，丁说判断不出自己所戴帽子的颜色。丙听了丁的话，也说不知道自己戴的是什么颜色的帽子。乙想了想，也摇了摇头，不知道头上是顶什么颜色的帽子。听完他们的话，甲笑着说知道自己戴了一顶什么颜色的帽子。你知道甲戴了什么颜色的帽子吗？

309 破解隐语

香港警署截获了某走私集团的一份奇怪的情报，上面有4句隐语："昼夜不

237

分开，二人一齐来，往街各一半，一直去力在。"

某警员经过研究，破解了隐语的意思，并连夜发动群众集合警员，作了战斗部署，很快破获了这个走私集团。你能判断出这4句隐语的意思吗？

·侦探小助理·

讲述人	时间	地点	事件	侦查手段	证据及线索	关键点
香港警署	某天	警署办公室	警署截获了一份隐语情报	物证、文字推理	昼夜不分开，二人一齐来，往街各一半，一直去力在	文字

310 巧点鸳鸯谱

一天，四名书生各携带妻子前往衙门戏弄乔太守，八人分别姓赵、钱、孙、李、周、吴、郑、王。一阵惊堂鼓后，乔太守升堂坐定，命衙役带上众人。

八人上堂，连忙跪拜："小的们昨夜在一起聚会，喝了一些酒，不知怎的，谁与谁是夫妻也弄不清了，现在特来请老爷明断。"

"嘻嘻！"乔太守说，"天下哪有这等怪事，明明是想刁难我，不过本太守就爱断奇案。"

乔太守让每人报了姓氏，又巡视一遍，看到李、钱两人的装束一样，就问李道："结婚之前，在这些人中，你常和谁来往？"

李回答："我常和孙、王在一起玩耍。有时天晚了，我们就睡在王家的一个大炕上。"

乔太守又问赵："你结婚时，这些人中请了谁去做客？"

赵答："请了李做客。"

乔太守又问孙："这些人中有你家的亲戚吗？"

孙答："我家的那个（爱人）是吴家那个的表兄。"

乔太守再问吴："听说去年你们夫妻赴京，当时谁为你们饯行？"

吴答："三家各有一人，郑、王和李家的那个都来给我们饯行。"

问到这里，乔太守哈哈大笑起来，并说道："我知道了！"接着点起鸳鸯谱来。

这一次点对了。

那么，谁与谁是夫妻？乔太守又是怎样判定的？

（提示：先判别男、女，后判别夫妻关系。）

311 四位古希腊少女

阿尔法、贝塔、伽玛和欧米伽4位古希腊少女正在接受训练，以便将来能当预言家。实际上，她们之中只有一个后来当了预言家，并在特尔斐城谋得一个职位；其余3个人，一个当了职业舞蹈家，一个当了宫廷侍女，另一个当了竖琴演奏家。

一天，她们4个人在练习讲预言。

阿尔法预言："贝塔无论如何也成不了职业舞蹈家。"

贝塔预言："伽玛终将成为特尔斐城的预言家。"

伽玛预言："欧米伽不会成为竖琴演奏家。"

而欧米伽预言她自己将嫁给一个叫阿特克赛克斯的男人。

可是，事实上她们4个人当中，只有一个人的预言是正确的，而正是这个人后来当上了特尔斐城的预言家。

她们4个人各自当了什么？欧米伽和阿特克赛克斯结婚了吗？

·侦探小助理·

讲述人	时间	地点	事件	侦查手段	证据及线索	关键点
4位希腊少女	某天	某地	4位希腊少女分别做一句预言	分析、逻辑推理	4位少女中只有一人的预言是正确的	预言

312 银行保险柜被撬

某银行保险柜被撬，巨额现金和证券失窃。警察局经过侦破，拘捕了三名重大的犯罪嫌疑人：施辛格、赖普顿和安杰士。通过审讯，他们查明了以下的事实：

（1）保险柜是用专门的作案工具撬开的，使用这种工具必须受过专门的训练。

（2）如果施辛格作案，那么安杰士作案。

（3）赖普顿没有受过使用作案工具的专门训练。

（4）罪犯就是这三个人的一个或一伙。

以下的结论，哪个是正确的？

A. 施辛格是罪犯，赖普顿和安杰士情况不明。

B. 施辛格和赖普顿是罪犯，安杰士情况不明。

C. 安杰士是罪犯，施辛格和赖普顿情况不明。

D. 赖普顿是罪犯，施辛格和安杰士情况不明。

E. 施辛格、赖普顿和安杰士都是罪犯。

313 仿爱因斯坦题

李、王和赵三个人住在一幢公寓的同一层上。一人的房间居中，与其他两人左右相邻。他们每人都养了一只宠物：不是狗就是猫；每人都只喝一种饮料：不是茶就是咖啡；每人都只采用一种抽烟方式：不是烟斗就是雪茄。

注意下面的条件：

李住在抽雪茄者的隔壁；

王住在养狗者隔壁；

赵住在喝茶者的隔壁；

没有一个抽烟斗者喝茶；

至少有一个养猫者抽烟斗；

至少有一个喝咖啡者住在一个养狗者的隔壁；

任何两人的相同嗜好不超过一种。

请问，谁住的房间居中？

314 被绑架的失明富家少女

一个双目失明的富家少女在一个炎热的夏日被绑架了。家人交付了赎金之后，她在三天后平安回到家。少女告诉警察，绑架她的好像是一对年轻夫妇，她应该是被关在海边的一间小屋里。她详细地描述了自己的感受："在这间小屋里能听到海浪的声音，也感觉得到潮水的湿味。我好像被关在小屋的阁楼上，双手被捆着。天气非常闷热，不过到了夜晚还是会有一点风吹进来，让我觉得凉快些。"

警察立刻在海边一带进行了彻底的搜查，找到了两间简易的小屋，它们相距不远，只是一间朝南，一间朝北。巧合的是，它们的主人都是一对年轻夫妇。不过这两间屋里都是空荡荡的，被打扫得干干净净，找不出一点其他痕迹。

如果能够确定少女是被关在哪一间小屋，那么自然就可以确定绑架犯是谁了。可是如何才能确定她被关在哪里呢？警方一筹莫展，最后只能去请教名探波洛。

波洛在问明情况以后，立即做出了判断。

这些情况是：

（1）两间小屋的结构几乎完全相同。只是阁楼的小窗一个朝北，一个朝南；

（2）海岸面向海的方向是南面，北面对着丘陵；

（3）少女被关的两天都是晴天，而且一点风也没有。

那么，你知道少女被关在哪一间小屋里吗？

·侦探小助理·

讲述人	时间	地点	事件	侦查手段 ◐	证据及线索	关键点
一个双目失明的少女	一个炎热的夏日	海边的一间小屋	少女被绑架	情景再现、推理	①两间小屋的阁楼一个朝北，一个朝南②海岸面向海的方向是南面，背面对着丘陵③少女说夜晚会有一点风吹进来	朝向

315 金砖的所有者

靠淘金起家的富翁汉森，临终前把他的两个伙伴叫到床前，告诉他们一个不为人知的矿金产地，允许他们到那儿淘金，前提是他们永远不把秘密外传，并且只去一次。

他们定的契约上规定两个伙伴——泰尔和西德尼，或者他们的随从，只要能将金子背回汉森家，无论数量多少，都将归背者所有。

第二天，他俩启程了，一头驴子驮着他们的工具和食物。半年之后，他们淘得的矿金够多了，便铸成一块长 1 英尺、宽高均为 6 英寸的金砖，回到了汉森的家。两人都说金砖是自己背回来的。在法庭上，法官看了那块金砖和那份契约，便做出了正确的裁决。

请问：金砖到底归谁所有呢？

316 哥哥还是弟弟

两位孪生兄弟——特威德勒兄弟站在一棵树下咧着嘴笑着。爱丽丝对他俩说："要不是你们的绣花衣领不同，恐怕我会分不清哪个是哥哥，哪个是弟弟呢。"

一个兄弟答道："你应当运用逻辑推理的方法。"说罢，他从口袋里掏出一张扑克牌，向爱丽丝扬了扬——一张方块皇后。"你看，这是一张红牌。红牌表明持牌的人讲的是真话，而黑牌表明持牌的人讲的是假话。现在，我兄弟的口袋里也有一张牌：不是红牌就是黑牌。他马上要说话了。如果他的牌是红的，他将要说真话；要是他的牌是黑的，他就要说假话。你的任务就是判断一下，他是特威德勒弟弟呢，还是特威德勒哥哥？"

正在这时，另一位兄弟开腔了："我是特威德勒哥哥，我有一张黑牌。"

请问：他是哥哥还是弟弟？

317 一句话断案

一个冬天，警官波格正在街上巡逻时，突然听到一声枪响，然后看见不远处一个老人靠着房门站着。探长跑过去时，发现老人背部中弹，已经死去。

于是他就问现场仅有的两个目击者刚才正在做什么。第一个说："我看到老人刚要锁门，枪一响，他应声倒地。"第二个人说："我听到枪声后不知道发生了什么，我就赶了过来。"

警官波格听完两个人的话后，立即拘留了其中的一个人，你知道拘留的是哪一个吗？

·侦探小助理·

讲述人	时间	地点	事件	侦查手段	证据及线索	关键点
警官波格	一个冬天	街上	一个老人靠着房门站着，背部中弹而死	现场查看、询问、推理	第一个人说看到老人刚要锁门，枪一响，他应声倒地	证词

318 教授的谜题

教授在一张纸条上写了甲、乙、丙、丁四个人中的一个人的名字，然后握在手里让这四个人猜一猜是谁的名字。

甲说：是丙的名字。

乙说：不是我的名字。

丙说：不是我的名字。

丁说：是甲的名字。

教授听完后又说："只有一个人说对了。其他人都说错了。请再猜一遍。"

这次他们很快就猜出了这张纸条上写的是谁的名字了。

你知道纸条上写的是谁的名字吗？他们又是怎么猜出的呢？

319 公寓房客

刚刚落成的公寓大楼共有三层，每层仅一套公寓。

最先搬进来的沃伦夫妇住进了顶层的一套房子，莫顿夫妇和刘易斯夫妇则根据抽签的结果，分别住进了下面两层。

莫顿夫妇感到非常满意，他们没有什么怨言。事实上，整幢楼里唯一有意见的是珀西，他希望住在他楼下的吉姆不要总是把电视开得很大声。

除此之外，这三家房客之间的关系一直很融洽。罗杰每天早上下楼路过吉姆的门前时，总要进去坐一会儿，然后两个人一起去上班。到11点时，凯瑟琳总要上楼去和刘易斯夫人一起喝茶。

丢三落四的诺玛觉得住这种公寓非常方便，因为每当她忘了从商店买回什么东西的话，她总可以下楼向多丽丝家去借。

这三对夫妇分别叫什么名字？姓什么？住哪一层？

320 专业小偷

阿不拉不仅是个专业小偷，更是一名胆大妄为的冒险分子。有一次，他到德国旅行，途中意外拾获一张藏宝图。于是，在藏宝图的指引下，他来到了海德堡，并且如愿闯入一个古老而神秘的地窖中。地窖内有两个奇怪的大箱子，以及一张布满灰尘的字条。

字条上面清楚地写道：我生前所掠夺的宝物都放在其中某个箱子里，但我希望将这些宝贝传给真正有智慧的人——换句话说，阁下若开对箱子，自可满载而归。万一开错了，就得跟我一样，永远长眠于地下了。

阿不拉紧接着发现，两个箱子上也分别贴有字条。

甲箱："乙箱的字条属实，而且所有金银财宝都在甲箱内。"

乙箱："甲箱的字条是骗人的，而且所有金银财宝都在甲箱内。"

当下，阿不拉愣在原地，百思不得其解。然而，问题真有那么严重吗？真有想象中那么困难吗？你可否帮阿不拉决定打开哪个箱子呢？

·侦探小助理·

讲述人	时间	地点	事件	侦查手段	证据及线索	关键点
小偷阿不拉	某天	德国海德堡一个古老的地窖中	阿不拉得到一张藏宝图，两个箱子中有一个箱子有金银财宝	分析、逻辑推理	①甲箱上写：乙箱的字条属实，而且所有金银财宝都在甲箱内②乙箱上写：甲箱的字条是骗人的，而且所有金银财宝都在甲箱内	字条

321 被托管的 1500 两白银

一天，县衙门来了一老一小两个人，老的告小的忘恩负义，小的告老的背信弃义。小的叫苏小良，老的名唤周进。苏小良幼年丧亲，在周进家寄养长大。不久前，苏小良提出另立门户，并向周进索取当年父亲托其保管之银。而周进矢口否认，故互相争吵着来到县衙。

苏小良说："县太爷，父亲死那年，我已有 6 岁，虽年幼但已懂事。我清楚地记得，先父临终之前，取出白银 2500 两交付给周伯父，并当面讲清，1000 两作为我的养育之费，还有 1500 两托伯父代我保管，等我长大以后，给我自谋生计。我今年已有 18 岁了，理应自立，故而向周伯父讨取，想不到周伯父竟一口否认，请老爷公断。"

周进马上说："县太爷，我与他父亲情同手足，他父亲临终时只留下一间破屋和一个孤儿，为不负朋友之托，我卖掉破屋为他安葬，并历尽艰辛，将苏小良抚养成人。想不到今天他养育之恩不报，却反咬一口，请县太爷明察。"

苏小良说得头头是道，但无真凭实据；周进的话合情合理，但无旁证可依。这案怎么断？这时，旁边的师爷想了个办法，很快就搞清了事实，做出了正确判断。

师爷想的是什么办法呢？

·侦探小助理·

讲述人	时间	地点	事件	侦查手段	证据及线索	关键点
苏小良	某天	县衙门	周进告苏小良忘恩负义，苏小良告周进背信弃义	证词、推理、演绎	正面询问已经解决不了问题，试着用演绎法诈出说谎者	演绎

322 谁是受伤者

卡姆、戈丹、安丁、马扬和兰君都非常喜欢骑马。一天，他们五个人结伴到马场骑马。不幸的是,他们当中的一个人因为所骑的马受了惊吓并狂奔起来而受伤。

请你认真分析如下(1)~(5)各项所说的情况,判断一下:受伤的究竟是谁?

(1)卡姆是单身汉。

(2)受伤者的妻子是马扬妻子的妹妹。

(3)兰君的女儿前几天生病住院了。

(4)戈丹亲眼看见了整个事故发生的经过,决定以后再也不骑马了。

(5)马扬的妻子没有外甥女,也没有侄女。

323 谜语专家的谈话

一位谜语专家最近与一位朋友的谈话。那位朋友指着他家照相簿里的一张照片说:"我没有兄弟和姐妹,但是这个男人的父亲是我父亲的儿子。你知道他是谁吗?"

"那还不容易,"专家说,"这个男人就是你的儿子。这是个19世纪的古老谜语,人人皆知。"

"好聪明!那么这张照片上的家伙呢?他是我父亲唯一的侄女的唯一的姑母的唯一的兄弟的唯一的儿子。"

专家想了几分钟。"他一定就是你。我明白了,这是许多年前拍摄的一张照片。"

"喂,看一看这张照片上的女孩子。她挺可爱,可不是吗?她是我姑表妹的母亲的兄弟的唯一的孙子的舅舅的唯一的堂兄弟的父亲的唯一的侄女。"

这下子可把专家难住了。你能说出这个女孩子是谁吗?

324 三个犯罪嫌疑人

有一家大型百货商店被人盗窃了一大批财物。警察经过千辛万苦的调查,逮捕了3个重要的犯罪嫌疑人:山姆、汤姆和杰克。经过审问,警察查明了以下事实:

（1）罪犯是带着赃物坐车逃走的。

（2）如果杰克不伙同山姆一起作案的话，他单独一个人是不会去作案的。

（3）汤姆不会开汽车。

（4）可以肯定的是，罪犯就是这3个人中的一个或者一伙。

请问：在这个案件中，山姆有罪吗？为什么？

·侦探小助理·

讲述人	时间	地点	事件	侦查手段	证据及线索	关键点
警察	某天	警察局	一家百货商店被窃，警察逮捕了3个犯罪嫌疑人	证词、假设、推理	①如果杰克不伙同山姆一起作案的话，他不会单独作案②汤姆不会开车	山姆

325 连续发生的刑事案件

一天深夜，一栋公寓发生了3起案件：一起谋杀案，住在四楼的一名下院议员被人用手枪打死；一起是盗窃案，住在二楼的一名名画收藏家珍藏的6幅16世纪的油画被盗了；一起是强奸案，住在底楼的一名漂亮的芭蕾舞演员被暴徒强奸。

接警之后，警察总部立即派出大批刑警赶到作案现场。根据罪犯在现场留下的指纹、足迹和搏斗的痕迹，警方断定这3起案件是由3名罪犯分头单独作案的（后来证实这一判断是正确的）。

经过几个月的侦查，警方终于搜集到大量的确凿证据，逮捕了A、B、C 3名罪犯。在审讯中，3名罪犯的口供如下：

A供称：

（1）C是杀人犯，他杀掉下院议员纯粹是为了报过去的私仇。

（2）我既然被捕了，我当然要编造口供，所以我并不是一个十分老实的人。

（3）B是强奸犯，因为B对漂亮女人有占有欲。

B供称：

（1）A是著名的大盗，我坚信那天晚上盗窃油画的就是他。

（2）A从来不说真话。

（3）C是强奸犯。

C供称：

（1）盗窃案不是B所为。

（2）A是杀人犯。

（3）总之我交代，那天晚上，我确实在这个公寓里作过案。

3名罪犯中，有一个的供词全部是真话，有一个最不老实，他说的全部是假话，另一个人的供词中，既有真话也有假话。

A、B、C分别做了哪件案子，看完口供后刑警亨利已经做出了判断。

你知道刑警亨利是如何判断的吗？

326 追根溯源

电视明星小森秋子的经纪人打电话给私人侦探吉田，说他正同秋子打着电话，只听她一声惨叫，随后又有倒地的声音，再怎样呼叫也听不到她的声音了。经纪人请吉田快去秋子的寓所，他自己也马上去。

吉田赶到秋子的寓所，门没上锁，进门一看，只见客厅的电话机旁边，秋子倒在地上，背后插着一把刀子，电话筒扔在一边，时时传出微弱的通话断线的声音。

一会儿经纪人赶来了，吉田对他说："我进入房间时并没有其他人，秋子在电话里没向你说谁来了？"经纪人摇摇头。

吉田又问："这个电话是谁先打的？"

经纪人答："是秋子往我那里打的。当时我正在家里看电视。"

吉田再问："在通话当中，你听到她一声惨叫，担心她的安全，于是马上用自家的电话给我打了电话，对吗？"

经纪人答："是，是这样。"

吉田说："你编造的这一套谎言无非是一个目的——让人们确认你不在被害

现场。"

请问：吉田凭什么判断经纪人说谎呢？

·侦探小助理·

讲述人	时间	地点	事件	侦查手段	证据及线索	关键点
电视明星小森秋子的经纪人	某天	秋子的寓所	私人侦探吉田	现场查看、询问、推理	①经纪人说秋子是在和他通电话时被杀害的②他马上用自家电话报案	电话

327 最诚实的人

古时候，某国的国王张榜求贤，要选一个诚实的人为他收税。应征者很多，初次见面，怎么能知道谁是最诚实的人呢？一个谋士对国王说："陛下，等那些应征者来到宫内，您只要如此这般，就能从中寻觅到最诚实的人。"国王采纳了这个意见。

应征者纷纷来到王宫，谋士要他们一一从一条走廊单独穿过去见国王。

所有应征者都来到国王面前。国王说："来吧，先生们，拉起手来跳个舞。我很想看看你们诸位中，谁的舞姿最美。"

一听到国王的这个要求，许多应征者顿时傻了眼。呆若木鸡，脸色渐渐由白变红，羞愧难堪。这时，只有一个人毫无顾忌地跳起了欢快的舞蹈，显得那么轻松自如。

谋士看了看，指着那个正在翩翩起舞的人大声说："陛下，这就是您要找的诚实的人。"

请问：谋士为什么说那个正在跳舞的人是个诚实的人呢？

328 律师的推断

在一个大雪纷飞的寒冷的冬夜,发生了一起谋杀案。一个单身女子被人杀害。警方赶到现场展开调查,发现房间里亮着电灯,空调开得非常足,热得让人直流汗,然而紧闭的窗子却只掩上了半边的窗帘。

警方找到了一个目击者,这个住在附近的年轻人向警方提供了他的证词:"晚上 11 点左右,我刚巧经过这附近,离这里大约有 20 米左右。我听到里面有人正在跟死者吵架,声音很大。隔着窗户,我看到他是个金发男子,戴着黑边眼镜,还蓄着胡子。"

根据他提供的线索,警方逮捕了一位曾与死者有过密切接触的金发男子,他的所有相貌特征都和目击者所说的一样。

在法庭上,被告的律师询问了目击者:"年轻人,案发当时你偶然在窗子旁看到了被告,是吗?"

"是的,因为窗子是透明的,而且那天晚上她的窗帘又是半掩的,所以我才能从 20 米外清楚地看见他的脸。"

律师转过身,面对法庭:"法官大人,这位年轻人所说的是谎话,他犯了伪证罪。以我的判断,他的谋杀嫌疑最大。他一定是在行凶后,把被害人家里的窗帘拉开后才逃走的,他还给警方提供假口供,企图掩盖自己的罪行。"

结果,警方经过审查,证明了律师的推断是正确的。

你知道律师是怎样推断出来的吗?

·侦探小助理·

讲述人	时间	地点	事件	侦查手段	证据及线索	关键点
目击者	大雪纷飞的冬夜	死者的家	目击者听到凶手和死者吵架	现场查看、询问、推理	①当时大雪纷飞,空调开得非常足②目击者称是从20米左右以外看到窗子里的凶手的	窗子

329 摩天大楼里的住户

约翰住在一座 36 层高的摩天大楼里，但是我们不清楚他到底住几层。这座楼里有好几部电梯在同时运行，而且每部电梯无论是向上还是向下，每到一层都会停靠。

每天早上，约翰就会离开他的家，然后去乘电梯。约翰说：无论他乘哪部电梯，电梯向上的层数总是向下的 3 倍。

现在你知道约翰到底住在几楼吗？

330 聪明的警官

玛琳是一位漂亮的女明星，她不仅年轻漂亮，而且还是一位双性恋者。她经常带女性伙伴回家欢歌笑语，当然也不乏英俊风流的男人。

一天早上，她的尸体被发现在她的卫生间，尸体还有体温，看来凶手刚离开不久。据邻居反映："昨晚一直到凌晨，玛琳的家中喧闹的音乐就没有停过，大约是在开大型派对，并且有男有女。"

警官保罗分析道："那我们应该先确定凶手是男性还是女性，这样也许会更有利于我们抓到凶手。"另一个警官说："这很好办，看一下卫生间的现场，就很容易知道了。"

这个警官是如何做出判断的？

·侦探小助理·

讲述人	时间	地点	事件	侦查手段	证据及线索	关键点
邻居	一天早上	女明星玛琳的家	玛琳的尸体被发现在她的卫生间	现场查看、推理	男女用卫生间的习惯不同	马桶

331 被害的妻子

一名警察和他的妻子到一个滑雪胜地去度假。警察的妻子被发现摔死在了悬崖下面。在度假胜地工作的售票员与当地警方取得了联系，这名丈夫以谋杀罪被逮捕。售票员怎么知道这是一起故意杀人案？

提示：

（1）售票员从来没有见过警察和他的妻子。

（2）如果没有售票员提供的信息，当地警方就不能逮捕这名警察。

（3）她是摔死的。

（4）她是个滑雪好手。

332 珠宝商度假

一个珠宝商携着家人来到著名的避暑胜地度假。当地的温差比较大，早晚十分寒冷，常常会下霜，而中午的气温很高。

一天，当珠宝商全家兴致勃勃地从外面游玩回来，发现他们的珠宝被人偷了。小偷似乎是从靠近院子的窗户爬进去的，在微湿的泥地上还留有他的足迹。小偷穿着旅游鞋，鞋底的条状花纹还很清晰地留在地上。而这个小偷是何时潜入的呢？

（1）昨天早上；（2）昨天半夜；（3）今天早晨。

·侦探小助理·

讲述人	时间	地点	事件	侦查手段	证据及线索	关键点
珠宝商	某天	珠宝商的度假地	珠宝商的珠宝被偷	现场查看、推理	①当地的温差比较大，早晚十分寒冷，常常会下霜，而中午的气温很高②泥地上小偷鞋底的花纹还很清晰	鞋印

333 谁是国际间谍

在一列国际列车的车厢内，有四个不同国籍的旅客 A、B、C、D，他们身穿不同颜色的上衣，坐在一张桌子的两边，其中两人靠着窗户，另两人则紧靠过道。现在已经知道，他们中有一个身穿蓝色上衣的旅客是个国际间谍，并且还知道：

（1）英国旅客坐在 B 先生的左侧；

（2）A 先生穿褐色上衣；

（3）穿黑色上衣者坐在德国旅客的右侧；

（4）D 先生的对面坐着美国旅客；

（5）俄国旅客身穿红色上衣；

（6）英国旅客把头转向左边，望着窗外。

请问：谁是穿蓝色上衣的间谍？

334 单身公寓里的爱情

杰克、亨利、怀特和布朗住在一家企业的单身公寓里面，住在对面公寓里的是丽莎、梅森、梅莉和莎娜四位漂亮的小姐——他们各自喜欢着对面公寓的某一个人，同时也被对面公寓的某一个人喜欢着，却一直都没有人能够如愿以偿，因为：

（1）杰克喜欢的女孩所喜欢的男孩爱莎娜；

（2）亨利喜欢的女孩所喜欢的男孩爱梅莉；

（3）布朗喜欢的女孩希望跟怀特交往；

（4）丽莎喜欢的男孩喜欢的不是梅森；

（5）梅森和梅莉喜欢的都不是亨利：

那么，到底是谁喜欢杰克呢？

335 失物招领处

多拉、利比、罗布、托马斯和温妮一起来到了失物招领处。最后，他们各自找回了自己丢失的一样东西。待领的东西是两副手套（一红一蓝）、一顶蓝色的帽子、一件带彩色花纹的运动衫和一双黑色的运动鞋。

现在有以下线索：

（1）利比和托马斯找回的东西上面都带有红色；

（2）托马斯和多拉各自找回了一副手套；

（3）温妮是回家时唯一一个手上没有拿着失物的人。

请问：他们各自找到了什么东西？

336 一宗奇案

被告的罪名是抢劫杀人，但是在审讯中，他却口口声声说自己是清白的，而证人却一口咬定他目睹被告犯了罪。

证人的证词是这样的：7月20日晚上10时，我站在一棵大树东边草堆后面，亲眼看见被告在离大树西边30米处的草堆旁作案，因为当时月光正照在嫌疑人脸上，所以我看得非常明白，就是他。

听起来证人的话无懈可击，但林肯却根据这一证词判定证人犯了诬告罪，而将被告无罪释放了。

你能说出林肯做出这样判决的科学根据吗？

侦探小助理

讲述人	时间	地点	事件	侦查手段	证据及线索	关键点
证人	7月20日晚上10时	离大树西边30米处的草堆旁	被告作案时被证人看到	证词、推理	①当年7月20日为农历时间②凶手面向西，证人藏在东边草堆后面	月光

337 小偷被偷

有一个职业小偷。一天，他溜到公交车上去作案，先偷了一位时髦小姐的钱包，等她下车后，又接连偷了一位西装革履的男子和一位白发苍苍的老太太的钱包。

他兴高采烈地下了车，躲在角落里清点了一下，发现三个钱包里总共不过两百元。接着他又惊叫起来，原来与这三个钱包放在一起的他自己的钱包不翼而飞了，那里面装着七百多元呢！

他口袋里还有一张纸条，上面写着："让你这该死的小偷尝尝我的厉害，看看你偷到谁头上来了！"

猜猜看，那三个人中，究竟是谁偷了他的钱包呢？

338 案发时间推理

有五个探险者，他们分别叫罗宾汉、维克多、佐伊、格林和斯诺。

一天傍晚，五人探险到了一条河的两岸，由于天色已晚，他们便分别在两岸扎营。其中，罗宾汉住在河东，其他四个探险者住在河西。那天晚上，罗宾汉没隔多久就用无线电同其他四个人进行联络，可是到了晚上 10：30 分以后，就再也没有接到斯诺的应答了。罗宾汉十分担心，在当晚与其他三个人进行了联系。

罗宾汉担心的事情终于发生了。第二天早上，几个探险者发现斯诺已经死了，而且有足够的证据表明他是被人杀死的。证据还表明，杀人凶手是坐独木舟到达斯诺的帐篷的。现在已知的是，案发当晚每个探险者都有使用一艘独木舟的机会。

罗宾汉怀疑是维克多、佐伊或格林杀害了斯诺。然而，在发现了以下一些情况之后，罗宾汉消除了对其中两人的怀疑：

（1）斯诺是在当天晚上 10：30 以前被杀害的，遇害地点是他的帐篷，他是被枪击而立刻身亡的。

（2）杀人凶手去斯诺帐篷作案和返回自己的帐篷都是乘坐独木舟。

（3）维克多、佐伊和格林三人的帐篷位置情况是：维克多的帐篷驻扎在斯诺的下游，佐伊驻扎在斯诺的正对岸，格林则驻扎在斯诺帐篷的上游。

（4）这三个人中的任何一个要想乘坐独木舟到斯诺的帐篷去作案，然后又返回自己的帐篷至少需要 80 分钟的时间。

（5）这条河流的流速十分快。

（6）在案发当晚对罗宾汉发出的无线电呼叫，其他几个人的应答时间见下表：

应答者	应答者时间
维克多	8：15
佐伊	8：20
格林	8：25
斯诺	9：15
维克多	9：40
佐伊	9：45
格林	9：50
维克多	10：55
佐伊	11：00
格林	11：05

请问：在罗宾汉怀疑的这三人中，除了那两个罗宾汉已经打消怀疑的外，还有谁仍被罗宾汉作为怀疑对象呢？

339 博尔思岛上的抢劫案

一天，博尔思岛上的法庭开庭审理一起发生在岛上的抢劫案。法庭上的关键人物有三个：被告、原告和被告的辩护律师。

以下断定是可靠的线索：

（1）三人中，有一个是骑士，一个是无赖，一个是外来居民，但不知道每个人的对应身份；

（2）如果被告无罪，那么罪犯是被告的律师或者是原告；

（3）罪犯不是无赖。

在法庭上，三个人分别做了以下的陈述——

被告说："我是无辜的。"

被告的辩护律师说："我的委托人确实是无辜的。"

原告说："他们都在撒谎，被告是罪犯。"

这三个人的陈述确实是再自然不过了。法官经过认真考虑，发觉上述信息还不足以确定谁是罪犯，于是请来了当地有名的大侦探。

了解了全部有关信息后，大侦探决心把此案弄个水落石出，即不但要弄清谁是罪犯，还要弄清谁是骑士，谁是无赖，谁是外来居民。

重新开庭时，大侦探首先问原告："你是这一抢劫案中的罪犯吗？"原告做了回答。大侦探考虑了一会儿，然后问被告："原告是罪犯吗？"被告也做了回答。这时，大侦探对法官说："我已经把事情都弄清楚了。"

想想看：谁是罪犯，谁是骑士、无赖和外来居民？在思考这个案件时，你面临的挑战看来比大侦探更大，因为，你并不知道大侦探向原告和被告提的两个问题的答案，而大侦探知道。

（"博尔思"岛上的土著居民分为骑士和无赖两部分，骑士只讲真话，无赖只讲假话。）

340 犹豫的冒险家

阿拉丁是一个非常喜欢冒险的人。这一次，他走进了一片从未有人走过的森林，却不幸迷路了。

这天，他来到了一条岔路，发现那儿有五块彩色的大石头，各自通向一条小路。阿拉丁不知道该选择哪一条路，决定先坐下来休息休息。到了正午，阳光穿过树叶的缝隙照到大石头上，阿拉丁猛然发现，中间那块绿色的大石头上面仿佛写着字。

他仔细一看，发现上面写的是："这是五块表里不一的五色石。在每块石头内还各藏有另外一块石头，它的颜色与外面石头的颜色是完全不同的。你必须排出正确的顺序，并走红色宝石所指领的道路，才能回到你的世界。"

另外四块石头上，则各有一个提示：

红宝石：紫宝石旁的石头是蓝宝石。

蓝宝石：绿宝石与紫宝石之间隔着一块石头。

紫宝石：红宝石与蓝宝石不相邻。

黄宝石：黄宝石位于左边第二个位置。

阿拉丁想了半天，也不知道自己应该选择哪一条路，亲爱的读者，你能帮助他吗？

讲述人	时间	地点	事件	侦查手段	证据及线索	关键点
阿拉丁	某天	一个从未有人走过的森林	阿拉丁迷路,发现了一个岔路	推理	四块宝石上各有一句提示	提示

341 刑事专家的火眼金睛

刑事专家霍金斯旅行来到纽约,住进一家高级酒店二楼的一套客房。

突然,从走廊传来女人的呼救声。他循声找去,在213房间门前蜷着一个年轻妇女在哭喊着,从开着的门可以看到房间里一个男人倒在安乐椅上。霍金斯对尸体做了简单检查后,确认此人刚死,子弹穿入心脏。

当地警署也派人来了。那个年轻妇女边哭边说:"几分钟前,听到有人敲门。我打开门时,门外一个戴面具的人,朝我丈夫开了枪,把枪扔进房间逃跑了。"

霍金斯发现地毯上有一支装着消声器的手枪,左侧两个弹壳相距不远,在死者身后的墙上有一个弹洞。

霍金斯告诉警署人员:"把这位太太带回去讯问。"

请你判断一下,霍金斯为什么会对死者的妻子产生怀疑?

342 斯拜在哪

秘密情报部的情报员斯拜来到夏威夷,由于迷恋金发美人,被人用安眠药暗算了。不知睡了多长时间,他一睁眼,不由惊叫一声,环顾四周,和自己睡在一起的金发女郎不见了,身上穿着不熟悉的睡衣。床和房间完全变了样,他立刻跳起来找衣服,但没找到。

"醒了吗？斯拜先生。"屋顶突然响起声音。

天花板上装着麦克风和监视用的电视摄像机。"请放心，我们会保证你的生命安全，仅仅请你一段时间内一步也不要离开这个房间。"

"这里是什么地方？"

"某个地方。"麦克风里的声音含着冷笑。

"监禁我想干什么？"

"你是位非常重要的贵客。我们的情报人员被捕了，想用你交换。现在正在交涉之中，不久便会有答复了。"

斯拜紧张地思索起来。最近，情报本部秘密逮捕了数名敌方间谍。不过，其中能与自己对等交换的人物只有两名，一名是在加拿大 WQ 机关的间谍，一名是在新西兰秘密基地 NS 机关的间谍。两个强大的间谍组织，都直接接受克格勃的资金援助。那么，这里是加拿大，还是新西兰呢？

他仔细地观察起居室，角上放着洗脸用具和便器。高高的墙上，只有一个安有铁栅栏的小窗。窗外全钉着板子。天花板上的荧光灯一直亮着，温度由空调调节，分不清白天和黑夜。

斯拜仰身躺在床上，看着模模糊糊的窗子，突然，他一起身，抓起牛奶瓶子，准确地击中天花板上的荧光灯，灯被砸破，室内一片黑暗。在黑暗中，他死死盯着窗上的一点。他刚才观察时，发现从窗上钉着的木板缝隙里，透出一点阳光，由此可以确定不是夜晚。由于没磁石，不知窗子朝东南西北的哪个方向。

斯拜盯着窗户下的地面。从小洞射进的一束阳光，在地上照出一个小光点，随着时间的推移，他发现光点渐渐从左向右移动，他已经知道这里是哪个国家了。

那么，你知道斯拜从夏威夷被绑架到了加拿大，还是新西兰呢？

·侦探小助理·

讲述人	时间	地点	事件	侦查手段	证据及线索	关键点
秘密情报员斯拜·	某天	某地的一个房间里	斯拜被监禁，他不清楚自己在加拿大还是新西兰	现场查看、推理	①斯拜看到一束阳光在地上照出一个小光点②光点渐渐从左向右移动	光点

343 走哪一条路

"特急！逃犯布莱克曼在森林公园的洋槐酒店露面。火速率刑警两名将该犯逮捕。"

刑警队长里卡尔接到电报，立即带着两名刑警动身了。

几天前，在一个教堂里举行了一个结婚仪式。新娘叫科拉，身材修长，金黄色的长发一直披到背后，非常漂亮。新郎叫布莱克曼，个子比新娘矮，外貌平庸。他原是某市政部门的一个会计师，因贪污被判处3年有期徒刑，正在服刑。布莱克曼和科拉原先是要好的同事，进而产生爱情。在科拉25岁生日那天，布莱克曼获得特殊优待，假释3天，让他同科拉结婚。

新婚之夜，科拉兴奋地宣布，他不用回牢房了。布莱克曼摇摇头说："逃跑的话，肯定会再次被捕的，那样反而要罪上加罪。"

科拉对他的话一笑置之，然后从皮箱里取出3大捆新钞票，得意地说："我们明天就走，先到森林公园的洋槐酒店躲几天，那一带地形复杂，不容易被警方发现，等准备好了假护照，就可以远走高飞了。这些钱，足够我们快快活活过一辈子了。"

就这样，布莱克曼成了逃犯。

森林公园占地30平方千米，地形十分复杂。当刑警队长一行3人来到公园的一个十字路口时，正值深夜。洋槐酒店在哪里？他们打着手电筒寻找路标。糟糕！原来的路标已经被挖掉了，留下的3块木牌，是孩子们在这里做游戏时设置的。

他们打着电筒辨认木牌上写的字。

第一条路旁边的木牌上写道："此路通向洋槐酒店！"

第二条路旁边的木牌上写道："此路不通向洋槐酒店！"

第三条路旁边的木牌上写道："另外两块木牌，有一块上面写的是真话，另一块上面写的话是不对的。我保证，我上述的话绝对不会错。每一个想去洋槐酒店的人一定要注意，必须动动脑筋才能找到去洋槐酒店的路。"

"真见鬼！这些孩子尽给我们添麻烦！"一个刑警大动肝火。

刑警队长里卡尔却笑了笑："根据孩子们写下的3句话，就可以判断出哪条路是通向洋槐酒店的。嗯，我想明白了……"

请问：要抓住逃犯布莱克曼，刑警队员们应该走哪一条路？为什么？

344 谁杀害了医生

一名医生在家里被人杀害，抓到了四名犯罪嫌疑人。警方根据目击者的证词得知，在医生死亡那天，只有这四个病人单独去过一次医生的家。

在传讯前，出于各种不同的原因，这四个病人商定，每人向警方作的供词条条都是谎言。

下面是每个病人所作的两条供词：

A病人：

（1）我们四个人谁也没有杀害医生。

（2）我离开医生家的时候，他还活着。

B病人：

（3）我是第二个去医生家的。

（4）我到达他家的时候，他已经死了。

C病人：

（5）我是第三个去医生家的。

（6）我离开他家的时候，他还活着。

D病人：

（7）凶手不是在我去医生家之后去的。

（8）我到达医生家的时候，他已经死了。

这四个病人中谁杀害了医生？

345 谁穿了红色衣服

三个好朋友小红、小绿和小蓝穿着红色、绿色和蓝色的时装。

"真奇怪，"小蓝说，"我们的名字是红、绿、蓝，穿的衣服也是红、绿、蓝，可没人穿的衣服和自己的名字相符！"

"真是个巧合！"穿绿色衣服的说。

从她们的谈话中，你能判断出谁穿了红色衣服吗？

·侦探小助理·

讲述人	时间	地点	事件	侦查手段	证据及线索	关键点
三个好朋友	某天	某地	小红、小绿和小蓝	证词、推理	①三人的名字是红、绿、蓝，穿的衣服也是红、绿、蓝②没人穿的衣服和自己的名字相符	衣服不符

346 被偷走的答案

一天，在斯特教授的一节化学课上，他的化学测验的答案被人偷走了。有机会窃取这份答案的，只有甲、乙和丙这三名学生。

（1）这个教室里总共上了五节化学课。

（2）甲只上了其中的两节化学课。

（3）乙只上了其中的三节课。

（4）丙只上了其中的四节课。

（5）斯特教授只讲授了其中的三节课。

（6）这三名学生都只上了两节斯特教授讲授的课。

（7）这三名被怀疑的学生出现在这五节课的每节课上的组合各不相同。

（8）在斯特教授讲授的一节课上，这三名学生中有两名来上课了，另一名没有来。事实证明来上这节课的那两名学生没有偷取答案。

这三名学生中谁偷了答案？

347 紧急侦破任务

某侦察股长接到一项紧急侦破任务，要他在代号为 A、B、C、D、E、F 六个队员中挑选若干人去侦破一件案子。

人选的配备要求，必须满足下列各点：

（1）A、B两人中至少去一个人；

（2）A、D不能一起去；

（3）A、E、F三人中要派两人去；

（4）B、C两人都去或都不去；

（5）C、D两人中去一人；

（6）若D不去则E也不去。

请问，应该让谁去？为什么？

348 电视转播赛

现在，来自某支足球队的7位球员进行着一场开心的传球运动。根据下面提供的线索，你能按照正确的顺序推断出参加这场活动的7名球员的姓名吗？

线索：

（1）加里，位于对手所在的半场，接到了奥凯西的传球。

（2）克莱德·约翰逊接到达伦的传球后，又把球传给了马钱特。

（3）史蒂夫位于图中的2号位置。

（4）戴维不是守门员，他把球传给了迈克，而且迈克不和贝内特位于同一个半场。

（5）彼得接到了格伦的传球，但没有把球传给多诺万。

（6）斯旺是位于图中3号位置的球员的姓。

名字：克莱德、达伦、戴维、加里、迈克、彼得、史蒂夫

姓氏：贝内特、多诺万、格伦、约翰逊、马钱特、奥凯西、斯旺

解题提示：首先推断这场比赛的守门员的名字。

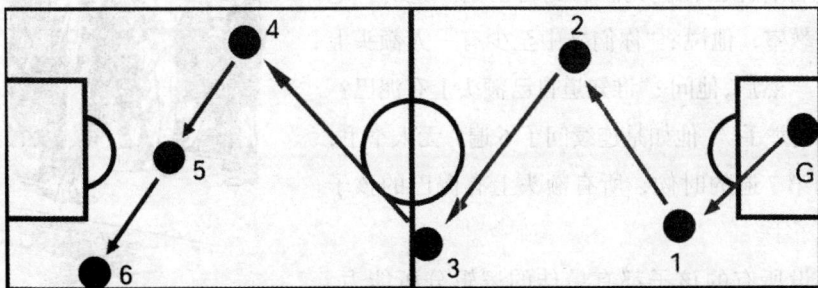

349 客官挑选船老大

古时候，有一人想过河，他来到河边大声问道："哪位船老大会游泳？"

话音刚落，好几个船老大都围了过来，他们都说："我会游泳，客官坐我的船吧！"

只有一位船老大没有过来，坐船人就走过去问那人："你水性好吗？"

船老大不好意思地说："我不会游泳！"

坐船人高兴地说："那好，我坐你的船！"

你知道这是为什么吗？

·侦探小助理·

讲述人	时间	地点	事件	侦查手段	证据及线索	关键点
想过河的人	古时候的一天	河边	想过河的人不知选哪个船老大好，好几个船老大都说自己会游泳	询问、推理	①那人不想坐会游泳的船老大的船②他选择了不会游泳的船老大的船	游泳

350 七个沾泥巴的孩子

一个教室中有10个孩子，其中有7个孩子的额头上沾了泥巴。每个孩子都能看到别的孩子额头上是否有泥巴，但无法看到自己的。这时，老师走进教室，他说："你们之中至少有一人额头上有泥巴。"然后，他问："谁知道自己额头上有泥巴？知道的请举手。"他如是连续问了6遍，无人举手，当问到第7遍的时候，所有额头上有泥巴的孩子都举起了手。

假设所有的孩子都有最佳的逻辑分析能力，

那么，他们是如何思考并得出结论的？特别有意思的是，事实上，在老师走进教室之前，每个孩子都已经知道他们之中至少有一个人额头上有泥巴，因此，老师所说的那句话对孩子们提供的信息量似乎等于零，但显然，没有老师这句话，没有一个孩子能得出结论。为什么？

351 丽丽玩不玩乒乓球

丽丽一直吵着要强强陪她一起打乒乓球。强强被吵得实在受不了，于是想了一个妙计："丽丽，这袋子里放了两个乒乓球。如果你拿到黄色的，我陪你玩，但如果拿到白色的，你就要放弃了，而且不能再吵我！"

丽丽的眼睛顿时亮了起来，但此时却瞥见转过身的强强放了两个白色乒乓球进去。那么，不论她拿到哪一个都会是白色的。

请问，丽丽是不是玩不成乒乓球了？

352 聪明的囚徒

古希腊时期，有一批囚徒即将被处死。当时娱乐方式特别少，国王和贵族们经常以杀人当游戏。因为杀的人太多，所以这次国王想换种方式杀了这批囚犯。

有位大臣建议：让他们任意挑选一种死法，就是让囚徒任意说一句话——如果说的是真话，就绞死；如果说的是假话，就砍头。

国王觉得这个建议实在是太好玩了，便采纳了大臣的建议。结果，这批囚徒不是因为说了真话而被绞死，就是因为说了假话而被砍头；或者是因为说了一句不能马上检验是真是假的话，而被看成是说假话砍了头；或者是因为讲不出话来被当成说真话而被绞死。

国王看到囚徒们一个个被处死，很是开心。

在这批囚犯中有一个很聪明的人名叫门拉，他看到国王这样无聊地拿杀人取乐，心里很是不满。于是就想着能用什么办法来争取生存的权利。等轮到他的时候，他说了一句话，使得国王既不能砍他的头，又不能将他绞死，最后众大臣也没想出办法让他死，就只好释放了他。

门拉说了句什么话呢？

◆**侦探小助理**◆

讲述人	时间	地点	事件	侦查手段	证据及线索	关键点
国王	古希腊时期的一天	某个国家	国王让囚徒任选一种死法	证词、推理	说真话就绞死，说假话就砍头	矛盾

353 一瓶新药

警方抓获了一个犯罪团伙，但在实施抓捕过程中，忙中出错，多抓了一个人。本来只有 4 个犯罪，结果却抓进来 5 个人。于是这个无辜被抓的人便大喊冤枉，真正的罪犯见有人喊冤枉，也跟着喊冤。警方一下子陷入了被动局面，怎样才能确定哪一个人是无辜的呢？

警方只好求助犯罪心理学专家海尔博士。海尔博士想了一会儿，说："只要利用罪犯的心理，便可以确定哪一个是无辜的。"

他随手将一瓶水倒进药瓶里，对 5 个人说："这是国际上最新推出的一种药，有一种奇特疗效，犯罪的人一喝下，保证从表情上就能表现出来，现在请你们每个人喝一瓶。"

这个方法确实很管用，很快他就把无辜的人找了出来。

你知道他是怎样分析的吗？

354 取手提箱

一列列车即将靠站，这个站很小，停车时间很短。因此，旅客们急匆匆地赶着下车去。突然，一位女士急叫道："我的手提箱不见了。"

刚巧，同车厢的大卫侦探听到这位女士的叫声，马上赶过来叫她别急，看看是不是有人拿错了，女士赶紧朝四处张望，果真看到一位男士提的箱子像自己的。于是，她快步冲了上去，抓住那个男士："这是你的手提箱吗？"

男士一怔，马上道歉说："对不起，我拿错了。"于是他把手提箱还给女士，自己朝出口走去。

大卫侦探看到这里，立即追过去说："先生，你下错了车，快回去！"说着，不由分说就把男士拉上了车。然后他叫来警长说："这个男子是个小偷。"警长把男子带到警备车厢，果然从他身上搜出了很多现金、首饰等值钱物品，那男子在事实面前只好坦白招供。

大卫侦探是怎样看出他是个小偷的呢？你看出来了吗？

·侦探小助理·

讲述人	时间	地点	事件	侦查手段	证据及线索	关键点
一位女士	某天	一个小车站	女士的手提箱不见了	观察、分析	①男士说自己拿错了，并把手提箱还给女士②他朝出口走去	逻辑

355 勤快的表弟

神探博士正在和卢警官谈论近期发生的一系列谋杀案。受害人都是附近高中或大学的女生，很明显她们都是和凶手偶识或是被凶手绑架的。她们都是被凶手带到某地然后用刀刺死，尸体则被抛弃到远离市区僻静的小路旁。

由于神探博士非常喜欢探索各种案情，喜欢拼凑各种线索并寻找最终答案，因此案情越棘手，对博士来说就越刺激。但是这一次血腥的连环谋杀案所带来的挑战已不再是种简单的乐趣。凶手正在把这场"游戏"变得越发惊心动魄，而博士和他的同事则必须抢在凶手实施下一次谋杀之前赢得这场"游戏"。

关于这起案件一个令人颇为尴尬的情况是，卢警官的表弟恰恰是本案的犯罪嫌疑人。

"我真不敢相信他们竟把我的表弟列为谋杀案犯罪嫌疑人。"卢警官对博士说道。

根据最后一位受害人朋友的目击证词，

卢警官的表弟十分像凶手，而且他的黑色敞篷车也符合另一位受害人朋友的描述。

"我的表弟只不过是个普通的年轻人，"卢警官说道，"他喜欢跟女孩子泡在一起，也喜欢酷车。虽然有点儿不合群，但现在19岁的年轻人不都是这样嘛。"

"这可不好说啊，"博士说道，"其实人们在很多方面都会犯错误。我们肯定会抓住凶手的，如果你表弟是清白的，那也不难证明。他的证词是怎样的？"

"没错，问题就在这里，"卢警官接着说，"我曾经出城一段时间，这时我表弟帮我照顾房子。他照顾得很仔细，甚至连地下室的水泥地板都帮我给重新粉刷了一遍。现在看上去焕然一新。我觉得他做事很负责任。"

"哦？那么是你要他清理地下室的吗？"博士问道。

"不，没有，我们只是告诉他把房子里弄乱的地方打扫一下就行了。他可真是个好孩子。"警官说道。

"卢警官，我想去你家看看你的房子，"博士突然说道，"还有，我想你最好先做好最坏的打算。"

神探博士在怀疑什么？

356 谁是花瓶的主人

侦探哈里好不容易有几天空闲，就到乡下去散散心，顺便看看多年没见过面的亲戚。可万万没想到，他刚刚一到就遇到了麻烦。村里有两个汉子打成了一团，这个衣服撕了个大口子，那个脸上划了一道两寸长的血印子。哈里朝他们大喊一声："住手，不然我把你们都带走！"两个汉子这才松开手，喘着粗气，恶狠狠地看着对方。

这时已经围了几十个人看热闹，都想看看哈里怎么断这个案子。哈里找个地方坐好，对其中一个年纪稍大的说："有什么事，你先说，但一定要说实话。"

"是！"那个汉子点点头说，"我叫马丁，他是我的兄弟叫马代。我们俩一个父亲，但不是一个母亲，不管怎么说还是亲兄弟……"哈里一听，差一点笑出声来，挥挥手叫他先住口，对马代说："还是你说吧，记住，说实话。"

马代的表达能力比他哥哥强多了，几句话就把事情说清楚了。原来去年他家翻修房子，一些贵重的东西放到马丁家了，等他修好了房子，往回拿东西时，却少了一件，是一个中世纪的玻璃花瓶，一件很值钱的古董。

马代刚刚说完，马丁就喊了起来："他胡说，是有这么一件古董，可那是我的，他早就看上了，几次想买，我都没答应……"

马代气得脸都白了："你可真是无赖，那明明是我的嘛！"

说着话，两个人又要动手。哈里大声嚷道："不许动手，把那个该死的花瓶拿来，让我好好看看！"马丁答应一声去了。

工夫不大，马丁回来了，双手捧着那只花瓶。哈里仔细地看了看，让他俩人说说特征，结果都说得八九不离十。哈里生气了，把那个花瓶举起来说："你们虽然不是一个母亲所生，但也是亲兄弟，怎么能为了一个破花瓶伤了手足之情？让我摔了它吧！"说完就往地上摔去。在场的人全吓了一跳，谁也没想到哈里会这样做。

哈里的手却没有松开，花瓶还在他的手里，人们这才松了一口气。哈里把花瓶给马代说："东西是你的，拿回去吧！"

你知道哈里是怎样确定花瓶的主人的吗？

357 一颗散落的珍珠

一大早，朗波侦探急匆匆赶到一处公寓，因为该公寓的主人报案说，昨天公寓里有小偷光顾，失窃了不少珠宝。

在公寓里，朗波侦探发现地毯被吸尘器清扫过。朗波侦探仔细检查，突然发现地毯的边上有一颗散落的珍珠，也许是小偷未注意遗落到地毯上的。于是他故意将一些纸片撕碎撒得满地都是，遮盖住了珍珠，然后让助手找来了这家的管家。出示证件后朗波问道："你昨晚在什么地方？"

"我在自己的房间里睡觉，一直没有出来。"管家回答。

"昨晚公寓里进了小偷，你知道吗？"朗波侦探问。

"我也是刚刚起床时才知道的，丢了什么东西吗？"管家说。

"这正是我要问你的呢？你不知道吗？"朗波侦探反问道。

管家说："探长先生，我真的不知道，这一地碎纸片是怎么回事？"

"可能是罪犯乱翻东西时弄的。"朗波说，"对不起，请打扫一下。如果发现有什么东西被盗了的话，请告诉我。"

"好的。"管家拿出吸尘器，马上开始清扫，吸尘器里很快装满了碎纸片，吸力弱下来了。"我去倒垃圾。"管家拉着吸尘器进了厨房，然后又出来继续清扫。

"厨房里有什么异常吗？"朗波侦探不经意地问。

"什么也没发现。"管家回答道。

"是吗？"朗波侦探两眼直视管家，"那么，罪犯就是你喽！"

管家惊得倒吸了一口气，但马上又镇静下来。他关掉吸尘器的开关，马达声立刻停了下来："你凭什么说我是罪犯？"

"珍珠就是证据。你把盗走的宝石和珍珠藏到哪儿去了？老实告诉我。"

管家一脸沮丧得承认是自己干的。为什么朗波侦探认定管家就是罪犯呢？

·侦探小助理·

讲述人	时间	地点	事件	侦查手段	证据及线索	关键点
公寓的主人	一大早	一处公寓	公寓里有小偷光顾，失窃了不少珠宝	询问、推理	①朗波让管家用吸尘器吸地毯②管家说什么也没发现	珍珠

358 杨树叶作证

一天，有一胖一瘦两个年轻人来见法官。

胖子抢先开口说道："法官大人，这个人借我的金子不还，请大人为我做主。"

瘦子忙跑到胖子的前面，嬉笑着说道："法官大人，别听他胡说八道，我根本不认识他，怎么能赖他的金子呢？"

法官听了两个人的话。先问瘦子："你到底借过人家的金子没有？"

瘦子答道："我朝天起誓，绝不敢在此蒙骗大人！"

法官又转过身来问胖子："你说他借了你的金子，有证人吗？"

胖子挠了挠头，丧气地说："当时只有我们两个人在场，没有证人啊！"

听了这话，瘦子暗自发笑。

法官发现瘦子那得意的微笑里似乎隐藏着什么。心想，这里面一定有鬼。他思忖片刻，又问胖子：

"你是在什么地方把金子交给他的呢？"

"在镇子东面的一棵大杨树下。"胖子答道。

"好，你马上再去一趟，到杨树下拾两片落叶来，我要把它们当作证人，它们一定会告诉我真情的。"

"用树叶当证人？天大的笑话！"胖子心里疑惑，不肯前去。

"你愣着干什么？还不快去！"法官不高兴地瞪了胖子一眼。

胖子心想，事到如今去就去吧，兴许他还能有点什么高招呢！胖子朝镇子东面跑去。

胖子走后，法官又对瘦子说道："你先在这里等会儿，等他回来，我再处理你们的案子。"说完，法官审理别的案子去了。

过了约有半个小时，法官又审理完了一个案子，突然抬起头来问道：

"都半个小时了，他怎么还不回来？"

"我估计，这时候他还没走到那棵树下呢！"瘦子脱口回答说。

又审完了一个案子，法官又转过身来问瘦子："都一个半小时了，这回他该往回走了吧？"

"是的，法官大人，他很快就能够回到您的面前。"

瘦子话音刚落，胖子就满头大汗地跑回来了。他把两片枯黄的树叶递给法官，哭丧着脸说道：

"法官大人，树叶拿来了，可是它能为我作证吗？"

"能，可爱的年轻人，现在它已经为你作证了。"

"作证了？"

"对，现在我来宣判，"法官轻蔑地看了瘦子一眼，讥讽地说道，"年轻人，说实话吧，难道还想赖人家的金子吗？"

谎言被揭穿，瘦子无可奈何地低下了头，羞愧地把金子还给了胖子。

法官是根据什么断清这件没有证人的争讼案呢？

359 愤怒的丈夫

马琳在她豪华的别墅里惨遭杀害，名探哈莱金闻讯后马上赶到现场，并迅速检查了红色地毯上的尸体。尸检完毕后，哈莱金对警长说道："她是被手枪柄敲击头部而死的，她至少被敲了四五下。"警长莫纳汉点了点头，表示同意哈莱金的判断，然后他在尸体旁捡起了一把手枪，并小心翼翼地吹去上面的灰尘以便提取指纹。

"我已经给她的丈夫佩奇打了电话。"警长说，"我只说他必须马上赶回家。我讨厌向别人报告噩耗，等一会儿你来告诉他好吗？"

"好吧。"哈莱金答应着。救护车刚刚开走，惊慌失措的丈夫就心急火燎地闯进门来了："发生了什么事？马琳在哪里？"

"我不得不遗憾地告诉您，您的妻子在两小时之前被人杀害了。"哈莱金说，"是您的厨子在卧室中发现了尸体并报警的。"

"我在这枪上找不到指纹。"警长用手帕裹着枪走进来对哈莱金说，"看来不得不送技术室处理了。"

佩奇紧盯着裹在手帕中的枪，脸上肌肉抽搐着，显得异常激愤。突然，他激动地抓住警长的手说："如果能找到那个敲死马琳的凶手，我愿出5万美金重酬。"

"省下你的钱吧，"哈莱金冷冰冰地插言道，"凶手我已经找到了！"你知道哈莱金是如何判断出来的吗？

·侦探小助理·

讲述人	时间	地点	事件	侦查手段	证据及线索	关键点
马琳的丈夫	某天	马琳的别墅	马琳被杀，是被手枪柄敲击头部而死的	分析、推理	①马琳的丈夫显然还不知道发生了什么事②他说愿出5万悬赏金，找到那个敲死马琳的凶手	死因

360 藏在叶子下的古币

布莱克探长接到他的朋友——收藏家凯恩的电话，说有一枚稀有古币要拿到市场拍卖，为了安全起见，请探长陪他一起去。

探长下午如约赶到，想不到呈现在眼前的竟是凯恩的尸体。他被钝器击中，死了不到半小时。

探长翻转凯恩的尸体，发现上衣翻领上有一枚绿色三叶形的徽章，徽章后面有一样东西闪闪发亮，仔细一看，正是那枚古币，藏在徽章的夹层中。他将古币放回原处，又把尸体脸朝下翻回原状，若有所思地凝视着死者身上外翻出来的衣兜。

当他察看这位独居死者的厨房时，凯恩的侄子汤姆走了进来，见状惊问是怎么回事。探长从碗橱里取出一个茶叶罐，打开盖子让汤姆拿着，自己则边从罐中取茶叶，边说："今早上，你叔叔打电话叫我下午来陪他到市场拍卖一枚古币，很显然，凶手抢在了我的前面。看来凶手是搜遍了尸体，但一无所获，因为你叔叔没有把古币放在衣兜里。"

探长停顿片刻，将一壶水放在炉子上说："你替我把它拿出来吧，它就藏在叶子下面。"汤姆立即放下手中的茶叶罐，离开厨房。过了一会儿，他从叔叔身上找到了古币。

"为什么要谋杀你叔叔？"探长厉声责问汤姆。

请问，探长为什么认定汤姆是凶手呢？

361 雨后的彩虹

一个炎热的夏天，太阳好像一个大火球，晒得空气都热烘烘的。大街上的人都是脚步匆匆的，人们尽量躲在家里，一边吹着电风扇，一边在责骂着："老天呀，你就发发善心下一场大雨吧，热得受不了啦！"

也许真是老天发了善心，随着一道闪电，只听到"轰隆隆"一声炸响，天上噼里啪啦下起了雷雨。火辣辣的太阳不见了，躲到了乌云后面，豆大的雨点砸在屋顶上、马路上、窗户玻璃上，溅起一朵朵小小的水花，真是好看！过了一会儿，雨停了，空气一下子变得那么凉爽。雨后的天空，出现了一道美丽的彩虹。人们纷纷走出家门，呼吸着新鲜的空气，大街上渐渐热闹起来。

忽然，一家银行的报警器响了，有个蒙面人闯入银行抢劫，银行员工偷偷按响了报警器，抢劫者抢了一点钱，赶紧逃出来，混进了大街上的人群里。警察火速赶到，封锁了现场，并且根据目击者说的外形特征，抓住了3个犯罪嫌疑人，高斯警长当场进行了审问。

第一个犯罪嫌疑人说："当时我在银行对面，听到有人抢银行，才过来看热闹的。"第二个犯罪嫌疑人说："雨停了以后，我站在马路边欣赏彩虹，可是阳光太刺眼了，我看到银行隔壁有一家眼镜店，就准备去买墨镜。"第三个犯罪嫌疑人说："我走过银行的时候，外面下起了雷阵雨，只好在里面躲雨，没想到碰上了抢劫案。"

高斯警长做完了笔录，让3个人都签了名，然后对身边的警员说："这3个嫌疑人当中，有一个人在撒谎，暴露了他的罪犯身份，我已经知道谁是真正的罪犯了！"

高斯警长说的罪犯是谁呢？

362 冰凉的灯泡

一个夏日的傍晚，侦探麦考小姐来到和她约好的朱莉家中吃晚饭。仆人先招呼她在客厅坐下，然后上楼去通报，不到一分钟，二楼突然传来惊叫声，接着，仆人慌张地出现在楼梯口，喊道："不好了，朱莉小姐可能遇害了！"

麦考听罢，立即跑上去与仆人撞开书房的门，书房里没有开灯，月光透过窗户射了进来，书桌上放有一盏吊灯。

仆人对麦考说："我刚才来敲门，没人应答，门从里面反锁着。我从锁孔往里一瞧，灯光下只见小姐趴在桌上一动不动。忽然，房中漆黑一片，我猜一定是凶手关了灯逃跑了。"

麦考用手摸了摸灯泡，发觉灯泡是冰凉的，她迟疑了一下，打开灯，只见朱莉头部被人重击，死在书桌旁。

麦考问仆人："你从锁孔看时，书房的灯泡是亮着的吗？"

仆人回答说："是的。"

"不！你在说谎，凶手就是你！"麦克说着给仆人戴上了手铐。

麦考怎么知道仆人就是凶手呢？

·侦探小助理·

讲述人	时间	地点	事件	侦查手段	证据及线索	关键点
仆人	一个夏日的傍晚	朱莉家中	朱莉遇害，头部被重击而死	现场查看、推理	①仆人说当时灯泡是亮着的②麦考侦探发现灯泡是冰凉的	灯泡

363 会抓贼的盲人

摩恩探长有个好朋友，是一位著名的钢琴家，曾经在钢琴比赛中得了很多大奖。更加令人钦佩的是，他还是一个盲人，也许是眼睛看不见的缘故吧？他的耳朵却非常灵敏，人们都说他是"金耳朵"。

有一次，有个富商举办宴会，摩恩探长和钢琴家都参加了。富商请钢琴家表演一段曲子，钢琴家坐到钢琴前，弹起了欢快的圆舞曲，人们跳起了舞。忽然，乐曲停止了，钢琴家说："你的钢琴有个琴键音不准。"

富商尴尬地笑了，只好播放唱片。大家又开始跳舞，就在这时候，房间里的灯全部熄灭了，周围一片漆黑，紧接着，楼上传来"扑通"一声，好像什么东西翻倒了。富商惊叫起来："楼上的书房里有贼！"人们也惊叫起来。摩恩探长大声说："请安静！"大家静了下来，只听到时钟"滴答滴答"的声音。

盲人平时就不用眼睛看东西，没有灯光对钢琴家来说毫无影响。他让探长搀着，悄悄地来到二楼书房门口，轻轻推开房门，里面一片漆黑，什么都看不见，小偷躲在哪里呢？钢琴家听了一会儿，凑近探长的耳朵，小声地说："你摸着我的食指，那就是坏人躲藏的方向。"探长点点头，便朝那个方向扑过去，只听"哎哟"一声，有一个人应声倒下了。

富商点着蜡烛来了，看到落地大座钟的前面，躺着一个男子，正捂着腹部呻吟着，银箱里的钱撒了一地。

钢琴家实际上是靠"金耳朵"，听出了坏人躲在哪儿的。那么，现场有什么迹象，能让钢琴家"听"出坏人的位置呢？

364 软件专家的电脑

托尼是位开发软件的专家，近来他的运气很差，因为连续几次开发软件都以失败告终。老板已经暗示了他好几次了，再这样下去不仅他得滚蛋，整个公司都得完蛋。因此托尼压力很大，想想这几年来自己的辉煌战绩，再看看目前的处境，他感到心灰意冷，请了假后就躲到他的别墅去了。

他的手机不通，座机也打不通，担心他压力太大想不开做蠢事的老板就派人去别墅看他，结果去的人发现他死在他的电脑旁，便立刻向警方报了案。

当警方来到别墅后，发现托尼的电脑开着，屏幕上显示的是一份遗书，桌子上还倒着一个喝过咖啡的杯子。经检验，咖啡里边掺了毒。另外还发现地上的电脑插销没插，死者死亡的时间是在两天前。最后警方确定这是一起凶杀案件，并不是死者自杀身亡的。

那么，警方是怎样确定的呢？

·侦探小助理·

讲述人	时间	地点	事件	侦查手段	证据及线索	关键点
老板	某天	托尼的别墅	托尼死在别墅里	现场查看、推理	①托尼的电脑开着②电脑的插销没插	电脑

365 鱼是怎么死的

最近，某市附近海域里的鱼突然大量死亡，附近群众反应非常强烈，这引起了市环境部门领导的密切关注。

史密斯和卡尔被上级派来专门调查这件事。

首先，他们走访了在海边居住的村民。村民们向史密斯和卡尔反映，自从半年前，附近建起了原子能发电站，海里的鱼就开始大规模地死亡："我们虽然不知道是什么原因，但可以肯定的是一定与这座可恶的发电站有关！"一位村民愤愤地说道。因为成千上万的鱼死亡，对于海边靠打鱼为生的村民们来说实在不是一件小事，史密斯和卡尔一刻也不敢怠慢，马上开始了对原子能发电站的调查。

接待他们的是原子能发电站的站长，他骄傲地向史密斯和卡尔介绍道："现在人们的生活已经越来越依赖原子能发电站了。我们的发电料是铀，二位知道，即使是少量的铀也会产生出大量电能来，而且清洁环保。这可不像用煤炭和石油发电那样，产生大量的浓烟、灰尘和氮化物。要知道，那些氮化物也会施放出放射能，威胁人和动物的生命呢……"

"请问，你们的废弃物都是怎样处理的？"站长还想往下说什么，却被史密斯的话打断了。

"噢，利用原子能发电，废弃物大多有比较强的放射性，我们是不会把它们随意弃置的，而要经过特殊的处理。这可不是开玩笑，不信您来仔细看一看。"说着，他带领史密斯和卡尔把发电站的各个角落都参观了一遍，在确认没有发现问题后，史密斯和卡尔才离开。

"到底是不是这个发电厂的问题呢？"回来的路上，卡尔问史密斯，史密斯没有作声，因为他也不知道问题究竟出在哪里。

两个人无精打采地来到海边，望着海里漂浮着的成片的死鱼陷入了沉思之中。卡尔走到海边，想捞条死鱼察看一下，却发现这里的海水温热，于是卡尔来到一位正在海边补渔网的老人面前，请教道："老人家，请问，这里的海水原来就是这么热吗？"

"嗯，我们这儿是南部，即使是冬天，海水也不会特别冷，但是最近这儿的海水似乎是比以前热了一点儿，我们也不知道为什么。"老人家说。

"哦，这下我明白了！"卡尔把自己的想法告诉了史密斯，史密斯也认为卡尔说得有道理。于是第二天，两个人又来到了原子能发电站的站长办公室。

这一次，卡尔开门见山地问道："我听说利用原子能发电需要很多水，使用过的水虽然没有污染，但是温度很高，对吗，站长？"

"是又怎么了？"

卡尔马上说出了一番话，这让站长不禁开始瑟瑟发抖，最后终于承认了犯罪事实。

366 谁是新娘

新婚不久的丹麦商人霍克去美国洽谈生意,不料在高速公路上遇上车祸,不幸身亡。

霍克在美国的朋友立即发了份电报,请新娘去美国料理后事。

没几天,新娘到了美国。但令人奇怪的是,来了两个,她俩都说自己是霍克的新娘。

这使霍克的朋友很为难,他没有见过霍克的新娘,只知道新娘是个钢琴教师。无奈,他只得请来私人侦探大维来辨真假。

大维来后询问得知,霍克拥有一大笔财产。按照法律,他的妻子将继承这笔遗产。现在两位新娘中的一位一定是想来骗取这笔遗产的。

两位女士一位满头金发,另一位皮肤浅黑。大维看着她们,沉思片刻说:"两位女士能为我弹一首曲子吗?"浅黑肤色的女士马上弹起了一首世界名曲,她的双手在琴键上灵巧地舞动。大维发现,她左手戴着一枚宝石戒指和一枚钻石婚戒。接着,金发女士也弹了一曲,琴声同样悦耳动听,大维注意到她右手上只有一枚钻石婚戒。

大维听完演奏,走到浅黑肤色的女士身边说:"你不要再冒充新娘了,快回去吧。"

这位女士听了,辩解道:"你凭什么说我是冒充的呢?难道我弹得没她好吗?"大维说了一番理由,浅黑肤色的女士没趣地溜走了。

你知道大维说了什么理由吗?

·侦探小助理·

讲述人	时间	地点	事件	侦查手段	证据及线索	关键点
霍克的朋友	某天	美国	丹麦商人霍克在美国去世,有两位女士自称是他的新娘要继承财产	观察、生活常识	①金发女士右手上戴着一枚钻石婚戒②皮肤浅黑的女士左手戴着一枚宝石戒指和一枚钻石婚戒	婚戒

367 门口的卷毛狗

一个星期天，梅格雷警官在一所住宅的后门看见一个可疑男子。"你等会儿再走。"梅格雷警官见那人形迹可疑便喊了一声。那人听到喊声，愣了一下，停下了脚步。

"你是不是趁这家里没人，想偷东西？"

"您这是哪儿的话，我就是这家的主人啊。"那个人答道。

正说着，一条毛乎乎的卷毛狗从后门里跑了出来，站在那个人的身旁。"您瞧，这是我们家的看家狗。这下您知道我不是嫌疑的人了吧？"他一边摸着狗的脑袋一边得意地说。那条狗这时还充满敌意地冲着梅格雷警官"汪、汪"直叫。

"嘿！梅丽，别叫了！"

听他这么一喊，狗立刻就不叫了，马上快步跑到电线杆旁边，跷起后腿撒起尿来。

梅格雷警官感到仿佛受了愚弄，迈腿向前走去，可他刚走几步，好像突然想起了什么，又急转回身不由分说地将那个男子逮捕了，嘴里还嘟囔着："闹了半天，你还是个贼啊。"

那么，梅格雷警官到底是根据什么识破了小偷的诡计呢？

368 飞来的爹

北宋的时候，有个叫曲宁的人。他父亲是个老员外，不久前死去了。

这一天，曲宁刚刚吃过早饭，就看见门外走进来一个老汉。那老汉拉住曲宁的手，泪如泉涌，哭诉道："宁儿啊，咱们骨肉亲人到底相聚了！"

这是怎么回事？曲宁顿时怔住了。难道老父的亡灵又回来了？他揉了揉眼睛，看清了站在面前的这个老人自己过去并不认识，忙问道："老人家，您认错人了吧？"

"这怎么会呢？不要叫我老人家，我是你亲爹呀！"老汉紧紧拉着曲宁，一副诚恳的样子。

"亲爹？我爹不久前刚刚过世，您……"曲宁越发糊涂了。

"唉——"老汉长叹一声，娓娓地讲述了下面一段话："你爹我原本是个云游四方的郎中。30多年前的一天，你母亲生下了你，可正巧那时我在外行医。你母亲生下你后不幸得了重病。咱家平时积蓄很少，为了治病，又为了能让你活下去，你母亲只好把你卖到了曲员外家。等我行医回来时，你已经被曲家抱走了，我当时想去曲家把你赎回来。可想到他家财大势大，闹不好人财两空，再一想，曲家是因为没有儿子才把你买去的，也亏待不了你，所以就作罢了。后来，你母亲想你，不知偷偷去看你多少次，现在，咱们骨肉能相聚了，可你母亲在两年前已去世了……"

说到这里，老汉已泪流满面，曲宁也失声痛哭起来。片刻，他抹去泪水，忙把老汉搀进上房，让家人备酒备菜。

曲宁的妻子听说后，让人暗地把曲宁叫了出来。

她对曲宁说："这事太突然了，千万别闹出笑话来呀！你没问过他有什么凭证吗？"

曲宁听妻子说得有理，又回到上房问老汉："老人家，您有什么凭证，能证明您是我亲爹呢？"

老汉一听这话，生气地说："想不到我等了这么多年，就等来了你这么一句话！既然这样，咱们还是一刀两断吧！但是，我是不是你的亲爹，还是应该让你知道的。"说着，老汉从怀里掏出了一本药书，递到曲宁眼前："这上面的字是我那年回来时写的，你自己去看吧！"

曲宁接过药书，果然见书的后面清清楚楚地写着两行小字："我妻经中间人刘三将亲生儿卖给曲诚老员外。×年×月×日。"

曲宁把药书上的字给妻子看后，妻子还是不信，她说："你不妨把药书拿给县太爷程颢去鉴别一下，他若说是真的，为妻也就信了。"

没有办法，曲宁只得把药书拿到了县衙。

程颢看了看药书，又看了看曲宁，想了想问道："你今年少说也有三十几岁了吧？"

"是的，小人今年37岁。"

"我记得曲老员外过世的时候高寿73，对吗？"

"正是。"

程颢笑了："这么简单的事情，还用来问我吗？"

曲宁不知所以，疑惑地望着程颢。

"去你家的那个人是个骗子，根本就不是你的亲爹。"

"那他为什么来行骗呢？"

"很快就会清楚的。"程颢说完，派两名捕快立即去曲家把老汉押到公堂。一审，这个老汉果真是一个盗贼。他想冒充曲宁的亲爹大窃曲家！

程颢是如何破了这个案子的呢？

369 前胸与后背

南宋时，江西一带食盐缺乏。有一天，有位盲人买了半斤盐，正提着往家走，忽然被人猛地从手中夺走了。

盲人大喊："捉贼！"听到有人跑去捉贼，盲人便顺声音追去。追不远，就听到四五个人的叫喊声，和两个人的厮打声。

等盲人走进，就听到一人说："你为什么抢人家的盐？"

另一个人说："是你抢了人家的盐，还动手打人！"二人互相指责，又互相谩骂。盲人也无法分辨谁是好人，谁是抢劫犯。

众人正在七嘴八舌的议论时，恰巧湖襄提刑宋慈路过这里，见许多人围观争吵，便令人上前问明情况，宋慈手下有个办事干练的小吏，听后马上说："这事不难，古代有现成的案例，符融就曾经安排两人赛跑，谁跑赢了，谁就是好人。"宋慈看见两人已经互相打得鼻青脸肿，伤痕累累了，说二人赛跑赛不出真实的成绩，便说不行。

小吏忙回答说："大人如果担心负伤后，跑的速度不真实，不如将二人押解回衙，等二人养好伤，再跑也不迟啊。"

宋慈笑了笑说："何必这样麻烦呢？我自有办法。来人，将二人上衣脱掉，查看伤势！"

手下人一拥而上，急忙将二人衣服脱掉。只见其中一人鼻子流血，前衣襟洒满鲜血，胸部被打得青紫一片；另一个人被打得后背发青，还有指甲抓伤的痕迹。

宋慈便冲那后背负伤的人说："这个就是抢劫犯，给我捆上带走！"众人一起上前，去绑那后背负伤的人。围观的人都用疑惑的目光看着这位提刑官。

后来一审问，果然那人就是抢劫犯。提刑官是凭什么断定此人就是抢劫犯的呢？

讲述人	时间	地点	事件	侦查手段	证据及线索	关键点
一位盲人	南宋时的一天	街上	盲人被人抢走了盐，大家抓到了两个嫌疑人，其中一个是劫匪	观察、生活常识	①其中一个人鼻子流血，前衣襟洒满鲜血，胸部被打得青紫一片②另一个人被打得后背发青，还有指甲抓伤的痕迹	伤痕

370 手上的证据

清朝的时候，某县城有一个生意兴隆的客店，人们都叫它兴隆店。这一天，一个算命瞎子来到兴隆店里投宿。

掌柜的把他安排到了一个双人房间，房间里另有一个是做小生意的客人。

"我叫王半仙，最善算命，敢问老弟尊姓？"算命瞎子自报了姓名，热情地要为做小生意的人算一卦。

做小生意的人疲倦地坐起来说："我叫刘仁，今天多赶了点路，实在太累了，明儿个再请老哥指教吧。"刘仁说完，又倒在炕上呼呼睡着了。

第二天，刘仁还要赶路，便早早起来找掌柜的结账。可是他一摸钱袋，空了。顿时，急得他连声叫苦。他来时，钱袋里装了5贯钱。那时流通的是铜钱，1000枚铜钱为一贯，5贯钱好大一堆呢。

王半仙被刘仁的叫苦声惊醒了，以长辈的口气教训刘仁说："出门在外要格外小心，哪能这么大意呀！往后多注意就是了。"

就在王半仙说这话的时候，刘仁忽然看见了放在王半仙炕头上的钱袋，心里好生奇怪：我的钱袋瘪了，可他的钱袋鼓了。记得昨天晚上他来时，钱袋里也没装这么多钱哪！这是怎么回事呢？我得问问他。

"大哥，你是不是从我的钱袋里拿钱装进了你的钱袋？"刘仁望着王半仙那凹进去的眼窝问道。

王半仙眼睛不好，但耳朵却灵得很，还没等刘仁把话说完，就生气地站起来："你说这话可要损寿，我一个瞎子能偷你的钱？我一觉睡到现在，是你刚才吵嚷才把我吵醒的！"

"不对，你偷了我的钱。给我没事，若不还我，就拉你到县衙治罪！"刘仁以为这么一吓唬，王半仙准能把钱还他。可谁知王半仙却说："走就走，你血口喷人我还不干呢！"

于是，两个人互相拉扯着来到了县衙。

知县升堂问案，细听了刘仁和王半仙各自的叙述后，摇了摇脑袋说："这案子好办，你们的钱有记号吗？"

刘仁一听急了，忙回答："老爷，钱是用来买东西的。今天进，明天出，哪里会有什么记号呢？"

知县眉头一皱，又问王半仙："你的钱有记号吗？"

王半仙笑笑说："老爷，他的钱没有记号，可我的钱有。咱瞎子挣点钱不易，哪能不多几个心眼儿，让它丢了呢？我每挣几文钱后，便字对字，背对背地将它们穿起来，不信你看，我的钱全都是字对字、背对背用线穿起来的，请老爷明验。"

王半仙说着，把钱袋递了过去。

知县打开钱袋一看，见里面的 7 贯铜钱果真都是字对字、背对背地穿着。他心想，看来一定是刘仁诬告了王半仙。他刚要把钱判给王半仙，忽然看见了王半仙那双干瘪多皱的手，心里顿时明白了。他大声道："王半仙，你偷了刘仁的钱，还想蒙骗本官，伸出手来……"

王半仙听了知县的话，只得低头认了罪。

这个知县是怎样推断，从而认定是王半仙偷的钱呢？

·侦探小助理·

讲述人	时间	地点	事件	侦查手段	证据及线索	关键点
刘仁	清朝的某天	兴隆店	刘仁住店钱被偷，怀疑王半仙	观察、生活常识	王半仙的钱是字对字、背对背地穿起来的	王半仙的手

371 一尊假香炉

一天夜里，在西湖旅馆对面的一所民宅中，侦察员老李坐在窗台前，透过窗帘的缝隙，目不转睛地盯视着西湖旅馆。

一会儿，只见一个瘦高个儿的中年人，鬼鬼祟祟地走到旅馆门前，四处张望了一下，闪身走了进去。

这时，老李猛地推开了窗户，跳出去直奔旅馆大门，小王和其他十几名侦察员也跟了上去。

早已埋伏在旅馆里的两个侦察员堵住了旅馆大门，然后把老李他们让进去。

老李带着侦察员迅速来到了219号房间。他敲了敲门，见没有人应声，便一脚把门踹开，冲进屋去。

"不许动！都靠墙站着，举起手来。"老李平端着五四式手枪，厉声喝道。

屋子里的七八个人都惊呆了，片刻才明白过来，慢慢地举起了双手。

老李对那个瘦高个儿的中年人说道："郎有财，你盗窃国家文物，勾结不法港商，走私贩私，终究逃脱不了人民的法网。"

小王上去给郎有财戴上了手铐。

"把他们带下去！"老李让侦察员把这些盗窃国家文物、走私贩私的不法分子押出了房间。

随后，老李和小王几个人开始查收赃物，当见到上个月博物馆被盗的那个香炉完好无损地放在这里时，老李他们的脸上都露出了欣慰的笑容。

老李仔细端详着这个香炉。他发现这只香炉做工精细，造型很美，上面还雕着两条盘龙，龙嘴下有一条凸起的长带，上面刻着一行小字：公元前128年制造。

"老李，要不要请博物馆的同志鉴定一下？"小王问道。

"好吧，立即派车到博物馆请一位专家来！"小王应声离去。老李又捧过那个香炉仔细端详着。蓦地，他像发现了什么，立即对身旁的一位侦察员说："赶快把小王喊回来，传审郎有财！"

一会儿，小王回来了，郎有财也被带到了老李面前。在老李锐利的目光的逼视下，郎有财只得如实招供。原来，被搜查出来的是一个赝品香炉，而那件真品却被他们转移到了另一个地方。按照他所提供的地点，果然找到了那个真品香炉。

事后，小王找到老李，询问他是根据什么断定那个香炉是伪造的。老李指着那个香炉说："这只香炉，虽然伪造手艺不错，可惜他们太蠢了。"

"蠢在什么地方呢？"小王不解地问。

老李指出的仿造者的愚蠢之处在什么地方呢？

372 小姑娘筐里的食盐

宋朝的武行得将军镇守洛阳的时候，颁布了盐法，禁止私运食盐，如果谁要是能够抓到偷运食盐的人，国家还有重赏。奇怪的是，盐法颁布后，偷运食盐的人有增无减，经常有人因抓到偷运食盐的人而得到奖赏。其实，有很大一部分人是别有用心的人栽赃陷害的。

有一天，南水村的小姑娘凤妹子背着一小筐青菜去城里卖。

"小妹妹，你叫什么名字啊？"一个女子的声音从后面传来。凤妹子回头一看，是一个年轻的尼姑。

凤妹子不好意思地低下了头。

"来，我帮你抬筐，这样能轻巧一些，反正我也是顺路。"尼姑不容分说，动手帮凤妹子解下了菜筐。

凤妹子不好意思麻烦她，忙说："不用了，我自己能背动，您还是先赶路吧！"

尼姑笑了笑，弯腰抓住了筐把："走吧，客气什么！"

凤妹子一看人家那样热情，感到不好再推脱，只得抬起菜筐。

两个人一路上说说笑笑，不知不觉来到城门跟前。

尼姑放下菜筐，对凤妹子说，"我得先走一步了，有人在城里等着我。"

尼姑走进了城门，凤妹子也背着菜筐要进城去。

"站住，小孩，过来检查检查。"一个满脸大胡子的守城人喝住了凤妹子。

凤妹子心想，我这筐里都是青菜，随你们检查吧。

大胡子伸手在菜筐里翻弄了几下，便拎出一个用手帕包着的小包来："这是什么？你小小年纪竟敢偷运食盐，随我到官府去吧！"

凤妹子一看布包，不禁大吃一惊："这不是我的！"

大胡子把眼珠子一瞪，恶声恶气地说："不是你的怎么会跑到你的菜筐里呢？"

大胡子不由分说把凤妹子带到了官府，武行德审理了此案。他把手帕包打开，发现包里有二斤多食盐。他刚想问话，忽然飘过来一阵薰香味。他闻了闻，发现是从盐包里飘出来的，难道这盐是香的？他好奇地又闻了闻，这才发现包盐的原来是块香手帕。他看看香手帕，又看看凤妹子，心中疑窦顿生，思忖了一会儿，他恍然大悟，忙问凤妹子："你是一个人从家里来的吗？"

"是的。"

"路上没遇见什么人吗？"

"路上？对了，路上遇见了一个尼姑。"

"那个尼姑长得什么样子？"

于是，凤妹子把尼姑的容貌详细叙述了一遍。

听了凤妹子的描述，武行德心里明白了，这一定是仙女寺的尼姑和守城人互相勾结设下的圈套，企图得到奖赏。于是喊了声："来人，随她去仙女寺和城门口，把那两个恶人给我抓来！"

当天，凤妹子就领人把尼姑和大胡子抓到了官府，经过审问，真相大白。从此，那些想栽赃陷害别人，企图得到奖赏的人，再也不敢了。

武行德怎样不经审问就肯定了这是一起栽赃陷害案的呢？

373 被诬陷的偷瓜贼

有个叫王海生的瓜农，侍弄着十几亩西瓜，他的瓜地在路边，经常有过路的人到这里买瓜吃，王海生为人刁钻，总幻想着能有一天发大财。怎样才能发大财呢？靠种瓜卖钱？那是不可能的。于是，他想起了歪门邪道：遇见过路的和老实人，便想方设法敲诈人家的钱财。

有一天，王海生在路边蹲了一天，也没遇见一个可以敲诈的对象。他垂头丧气地回到了瓜棚。不知过了多久，忽然听见瓜棚外面有人说话：

"妈妈，我渴了，要吃瓜。"是一个小姑娘的声音。

"快走吧，前面不远就到家了。"是一个妇人的声音。

"不嘛！我要吃，我要吃……"

"好孩子，别闹妈妈了，你看地里也没有人，把钱给谁呀？"

"放在地上，把钱放在地上。"

这时，王海生正在瓜棚里偷偷地朝路边望着。他看见妇人犹豫不定的样子，心想，白等了一天，这回一定要敲诈她个狠头儿的，他从瓜棚门缝看见那妇女朝这边走了几步，喊道：

"瓜棚里有人吗？"

王海生没有回答，却依然紧盯着那个妇人。他看见那个妇人从包袱里掏出几个铜钱，蹲下身去，把钱放在一片瓜叶上，然后拧下一个小西瓜。

"住手，原来是你在偷我的瓜呀！走，到官府去！"王海生见时机已到，边喊边蹿出了瓜棚。

妇人看见瓜棚突然蹿出一个男人，吓了一大跳，手拿西瓜愣住了。但很快她便轻声说道："大哥，你别生气，不是因孩子喊渴，我不会这样做的。瞧，我已经把钱给你放在这儿了。"

"就那点钱，也想吃瓜？"王海生瞪了妇人一眼。

"那你要多少钱？"妇人说着又掏出几枚铜币。

"你等着，看看这些瓜值多少钱？"王海生说完，像发了疯似的，弯腰就摘起了西瓜，一会儿，就摘了20多个。

妇人不知王海生要干什么，吓得把女儿紧搂在怀里。

"走吧！和我去见官吧！"王海生喘着粗气说道，"你偷了我这么多的瓜，看你得赔我多少钱？"

"你这是敲诈！"妇人气得声音颤抖着说。

王海生哪管这些，把瓜用筐装上，用牲口驮着，逼着妇人领孩子和他一起来到了县衙。

县令升堂问案，王海生活灵活现地讲述了那个妇女如何偷了他20几个西瓜，自己又如何抓到她的经过。他还说，前些天就已经丢了10多个瓜，一定是这个妇人偷的，要她全部如数赔偿。

听了王海生的诬告，那个妇女很气愤地说："我女儿口渴，我看见瓜地里没人，便摘了个小西瓜，而且还把钱放在瓜叶上，怎么能说是偷瓜呢？"

"人证俱在，你是赖不了的！瞧，这20几个西瓜还不都是你偷偷摘下来的吗？怎么说是只拿了一个？"王海生尽管心虚，但嘴上却很硬。

"白的变不成黑的。我只摘了你一个瓜，绝不会错的。"

他们各说各的理，争执了半天也没有结果。

他们谁说的是实话呢？县令也感到这个案子难断。忽然，他想出一个主意。忙问王海生："这20几个西瓜都是这个妇人偷的吗？"

"老爷，这是小人亲眼所见，没有半句谎话！"

"你什么时候抓住她的呢？"

"她抱着这些瓜刚要走，就被我发现了，于是，我把她带到了这里。"

县令听后大怒，厉声对王海生喝道："你这个坏蛋，竟敢诬陷好人，还不从实招来！"

"小人说的句句是实话啊！"王海生还在狡辩着。

"那好吧，本官就叫你当堂表演一番！"县令说完，用了个小小的办法就让王海生低头认罪了。

这个县令用的什么办法迫使王海生认罪的呢？

·侦探小助理·

讲述人	时间	地点	事件	侦查手段	证据及线索	关键点
王海生	某天	王海生的瓜地	瓜地里有个妇人交钱买瓜，却被王海生诬陷偷瓜	观察、生活常识	王海生说20多个西瓜都是妇人偷的	20多个西瓜

第十章

奇异的案情

374 电话密码

某国正在缉拿一伙在逃的走私犯。

一天，保安处的查理来到黑塔旅馆。他发现这旅馆老板家的朋友们正是被通缉的那伙坏蛋。由于这些人不知道查理的真正身份，就没有注意他。为了抓住这伙家伙，查理决定用电话通知保安处。机智的查理假装在和女友通电话："亲爱的琼，您好！我是查理，昨晚不舒服，不能陪你去酒吧，现在好些了，全亏黑塔旅馆老板上次送的药。亲爱的，不要和目标生气，我们会永远在一起的。请你原谅我的失约，我们不是很快就要结婚了吗？今晚赶来你家时再道歉！亲爱的，再见！"

那些家伙听了查理这番情话大笑起来。可是10分钟后，保安处的警员们因为这个电话，突然出现在黑塔旅馆，将走私犯全部捉住了。

你知道查理在打电话时，做了什么手脚吗？

375 奇异的案情

某国有个古董商，一天晚上接待了一位新结识的朋友。新朋友叫史密斯，是个古董鉴赏家。

寒暄了一阵，古董商很得意地把新近得到的几件高价古玩给史密斯看。史密斯啧啧称赞。看完后，古董商把它们放回一间小房间，加了锁，并让一只大狼狗守在门口。

这天晚上，史密斯住在古董商家。

半夜，史密斯偷了那几件古玩，被那古董商发觉，两人打了起来。谁知，那条大狼狗不咬贼，反把主人咬伤了。史密斯乘机带着古玩逃跑了。

古董商连忙打电话给警察局报案。

一会儿，一位警长和两名警察来到现场。财产保险公司也派来了人。如果确实是失盗，保险公司将按照规定，赔给付过财产保险金的古董商一笔钱。

根据现场来看，确如古董商所说，他的高价古玩被抢。

但问题是，他怎么会被自己的狼狗咬伤呢？连古董商自己也无法解释清楚。

保险公司的人说："这是不合情理的事，从来没有训练有素的狼狗会不咬小偷咬主人的。此案令人难以置信，本公司不能赔款。"

警长注视着那件被撕得粉碎的睡衣，又见那狼狗还围着睡衣团团转，眼睛顿时发亮。他问："古董商先生，请你仔细看看，这件睡衣究竟是不是您的？"

古董商捡起那件破睡衣，仔细看了一会儿，忽然叫道："啊！不！这件睡衣不是我的。我的那件睡衣在两袖上还绣有小花，是我小女儿绣着玩的。"

警长突然说："啊，我明白了，我丝毫不怀疑这个案件的真实性。"

后来，那位"古董鉴赏家"史密斯终于被捕，原来他是个专门盗卖古董的老贼。

你知道警长是怎么推理的吗？

·侦探小助理·

讲述人	时间	地点	事件	侦查手段	证据及线索	关键点
古董商	一天晚上	古董商的家里	史密斯偷了古董商的古玩	现场查看、推理、情景再现	①当时是晚上 ②古董商说睡衣不是自己的	睡衣

376 笔记本电脑不见了

一天，丽莎和琼约了三个男同学——约翰、乔和迈克尔，一起结伴去山上玩。不巧，天下起了丝丝小雨，这使他们原本打算住帐篷的计划泡汤了。于是，他们在外面吃完晚饭，于8点半住进了一家小旅馆。他们分别住在面对面的两个房间里。

旅馆的服务员告诉他们，根据这里的规定，晚上9点以后所有的房间必须熄灯，所以他们动作得快一点。丽莎在简单梳洗过之后，拿出了她最喜欢看的一本书，还有她的笔记本电脑。熄灯之后，她把书放在笔记本电脑上，然后进入了梦乡。

第二天早上醒来时，她发现笔记本电脑不见了！她冲到琼的床边，摇晃她的手，想把她喊起来。令她大吃一惊的是，琼的手上居然有血迹！琼告诉丽莎，昨天晚上约翰不小心用裁纸刀把她划伤了。这时，门口传来了敲门声，三个男孩走了进来。丽莎告诉他们自己的笔记本电脑丢了。

可是，乔却转换了话题："你们俩谁看过《侦探的猫》这本最新的小说？迈克尔刚才正在跟我讲这个故事。"

"哦，是的，这个故事写得真好。我昨晚一个晚上就把它读完了。"迈克尔对女孩们说。

丽莎突然喊了起来："嘿，我知道你拿了我的笔记本电脑！快把它还给我！"

谁拿了丽莎的笔记本电脑？

377 聪明的化妆师

一个小伙子冒充送电报的，挤进了电影制片厂大化妆师的家。他从腰间抽出一把匕首，说："如果您老老实实听我的，就不伤您半根毫毛，只要施展一下您的手艺就行了。要一下手艺，不会缩短您的寿命吧？"

这位大化妆师的化妆术很高明。墙上挂着的几张电影明星的剧照，就是经过她化妆后拍摄的，可算得上是艺术佳品。瞧，那个40岁的男演员，经过她那双灵巧的手一化妆，就变成了一位20多岁的"奶油小生"；旁边的那一位，本来是眉清目秀的姑娘，现在却成了白发苍苍的老妪。另外，还有一张男扮女装的演员剧照，不管从哪个角度看，都看不出半点破绽。

现在，那个小伙子凶恶地说："我进监狱已经将近半年了。监狱的生活真叫人难受。今天，我逃了出来，可不愿意再回到那鬼地方去了，我要请您为我把脸化妆一下！"

大化妆师朝他手里的匕首瞥了一眼，顺从地说："那么，您准备化妆成什么模样呢？有了，把您化装成一个女人，行吗？"

"不行！脸变成女人，以后一切不大方便。还是想个法子，把我的脸变个样子就行了。"

"那好办，把您变成一个面带凶相的中年人，行吗？"

"行啊！"

她忙碌地替逃犯化起妆来。

一会儿，镜子里映出了一张肤色黝黑、目光凶狠的中年男子的脸。

"怎么样，这模样满意了吗？"

"不错，连我自己都认不出来了。"

"好，现在你该走了吧！"

逃犯把女化妆师捆了起来，又拿一块毛巾塞住了她的嘴，然后带着一张变形的脸，推开门走了。

过了片刻，一群警察来到大化妆师的家，替她松绑："多亏您帮忙，我们才能把这个家伙捉拿归案。您受苦了！"

化妆师说："我也在祈祷，希望尽快把逃犯缉拿归案。不过，那个家伙无论如何也不知道自己怎么会被抓住的。"

你知道罪犯怎么这么快会被抓住吗？

·侦探小助理·

讲述人	时间	地点	事件	侦查手段	证据及线索	关键点
化妆师	某天	化妆师的家里	逃狱的小伙子让化妆师给他化了装，但仍被警察缉拿归案	观察、生活常识	化妆师将小伙子化装成一个面带凶相的中年人	化妆

378 "赌城"拉斯维加斯

有一天，一家赌场的老板邀请几个朋友来自己的赌场玩几把。那天晚上风雪交加，每个人都把钱放在自己面前的桌子上，这时灯突然灭了。当灯重新亮起来的时候，所有的钱都已经不翼而飞了。

为了把丢失的钱找回来，主人拿出了一把生锈的茶壶，上面绘有美丽的金鱼图案。他让大家排成队，在他关灯之后依次触摸这把茶壶。他说，当偷钱的人摸茶壶的时候，茶壶就会叫。当大家都摸过茶壶之后，它并没有叫。

这时，主人开了灯，让大家都摊开双手。在看了每双手之后，他找出了偷钱的人。

他怎么知道是谁偷了钱呢？

379 消夏的游客

盛夏的海边别墅群里，住满了来消夏的游客，白沙蓝水的海滨热闹非凡，人们泡在海水里洗海水澡和在海中畅游。然而，却有个幽灵般的贼，半个多月来在别墅和宾馆的客房里连续盗窃游客的贵重物品。

警方经过多方调查访问，渐渐摸清了这个罪犯的体貌特征，于是请画像专家画了罪犯的模拟像四处张贴，提醒游客注意，发现后及时报告警方查缉。很快，一位宾馆服务员向警方报告，该宾馆新入住的一位客人与模拟像上的犯罪嫌疑人极为相像。

侦探们获讯后迅速赶到该宾馆，在服务员指点下敲开了这位客人的房门。这位客人确实长得和模拟像上的犯罪嫌疑人极其相像，唯一的区别是，客人梳的是大背头，而犯罪嫌疑人则是三七开分头。

当侦探拿着模拟像要求客人到警局接受调查时，客人立即指出了分头与大背头的区别，并称自己来海滨休假已经半月有余，有许多大背头的照片可以作证，只是刚换了个宾馆而已。说着，客人拿出许多彩色照片，来证明自己一向是梳理大背头发型的。

侦探们有些疑惑了，会不会只是长得相像而已？这时，宾馆服务员悄悄地向侦探建议，带客人到美容室做个实验，就能搞清问题。

你能猜出这是个什么实验吗？

讲述人	时间	地点	事件	侦查手段	证据及线索	关键点
警方	盛夏的一天	海边别墅群和宾馆	有个贼连续盗窃游客的贵重物品	观察、生活常识	客人梳的是大背头，而犯罪嫌疑人梳的是三七开分头	发型

380 钢结构房间

有一间房间是钢结构的，除了一个坚固的门之外，再也没有别的出口，并且当门关上时和门框处在同一平面上。这个房间只有一把钥匙，掌握在爱德华的手里。爱德华把佛瑞德锁在房间里后就带着钥匙出去了。一个小时后，当他回来时，门已经被打开，佛瑞德逃跑了。佛瑞德没有打开锁，因为门的里面根本没有锁洞，并且房间里的东西没有被破坏。

佛瑞德是怎么逃出去的？

381 姑娘的手枪

一天深夜，一位年轻的姑娘在僻静的公路上骑自行车独行。突然，黑暗中闪出5个人影，拦住去路。几个歹徒上前，要抢姑娘的手表和钱。

姑娘借口取钱，从包内"嗖"地拔出一支手枪，把歹徒惊呆了。可是，歹徒发现姑娘手中的枪不是真的，于是向姑娘扑去。就在这紧要关头，"假"手枪竟发出"噗"的声响，一个歹徒倒下了。另一个歹徒拔腿想逃，又被一枪击倒。还有3个歹徒不敢再逃，乖乖就擒。姑娘完全脱险了，可是她伤了两条人命，这怎么办呢？其实，把歹徒送到派出所后不久，被击倒的两个歹徒又活过来了。

请问：这究竟是怎么回事呢？

382 跟踪谜团

私人侦探艾诺独自经营着一家小小的事务所，生意十分兴隆。这天，事务所里来了一个戴着墨镜的男子。他对艾诺说："我想请你对一个人进行跟踪，严密监视她的一举一动，而且千万不能让她察觉。"

"那很容易！跟踪这事儿，我干过不止一两回了，哪一回也没出过岔子。请问要跟踪多久呢？"

"一个星期就行！到时我将来这儿取报告。"

说完，那个男人掏出厚厚一叠纸币交给了艾诺，然后又取出一张少女的照片，放在那叠纸币上。

第二天，艾诺立即开始了跟踪活动。他在那少女家的附近暗中监视。没过多久，就看到照片上的那个少女从家中出来。不过，看上去她家并不豪华，少女本人也不算个美女。为什么要不惜花费重金对她进行跟踪呢？艾诺感到这事有点蹊跷。

看样子，这个少女是个喜欢旅游的人。她并未察觉到有人跟踪，径直走到火车站，买了一张车票。少女在一个小站下了车，来到山上一家小旅店住了下来，看样子是来游览高原风光的。她一天到晚总是出去写生，从不和任何人交往。

艾诺巧妙地隐蔽跟踪，躲在远处，用望远镜监视着她。可是三四天过去了，他根本没有发现少女的行动有丝毫可疑之处。她既不像间谍，也不像是来寻找什么宝藏的，为什么要监视跟踪她呢？艾诺十分纳闷。

一周时间就这样过去了，那个少女仍然没有什么异常的举动。虽说跟踪就要结束了，可艾诺还是按捺不住自己的好奇心。他装着若无其事的样子走到少女身旁，搭讪着说："您这次旅行好像很悠闲呀！"

少女微笑着答道："是呀，我是一个学生，本来没钱这么尽兴地游玩。多亏一位好心人的帮助，我才得以享受旅游的乐趣！"

"这是怎么回事？"

"啊，事情是这样的。有一天，我在茶馆里碰见了一个戴墨镜的男子，他好像很热心，主动提出给我一笔钱做旅行费用，让我选择自己喜欢的地方去走走。真是个好心人！他什么要求也没跟我提，只是要了我的一张照片，说不定是用来做广告什么的，所以才肯……"

"戴墨镜?"艾诺若有所思,"莫非就是我的那位主顾?不过,很难想象在当今这个尔虞我诈的社会中,竟有这种乐善好施的人。"艾诺带着满腹狐疑,回到离开了一周的事务所。

"啊!"一回到事务所,艾诺立刻就明白了事情的缘由……

你知道是怎么回事吗?

·侦探小助理·

讲述人	时间	地点	事件	侦查手段	证据及线索	关键点
私人侦探艾诺	某天	艾诺的事务所	有人请艾诺跟踪一个女孩,但是女孩什么问题都没有	推理、情景再现	①女孩没有任何反常的举动②她说是一个人资助她旅游的	跟踪

383 半夜敲门

维特打开了电视机,播音员正在播报一条消息:"今天19点左右,在贝姆霍德花园街,一名79岁的老人在遭抢劫后被枪杀。据目击者说,凶手穿绿色西装。请知情者速与警察局联系。"

花园街正好是维特住的这条街,她感到十分害怕。正在这时,阳台上的门口突然出现了一个35岁左右的男子,身穿绿色西装,而且衣服上有血。维特吓得脸都白了。

那人进了房间,让维特把手表和金戒指给他。正在这时,突然有人敲门。那人用枪顶着维特的背,命令道:"到门口去,就说你已经睡下了,不能让他进来。"

"谁呀?"维特颤声问道。

"韦尔曼警官。维特小姐,你这儿没事吧?"听到这熟悉的声音,她内心平静了许多。

"是的。"她答道。停了一会儿，她用稍大的声音说，"我哥也在问你好呢，警官！"

"谢谢，晚安。"不一会儿，巡逻车开走了。

"干得不错，太妙了。"那人高兴地大口喝起酒来。突然，从阳台上的门里一下子冲进来许多警察。没等那人反应过来，就给他戴上了手铐。

"好主意，维特小姐。你没事吧？"韦尔曼警官关切地问道。

请问，维特是怎样给韦尔曼警官报信的？

384 柯南的解释

一天，某男爵的遗孀拜访柯南道尔，向他谈了一件令人难以置信的事：

"5年前，先夫不幸去世，我为他建造了一座墓。谁知道从那以后，每年冬天，墓石就会移动一些。前天，我请了一位巫师来召唤先夫的灵魂，可是没有任何反应。先生，我是多么希望能与先夫的灵魂对话啊！"

说着，她从手提包里取出一张照片给柯南道尔看。这是男爵的墓地照片。在一块很大的台石上面，放着一块球形的大石头。"由于先夫生前爱玩高尔夫球，所以临终时曾嘱咐要给他造个像高尔夫球那样形状的墓。这张照片就是在墓建成之后拍的。球石正面还雕刻了十字架。现在，这个球石差不多移动了四分之一，十字架也一点一点地被埋在下面，都快看不见了。"

"球石仅仅是在冬天移动吗？"柯南道尔问。

"是的。这个地方的冬季特别冷。每年一到冬天，我就到法国南部的别墅去，春天再回来，并去先夫的墓地扫墓。这时，总是发现球石有些移动。我想，是不是先夫也想与我一起去避寒，要从墓石下面出来？"

柯南道尔请夫人带他去墓地看看。

在一堆略微高起的土丘上，墓地朝南而建，四周有高高的铁栅栏围住，闲人不能随便进入。在沉重的四方形台石上面，有一个直径80厘米的用大理石做成的球面，为了不使球面滑落，台石上挖了一个浅浅的坑，正好把球嵌在里面。

浅坑里积有少量的水，周围长满苔藓。如果球石的移动是有人开玩笑，用杠杆来移动它，那在墓地和苔藓上该留有一道痕迹，可又一点痕迹也没有。如果有人不用杠杆而用手或身子去推球石，那凭一两个人的力气是根本推不动的。

柯南道尔摸了一下浅坑里的积水，沉思了片刻以后说："夫人，墓石的移动是一种物理现象，与男爵的灵魂没有任何关系。"

你能解释柯南道尔所说的物理现象是怎么一回事吗？

·侦探小助理·

讲述人	时间	地点	事件	侦查手段	证据及线索	关键点
某男爵的遗孀	某天	男爵的墓地	墓地上的球石冬季会移动	观察、生活常识	石球在一个浅坑里，坑里有水	冰冻

385 惯犯被擒

一个抢劫惯犯正用万能钥匙打开一个房间的房门，房里传出一个女郎的声音："请稍候。"紧接着，她提高嗓音问了一声："谁？"

一会儿，门开了一条缝，惯犯随即用力推开房门，一闪身挤进房间，用背顶着门。女郎一见，惊恐地叫道："你想干什么？快出去，不然我要叫警察了。"

惯犯欺负女郎力弱，扑上去扼住她的脖子。女郎拼命挣扎，一脚踢倒了身旁的小桌，桌上的电话机掉在了床上。不大工夫，女郎被扼得昏死过去。

惯犯见状，忙拿过她的手提包，从里面翻出50万日元，随后他拿着包里的钥匙去打开衣柜的抽屉。突然，房门打开了，冲进来两个警察，惯犯束手就擒。

请问：是谁发出了报警信号呢？

386 间谍被擒

初春时节，西伯利亚仍然寒气袭人，A国间谍史密夫在那里执行任务时，失手被擒，其后被关在高原上的木屋内。木屋的囚室内没有纸、笔、电筒，就只有一扇窗、一张床、一台冰箱及一罐汽水。

在晚上，史密夫就利用囚室内的设备，发出了求救信号，通知同伴来救援。最后，他成功地逃脱掉了。

请你判断一下：史密夫是如何发出求救信号的呢？

387 二战中的间谍

第二次世界大战期间，英国警方得到一份情报，说一个纳粹间谍将从南美来到伦敦，随身携带了一笔10万英镑的巨款，准备发展间谍组织。英国警方对他进行了密切监视，并在他下船几个小时后故意制造了一次车祸，把他送进了医院。

趁此良机，警方仔细地检查了他的衣服和行李，结果，除了一个公文包里面放有几封他在英属圭亚那的朋友写给他的信之外，一无所获。根本就没有巨款的影子！

警方也考虑到这个间谍有可能玩弄其他花招，比方说通过邮局把钱寄给自己，但此时正值战时，邮递业务很不正常，因此这个办法行不通；他也可以将宝石吞在体内，但在医院里进行检查时，X光机已经排除了这种可能性。

那么，这个间谍如何能够藏起这10万英镑呢？

·侦探小助理·

讲述人	时间	地点	事件	侦查手段	证据及线索	关键点
警方	第二次世界大战	医院	警方搜查一个携带10万英镑巨款的纳粹间谍，却一无所获	观察、生活常识	公文包里有几封信	信

388 令人瞠目结舌的真相

1882年5月4日早晨，巴西护卫舰"阿拉古阿里"号上的水手像往常一样，用吊桶提上来一桶海水，以便测量水温。忽然发现桶里浮着一只密封的瓶子。

船长吩咐打碎它——瓶里掉出一页由《圣经》中撕下的纸。只见上面用英文在空白处不太整齐地写道："帆船'西·希罗'号上发生哗变，船长死亡，大副被抛出船舷。发难者强迫我（二副）将船驶向亚马孙河口，航速 3.5 节，请救援！"

船长取出罗意商船协会登记簿一查，知道确有"西·希罗"这样一艘英国船，排水量为 460 吨。它建于 1866 年，归赫耳港管。于是船长命令立即追踪。

两小时后护卫舰追上了叛船，并很快地控制了它，叛变者被缴了械，并带上了镣铐。同时军需官在货舱里找到了拒绝与叛军合作的二副赫杰尔和其他两名水手。

二副奇怪地问道："请问你们是怎么得知我船蒙难的？叛变是今天早晨才发生的，我们认为一切都完了……"

"我们是收到了您的求救信才赶来的！"船长回答说。

"求救信？我们之中谁也没有寄过呀！"

船长拿出求救信给二副看。二副说："这不是我的笔迹，而且叛变者一刻不停地监视着我。"

这一来，船长如堕雾中。结果，当"西·希罗"号全体船员被遣返英国后，在法庭上才揭开了令人瞠目结舌的真相。你知道这是怎么回事吗？

389 机智脱险

被特工部门视为超级间谍的伊凡诺维奇，为了搜集一份重要情报，巧妙地混入了 A 国举行的一个外交集会。

伊凡诺维奇伪装成一个记者，他背着高级照相机和闪光灯，利用伪造的证件潇洒地步入了会场。

就在他不停地拍照的时候，联邦调查局的一位中年特工大步走到他的眼前。

"记者先生，能看看你的证件吗？"

"当然。请过目。"伊凡诺维奇微微含笑，彬彬有礼地递上"记者证"。

那中年特工仔细看过"记者证"，突然厉声喝问："好一位冒牌的记者先生，还是亮明你的真实面目吧！"他一面说，一面将手伸进衣袋里取枪。

伊凡诺维奇从对方那灼灼逼人的目光里知道遇上了 A 国特工，自己必须立即逃走。他站的地方离大门十分近，但他立刻又想到，如果自己此刻转身逃跑，对方一旦拔出手枪，自己就会被击中。伊凡诺维奇毕竟是位名副其实的超级间谍，他急中生智，想出了一个迷惑对方，争取时间的巧妙办法，终于机智脱险，逃之夭夭。

你能猜出他用的是什么办法吗？

·侦探小助理·

讲述人	时间	地点	事件	侦查手段	证据及线索	关键点
中年特工	某天	一个外交集会	间谍伊凡诺维奇伪装成记者混入会场却被人查出	观察、生活常识	①伊凡诺维奇手中拿着高级照相机②转身逃跑来不及	照相机

390 是"梦"吗

唐先生坐上了发往北京的特快列车，他找到卧铺，发现车上的人极少，他就闲逛到相邻的卧铺。那里有一个美女，两人很快就聊了起来。

午餐时，唐先生去吃饭，有一个年轻人和他搭讪，并给了他一瓶白酒，两人喝了起来。喝完后，唐先生回到卧铺，就一头倒下睡着了。等他昏昏沉沉地从睡梦中醒来时，发觉自己的卧铺还是他一个人，隔壁那个卧铺中的美女却倒在血泊里，正当他要报警时，却被一硬物击中了后脑，晕了过去。

等他再次醒来时，发现列车仍在行进，而自己还在自己的卧铺里。他马上跳起，去车长室报案。

当车长和唐先生来到邻室时，开门的却是一位老年男人，卧铺整齐，并说从上车就一直是他一个人，没有看见什么女人。

唐先生百思不得其解，并且看了一眼表，更吃了一惊，因为这趟车正常应该是凌晨两点到北京站，现在已经是三点半了，怎么晚了这么长的时间？这一切到底是怎么回事呢？

讲述人	时间	地点	事件	侦查手段	证据及线索	关键点
唐先生	一天	特快列车	唐先生在相邻卧铺里发现凶杀案，却被打昏，再醒来时卧铺里的人变了，本该到站的车还在行进	现场查看、情景再现	①唐先生发现隔壁卧铺的美女变成了老年男人②凌晨两点到站的车，三点半还在行进当中	时间

391 监视的妙方法

警方接到线报，在某偏僻村落，藏匿着大批通缉犯及黑社会头目。

为避免打草惊蛇，高级督察查理做出周详而严谨的部署。他乔装成村民，视察现场环境后，发觉村屋坐落在一片隐蔽的丛林内，四面都有窗及门，方便罪犯逃走。

查理为防行动失败，特派8名干练的警探，悄悄地埋伏在对门的丛林内，等待晚上伺机行动，各出口有两人把守。到了深夜时分，通缉犯们正蒙头大睡，查理见机不可失，调动数十人准备突袭行动，却发现8名警探中有4名失踪了，为怕阻延行动，只好急召其他警察救援，最后，终于把里面的罪犯拘捕，押上法庭。

事后，查理质询4名失踪的探员，为什么竟敢违抗命令，幸好行动成功，不然的话，他们便要受降职的处分。

谁知他们说："我们8人抵达现场观察后，觉得现场不需要8人驻守，便可把整间屋包围了，所以我们没有遵守你的意见，而擅做调整，希望你原谅！"查理细听他们擅自更改计划的原因后，觉得非常有理，再没有追究此事了。你知道4名探员是如何监视那批罪犯的吗？

392 奇怪的拳头

西瓜成熟了。彦一家的西瓜经常被偷。彦一想惩治这些偷瓜贼，于是扎了一个很大的稻草人，插在瓜地里。

看见的人都笑起来："稻草人是防止鸟来吃稻谷的。偷瓜的人不是鸟，稻草人能吓走他们吗？"

偷瓜贼听说这件事后，特地到瓜地里去看了一下，果然是一个稻草人，威武地站在那里。他们心里直乐，觉得彦一这孩子不够聪明。

到了晚上，偷瓜贼又结伙来偷彦一一家的西瓜了。为了保险，他们先到瓜棚里去探望了一下，看见床上有个人正在里面蒙着床单睡大觉，于是就肆无忌惮地去偷瓜了。

他们走过稻草人的身边，还互相打趣道："彦一这个孩子太蠢，竟然想用稻草人来吓我们。"

偷瓜贼正议论着时，忽然，其中一个人头上挨了一拳，他还以为是同伙与他闹着玩呢，正要责问时，那个同伙头上也挨了一拳头，两人争吵起来。跟在后面的几个人赶着来劝架，谁知他们的脑袋上也都挨了拳头。他们互相猜疑，乱作一团。

你知道这是怎么回事吗？

393 新学期的风波

新学期开始了。因为很久没见面了，同学们还没进教室，就开始聊起天来，主要的话题是大家在假期中买到了什么好东西。

琼斯说："我买了最新的手机，全美国可只有30只噢！"

约翰不服气地说："那有什么，我这只高级多功能手表可是这种型号的最后一只！"

玛丽则插嘴说："别得意，你们的东西迟早都会被淘汰的。可我的999纯金项链，才是可以永存的最有价值的护身符！"

在他们旁边，一位准备要去学校教务处办理转学手续的同学理查德，听了好生羡慕。还有一位每天都会来学校散步、挂着拐杖的老爷爷，正好经过这儿也听见了这些对话。

忽然，上课铃响了，大家都回到自己的座位上，教室外边没人了。老师凯瑟琳进来点完了名，确定大家都在自己的位子上后，大家又开始聊起天来。玛丽、约翰、琼斯三个人，非常骄傲地把刚刚所说的东西拿出来炫耀。

接着，凯瑟琳要带同学们去上体育课。大家把书包留在了教室，一些贵重的东西也都没带走。当大伙儿到了操场时，凯瑟琳突然想起钥匙忘在了教室，于是赶忙跑回教室拿。

过了一会儿，凯瑟琳慌慌张张地跑回来说："我刚刚看到一个人影从教室旁的围墙跳了出去，觉得有问题，就冲上前去追他，结果还是被他溜了。教室有被人动过的迹象，请同学们回去检查一下。"

大家回到教室，发现第一排到第六排的书包都掉在地上！大家检查完后，发现第一排到第六排的大多数同学的钱包或饰品之类的都没被偷，可是同样坐在前六排的琼斯、约翰的手机和多功能手表却不翼而飞了。由此可见，小偷应该是为他们攀比的那三件东西而来的。

玛丽松了一口气说："好险！我刚好坐在第七排第一位，幸好小偷还来不及光顾我的座位，不然下一个可能就是我了！"

综合以上的描述，你推断，小偷可能是谁？

·侦探小助理·

讲述人	时间	地点	事件	侦查手段	证据及线索	关键点
凯瑟琳老师	新学期开学	教室	琼斯的新手机和约翰的多功能手表不翼而飞	现场查看、推理	①理查德没有去上体育课②拄着拐杖的老爷爷在学校散步	理查德

394 终日不安的罪犯

张某犯有盗窃罪，总怕他的同伙去自首，所以终日不安。他妻子劝他去自首，他非但不肯，反而毒打妻子。他父亲也劝他去自首，他吹胡子瞪眼地大骂父亲，就是不肯去自首。

后来，他为了逃避罪责就写了一封信给他的同伙，妄想同他订立攻守同盟。白天他不敢出去寄信，于是就在晚上出去寄。

可是，当张某寄出信后第二天就被警察捉拿归案了。难道是同伙告发他了吗？没有。

你知道这是怎么回事吗？

395 刑期有误吗

二战时期，一个德国纳粹间谍被捕了。在他的住处，搜出了许多的氨基比林药片和牙签。

审讯开始了。

"你干吗带那么多氨基比林药片？"

"我常常偏头痛。那是一种解痛药。"

"你干吗带那么多牙签？"

"我牙齿不好，吃了肉，老塞牙缝。"

然而，经过暗地里的观察，他并没有饭后剔牙的习惯，偏头痛也没有经常发作，因此他被判处20年徒刑。

你知道这是为什么吗？

·侦探小助理·

讲述人	时间	地点	事件	侦查手段	证据及线索	关键点
警方	某天	监狱	一个德国纳粹身上带有氨基比林药片和牙签，却没有偏头痛和剔牙的习惯	观察、生活常识	①氨基比林的成分②牙签的其他用途	情报

396 婚礼灾难

文森和苏菲在海港的教堂里举行了结婚仪式，然后顺路去码头，准备启程到国外度蜜月。这是闪电般的结婚，所以仪式上只有神父一个人在场，连旅行护照也是苏菲的旧姓，将就着用了。

码头上停泊着国际观光客轮，马上就要起航了。两人一上舷梯，两名身穿制服的二等水手正等在那里，微笑着接待了苏菲。丈夫文森似乎乘过几次这艘观光船，对船内的情况相当熟。他分开混杂的乘客，领着苏菲来到一间写着"B13号"的客舱。两人终于安顿下来。

"苏菲，要是有什么贵重物品，还是寄存在司务长那儿安全。"

"拿着这 2 万美元，这是我的全部财产。"苏菲把这笔巨款交给丈夫，请他送到司务长那里保存。

可是，左等右等也不见丈夫回来。汽笛响了，船已驶出码头。苏菲到甲板上寻找丈夫，可怎么也找不见。她想也许是走岔了，就又返回来，却在船内迷了路，怎么也找不到 B13 号客舱。她不知所措，只好向路过的侍者打听。

"B13 号室？没有这间不吉利号码的客舱呀。"侍者脸上显出诧异的神色答道。

"可我丈夫的确是以文森夫妇的名字预定的 B13 号客舱啊。我们刚刚把行李放在了那间客舱。"苏菲说。

她请侍者帮她查一下乘客登记簿，但房间预约手续是用苏菲的旧姓办的，是"B16 号"，而且，不知什么时候，有人已把她一个人的行李搬到了那间客舱。登记簿上并没有文森的名字。

更使苏菲吃惊的是，司务长说，没有人向他寄存过 2 万美元。

"我的丈夫到底跑到哪儿去了……"苏菲感到事情很不好。

正在这时，有两个有些眼熟的二等水手路过这里，他们就是上船时在舷梯上笑脸迎接过她的船员。苏菲想，大概他们会记得自己丈夫的事，就向他们询问。但船员的回答使苏菲更绝望。

"您是快开船时最后上船的乘客，所以我们印象很深。当时没别的乘客，我发誓只有您一个乘客。"船员回答说，看上去不像是在说谎。苏菲开始怀疑是否自己脑子出现了问题。

苏菲一直等到晚上，也不见丈夫的踪影。他竟然神不知鬼不觉地消失了。一夜没合眼的苏菲，第二天早晨被一个什么人用电话叫到甲板上，差一点被推到海里去。

你知道苏菲的丈夫文森到底是怎么失踪的吗？

397 一副银牙签

一天，陈达与酒店老板赵富贵撕扯着来到县衙告状。

陈达先起诉道："小民陈达，以卖布为生。前天赵富贵到我处取走两匹细布，说好今日付钱，谁知今日我来收账，他竟矢口说不曾拿过我的布匹。小民的生意薄本小利，经不得讹骗，求老爷为小民做主。"

赵富贵反唇相驳，两人在黄知县面前各执一词，互相指责。

黄知县喝住了他们。待问过两人详细情节后，掷下捕签，大声对陈达道："大胆刁民，自己卖布亏了本，竟敢诬告他人，讹诈银两，来人将刁民陈达押下！"

黄知县接着来到赵富贵面前，与他攀谈起来，言语间甚是投机。

这时，黄知县见赵富贵胸前露出一副银牙签，便道："本官早有心打造一副牙签，终因无此物样，难以如愿，今借赵老板此牙签仿造一副行吗？"赵富贵忙说："老爷请随意仿制打造。"结果，黄知县就靠这一副银牙签，便破了此案。

黄知县是怎样破案的呢？

·侦探小助理·

讲述人	时间	地点	事件	侦查手段	证据及线索	关键点
卖布的陈达与酒店老板赵富贵	某天	县衙	陈达说赵富贵从陈达那儿取走两匹布没给钱，赵富贵否认拿过布	演绎推理、情景再现	赵富贵胸前有一副银牙签	银牙签

398 装哑巴

有个秀才名叫蒋勤，他有一匹膘肥体壮、性情凶猛的烈马。那马莫说是人，就连别的马一接近它，也会被踢伤或踢死。因此，蒋勤外出时十分注意，要么将自己的马拴开，要么叫别人的马拴远点。

一天，他来到县城一家店铺，就把自己的马拴在离店铺较远的一棵树上。

正要走开,看见一个富家公子吩咐随从,将马也拴在这棵树上,蒋勤连忙劝阻:"客官且慢,我这马性情暴烈,怕有格斗之危。"谁知那随从狗仗人势,根本不听蒋勤之劝。

蒋勤又转身对主人说:"公子明断,我这马性烈,请将马另拴别处。"富家公子一听怒不可遏,厉声说:"我定要拴在这里,看你把我怎样!"说罢一甩袖子就走了。

不多时,蒋勤的烈马就将富家公子的马踢死了。富家公子一见大发雷霆,就吩咐随从将蒋勤扭送到县衙。

知县王文敏升堂后,看见原告是本县有名的富家公子苏衙内,知道不好对付,问清原委后,就以验马尸为名宣布退堂。随后王文敏一边派人验马尸,一边派人向蒋勤授意,要他明日到公堂上委屈一下。果然,王文敏非常利索地断了此案,为蒋勤讨回了公道。

王文敏是怎样审案的呢?

399 交换情报

警察发现在一家旅馆里住进了两个间谍,他们准备接头交换情报。为了截获这些情报,探明其计划,警察动用了各种先进手段,对这两个人进行监视、监听,并派了两个特工日夜跟踪。让人惊讶的是,这两个间谍从来就没有见面交谈过,更没有打过电话。

警方经过认真排查,认定这两个间谍唯一的接头机会就是在旅馆的公共浴室里。因此他们对浴室的里里外外进行了彻底的搜查,不放过任何蛛丝马迹,但还是一无所获。最后他们决定放弃这一线索。正当警察们准备离开时,有一个警察突然找到了答案。

那么,这两个间谍是如何接头交换情报而又不被别人发现的呢?

·侦探小助理·

讲述人	时间	地点	事件	侦查手段	证据及线索	关键点
警方	某天	一家旅馆的公共浴室	两个间谍准备交换情报，但他们没有见过面，也没有交谈过	现场查看、情景再现	公共浴室	浴室设施

400 钞票藏在哪里

方方精品屋生意火爆，有一个窃贼假装往邮筒中投信，经常观察方方的举动，尤其是现金的存放动向。

一次，这名窃贼终于逮着了一个下手的机会，但他没跑出十多米，就因神色异常而被警察询问。

这时，警察接到方方的报案。于是警察就对窃贼进行搜身，但奇怪的是，此人身上连一分钱也没有，警察无奈只好将其释放，但仍继续暗中监视他。过了一两天，果然看到那个犯罪嫌疑人顺利地取走了钞票。

那么，你知道窃贼到底把钞票藏到哪里去了吗？

401 铁路公司诉讼案

从纽约开往洛杉矶的直达特快列车因意外情况不得不在芝加哥郊外滞留。司机长在倒车时刹车太急，以致旅客在车厢里像木桩子那样前仰后翻，从而导致数起对铁路公司的诉讼案。

一位名叫伦斯的旅客在诉讼中要求给予10万美元的赔偿。他声称：急刹车发生在晚上9点，那天气温虽高达36℃，但因在下铺风大凉爽，加之旅途劳累，8点钟左右他就昏昏入睡了。他被突如其来的急刹车从铺位上抛了下来，一头撞在茶几上。因为剧烈的头痛，他不得不在芝加哥下车求医。他还向法庭出示了一张芝加哥医生出具的颅骨骨折的诊断书。

铁路公司保险员米尔对这张诊断书的真实性十分怀疑。他去请教名探理查德。理查德说："放心好了，你们不会遇到麻烦的。"

请问：理查德为什么这样说呢？

·侦探小助理·

讲述人	时间	地点	事件	侦查手段	证据及线索	关键点
保险员米尔	晚上9点	特快列车	旅客伦斯称自己在列车急刹车中受伤，要求铁路方赔偿	现场查看、推理	①伦斯称自己被急刹车从铺位上抛了下来 ②当时司机在倒车	方向

402 奇怪的来信

下面这道看上去有点古怪的题目取材于一个真实的故事。一家著名汽车制造公司的老总收到了一封奇怪的来信：

"这是我第四次写信给您，而且如果您不给我回信，我也丝毫不会抱怨，因为我看上去肯定是疯了，不过我向您保证，我所说的一切都是真的。

"我们家多年来一直有一个传统，就是每天晚饭后全家人要投票，选出用哪种冰激凌作为当晚的甜点。然后，我就开车到附近的商店去买。最近，我从贵公司购买了一辆新型号的汽车，此后怪事就来了。每次只要我去买香草冰激凌，回来时我的汽车就会发动不起来。而如果我买的冰激凌是其他口味的，那就万事大吉。不管您是不是认为我很蠢，但我真的想知道，为什么会有这种怪事出现呢？"

汽车公司的老总对这封信的内容深表怀疑，不过他还是让一位工程师过去看看究竟是怎么回事。工程师刚好在晚饭后来到写信人的家里，于是他们两人一起钻进汽车，开车到了商店。那天晚上那个男人买了香草冰激凌，果然当他们回到汽车上之后，汽车有好几分钟都发动不起来。

工程师又接连来了三个晚上。头一天，他们买了巧克力冰激凌，汽车发动得很顺利。第二个晚上，他们买了草莓冰激凌，也没有问题。第三个晚上，他们又买了香草冰激凌，而汽车再次罢工了。

显然，买香草冰激凌和汽车发动不起来之间肯定有一种逻辑上的联系。你能想出这是怎么回事吗？

403 圣彼得堡的雪花

18世纪，俄国沙皇彼得大帝修建了圣彼得堡，并把它定为俄国的首都。下面这件怪事就发生在1773年的隆冬。当时圣彼得堡的一个舞厅正在举行一场盛大的宴会，点着上千支蜡烛。由于屋里的空气浑浊，有人晕倒了。大家赶紧打开窗户透透气。结果，屋里竟然纷纷扬扬地飘起了雪花。

外面并没有下雪，雪花是从哪里来的呢？

404 北极探险的险情

一位探险家来到北极探险。他很高兴地发现了一个因纽特人造的房子，就住了进去。晚上很冷，风呼呼地刮着。他生了一堆火，并在上面放了好多木材，然后就舒舒服服地进入了梦乡。可是，他再也没有能够醒来。几个星期之后，人们发现了他的尸体。

人们发现，他所住的房子并没有被风吹倒，他也不是被火烧死或者由于缺氧窒息而死的。那么，探险家究竟是怎么死的？

405 台风过后

一天晚上，海滨城市F市遭遇了台风和暴雨的袭击。

次日早晨，有人在公园发现一具女尸，浑身湿淋淋地趴在地上，旁边是死者的棒球帽。除此之外，现场没有留下任何痕迹，也找不到目击证人。

经法医验尸，死者至少是在20个小时以前死亡的。警官推断，这里并不是凶杀现场，死者是被人杀害后从别处移到这里的。

请问警官是如何判断的呢？

第十一章
离奇凶杀案

406 头像是怎么来的

有个叫埃尔默·克莱顿·芬林的人，男，32岁，性情孤僻，是个偷盗之徒，犯有前科。他在离家1500英里以外的加利福尼亚遇见一个名叫珍尼特·波达德的女人。她是一个浅黑型白种人，是农业季节工。她缄默寡言，其貌不扬，凡是见过她的人，都会很快地把她淡忘，留不下任何值得记忆的印象。

他俩在静水县混了两个星期。芬林为了图财，在一次酒后，就把波达德弄死了。在无人察觉的情况下，芬林把尸体塞进小汽车，迅速向镇郊浓密的三角叶杨树林驶去。

他匆匆掩盖了尸体，悄悄离去。芬林认为，他把罪行掩盖得天衣无缝，没有发案的任何可能。退一步说，就是有人找到了遗骨，也不能把她辨认出来，至于要牵连到自己那就更不可能了。

哪知，事与愿违。几个月后，一些打松鼠的猎人在渡过静水湾时发现了一个人头骨和一块颌骨。后来，警官们在一个浅坟坑的附近找到一副肋骨架、一根脊梁骨和一些骨骸。坟坑里还残存有几绺棕色头发和几件衣服。当地的报纸就上述情况作了报道。芬林看了报道后，若无其事，满不在乎。

当地法官乔·司坦利组织指挥了这场调查。他仔细查看了衣物，没有发现能表明死者身份的线索。用检测器检查了现场，也没有检测出哪儿有珠宝。他曾给报告家人失踪的当地住户打了电话，请来认识遗物，然而走失的人都不是死者。

像这样只有一个人头骨、一块颌骨和不完全的骨架的案件，似乎人们对它已无能为力了。可是在当年的8月，波达德的头像照片突然在电视上出现。当芬林见到时，被吓呆了。一星期后，两封揭发信寄到了司法部门。芬林终于没

314

有逃脱法网。

请问：波达德的头像是怎么来的呢？

407 一定是桩凶杀案

一天，一位满脸愁云的少女来到私人侦探段五郎的办事处，对段五郎说，在上周二的晚上，她姐姐在家中被煤气熏死了。奇怪的是，姐姐的房间不仅窗户关得严严的，连房门上的缝隙也贴上了封条。刑警调查认定：别人是不可能从门外面把封条贴在里面的，这些封条只有她自己才能贴，所以认定她姐姐是自杀。可她了解姐姐的性格，认为姐姐决不会轻生。这一定是桩凶杀案。

听了少女的陈述，段五郎试探地问道："谁有可能是犯罪嫌疑人呢？"

"冈本，他和姐姐住在一个公寓里，出事那天他也在自己的房间里，可他说他什么也不知道。那肯定是谎言！"

于是，段五郎和少女一起来到那幢公寓。这是一幢旧楼，门和门框之间已出现了一条小缝隙。在出事的房门上，还保留这些封条。段五郎四下里一瞧，便向公寓管理人员询问案发当夜的情况。

管理人员回忆道："那天深夜，我记得听到一种很低的电动机声音，像是洗衣机或者是吸尘器发出的声音。"

段五郎眉头一皱，说："冈本的房间在哪里？"管理人员引着段五郎走到冈本的房门前。打开房门，段五郎一眼就看到放在房间过道上的红色吸尘器。他转身对少女说："小姐，你说得对，你姐姐确实是被人杀害的，凶手就是冈本！"

请你判断一下，段五郎是怎样识破冈本的真面目的呢？

·侦探小助理·

讲述人	时间	地点	事件	侦查手段	证据及线索	关键点
一位少女	某天	少女姐姐的家中	少女姐姐被煤气熏死了	现场查看、推理	①死者的房间门窗关得很严，房门的缝隙贴上了封条②当晚传出洗衣机或吸尘器的声音	吸尘器

408 时间观念很强的银行经理

鲁克伯是家大银行的经理，他的时间观念很强，身上总带着一只手表和一只怀表，常常在对时间。

那天，有人在鲁克伯家和他谈话，家里只有他和侄子两人。夜深了，在客人即将告辞时，他把侄子叫上二楼。据他侄子说，是伯父忘了打开窗子，让他把窗子上下各打开1英寸。

然后，客人和他侄子一起离开了。喝了一会儿酒，他侄子向客人借了一把猎枪，两人一同回到鲁克伯家，但门锁着，进不去。他侄子很生气，用手中的枪朝空中打了一枪，大叫道："伯父，你就在楼梯上摔死算了！"

当晚，他侄子就住在客人家。

第二天发现，鲁克伯果然摔死在楼梯上。楼梯上的地板有不平的痕迹，显然是因此而掉下来摔死的。尸体的右手拿着怀表，那表快了1小时；手表摔坏了，指着12点，正是他侄子叫喊他的时候。难道诅咒能成为现实吗？当然不会。

请问：鲁克伯到底是怎么摔死的呢？

409 巧留鞋印

詹姆斯、汤姆和理查德三人都是一家公司的门卫。一天，詹姆斯兴高采烈地告诉另外两人，他买彩票中了头奖，奖金高达10万美元。这下子引起了理查德的贪念。

他处心积虑，想夺取这笔财富。趁汤姆在值班，理查德潜入詹姆斯家里，把他杀死，窃走了10万美元。

第二天早上，詹姆斯的尸体被发现了，现场留有多个鞋印。根据现场证据显示，警方逮捕了汤姆。

因为汤姆的脚有点跛，所以鞋底磨损的情形有些特别，留下的鞋印也与众不同；而这与凶案现场留下的鞋印完全吻合。而且，汤姆的鞋底也沾有现场的泥土。于是，警方逮捕了汤姆，控告他谋杀。

"这双鞋子是我三个月前与理查德一起购买的，我每天都穿着它上班。案发当天，我独自一人在公司值班室睡觉，没有离开半步。所以没有其他证人。"汤姆无奈地说。

"你这双鞋也放在值班室吗？"警察问道。"是的。我每天晚上都把鞋放在值班室里，所以不可能被人偷去。"

那么，理查德究竟用了什么诡计，在现场留下了与汤姆相同的鞋印呢？

·侦探小助理·

讲述人	时间	地点	事件	侦查手段	证据及线索	关键点
警察	某天	詹姆斯家里	詹姆斯被理查德杀死，抢走了10万美元的彩票头奖	现场查看、生活常识	①凶案现场的鞋印与汤姆的鞋印吻合②汤姆和理查德的鞋一样	鞋

410 不在现场

某夜，一名男子被杀害在家中。案发后，警方传讯了一名犯罪嫌疑人。但该犯却矢口否认杀人。

他说："案发时，我正在家中给老朋友打电话，我家离凶杀现场很远，怎么能一边行凶，一边打电话呢？"

警方向犯罪嫌疑人的老朋友调查。他证明在案发时间内确实接到过犯罪嫌疑人的电话，并从电话中听到了建筑工地上工人们打桩的声音。原来在犯罪嫌疑人住所附近，刚好有一个地段在进行打桩工程，声音从早晨持续到夜晚。警方实地勘查后，证明证人没有作假证。

老练的摩里斯探长看完全部案卷后，建议警方逮捕了这个犯罪嫌疑人，因为他的确是个杀人犯。

请问：罪犯是用什么方法制造了不在现场的假象呢？

411 旅馆里的凶案

一天，旅馆里发生了一起谋杀案，一位妙龄女郎被人用水果刀从背后捅死了。

"她名叫梅丽莎，"警察向闻讯赶来的探长梅特雷介绍情况，"她上周才与水手西奥多·道恩完婚，他们在第三大街买了一套小巧的新房作为婚房。"

"有嫌疑对象吗？"

"可能是面包店的查理·巴尼特。梅丽莎曾与巴尼特相好，但最后选择了西奥多。"

"我们去拜访一下巴尼特吧。"探长说完便出了门。可能是不小心，他把一支绿色金笔掉在了旅馆门口。

他们来到了面包店，找到了巴尼特。不过，巴尼特发誓说自己根本就没有离开过面包店，甚至不知道梅丽莎被人杀了。

"好吧，我把你的话记录一下。"梅特雷一边说，一边伸手到上衣袋中去拿笔，"噢，糟糕，我的金笔一定是刚才不小心掉在梅丽莎的房间了。我还得马上去找法医。你不会拒绝帮我去拿回金笔，送到警察局吧！"

巴尼特看上去似乎很犹豫，但他最终还是耸耸肩膀说："好吧。"

当巴尼特将金笔送到警察局时，他立即就被逮捕了。为什么？

·侦探小助理·

讲述人	时间	地点	事件	侦查手段	证据及线索	关键点
警察	某天	一家旅馆	梅丽莎被杀	询问、心理分析	探长梅特雷请求巴尼特将金笔找到	所在地

412 小汽艇上的凶案

小汽艇在风暴中东摇西晃，颠簸前行。

风暴暂息时，一号甲板上传来一声枪响。犯罪学家福德尼教授扔下那本他一直未能读进去的侦探小说，几个箭步就冲上了升降口扶梯。在扶梯尽头拐弯处，他看到斯图亚特·迈尔逊正俯身望着那个当场亡命的人的尸体。死者头部有火

药烧伤。

拉森船长和福德尼马上展开了调查，以弄清事发时艇上每位乘客所在的位置。

调查工作首先从离尸体被发现地点最近的乘客们开始。

第一个被询问的是内森·柯恩，他说听到枪声时，正在舱室里写一封信。

"我可以过目吗？"船长问道。

福德尼从船长的肩上望去，看到信笺上爬满了清晰的蝇头小字。很显然，信是写给一位女士的。

下一个舱室的乘客是玛格内特·米尔斯韦恩小姐。"我很紧张不安。"她回答说，由于被大风暴吓坏了，大约在枪响前一刻，她躲进了对面未婚夫詹姆斯·蒙哥马利的卧舱。后者证实了她的陈述，并解释说，他俩之所以未冲上过道，是因为担心这么晚同时露面的话，也许会有损于他俩的名誉。

经过调查，其余乘客和船员的所在位置都令人无懈可击。

请问，福德尼怀疑的对象究竟是谁？为什么？

·侦探小助理·

讲述人	时间	地点	事件	侦查手段	证据及线索	关键点
福德尼教授	某天	一艘小汽艇上	斯图亚特·迈尔逊	询问、物证	①内森·柯恩当时正在写信，信笺上是清晰的蝇头小字②之前有风暴	蝇头小字

413 "死人河"

侦探波洛参加了一个旅游团，到美国西部的大草原旅游。途中，他们经过了一条看上去浑浊肮脏的小河。导游向他们介绍说，这条河有一个外号，叫"死人河"。关于这个名称，还有一个悲惨的故事：

当地有一位名医托马斯。一天下午，当他正在诊所给一个病人看病时，住在附近的尼克突然闯了进来。他神情十分慌张地对托马斯说，刚才有一个拿着手枪的强盗企图抢劫银行，结果与警方发生了枪战。当时现场一片混乱，正巧站在附近的尼克被警方误认为是那个劫匪，他们不由分说，冲过来要抓他，尼克不得不赶紧逃跑。他要托马斯帮他摆脱警方的追捕。托马斯相信尼克是清白的。他拿出一条六英尺长、口径约一英寸的空心胶管递给尼克。他要尼克跳到小河里隐蔽起来，通过胶管呼吸，他自己则出去对付警察。这样，尼克就能摆脱追捕了。

然而，结局却非常不幸，当托马斯来到小河旁边找尼克时，发现他已经溺死在河里了。托马斯猜测，尼克也许是因为在水下惊慌失措才淹死的。

听到这里，波洛打断了导游的话："不，尼克是被人谋杀的。"

波洛为什么会这样说？

414 在劫难逃

B 先生临终之时，立下遗嘱，把全部财产留给妻子 B 夫人。和这位富孀共同生活的还有她的养女麦吉。

麦吉是一位典型的时髦女郎，社交极广，很能挥霍，养母管束很严，使她经常手头拮据，所以她总是盼望养母早点死去，自己可以合法地继承巨额财产。可是，B 夫人的身体非常健康。终于有一天，急不可待的麦吉在汤里放了砒霜。幸亏医生发现及时，B 夫人才算保住了一条性命。

B 夫人康复后，为了维护家族的声誉，决定不起诉麦吉。为防止麦吉再次加害，她彻底改造了二楼的卧室，在窗户上安装了铁栏杆，门上的锁

也重新换过。一日三餐都不让仆人做，她亲自从超市买来罐头，在卧室新增设的厨房里做饭，所有的餐具也不许任何人触动，连饮水都只喝瓶装矿泉水。每星期都请保健医生来检查身体。就连医生也只准许测量一下脉搏和体温，打针、吃药都一概自理。

尽管防范得如此严密，B夫人仍然在劫难逃，不到半年光景就死于非命。经解剖发现，是由于无色无味的微量毒素长期侵入体内，最终积蓄在体内的毒素剂量达到了致死的程度。

请你推理一下，究竟是谁采用什么方法，把这位防范备至的B夫人毒死的呢？

415 四件凶器

一个寒冷的清晨，警方接到目击者报案，有人被发现死在郊外的一棵大树底下。警方在死者身旁发现了4件凶器：一块坚实的石头、一把匕首、一根粗麻绳、一瓶毒药。经过检验，死者前额只有一个被撞击过的伤口，死因是失血过多。

很奇怪，死者头上的伤口没有泥土，也没有被匕首割伤的痕迹。脖子上也没有被麻绳勒过，并且也没有中毒的迹象。

那么，死者究竟死于以上4件凶器中的哪一件呢？

·侦探小助理·

讲述人	时间	地点	事件	侦查手段	证据及线索	关键点
目击者	一个寒冷的清晨	郊外一棵大树底下	有人死于失血过多，前额只有一个被撞击过的伤口	现场查看、推理	①四件凶器是一块石头、一把匕首、一根粗麻绳和一瓶毒药②伤口是撞击留下的	石头

416 警犬的鼻子

一个村庄里，一天发生了一起入室抢劫杀人案。一名农家妇女在自己家里被害，现金被全部抢走。傍晚，牧羊归来的丈夫回到家里时才发现了妻子的尸体。

而凶手好像是从后院向牧羊的山坡方向逃跑的，同院的地面上留有凶手清晰的脚印。

接到丈夫的报案后，警方马上带着优秀的警犬赶到现场，警犬嗅了院子里凶手的脚印后，便迅速朝山坡方向追去。当来到山腰时，警犬突然停了下来，一个劲儿地打转转不再往前追了，然而凶手并不是从这里骑上自行车逃跑了，也不是脱了鞋逃跑的，就是穿着用刚才作案时穿的鞋逃走的。

请问：为什么警犬的鼻子不灵了呢？

417 奇怪的密室杀人案

一天，在伦敦市发生了一起奇怪的密室杀人案。在一间空房里发现了一具少年的尸体，他是被绳子勒死的。这个少年几天前遭绑架，被罪犯勒索了10万美元赎金后下落不明。

少年是在一间存放杂物的储存室内被勒死的。可奇怪的是，门从里面反锁着，而且墙板上有无数个铁制的钉帽。一切都表明，这间房子是纯粹的密室，大概是罪犯为了不让别人发现而故意选择了这个密室的。

那么，这样一来，勒死少年后，罪犯又是从什么地方、怎样离开房间的呢？

负责调查这个案件的刑警很小心地进入这个房间后，用铁锤和拔钉器起开墙上的壁板，很快就发现了罪犯的诡计。

试问：罪犯是怎样逃离这间密室的呢？

·侦探小助理·

讲述人	时间	地点	事件	侦查手段	证据及线索	关键点
刑警	某天	伦敦市的一间空房里	发现一具少年的尸体，是被绳子勒死的	现场查看、推理	刑警用铁锤和拔钉器起开墙上的壁板	壁板

418 是巧合还是谋杀

一个岛上有很多椰树，同时也有很多的椰蟹。

一个夏天的午后，沙滩上三三两两的人在海水中嬉戏，享受阳光。一对夫妻沿着海岸散步，看到一个青年男子躺在椰树下，用草帽盖着头部，似乎睡着了。但细心的妻子发现青年男子头部好像有鲜血流出，他们马上报了警。

警察赶到，发现该男子已经死了大约两三个小时，他的太阳穴被打破。尸体旁边有一颗大椰子，椰子上还沾着血迹，椰树下的沙地上还留有大椰蟹爬过的痕迹。

案件似乎很明了：当青年在睡觉时，一只大椰蟹爬上椰树，用自己的大剪刀剪断了椰柄，使椰子掉下来正好砸在睡觉的青年男子头上。又大又重的椰子从十五六米的高处落下来，打在太阳穴上，人一下子就会被砸死。但聪明的警探老王却认为这是一起谋杀案，你知道为什么吗？

419 东京度假游

一对夫妇假日去东京城郊区采集春天的野菜。二人游兴大发，采集到不少蒿莱等山野菜。当他们走到一个树林时，发现了一位农妇的尸体，农妇身旁的菜篮子里也有很多山野菜。二人马上报了案。

法医检验尸体时发现其血液里有卵磷脂酶。卵磷脂酶是蛇毒的一种，这种毒液进入人体的血液后，会夺去人的生命。而且在死者左小腿上发现有两处蛇咬过的牙印，看来，农妇是被蝮蛇咬死的，似乎和谋杀之类没有关系。

可是，吕探长却不同意法医的说法，他只提了一个日常的生活常识，大家便都点头赞同。你知道是什么吗？

·侦探小助理·

讲述人	时间	地点	事件	侦查手段	证据及线索	关键点
一对夫妇	春天	东京郊区	发现一位农妇的尸体	现场查看、生活常识	①死者血液里有卵磷脂酶②蝮蛇的生活习性	蝮蛇

420 被害人溺水死亡

星期天早晨，G湖水面上漂浮着一具垂钓者的尸体。看上去像是乘租用的小船垂钓时船翻溺水而死的。死亡时间是星期六下午5点钟左右。

警方认为这起死亡事件是单纯的意外事故，但亨利侦探调查后认定是他杀案。而凶手竟是死者一个在某大学附属医院任药剂师的朋友，因为他欠死者很大一笔债。

可是，罪犯有不在现场的证明。星期六他租用另一条小船在G湖和被害人一起钓鱼，下午3点钟左右与被害人分手，一个人乘坐G车站15点40分发的电车回到K市自己的家里。列车到达K市车站是18点30分。这期间罪犯一直坐在列车上，并有列车员的确切证词，亨利侦探还是揭穿了他巧妙作案的手段。

请你推理一下，罪犯用了什么手段使被害人溺水而死的呢？

421 自杀与他杀

一位左腿被截肢的老人吊死在寓所里，一天以后才被人发现。

尸体距地板大约80厘米。如果是自杀的话，应该有凳子一类垫脚的物件，可是没有。老人只有一条腿，他无论如何也不可能跳起来把绳子套在自己脖子上。警方因此断定是他杀。

那位老人在死前两个多月曾投了高额人寿保险。从现场看，房门是从屋里锁上的，完全处于一种与外界隔离的密室状态。保险公司怀疑，死者是为了把保险金留给他的独生女而伪装成他杀的，于是委托拉姆侦探进行调查。

名探拉姆旋即来到了事发现场。他发现，在死者的尸体下面有一个空的纸制包装箱，但他认为老人不可能踩着空箱子上吊；如果箱子里装着冰，踩上去就塌不了。可是，箱子和地面又没有潮湿的痕迹。换气扇虽然开着，但也不可能在一天多的时间里就把冰水完全吹干了。突然，拉姆灵光一闪，迅速得出结论：老人是把自杀伪装成他杀的。

你知道为什么吗？

·侦探小助理·

讲述人	时间	地点	事件	侦查手段	证据及线索	关键点
保险公司	某天	一位老人的寓所	老人吊死在寓所	现场查看、情景再现	①老人下方没有垫脚的物件②尸体下面有一个空的纸质包装箱	纸质包装箱

422 神秘的古堡

在印度，一提起塔尔沙漠中那座宏伟而神秘的古堡，人们就不寒而栗。很多年前，凡过路商人和马队夜宿古堡，都一个个送掉了性命，连牲口都不能幸免，到底古堡里的杀人凶手是谁？用的什么凶器？当局调来了全印度最有名气的侦探和警察，但当夜也都死在古堡大厅里。经高明的法医验尸，也很难找到致死的痕迹。警方无奈之下，只好在古堡大门口贴下告示："过往行人一律不准夜间留宿此处。"后来英国著名探险家乔治来到古堡，他一心想探明究竟，探险队员个个荷枪实弹地进入古堡。但不幸的是乔治和他的人马也全部被杀。印度警方继而发出紧急布告：凡能破古堡疑案者，赏金一万卢比。但布告发出后却迟迟无人问津。

几年后的一天，终于来了个白发银须、衣衫褴褛的乞丐，自称彼特利克，他向警方打保票，声称能破此案。警察局局长半信半疑，但又没有别的人前来应征，只得叫来刑侦科长并吩咐道："派人盯着这个送死的老家伙，看他搞什么鬼名堂。"刑侦人员发现那个老头买了一个大铁箱、一只猴子和一副渔网，这使经验丰富的警察局局长百思不得其解。

当天晚上，彼特利克驾着马车奔进那座令人望而生畏的神秘古堡，眼前漆黑一片，堡内死一般寂静。他摸进乔治遇害的大厅，先给猴子注射了麻醉药，并将它放进渔网里。然后自己钻进铁箱，牢牢地抓住渔网的网绳。

请问：老乞丐这样做到底是为什么呢？

423 同事间的生死较量

艾伦和布伦特是同事，但二人因为升职的事，暗中互相较劲，并相互拆台，但表面上，他们两人很亲热。

一天，艾伦邀请布伦特到家中做客。布伦特来到艾伦家，先和艾伦及艾伦的家人玩了几圈麻将。后来，艾伦端来了水果请布伦特吃。布伦特顺手拿起了一个大苹果，但感觉太大，艾伦说我们一人一半，布伦特同意了。

但刚吃完苹果，布伦特便捂着肚子喊起痛来，不一会儿竟停止了呼吸，这可把艾伦全家吓坏了。警察赶来时，也犯了愁。"因为死因虽然是中了氯化钾毒而死，但布伦特是自己随意拿的苹果，而且艾伦也和他同吃了一个苹果，这怎么也不可能是艾伦害死的。"警察拿着水果刀思索着。但其实正是艾伦下毒杀死了布伦特，你能猜到是怎么回事吗？

·侦探小助理·

讲述人	时间	地点	事件	侦查手段	证据及线索	关键点
艾伦	某天	艾伦的家	布伦特到艾伦家做客中毒而死	现场查看、情景再现	①艾伦和布伦特两人同吃了一个苹果 ②是艾伦用水果刀切了苹果	水果刀

424 离奇死因

富翁被杀死在正在装修的别墅里。

侦探和警长正站在死亡现场。这是别墅二楼富翁的房间里，楼下是他侄子的房间。

警长挠挠不多的几根头发："侦探，你怎么看这个案件？太不可思议了！"

侦探一言不发，仔细地看着现场。

富翁的尸体就仰躺在床上，背部有个伤口，警察在里边找到一颗来复枪的子弹。伤口周围的皮肤有裂痕和灼伤的痕迹，看来应该是近距离的枪伤造成的。床上有一个枪洞，一直通向楼下。

侦探来到一楼富翁侄子的房间，天花板上也有一个洞，洞口同样有烧灼的痕迹，估计凶手是贴着天花板开的枪。洞口也正对着死者侄子的床。但是凶手如何确定死者在床上的位置的呢？而且死者的侄子说自己前一天晚上（估计的案发时间）喝醉了在朋友家睡的，一夜未归，有朋友可以作证。

警长叫来了别墅的管家，他证明死者的侄子确实出去也没看见他回来过。死者的家仆证明说别墅的所有钥匙只有管家和富翁本人有，别人没有钥匙是进不了门的。

侦探沉思着又回到案发现场，死者的尸体已经被送去化验。这时他突然发现死者睡觉的地方竟然留下一个跟尸体轮廓相同的印记。印记里的床单明显变黑了。

他猛然回头看看外边，窗外就是工地。

侦探的眼睛从许多的大型机器上一一扫过，嘴角也露出了笑容。证据和凶手都找到了。

请问凶手是谁，他所用的方法是什么？

425 酒店谋杀案

酒店客房之内，发现一具尸体，死者在反锁的房间内被杀，死因是左眼被毒针刺伤致死。

但事后警方经过多方调查，发现门锁并未被破坏，而当案发时，窗门也都是关着的。

现场没有发现毒针之类的凶器，所以可以排除死者是死于自杀的可能。后来，警方了解到死者大约三十几岁，名叫李卫，是一名职业记者。

试问：凶手是怎样杀害记者的呢？

426 主谋

星期三的早上，邓先生被发现死在家里。他是在和张先生通电话时被自己养的狗咬死的。最近，因邓先生外出，这只狗曾委托张先生代为照顾。

于是，张先生成为嫌犯，但无确凿证据；因为邓先生被狗咬死时，张先生在5公里以外的家里。即使他在照顾狗期间将狗训练成咬人的工具，也不可能在5公里之外发号施令，指挥狗咬人。

因此，一般人都推断是狗兽性突发，将邓先生咬死的。但负责这件案子的探长却有不同见解，而且断定主谋就是张先生。

那么，探长凭什么断定张先生就是主谋呢？

·侦探小助理·

讲述人	时间	地点	事件	侦查手段	证据及线索	关键点
张先生	星期三的早上	邓先生的家	邓先生在和张先生通电话时被自己的狗咬死	推理、情景再现	这条狗张先生曾被委托照顾	电话

427 训练猴子做杀手

艾伦为了杀死合伙做生意的小李，他精心谋划了很久，找到了一个自认为万无一失的办法。他计划在自己家里一间屋子的工作台上固定安装好一支猎枪，枪口对准门口，并驯化一只猴子守候在猎枪扳机处，当有人开门进来时就扣动扳机，给人一种猴子恶作剧杀人的假象。他对猴子进行了长期的训练，当然训练时不用实弹，他假装成要杀的小李充当靶子。经过长期多次强化训练，猴子百分之百地掌握了如何扣动扳机的要领。

这一天，艾伦邀请包括小李在内的众多朋友聚会。他找了适当的借口，让小李去装有猎枪的房间取点东西。小李毫不怀疑地去了房间，但很快又回来了。艾伦大惊失色，心想一定是猴子在偷懒。他气冲冲地走到那个房间，可刚一进去，就听见一声清脆的枪声，艾伦应声倒地而亡。

为什么小李进去而没有被杀死？

428 特工情报员遇害

深夜，一个特工情报员在一条可容两辆车行驶的公路上行走。

他准备步行到公路的某个联络点 A 递交一份秘密情报，深夜的公路静悄悄的。突然，情报员见到前面一辆车，开着亮灯，在路中急速行驶，向着自己冲来，两盏车头灯的强光，耀眼非常。

对方来势汹汹，但情报员十分镇静，他在路中心走着，等到迎面而来的车差不多到达眼前时，才突然向路边一跳，企图避过对方。

但是，只听见一声巨响，已经跳到路边的情报员，突然被车子撞倒，到底是什么原因呢？

429 船长遇害

早上 9 点左右，亨利侦探和助手来到海边散步，看见一艘小帆船倾斜在沙滩上，此时是退潮的时候，亨利感到有些不对劲，于是和助手走近帆船，对着船舱大声喊了几声，没有人回答。亨利于是沿着放锚的绳子爬到甲板上，从甲板的楼梯口往阴暗的船室一看，呈现在眼前的是一位躺在血泊中的船长。

亨利仔细查看，只见这位船长的手中紧握着一份被撕破的旧航海图，上面血滴斑斑。他躺卧的床头上，还竖着一根已经熄灭的蜡烛，蜡烛的上端呈水平状态。也许船长是在点燃蜡烛看航海图时被杀害的，凶手杀死船长后就吹熄了蜡烛，夺去航海图才逃跑的。

"这艘船大约是昨天中午停泊在此处的，船舱里白天也是非常阴暗的，所以，即使在白天看航海图也需要点蜡烛，船长被害的时间并不一定是晚上，可是船长到底何时遭到毒手的呢？"

助手一边随亨利查看现场，一边自言自语。

"船长被害的时间，在昨晚9点左右。"亨利说。

你知道亨利是根据什么做出如此判断的吗？

·侦探小助理·

讲述人	时间	地点	事件	侦查手段	证据及线索	关键点
亨利侦探	早上9点左右	海边沙滩上	一艘小帆船上的船长被害	现场查看、情景再现	①此时是退潮的时候②蜡烛已经熄灭，上端呈水平状态	蜡烛

430 移花接木

晶晶死在卧室里，尸体是被来访的记者朋友发现的。他立刻拨打了110，警察和法医以最快的速度赶到了现场。

大约过了一个小时。"死因和死亡时间出来了吗？"警察问法医。

"是他杀，大概已经死了23个小时了，但现场没有作案的痕迹。"法医回答。

"那就奇怪了。"

警察忽然注意到桌子上的蜡烛在燃着，他顺手打开日光灯，却发现停电了。猛然，他意识到了什么。

"这尸体是从别处移过来的。"

请问，警察是凭什么做出推断的？

431 死亡与鲜花的对比

夏天，某女侦探去郊游。她在河边的草丛里发现了一具尸体。尸体旁边有一个空果汁瓶。

女侦探马上报告了警方。警察赶来，发现死者身边的果汁瓶上有毒。搬动尸体时，下面正好压着一棵月见草，盛开着一朵黄色的小花。

警方验尸后说："死亡时间大约在 24 小时之前，很可能是昨天下午在这里服毒自杀的。"

女侦探却不同意这个结论。她认为，死者并不是死在此地的，这里不是第一现场。也就是说，尸体是由别人扔在这里的。

请问：女侦探是怎么推断的呢？

432 空姐被杀

一天晚上，住在某旅馆里的一位空姐被人枪杀。凶手是从 30 米外对面的屋顶用无声手枪射中她的。

窗户是关着的，窗子上有一个弹洞。从这一迹象看，凶手只开了一枪。但奇怪的是，被害者的胸部和腿部都中弹了——大腿被子弹射穿，胸部也留有子弹。这样看来，凶手好像开了两枪。

如果凶手开了两枪，那么另一颗子弹是从哪里射入被害者的房间的呢？这颗子弹又在哪里呢？大家无法回答，于是去请教大胡子探长，他肯定地回答："中了一枪。"

大胡子探长为什么这样说呢？

·侦探小助理·

讲述人	时间	地点	事件	侦查手段	证据及线索	关键点
大家	一天晚上	某旅馆里	一位空姐被枪杀	现场查看、推理	①凶手只开了一枪 ②被害人的胸部和腿部都中弹了	动作

433 请专家来断案

某地，曾发生过一起疑案：一个被杀的尸体躺在床上，法医在检查现场时，竟从没有血迹的枕套上验出了血型。开始他们以为是被害者的唾液等分泌物沾

在上面造成的，但用抗原体检验后，发现了 A 型和 B 型两种抗原，无法确定是 A 型、B 型、AB 型血的哪一种，而被害者是 O 型血。警察们绞尽脑汁，百思不得其解。

一波未平，一波又起。在该地中部，有一次警察在撞伤人的车轮上验出了 O、A、B 几种血型，这辆肇事车是撞伤人后仓皇地逃窜到山村的小路上，才被警察抓获的。

这是怎么一回事？难道这辆车不止一次地出过事故？警方面对前后两个谜，前往警察科学研究所求教，这才找到了答案。

你能猜出问题出在哪儿吗？

434 子弹会拐弯吗

一位被警方押送的罪犯趁警察去列车长那要求调换座位时，偷偷地跑掉了。他藏在车头靠近机车的位置，正暗自庆幸时，没有想到他已被派来杀人灭口的杀手盯上。

列车在要经过一段坡度很大，且弯度也很大的地段时，列车播音员提醒广大旅客要注意。当列车顺利经过时，这位罪犯却已经被枪杀而死。经警方调查，杀手是在列车车尾处射击的，而罪犯却在车头，世界上还没有射程这么远，而且子弹会拐弯的枪吧？

你知道这是怎么回事吗？

435 第二枪

大楼的一间公寓里突然传出枪声，管理员赶忙过去查看，可是房门锁着，打不开。他正准备破门而入时，里面又传出枪声，子弹穿过门，差一点打中管理员。

管理员胆战心惊地打开门，看到一个男子右手握枪，伏在桌上，已经死了。

警方验尸后发现，死者头部有一个很大的弹孔，现场留有遗书，证实这是一起自杀。

可是，头部中弹会立即死亡，死者怎么有可能再开第二枪呢？

那么，究竟是谁开的第二枪？

讲述人	时间	地点	事件	侦查手段	证据及线索	关键点
管理员	某天	大楼的一间公寓里	一个男子右手握枪，伏在桌上死去	现场查看、推理	①死者头部有一个弹孔②当时传出两声枪响	枪响

436 凶手是自己

一个夏日的夜晚，出租车司机小李开着出租车与女友外出后一夜未归。直到第二天早上，人们才在郊外发现了他的汽车，他和女友相互依偎着坐在后排座位上，却双双命归黄泉了。接到报案，公安局刑侦队刘队长立即率人前来勘查现场。

当时出租车停在离高速公路不远的一块地势较低的草地上，发动机还在运转，车上的空调也开着，但门窗紧闭。出租车车身、门窗完好无损，车内外也无搏斗的迹象，两人衣衫整齐，面容安详。因此可以断定，两人之死非外来袭击所致。

那么究竟谁是凶手？凶手又是用什么方法把两人杀死的呢？一连两天，刘队长苦苦思索，却始终百思不得其解。正当他冥思苦想之际，法医的尸检报告送来了。

"凶手原来是司机小李自己！"刘队长看过验尸报告，刘队长心里的一块石头终于落了地。

你可知小李和女友的死因吗？

437 漂泊的救生筏上

游览用的小型直升机载着一个乘客在海上飞行时，遇到了空中陷阱，还没来得及发出求救信号就坠到了海里。幸好，靠机翼的浮力，飞机没有马上下沉，所以飞行员和乘客才得到机会吹起救生橡皮筏转移到了上面。

海面上风平浪静。橡皮筏是4人用的，所以两人用绰绰有余。筏上有5罐紧急用的罐头食品，其中两罐是果汁，以此来代替饮用水。

"如果这样漂上两三天，大概会有搜索飞机来救助的，无须担心。"飞行员劝乘客放心。

可是，半个月后，一艘国际货轮发现这个救生筏时，飞行员和乘客都已经死了。

飞行员是被用匕首刺死的，而乘客不知为什么用左手的一个手指抠住鼓起的空气管俯在筏上饿死了。船上还有一把带血的匕首和4个空罐头盒，另一个罐头没动过。

"这两个人是为抢夺最后的一盒罐头而用匕首互相残杀的吧？"

"如果是这样，活着的凶手为什么不吃罐头而被活活饿死呢？"

货轮上的船员们都感到不可思议。

请你推理一下，漂泊的救生筏上到底发生了什么事？

·侦探小助理·

讲述人	时间	地点	事件	侦查手段	证据及线索	关键点
船员们	某天	海上的一个救生橡皮筏	橡皮筏上的飞行员和乘客都死了	推理、情景再现	①飞行员是被匕首刺死的②乘客用左手的一个手指抠住鼓起的空气管	空气管

438 游船上的谋杀案

狂风怒号，海浪滔天，台风就像一个喝醉了酒的狂人，在肆意地发着酒疯，把海水搅得天昏地暗。海面上已经看不见任何船只了。渔船都避到港湾里，落下了帆，抛下了锚，等待着台风过去。

这时候，海岸警卫队接到SOS求救信号：有一艘游船，被困在大海里，随时有沉没的危险！海岸警卫队立刻派出救生快艇，冒着大风大浪，向出事的海域驶去。

天漆黑一团，再加上十几米高的海浪，冲撞着快艇。小艇就像一片树叶，一会儿被抛上半空，一会儿又被压到浪底。几小时以后，快艇来到了发出信号的海面上，打开探照灯，四处搜寻着。

忽然，负责观察的水手叫起来："快看！那边有人！"探照灯"刷"地照射过去，在雪亮的光柱下，可以看见有一艘小游船，在海面上漂荡，一个男子在用力挥手，旁边还躺着一个人。救生艇赶快靠过去，经过了无数次的努力，终于把他们救了上来。可是，另一个男子已经死了，他的头上有一个大窟窿。

活着的那个男子满头大汗，他擦了一把汗，喘着气说："我叫保罗，已经3天没有喝上淡水了。两天前，我和汤姆驾着小帆船，出海去游玩，我们只顾得高兴，来到了离海岸很远的地方，这时候，船出了故障，无法再行驶了，又遇上了台风。船上没有食品和淡水，我们都又饿又渴。今天，汤姆实在忍不住了。到船舷边舀海水喝，脚下一滑，头撞到铁锚上死了。幸亏你们来了，不然我也没命了！"艇长听了他的话，立刻命令士兵："他就是凶手，马上把他监禁起来！"

艇长为什么会怀疑那个男子是凶手呢？

439 阳台上的枪杀案

星期天清晨，体操运动员伊里杰夫很早就起床了：他住在体育公寓的6楼，有一个很大的阳台，阳台的一角放着训练器械。他来到阳台上，一会儿压压腿，一会儿弯弯腰，一会儿双手倒立，一会儿引体向上……对面阳台上，有个小朋友看得直叫好，可是喝彩声刚落，"砰"的一声枪响，你瞧伊里杰夫就倒在阳台上，不动弹了。小朋友吓得蒙住了眼睛，大声喊："爸爸，爸爸，对面的叔叔被打死啦！"

麦克奎尔探长接到报案，直奔现场。他检查了尸体，发现子弹是从背后射进去、从小腹穿出来的，有一颗弹头嵌在阳台的地板上，和死者的伤口完全吻合。探长挖出弹头，发现这是小口径步枪子弹头，是专门用于射击比赛的。

探长又做了进一步的调查，得知在这幢公寓的二楼，住着一位射击运动员，人称"神枪手"，就对他进行询问。"神枪手"生气地说："探长先生，你不应该怀疑我，因为我听说子弹是从他后背进去，下腹部出来的，凶手显然是从上面往下射击，我在二楼是没有办法射中他的啊！"

探长问了射击运动员的邻居，证明他早上确实没有出门。那么凶手究竟是谁呢？

麦克奎尔探长很快就有了答案。

从现场情况分析，你认为麦克奎尔探长会说谁是凶手呢？

·侦探小助理·

讲述人	时间	地点	事件	侦查手段	证据及线索	关键点
一个小朋友	星期天早晨	体操运动员伊里杰夫的公寓	伊里杰夫被枪杀	现场查看、推理	①伊里杰夫住在6楼 ②子弹从死者背后射进去、从小腹穿出来 ③"神枪手"在二楼	动作

第十二章

福尔摩斯是这么想的

440 伪证据

"我正站在商店门口，等我丈夫开车接我回家，突然有个人冲了过来，一把抢走了我的钱包！我只看到了他的背影。"一个妇女正在向警察讲述自己的遭遇。

警察找到了一个目击证人。他说自己当时正坐在旁边的一张长椅上。"这位女士站在我前面大约两米的地方，拿着好几个购物袋，还有她的钱包。一个穿着牛仔裤和皮衣的大块头抢走了她的钱包，并且拉开旁边的救生门，消失在大楼里面了。"

几个小时之后，警察在这个目击者的汽车里找到了被抢走的钱包，并逮捕了他。

警察怎么知道他与这起抢劫案有关呢？

·侦探小助理·

讲述人	时间	地点	事件	侦查手段	证据及线索	关键点
一个妇女	某天	商店门口	妇女被人抢走了钱包	证词、推理	目击者称劫匪拉开旁边的救生门，消失在大楼里面	救生门

441 职员的话

某单位的金柜存放着近几天的单位结算资金，因账目还未整理完，就没有存入银行。

就在整理完账目要送往银行的时候，金柜被盗，丢失近百万元资金。

警察察看现场时，发现窗户上的玻璃被打碎，玻璃碎片散落一地。金柜被盗贼切割开。警察询问负责看管的职员，职员回答："我一直都很警惕，半夜的时候特意巡察了一次，那时窗户都关得好好的，我还把窗帘都拉上了，没有发现任何异况。"

但警察听完他的话，反而把这位职员给抓了起来，你知道这是为什么呢？

442 开庭审理

琼斯被控告在一个月前杀害了约瑟夫。警察和检察方面的调查结果，从犯罪动机、作案条件到人证、物证都对他极为不利。虽然至今警察还没有找到被害者的尸体，但公诉方面认为已经有足够的证据能把琼斯定为一级谋杀罪。

琼斯请来一位著名律师为他辩护。在大量的人证和物证面前，律师感到捉襟见肘，无以为辞。但他毕竟是个足智多谋的行家，他急中生智，把辩护内容转换到了另一个角度上，从容不迫地说道："毫无疑问，从这些证词听起来，我的委托人似乎确实是犯下了谋杀罪。可是，迄今为止，还没有发现约瑟夫先生的尸体。当然，也可以作这样的推测，便是凶手使用了巧妙的方法把被害者的尸体藏匿在一个十分隐蔽的地方或是毁尸灭迹了，但我想在这里问一问大家，要是事实证明那位约瑟夫先生现在还活着，甚至出现在法庭上的话，那么大家是否还会认为我的委托人是杀害约瑟夫先生的凶手？"

陪审席和旁听席上发出了笑声，似乎在讥讽这位远近驰名的大律师竟会提出这么一个缺乏法律常识的问题来。法官看着律师说道："请你说吧，你想要表达的是什么意思？"

"我所要表达的就是这个意思。"律师边说边走出法庭和旁听席之间的矮栏，快步走到陪审席旁边的那扇侧门前面，用整座厅里都能听清的声音说道："现在，就请大家看吧！"说着，一下拉开了那扇门……

所有的陪审员和旁听者的目光都转向那侧门，但被拉开的门里空空如也，没有任何东西，当然更不见那位约瑟夫……

律师轻轻地关上侧门，走回律师席中，慢条斯理地说道："请大家别以为刚才的那个举动是对法庭和公众的戏弄。我只想向大家证明一个事实：便是即使公诉方面提出了许多所谓的'证据'，但迄今为止，在这个法庭上，人们的目光都转向了那道门。这说明了大家都在期望着约瑟夫先生在那里出现，从而也证明在每个人的内心深处，对约瑟夫先生到底是否已经不在人间是存在着怀疑的……"说到这里，他顿了片刻，把语音提高了些，"所以，我要大声疾呼：在座的这12位公正而又明智的陪审员，难道凭着这些连你们自己也存在着疑虑的'证据'，就裁定我的委托人是'杀害'约瑟夫先生的凶手吗？"

霎时间，法庭上议论纷纷，不少旁听者交头接耳，新闻记者竞相打电话给自己报馆的主笔报告审判情况，预言律师的绝妙辩护有可能使被告获得开释。

但是，最后审判结果却是判被告琼斯有罪。

请问：这是什么道理呢？

443 伪造的现场

名声显赫的女演员维娜神情惨淡地向私人侦探哈利逊诉说："绑架者肯定是白天潜入房间的。因为夜间我们各房间的门窗都关闭了。半夜时，我在阳台上乘凉，突然见到一个人把那条带子放下去，扛着可怜的莎丽顺着带子溜下去了，他一定是把我女儿打昏了。"

哈利逊看到这间卧室里一条由床单和薄毯撕开后结成的长带子在床腿上缚着，另一头在窗外悬吊着，带子约有12英尺长，距地面不到一码。他问："房间里的东西移动过吗？"

维娜回答："没有。"

哈利逊走到室外，在街上叫来一个报童，给他半美元，让他模拟绑架者，顺着那条带子下去。之后，哈利逊笑着说："维娜女士，你是在演戏吗？"

请问：哈利逊侦探根据什么看穿了这个伪造的现场？

侦探小助理

讲述人	时间	地点	事件	侦查手段	证据及线索	关键点
女演员维娜	某天	维娜的房间	维娜的女儿莎丽被人绑架	现场查看、情景再现	①卧室里有一条由床单和薄毯撕开后结成的长带子在床腿上缚着②带子另一头在窗外悬吊着，带子有12英尺	带子

444 报案破绽

电视播音员清水夜里 1 点多钟突然向警方报案，说他妻子被杀了。西蒙警长驱车火速赶赴现场。这是一幢新宅，门旁车库前停放着一辆红色越野车。

警长下车走近大门时，那儿突然有条狗汪汪地吼叫起来。那是一条狼狗，被一条长长的铁链拴着。

"太郎，闭嘴！"清水走出门来，那条狗便乖乖地蹲在他的脚下。看来是训练有素。

死者身穿睡衣，倒在厨房的地板上，是头部被打伤致死的。

清水声泪俱下地向警长诉说："我为一点小事和妻子吵了一架，憋着一肚子气跑了出去，在外面兜了两个小时风，回来一看，妻子被杀了，那时是 11 点。我出去后大概妻子没关门，肯定是强盗闯进我家，被妻子发现后，于是杀人逃走了。"

"有什么东西被盗了吗？"

"放在柜子里的现金和妻子的宝石不见了。"

"去兜风时带上你的狗了吗？"

"没有，只是我一人去的。"

现场取证工作基本结束了。第二天一大早，警长就命令助手到邻居家了解情况。不一会儿，助手跑回来报告说："西边的邻居家里有一个老头昨晚几乎看了一夜电视。据他讲，在罪犯作案的时间里没听到什么异常的动静。"

"也没有听到汽车的声音吗？"

"听到过，有过汽车的声音，是晚上 11 点左右听到汽车由车库开出的声音。"

"不错，罪犯就是清水。"

果然，经审讯，清水供认由于同女歌星约会被发觉，和妻子吵了架，怒不可遏地抄起啤酒瓶照着妻子的头部砸去。本来是无意杀死妻子的，但事后又不想去自首，因而

伪造了盗窃杀人的假象，并出去兜风，顺便把当作凶器的啤酒瓶扔进河里。

那么，西蒙警长究竟凭什么证据，识破了清水的犯罪行为呢？

445 行李箱被窃案

在英国南方铁路沿线几个大城市的火车站上，某年5月份接连发生了几起旅客存放衣物的行李箱被窃案。这些案件在6个城市相继发生，表明窃案是由一个盗窃集团干的。

他们的作案手段很狡猾，既不用暴力，也不用撬锁，而是先通过手续租用几个行李箱，待复制好行李箱的钥匙后归还行李箱寄存处。当不明真相的旅客再次租用这些箱子后，他们就窥测时机，及时下手。

然而，这一切终于没有逃脱警察的眼睛，罪犯们在作案路线上露了马脚，根据他们的作案规律推断，下一个作案时间约在10月初，作案地点是伦敦。因此，警方根据他们的作案手段，张网以待。

从10月4日起，4位记忆力极强的警察，化装成便衣，轮流守候在伦敦火车站附近，对行李寄存处实行24小时监视。第二天，发生两起寄存行李箱被窃案。

10月7日，警方决定收网。一位在几天内多次出现在行李寄存处的男子，在从52号行李箱里取出一个沉甸甸的箱子时，当即被带到了铁路警察所。

"你们凭什么抓我？我要去法院告你们！"这位男子非常恼火。

"先生，请冷静些。请你报出箱子里装的是什么东西。"

这位男子毫不迟疑地一口气报出一大串物品，经核实，与箱内的实物完全相符。

两位警察面面相觑。

"我们要搜一下你的身，先生。"

这位男子大声抗议。警察不管他怎样抗议，还是从他身上找到了犯罪的证据。

请问：犯罪的证据是什么呢？

446 财会室起火案

一天深夜，一家商店的财会室突然起火。虽经值班会计奋力扑救，仍有部分账簿被大火烧毁。

警官向浑身湿透的值班会计询问案情。

"前几天，我就发现室内的电线时常爆出火花。今天，我将全部账簿翻了出来，堆在外面，准备另换一个安全的地方，不料电线走火，引燃账簿，酿成火灾。幸亏隔壁就是卫生间，我迅速放水，把火扑灭，才未酿成大祸。"

"你能肯定是电失火吗？"警官追问。

"能。我们这里没有抽烟的，又没有能自燃的其他物品和电器。对了，我刚才进来救火时，还闻到了电线被烧后发出的臭味。"

"够了！"警官呵斥道，"你是因为担心自己的贪污问题暴露而故意纵火的吧？"

请问：这是什么道理呢？

·侦探小助理·

讲述人	时间	地点	事件	侦查手段	证据及线索	关键点
值班会计	一天深夜	一家商店的财会室	财会室突然起火，部分账簿被烧毁	现场查看、生活常识	会计称迅速放水把火扑灭	灭火

447 被冤枉的狗

有一天，哈林正在家里看书，突然响起一阵急促的门铃声，他赶紧去开门。进来的是隔壁的莫亚太太，她可是个远近闻名的刁妇，只见她气势汹汹地向哈林嚷道："你太可恶了！自己的狗也不管好！它把我咬了！"

哈林莫名其妙，因为他的狗从来不咬人，而且今天一直都蹲在他脚边。于是，哈林问莫亚太太道："什么时候咬的？咬在哪里？我怎么没看到伤口？"

莫亚太太说："就在刚才经过你家门口时。"说着把她干净整洁的裤子拉得高高的。哈林这才看到，莫亚太太膝盖处有一处被咬伤的伤口。

当哈林看过莫亚太太的伤口后，十分肯定地说："荒谬！你在撒谎！伤口不是我的狗咬的。"接着哈林说出了证据，莫亚太太哑口无言。

你知道哈林的证据是什么吗？

448 被淹死的人

一天，鲁尼探长要去看望住在海边豪宅的好友克拉克。路上，他给克拉克打了电话，告诉他大约半个小时后到。

半小时后，鲁尼准时到达，可在客厅里等了5分钟，还不见克拉克出现。这时仆人特里说："老爷进去洗澡已经半个多小时了，会不会……"鲁尼探长撞开浴室门，发现克拉克已经死在浴缸里。从初步检查的结果来看，他是溺水死的，死亡时间大概在半小时前。

警察赶到后做了进一步分析，发现克拉克的肺部有大量海水，而没有淡水残留。同时，整个下午只有仆人特里一个人在家，没有其他人来过。

鲁尼第一个反应就抓住特里，说他是凶手。特里拼命地否认他没有作案时间："鲁尼探长打电话来的时候主人还在接电话，从那时到现在只有30多分钟，可是从这里到海边却要一个小时！我就是坐飞机也来不及。"但鲁尼却一口咬定是特里干的。你认为鲁尼的理由是什么呢？

449 墙外树下

某天清晨，在一堵围墙外的大树下发现一具尸体。死者赤着脚，脚底板有几条从脚趾到脚跟的纵向的伤痕，而且还有血迹，旁边有一双拖鞋。

"死者是想爬树翻入围墙，但不小心摔死了。他可能是想行窃。"有人这样推断。但是老练的警长却说："不，这个人不是从树上摔下来的，而是被人谋杀后放在这里的，凶手是想伪装成被害者不慎摔死的假象。"

试问：警长为什么这样说呢？

◆侦探小助理◆

讲述人	时间	地点	事件	侦查手段	证据及线索	关键点
人们	某天清晨	一堵围墙外的大树下	树下有一具尸体	现场查看、推理	死者脚底板有几条从脚趾到脚跟的纵向的伤痕	伤痕

450 皇帝与大臣

一个皇帝有 20 个大臣，每位大臣身边都有一个坏侍卫。虽然每一个大臣都知道其他大臣的侍卫是坏人，但由于他们之间关系不融洽，因此他们都不知道自己的侍卫是否是坏人。

皇上知道此事后，把 20 个大臣召集在一起，告诉他们，在跟随他们的侍卫中至少有一个坏人，并要求他们如果知道了自己的侍卫是坏人就必须立刻杀了他；如果知道了又不杀的话，那他们自己的脑袋就保不住了，期限为 20 天。

为此，皇上办了一份早报，如果哪位侍卫被杀了就会刊登在早报上，可 19 天都平静地过去了。在第 20 天早晨，仍然没有哪一位大臣杀自己侍卫的消息。请问，接下去的情况将会怎么样呢？

451 谷底逃生

迈克和杰克用软梯下到一个深谷，准备探寻谷底的洞穴。刚到达谷底走了几米，忽然谷底的泉水大量涌出，不一会儿水位就到了腰部，并不断上涨。

他们两人没想到谷底会发大水，既不会游泳，又没带救生用具，只能立刻攀软梯出谷。但他们所用软梯的负重是 250 千克，攀下时是一个一个下来的，因为他们的体重都是 140 千克左右。

如果两人同时攀梯，势必将软梯踩断；若依次先后攀梯而上，水势很急，时间来不及。

你能帮助他们想一个办法安全脱险吗？

·侦探小助理·

讲述人	时间	地点	事件	侦查手段	证据及线索	关键点
迈克和杰克	某天	一个深谷	谷底的泉水大量涌出	现场查看、推理	①软梯的负重是250千克②两人的体重分别140千克左右	浮力

452 昏庸的皇帝

有一个皇帝把王法当作儿戏。一天，他别出心裁地下了一道圣旨：犯人可以当着他的面摸生死卷，摸到"生"字者当场释放，摸到"死"字者立即处死。

当朝宰相是个倚仗权势、无恶不作的酷吏。他为了拔掉眼中钉，便在皇帝面前诬告一位大臣有谋反之心。皇帝听信谗言，立即命禁卫军将那位大臣拘禁，并令其次日摸生死卷当场定生死。

宰相随后买通掌管纸卷箱的小吏，要他在两张纸卷上都写有"死"字。这样一来，那位大臣注定难逃一死。

这一阴谋被一位忠良之臣得知，当夜以探监为名，告知了那位受冤的大臣。

第二天，皇帝临朝，为了制造一种恐怖气氛，特意在生死卷箱前架起了油锅，如果摸出的是"死"字，当场就会把那位大臣投入滚烫的油锅中。

在众大臣忐忑不安的眼光中，那位大臣从容不迫地把手伸进纸箱中。

想想看，那位大臣怎样才能免于一死？

453 孤独费10万英镑

法庭上，中年妇女琼斯太太正在和丈夫闹离婚，理由是她的丈夫有了"外遇"。琼斯太太一边哭着，一边向法官控诉说："我20岁嫁给他以后，他曾向我发誓，再不和那鬼东西来往了。可是，结婚一星期不到，他便偷偷摸摸到运动场上约会去了。我警告他，可他听不进去。我忍气吞声地过了20年，如今，他已50多岁了，可还迷恋那个鬼东西。近来，他们的约会越来越多，已发展到无论白天黑夜，他都去运动场上与那可恶的'第三者'见面。"

法官问道："琼斯太太，你能告诉法庭，与你丈夫约会的'第三者'是谁吗？"

琼斯太太爽快地说："当然，'她'就是臭名远扬、家喻户晓的足球。"

法官对琼斯太太的控告词哭笑不得，只是

劝说道："足球非人，你只能控告生产足球的厂家。"

谁知，琼斯太太真的向法庭控告起一年生产 20 万只足球的宇宙足球厂。更出乎人们意料的是，琼斯太太在法庭上居然大获全胜，宇宙足球厂赔偿了琼斯太太孤独费 10 万英镑。

请问：这是什么道理呢？

454 律师的判断

里特气急败坏地来找律师，诉说一件棘手的事情：

"我家有个花匠叫阿根，3 天前他跑到我的办公室，一边点头哈腰，一边傻笑着公然向我索取 10 万美金，他自称在修剪家父书房外的花园时，拾到一份家父丢弃的遗嘱，上面指定我在新西兰的叔叔为全部财产的唯一继承人。这消息对我来说犹如五雷轰顶。父亲和我在 11 月份的某一天，曾因我未婚妻珍妮的事发生过激烈争吵。父亲反对这门婚事，有可能取消我的继承权。阿根声称他持有这第二份遗嘱。这份遗嘱比他所索取的更有价值。因为这份遗嘱的签署日期是 11 月 30 日晚上 1 点钟。比已生效的遗嘱晚几个小时，所以它将会得到法律的承认。我拒绝了他的敲诈，于是他缠着我讨价还价。先是要 5 万，后来又降到 2 万。律师，这该如何处理呢？"

"我说，你应该一毛不拔。"律师说。

你知道律师为什么这样说吗？

·侦探小助理·

讲述人	时间	地点	事件	侦查手段	证据及线索	关键点
里特	某天	里特的办公室	花匠阿根称自己有里特父亲对里特不利的遗嘱，向里特索要 10 万美金	生活常识	遗嘱的签署日期是 11 月 30 日晚上 1 点钟	时间

455 转危为安

古时候，波斯帝国有一位年轻的太子，聪明过人。一次，他率波斯大军与阿拉伯帝国的倭马亚王的军队交战时，不幸兵败被俘。

军士们把他押送到倭马亚王的面前，国王二话没说便下令推出去杀头。太子一听，马上装出一副可怜相，说道："慈悲的国王啊，我渴极了，您让我喝点水再走吧，那我也就死而无憾了。"

国王点点头，随后命令左右给太子递了一碗水。太子接过来却不喝，而是左顾右盼起来。

"快喝，看什么！"一名军士厉声喝道。

太子听了，扑通跪在地上，说："我担心，不到这碗水喝完你们就会举刀杀我啊！"

国王一听，不禁大笑起来，心想：堂堂的波斯国太子也不过如此，于是说道："我从来都是说一不二的。你尽管喝好了，我起誓，在你喝完这碗水之前，肯定不会杀你。"

太子一听，迅速做出了一个动作，然后对国王说出了一句话。国王一听，顿时哑口无言，没有杀他。设想一下，面对人头落地的危险情境，波斯王子如何才能转危为安？

456 巧打德国侵略军

第二次世界大战期间，法国的一个小镇驻扎着德国的一支侵略军。一次，指挥官海格姆上校在他的指挥部宴请各界人士。为了安全，颁发的请柬是两张相同的红票连在一起，两张请柬最多可进 3 人。宾客在进第一道岗时撕去一张，另一张进指挥部时交给门卫；如果有事外出，则发给一张特别通行证，凭此证进出第一道岗哨时只要给哨兵看一下，进指挥部时才收掉。

法国抵抗组织设法搞到了两张请柬，他们用这两张请柬巧妙地安排 3 人进入指挥部，另外十几个游击队员通过第一道岗哨，埋伏在指挥部外，结果里应外合，打击了德国驻军。

你知道游击队是怎么安排的吗？

457 蜘蛛告白

一年冬天，拿破仑的法兰西军队排列整齐，开始向荷兰的重镇出发。荷兰的军队打开了所有的水闸，使法兰西军队前进的道路被滔滔大水淹没，拿破仑立即下令军队向后撤退。正在大家感到焦虑的时候，拿破仑看到了一只蜘蛛正在吐丝，拿破仑果断地命令部队停止撤退，就在原地做饭，操练队伍。两天过去后，漫天的洪水并没席卷而来。后来法兰西军队在拿破仑的带领下，将荷兰的重镇攻破了。

你知道是什么使拿破仑改变了撤退的主意，并取得最后的胜利吗？

·侦探小助理·

讲述人	时间	地点	事件	侦查手段	证据及线索	关键点
拿破仑	一年冬天	荷兰重镇	水闸打开，法兰西军队前进的道路被滔滔大水淹没	观察、生活常识	当时蜘蛛正在吐丝	蜘蛛

458 巧过立交桥

罗尔警长快要过60岁生日了，可是看上去很年轻，50岁还不到的样子。这得归功于他的自行车，也许你不相信，这辆自行车陪着他30多年了，还是当年巡逻时骑的呢。后来，警察巡逻开上了警车，可是罗尔警长坚持骑自行车，他说："坐在警车里不锻炼，连路也跑不动了，怎么抓坏人？"

有一天下午，他骑着自行车在街上巡逻，一辆黄色轿车"呼"地从身边冲过，紧接着，身边传来喊叫声："他偷了我的汽车！"罗尔警长赶紧蹬车去追黄色轿车，

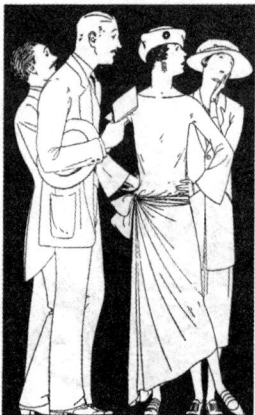

可是，自行车的两个轮子，怎么追得上4个轮子的轿车呢？才追了一条马路，他就累得直喘气，眼看轿车越来越远了。

这时候，他看见路边停着一辆集装箱卡车，司机正在卸货，他扔下自行车，跳上卡车，开足马力，继续追赶。

偷车贼还以为把警长甩掉了，心中暗自嘲笑：一辆破自行车，还想追我？哼，没门！忽然，他从后视镜里看见了卡车，司机就是那个老警察！他慌忙加大油门，警长紧追不舍，两辆车在公路上追逐着。

前方有一座立交桥，轿车一下子就从桥底下穿了过去，可是集装箱卡车的高度，恰恰高出立交桥底部2厘米，警长一个急刹车，停在立交桥前，好险啊！

罪犯看到卡车被挡住了，还回头做个怪脸，罗尔警长气得两眼冒火。他毕竟是老警察了，马上冷静下来，看了看轮胎，立刻有了主意。

几分钟以后，集装箱卡车顺利从立交桥底下穿过，罗尔警长终于追上了罪犯。

罗尔警长用什么方法，很快就让卡车通过了立交桥底下呢？

459 《圣经》阅读计划

大约4世纪的时候，英国有个名叫亚当斯的惯盗，多年来一直行凶作案，终于被抓，并准备处以极刑。

当时的英国国王是詹姆斯六世，他因钦定《圣经》而闻名。亚当斯抓住了这个机会对狱卒说："听说国王喜欢《圣经》，为表示对国王的忠心，临死前我想读一读《圣经》，请国王允许我把《圣经》读完后再处死我。"

狱卒马上把亚当斯的想法上奏给了国王，国王听了狱卒的上奏后，说："满足他的愿望吧，在他读完《圣经》之前，暂停执行死刑。"得到国王的许可，亚当斯欣喜若狂，他当即写了一份阅读计划交给审判官，并说自己要好好品读《圣经》，直至背下来。审判官顿时醒悟，国王上当了。实际上亚当斯借此取消了自己的死刑。

你知道亚当斯是怎样借机取消自己的死刑的吗？他的阅读计划是什么？

460 化学家的声明

著名化学家威廉研制出了很多化学产品，并因此成了百万富翁。在伦敦市一条繁华的大街上，他购置了一套豪华公寓。威廉不仅钻研化学，还对收藏世界名画和文物颇感兴趣，他几乎花了自己一半的收入，购买了许多名画在客厅里。

一天夜里，有个小偷钻进屋里行窃。他偷了几件文物，经过客厅时顺手摘下了挂在那儿的一幅名画并卷起来，打算从原路逃走。突然餐桌上放的一瓶高档名酒将他吸引住了。

原来这小偷是酒鬼，平常就嗜酒如命，这会儿他一看到有这么好的酒，不管三七二十一，迫不及待地拧开酒瓶，扬起脖子喝起来。

他刚喝了一半。突然听到门外有响声，大概是仆人听见有什么响动前来查看了。小偷一慌，忙放下酒瓶，赶紧逃走了。

第二天一早，威廉发现家中的几件文物和名画不见了，就连忙报了警。警察局派吉姆警长赶来，组织破案。吉姆在屋里转了一圈，见罪犯没有留下什么痕迹，只有一股酒味。吉姆看到了餐桌上开着的酒瓶并询问了威廉，他断定盗贼喝了几口酒，便心生一计，他要让这罪犯投案自首。

请问：他想的是什么办法呢？

·侦探小助理·

讲述人	时间	地点	事件	侦查手段	证据及线索	关键点
化学家威廉	一天夜里	威廉的豪华公寓	一个小偷进屋行窃，偷走了几件文物和一幅名画	化学分析、心理剖析	小偷在威廉家中喝了酒	酒

461 谁是匪首

"砰——"的一声枪响，打破了边境清晨的宁静，在国境线边上的小村寨里，男女老少奔跑着，惊叫着："土匪来啦！快逃命啊！"

这个边境线旁的小村寨，交通非常不方便，村民的生活很艰苦，最让人恐怖的是边境线的对面，有一帮土匪经常来村里抢劫，吃饱喝足了，临走的时候还要带走鸡鸭鹅羊，谁敢反抗，就会遭到毒打甚至枪杀。等到边防警察局接到报警，要走很长的山路才能赶到，这时候土匪已经逃走了。

为了把土匪一网打尽，克莱尔探长带领部下，忍受着寒冷和虫咬，埋伏在附近的山洞里。整整半个月过去了，土匪没有一点儿动静。有的警员说："也许土匪知道我们埋伏了，不会来了吧？"探长说："马上要到圣诞节了，土匪一定会来抢东西，好回去过节的！"

果然，就在圣诞节早上，土匪又来了。边防警察迅速出击消灭了几个土匪，其余的都乖乖举手投降了。克莱尔探长早就听说，这帮土匪的头目心狠手辣，杀害了不少人，得先把他揪出来。他来到俘虏群前，看到土匪们都穿着一样的军服，谁是土匪头子呢？

克莱尔探长问："谁是带队的？"土匪们都低着头，一声不吭。探长知道，土匪头子一定混在当中，所以土匪们都怕他，不敢说话。克莱尔探长想了一想，突然大声问了一句话，话音刚落，他就知道谁是土匪头子了。

聪明的克莱尔探长问了一句什么话呢？

462 列车上的广播

一个珍奇珠宝展在国外某城市博物馆举行。展览的第二天夜里，两颗分别重65克拉和78克拉的"孔雀蓝"宝石被盗走。这两颗宝石可是稀世珍宝，如果被偷运出国，那造成的损失将难以估量。

天还没有亮，警方便接到报案，探长托尼马上派出两名侦探赶往一个半小时后就要发车的 303 次国际列车。他自己则带了一名助手来到现场。经过初步勘察，他们发现盗贼是从博物馆的屋顶进入馆内的，并且用早已配好的钥匙打开了展厅的门，然后剪断报警器的电线，将宝石从有机玻璃柜中盗走。看来盗贼是早有预谋的。

托尼探长留下助手配合馆内保安继续对现场作进一步勘察，自己迅速开车来到了火车站。他和已经上车的两名侦探联系上。那两名侦探正分别从车头和车尾逐节车厢寻找犯罪嫌疑人。

托尼探长从中间一节车厢上了车。忽然，车厢内一阵骚动，两名乘警正分开人群朝 9 号软卧车厢走去。托尼探长紧跟了过去，当他们来到第三间包厢时，透过半敞开的门，一眼就看见靠窗口处蜷缩着一位中年男子。令人恐怖的是他两眼圆睁，嘴角还有一丝血迹，已经死了。经检查他是被人用毒药枪杀死的，随身携带的行李已不翼而飞。

乘警告诉托尼探长，报案者是与死者相邻车厢的一位乘客。据他说是因误入死者车厢才发现这起凶杀案的。托尼探长猜测死者就是昨晚偷走宝石的盗贼之一，他在作案后很有可能又被另一伙盗贼跟踪，上车后被杀死在车厢内，随后行李和宝石一道被劫。

托尼探长推断杀人劫宝者还在车上，他当即向一位乘警小声交代了几句。这时，两名侦探已来到这节车厢，托尼探长立即给他俩安排了任务。

列车上的广播忽然响了："各位乘客请注意！各位乘客请注意！9 号车厢有一位乘客突发重病，生命垂危，车上如有医生请速去协助抢救……"顿时，有不少人向 9 号车厢涌来。化装成"医生"的一位侦探堵在门口，他向前来要求参与抢救的人说道："病人刚刚苏醒过来，他正向乘警述说发病经过呢！"话音刚落，人群中有一位乘客迅速转身回到了自己的座位上。当那人刚从行李架上取下一只皮箱时，托尼探长和一名乘警便出现在他身后。

"先生，请跟我们到乘警室去一下！"那人浑身一颤，皮箱猛然从手上滑落，正砸在他脚上，疼得他大叫不止。

"把皮箱捡起来，跟我们走一趟！"乘警和托尼探长将那人夹在中间，把他带到了乘警室。没等托尼探长要他打开皮箱，那人便如实地交代了他杀人窃宝的犯罪经过。

请问，托尼探长如何断定那人就是劫宝杀人犯呢？

讲述人	时间	地点	事件	侦查手段	证据及线索	关键点
一位乘客	一天夜里	一列火车上	小偷偷走宝石后被人杀死在车厢内	演绎、心理剖析	①杀人劫宝者还在车上②广播中发出有人病危的消息，不少人来看热闹	广播

463 装哑取证

一列火车在一望无际的原野上疾驶。车厢里，探长琼斯拿着一本小说在打发着寂寞的旅途。

忽然，一个金发碧眼的女人从他座席边上走过，撞了他一下。见他的小说掉在了地上，那女人忙伏下身，将小说拾起，递给琼斯说："对不起，先生。"按理说，琼斯本应回答一句，然而他却怔住了：这女人怎么这么面熟，好像在什么地方见过。就在他犹豫的一瞬间，那女人冲他打了个飞吻，转身朝前面的车厢走去。

在哪里见过她呢？琼斯苦思苦索着，以往接触过的女人一个一个在她头脑里闪过。忽然，他想起了什么：难道是她？

琼斯装作若无其事的样子离开座席，也朝前面的车厢走去。他要去找那个女人。可是他失望了，前面的五节车厢都查看过了，没有发现那个女人。可是，当他走回到自己乘坐的那节车厢的头上，刚推开厕所门进去，门就被关上了。琼斯定神一看，暗吃一惊，那金发女人正站在自己的面前！

"喜欢我？"金发女人笑笑说。

琼斯耸耸肩，摇摇头。

"不喜欢？可是不管你是否喜欢我。总得拿钱来，不然我就出去喊人，说你要非礼我！"金发女人手握门扶手，碧眼紧盯着琼斯那毫无表情的面孔。

琼斯在紧张地思考着，怎样才能抓住这个女诈骗犯呢？说没有钱，她会要我腕上的金表；掏枪抓捕她，她会说我威逼无辜，而且又没有证据……

"你是个哑巴？快说，到底给不给钱？"金发女人眼里露出凶狠而贪婪的目光。

忽然，琼斯想出了个妙计。很快，那个女诈骗犯乖乖地跟着琼斯走出了厕所。当天，在警察局里，女诈骗犯供认了自己连续多次诈骗作案的犯罪事实。

琼斯用的是什么妙计擒获那个女诈骗犯的呢？

464 设宴抓贼

西汉宣帝在位时，京都长安城里小偷多得惊人。

一天，汉宣帝召见了长安的行政长官张敞，让他在一个月内把城里的小偷全部抓光。张敞派出许多差役抓小偷，可是，抓了半个月，也没有抓到几个。怎么才能把小偷抓光呢？张敞整日愁眉不展，冥思苦索。最后，他决定自己化装侦察，顺藤摸瓜，然后再争取一网打尽。

这一天，他又化装来到了繁华的大街上，注意观察街上的行人，天将中午的时候，一个40多岁的中年人引起了他的注意。这个人衣着打扮像个书生，可两只眼睛却贼溜溜地乱转。在他的身后还跟着一个身强力壮的汉子，汉子手里提着两只布口袋。

中年人走到一家丝绸店前，店老板马上笑脸迎出来，并让人捧来两匹丝绸，装进了壮汉的布口袋里。中年人又来到一家食品店前，店主人也殷勤地跑出来，挨着样地给拣了一大堆吃的，倒进了壮汉的另一只布口袋里。中年人和壮汉又走到几家店铺门前，也都如此。

张敞觉得这事儿很怪，头脑中出现了一个个问号：为什么这些店铺的老板如此恭维这个中年人呢？为什么中年人买东西不给钱？这个人是干什么的呢？

为了把事情弄明白，张敞立即让人跟踪那个中年人，自己则来到了丝绸店。他找到店老板问道："刚才到你这儿来的那个人是干什么的？"

店老板以为张敞是个平民百姓，便不在意地说道："你不是本地人吧？不然怎么连那个人都不认识呢！那是这长安城里的头儿！"

"什么头儿？皇上老子不才是头儿吗？"张敞虽已猜着七八分，却又故作不知道地问。

店老板不耐烦地答道："你这个人真是什么都不知道，皇上老子那是一国之君，是国家的头儿，而他是小偷的头儿。"

"小偷还有头儿？"

"那可不，那可不是个好对付的主儿，你要是恭维他，他和他的那些喽啰们就不偷你；你要是不给他好处，他和他的喽啰们用不了一晚上，就能把你的货物偷光。"

"是吗，那人有那么大的本事？"

"可不，你要是在这儿做买卖，也千万不要招惹他。"

"多谢先生的指教！"

张敞说完离开了丝绸店。他刚走不远，就看见一个差役朝自己走来。那差役走到近前轻声说道："大人，我们已经在一间房子里将那个可疑人抓获了。"

张敞听后，也压低声音对差役说道："好，你领我去见那人。"

张敞跟着差役来到了一间摆设豪华的房子里。小偷的头儿听说抓住自己的人是长安最高行政长官张敞，知道抵赖也没有用，便如实招认了。

抓住小偷的头儿并不是张敞的目的，因为宣帝是让他把城里的小偷全部抓获。下一步该怎么办呢？张敞屈指算来，离宣帝给的期限仅有3天了。忽然，他想出了一个把城里的小偷全部抓住的办法，便对小偷的头儿说道：

"你是愿意被砍头呢？还是愿意戴罪立功？"

小偷头儿当然不愿意被砍头，忙说："我愿意戴罪立功！"

"那好，只要你帮我把你手下的那些小偷都抓来，我就饶你一命。"

"那可不好办！大人，你别看偷东西的时候他们都听我的，要是抓他们，可就……"

"这不用你操心，我自有办法。"张敞又对小偷头儿耳语几句，小偷头儿连连点头称是。

第二天晚上，张敞果然把长安城里的小偷儿全部抓获了。

张敞是通过什么办法把小偷全部抓获的呢？

·侦探小助理·

讲述人	时间	地点	事件	侦查手段	证据及线索	关键点
张敞	西汉时	一间豪华的房子里	张敞抓住小偷的头儿，准备将所有小偷一网打尽	演绎、心理剖析	小偷的头儿称偷东西的时候小偷都听他的	官府

465 县令买马

晋朝的时候，县令罗际刚刚上任就传令，让全县的百姓都来有冤申冤，有案说案。

一天，一个老汉颤颤巍巍地前来报案："大人，我的马昨夜被偷了！"

罗际见老汉急得满头大汗，便同情地问道："你的马长得啥模样？"

老汉叹息着回答道："大人呀，都怪我马虎，才让偷马贼钻了空子。那可是一匹好马呀，4岁口，个大脊宽，四蹄雪白，身上红得像火炭一样，跑得可快呢。"

罗际听了点了点头，又问道："你晚上听到什么动静没有？"老汉略一思索，说道："大人，我好像在半夜的时候，听到有一群马叫了一阵，听声音像是马贩子赶着马从我住的村子里经过。"

罗际听老汉说完，安慰老汉说："老人家，你先回去吧，等马寻到了，我再请你领回去。"

老汉见罗际说得平平淡淡，有些满腹狐疑地离开了县衙。

第二天，罗际叫人在城门口贴出了一个布告，布告的内容立刻在全城传开了。很快，有一个马贩子探头探脑地牵着一匹马来到了县衙门前，县令罗际见眼前这匹马和老汉说的那匹马非常相像，便把老汉叫了出来进行相认。

那马一见到老汉，顿时两蹄腾起，鬃毛竖立，挣开马贩子手中的缰绳，跑到老汉跟前，亲热地舔老汉的手。老汉高兴地说道："就是这匹马，这就是我丢的那匹马！"

罗际见状，大声叫道："大胆马贩子，竟敢偷盗老汉的马，来人，立刻给我拿下！"

马贩子大惊失色，知道自己中了罗际的计。

罗际用了什么计策，使马贩子自己原形毕露了呢？

466 母亲与儿子

南北朝时期，有一个叫李易的商人，带着几十匹绢去岐州做生意。时值冬季，太阳早早就落山了。可是李易赶路心切，摸黑继续前行，想赶到岐州再歇息。当他来到一片树林时，突然从林子里蹿出了一个骑马横刀的强盗。那强盗大声喝道："把东西留给大爷就让你过去，不然的话，立刻让你刀下见鬼。"

李易吓得跪在地上，口呼饶命。

"还不快将东西放下！"强盗用刀背轻拍了一下李易的屁股。

李易小心地从地上爬起来，放下了绢。

强盗迅速把几十匹绢捆在马背上，骑马跑进了树林中。

李易听见马蹄声远去，方才敢抬起头来。正巧这时，官府几个骑马巡逻的士兵路过这里，忙问李易发生了什么事。

李易惊魂未定地说："小人出门做生意来到此地，不想被强盗抢了。"

听说有人被抢，为首的一个小头目忙说："快指出强盗逃走的方向，我们这就去追。"

李易嗫嚅着说："小人吓得一直趴在地上，没看见强盗朝哪里逃了？"

小头目气得骂道："笨蛋！还不快随我们去报案。"

刺史杨津是个很会断案的人。只要是报到他这里的案子，很少有不破的。他让李易把案发经过述说一遍后，问道：

"天黑看不清强盗的模样，又没敢看他逃走的方向，但他穿什么衣，骑什么马，年纪有多大，你总还能知道一些吧？"

李易低头回忆了一下，说："那强盗很年轻，身穿青衣青裤，骑着一匹黑马，那马四蹄踏雪。"

杨津让李易暂且回家听候消息，自己回到书房。杨津想，李易被强盗抢劫后，很快就遇见了骑马巡逻的士兵，案发地离城里仅有十里，说明从李易被抢到报案时间不长。

如果强盗是岐州城里的人，他必定不敢带着赃物直接回家。假如强盗现在没回家的话，只要找到强盗家里的人，就不难抓住强盗了。可是，怎样才能找到强盗的家里人呢？忽然，杨津想出了一个主意，立即叫来衙役，命令他们照计行事。

衙役走后，杨津在堂上坐等强盗的家人到来。果然，过不一会儿，强盗的母亲就来到了大堂。杨津又从强盗母亲的嘴里得知强盗叫王虎，经常到城东40里外的韩家庄其姐夫家去玩。于是，杨津派人去捉。王虎正与其姐夫猜拳喝酒，几十匹绢也放在屋里。

王虎当即被捉到州衙，经审问，他全部招供。

杨津是用什么办法，让强盗的母亲自动来到州衙的呢？

·侦探小助理·

讲述人	时间	地点	事件	侦查手段	证据及线索	关键点
商人李易	南北朝时期	路上	李易被强盗劫走了货物	演绎、心理剖析	①李易清楚记得强盗的衣着和马匹②杨津设计让强盗的家人赶来	马

467 两张诬告状纸

唐高祖临政的时候，一天早朝，有一个叫乔仁的大臣出班禀奏控告岐州刺史李靖谋反。乔仁递上一纸状词，列举了李靖7条罪状。

高祖拿过乔仁递上来的状词，心中又惊讶又疑惑。他想："我对李靖一直是十分信任的，他怎么能反叛呢？"想到这里，他又展开了乔仁递上的状纸，把状词一条一条地看了一遍，然后问乔仁：

"你告李靖谋反，事情属实吗？"

"千真万确。您若不信，可以派人去查！"

"如果调查结果相反呢？"

"臣甘愿被反坐处罪！"

高祖看见乔仁表现出一副忠心耿耿的样子，心中的疑惑完全被愤恨所代替了。他铁青着脸，思忖着应该派谁去调查。

经过周密的思考之后，决定派正直忠厚的梁光去调查此事。

第二天上朝，高祖当众受命梁光为钦差大臣，专程去岐州调查李靖谋反之事。

这时，梁光提出了一个请求，让高祖派乔仁一同前往。

乔仁一听，不禁慌了神。可他又转念一想，这样也好，路上可试着对梁光施以贿赂，也许还能把他争取过来呢！

高祖应允了梁光的请求。于是，梁光和乔仁当即赶往岐州。

梁光很熟悉乔仁奸刁阴险的为人。他虽然对李靖的情况不很了解，但已推测到乔仁所告李靖的7条罪状，可能都是无中生有。他十分痛恨乔仁这样的奸臣，又不免替李靖担心。一路上，梁光表面上与乔仁谈得很投机，心里却一直在琢磨着怎样才能查明此案。

当离开京城，走到第7个驿站时，梁光想到了一个好主意，他卸下行李，慌慌张张地找到乔仁说：

"乔兄，不好了，你写的那张状纸被管理行李的人弄丢了，这如何是好呢？"

"这有什么，重写一张就是了。"

乔仁不知是计，很快重写了一张。这时，梁光厉声对乔仁说道："你捏造事实，陷害忠良，还不与我回京城伏罪！"

听了这话，乔仁才知中了梁光的计谋，后悔不已。

回到京城，高祖听完梁光述说了事情的经过，命令把乔仁按诬告陷害罪杀了。

梁光根据什么断定乔仁诬告李靖的呢？

468 马瓜和冯弧

唐朝时，卫县有个大恶霸名叫冯弧。他倚仗着姐夫吴起是朝内掌管刑狱的大官，所以一向为非作歹，无恶不作。

有一天，冯弧和县城里一个开饭店的老板下棋，眼看着要输棋，冯弧就开始逼着对方让着他，可店老板说什么也不干，执意要赢冯弧。

冯弧当即容颜大变，怒目圆睁，从腰间掏出一把刀，一下就将店老板刺死在棋桌旁。死者家属连夜告到县衙，要求严惩凶手。

县令张方马上命人将冯弧抓了起来，并连夜起草了一份判处冯弧死刑的案卷，派人以最快速度送到了京城。

掌管刑狱的大官吴起接到案卷打开一看，呈报上来的案子竟然要判自己小舅子的死罪，便马上批道：此案不实，请张县令另议再报。随后，他又悄悄地给张方写了封信，说明冯弧是他小舅子，让他从轻处理，将来一定保举张方晋升高官。

张方接到退回的案卷和说情信后，心中非常气愤。他不愿徇私情，便再次把案卷呈了上去，可几日后，案卷依然被退了回来。张方不气馁，第三次又呈了上去，可同第二次一样，案卷照样被退了回来。

几次上报，几次被退回，张方就猜到了一定是吴起有意在包庇冯弧，如果还如此上报，肯定是还会被退回。他决定想个办法，以达到惩治冯弧的目的。经过几天的冥思苦想，他终于想出了一个办法，使吴起批准将冯弧斩首示众了。

张方想的是什么办法呢？

讲述人	时间	地点	事件	侦查手段	证据及线索	关键点
死者家属	唐朝时的某天	县衙	恶霸冯弧与一饭店老板下棋，一气之下杀死了老板	心理剖析、文字解读	报冯弧的案件总是被退回来	汉字

469 盖字识盗

唐朝河阳县城里有个很大的粮仓，粮仓里储存着几十万担官粮。

一天，一个黄脸皮的中年人来到粮仓，把一个叫吕元的管粮人叫到了僻静处，轻声对他说道：

"有人要买粮食，咱们搭伙再干一次！"

"现在可不比从前了，新调来的那个库官冯忱可厉害了，又精细得很，一点儿荤腥都不沾。"

"那有什么可怕的，大不了犯事都推到他身上。"

"能行吗？"

"行！只要你听我的。"

"黄脸皮"附在吕元的耳朵上嘀咕了几句，吕元露出两排大黄牙笑了。

原来，"黄脸皮"和吕元想出了一个十分阴险的计策。他们先假造了冯忱批示的卖粮信，又由"黄脸皮"拿着假信买走了几千担粮食。

半个月后，冯忱发现粮食被人盗买，气得浑身发抖，他拿着那封假造的买粮信说："盗买了粮食不算，还来诬陷本官。"他决定冒着受冤丢官的危险，把盗买粮食的人查出来。

冯忱到官府报了案。可他并不知道，这时吕元已恶人先告状，把一纸状词递到了官府。

县尉张族受理了此案。他问冯忱道：

"你说那封信不是你写的，可是实话？"

"下官办事清白，绝写不出那种信！"

"可那信上的字很像你写的！"

"是这样。我也不明白这是怎么回事？"

张族边问边观察着冯忱脸上的表情变化。他发现冯忱神态自然，不像是在说假话，便又问道："盗买粮食的人把那封信交给谁了？"

"是吕元经手的。"

"吕元？"张族思忖了一下，对一名差役说道："去把吕元传来。"

不一会儿，吕元被传来了。

张族问道："吕元，这封信是一个什么样的人交给你的？"

吕元眨了眨眼睛，回答说："大人，这个人远在天边，近在眼前，就是冯大人。"

"什么？你说什么？"冯忱愣住了，转而愤怒地瞪着吕元骂道，"你这个混蛋，怎么敢血口喷人！"

"住口！"张族止住了冯忱，又问吕元，"你写的状词可是实情？"

"请大人放心，绝无半句戏言，我敢用脑袋担保。"吕元提高嗓门喊道。

冯忱站在一旁十分气愤，心想，都说张族办事公平，今日却为何偏听偏信？

这时，张族拿过一张纸，盖住两头，只留中间一个字，问道："吕元，你仔细看看，这是你写的字吗？"

吕元看了看，答道："大人，这字不是我写的！"

张族又拿出一张纸，照样盖住两头，只留中间的一个字问道："吕元，你再看看这个字是不是你写的？"

吕元又看了看，故作镇静地答道："大人，这字才是我写的呢？"

张族听了吕元的回答，朗声大笑："你中计了。"说着，把那两张纸放在了吕元的面前。吕元看后面如土色，只得低头认罪。

张族立即派人把"黄脸皮"也抓获归案了。

张族是怎样推断，又先后拿出两张什么纸？才迫使吕元认罪的呢？

470 被赖掉的 800 贯钱

唐朝咸通年间，一天，有一高一矮两个人来到淮阴县打官司。高个子叫陈石，矮个子叫林兴，两个人争着向县令告状。

"都别吵，一个一个说。"知县一拍惊堂木，喝住了他们。县令对陈石说："你先说吧！"

陈石抹了把额头上的汗珠，说："大人，我和林兴隔条河住着，平时常有来往。大前年，我家失火，急等用钱，便把一块肥田典当给了他，得典当金800贯。当时我们说好，3年后按原价赎回。现在，3年到期了，昨天，我去赎地时，因为800贯钱很重，我便分几次送去。可是，当我把最后100贯钱送到他家时，他赖账了，不肯把典当地契退还给我。无奈，小人只好来请大人做主。"

"把收据拿来给我看！"

陈石后悔地说："我以为我与他很熟，平日关系又好，便没要收据。"

"该你说了！"知县又对林兴说。

林兴满脸怒气地说："大人，陈石是在胡说八道，血口喷人。我虽没有万贯家财，但在这一带却也算个富户了，哪能赖他800贯钱呢？"

"你可有证人？"

"没有。"

"胡闹！你们既无证据，又无证人，来这里找本官干什么？还不都与我滚下堂去，不然各打你们30大板。"衙役把陈石和林兴赶出了衙门。

二人出来后，林兴暗自发笑，陈石却伤心地失声痛哭。这时，有一老翁路过此处，向陈石问明缘由后，告诉他说：

"江阴知县赵和善断疑案，不妨找他去试一试。"

"江阴与咱这里不属一个州县，就怕赵和不肯管。"

"唉，死马当成活马医，这事儿还兴许能成呢？"

事到如今，也只有这么办了。陈石因打官司内心焦急，第二天，便奔江阴县而去。五六日后，他来到了江阴县，叩见了知县赵和。

赵和虽然有超人的智慧，但听了陈石的叙述后，还是摇头说道："我是江阴的小官，你是淮阴的百姓，我管不着你的事，叫我怎么替你断案啊？"

"大人，我迢迢百里来此，就因为听人家说您能为民做主，断案如神。您若不管，我……"

赵和看见陈石绝望的样子，缓了口气说道："既然如此，本官就与你断一断这个案子吧！只是你先不要回去，可能过几天要你当堂对质。"

"谢大人！"陈石破涕为笑，磕了个响头走了。

怎样才能断明这个案子呢？赵和很快想出了一个绝妙的主意。他给淮阴知县写了一封公文，不但让他派人把林兴押到了江阴，还使林兴自动交代了赖掉陈石800贯钱的事实。

赵和在公文上写了什么？又是怎样使林兴自动交代实情的呢？

讲述人	时间	地点	事件	侦查手段	证据及线索	关键点
陈石和林兴	唐朝咸通年间	县衙	陈石当年典当给林兴一块田，3年后赎回田地时，交了800贯钱却没有得到典当地契	演绎、心理剖析	赵和知道钱是林兴私吞了，但是这笔钱没有进账的名目	800贯钱

471 用驴找鞍

唐朝的时候，河南有个河阳县，因为交通比较方便，所以集市贸易特别兴旺。逢五排十，赶河阳集的人络绎不绝。

这一天，一个客商到河阳来卖东西。天过中午，集市快散了，他的东西也卖光了。便找到一家小饭店，把小毛驴拴在外面，走进店里，很惬意地吃了一顿，饭后又稍停了片刻，就准备上路了。

等他走出饭店一看，他的小毛驴不见了，只有半截被割断的缰绳留在树桩上。

客商着急起来，便四处打听寻找。可一直找到傍晚，也不见驴子的影子。他不得不住下，第二天继续寻找。又找了两天，还是没找到。于是，这位客商便把丢驴的情况报告给了县衙。

河阳县县令名叫张坚，他接到这一案子，立即命令差役把寻驴告示张贴在各主要街口，告诉截驴的人把驴赶快放出来，并要知情人到县衙告发。告示贴出的头一天，没什么动静。第二天，张坚又叫差役把寻驴告示贴进大街小巷，声言要进行搜查。因为追查的风声越来越紧，私藏客商驴子的人在晚上把驴子悄悄地放出来了。

这天早晨，客商在大街上忽然见到了自己的驴子，心里很高兴，但他找到差役说，还有一个新驴鞍子备在驴身上，现在不见了，准是叫偷驴的人藏起来了。

"驴找到就行了，一个鞍子才值几个钱！"一个差役不耐烦地说。

"驴鞍子是个死东西，不能像驴那样会自己走出来。再说，鞍子那么个小玩意，藏起来，很难找到。"另一个差役说。

两个差役满不在乎的样子，让客商十分不快，他就又来到县衙，希望张坚能帮他再找到驴鞍子。张坚很有把握地告诉他："既然驴子都找到了，驴鞍子自然就有线索可查了。"果然，第二天，张坚就找到了驴鞍子。你知道张坚是如何找到的吗？

472 审问石头

一天，包公访客途经一个小县城。忽然一个卖油条的男孩在大街上拦住了包公，哭喊他的钱被偷了。男孩说他把油条卖完后，数了数，一共 100 枚铜钱。铜钱放在篮子里，他靠在路边的这块石头上睡着了。醒来后，铜钱就不见踪影了。

包公听完后，想了想，对男孩说："一定是这块石头偷走了，我来审一审它。"于是就命令跟随的差役重责石头 40 大板。差役们抡起大板，噼噼啪啪打得石头火星四溅，附近的人见状纷纷围拢过来。包公见人越来越多，便示意差役们住手。

包公对大家说："这个男孩丢了卖油条的钱，怪可怜的，我判在场的每个人给男孩 1 枚铜钱。"然后，他命令差役端来一盆水，率先将 1 枚铜钱扔进了盆里。看热闹的人本来就很同情这个孩子，又见包公带了头，就自觉排好队，一个挨一个往盆里扔铜钱。扔着扔着，有一个人刚把铜钱扔到盆里，包公立刻命令差役："把他抓起来！"然后指着这个人说："就是你偷了小孩儿卖油条得来的钱！"

那个人吓得马上撒腿想跑，不想却被众人围住，绑了回来。有人问包公："你凭什么说这个人就是偷钱的人呢？"包公向众人说出了一番话，大家才恍然大悟。

473 祖传妙药

有一年的中秋节，大明徽州府城出外经商的人都纷纷赶回家乡，准备与家人团聚共度中秋。知府冯祥也是喜气洋洋，在府内张灯结彩，欲与家人好好过上一个喜庆团圆的良宵佳节。

就在这时，知府的差衙丁小山急急忙忙地来到府衙："报告老爷，城门外有一人被杀，现在尚未断气。"

冯祥连忙跟着丁小山来到现场。只见一个商人打扮的人横卧在当街，胸前插着一把刀。虽未断气，但已奄奄一息，紧闭双眼，不能言语。在一边的背囊空空如也，明显是被洗劫过了。从上述情况来看，冯祥判定这个商人一定也是急着回家过中秋节的，不料被人打了劫。尽管还未死亡，却也未留下任何有说服力的证据，冯祥眼瞅着躺在地上的被害人，不禁也有些束手无策。

这时，围观的人越来越多，差衙丁小山害怕妨碍知府大人判案，要将众人驱散，就在丁小山驱散众人的时候，冯祥眼前一亮，计上心头，他忙制止丁小山，并说道："让大家看好了，我还有事要向众人相求呢！"接着，他高声对围观的百姓说道："这个商人还未断气，尚有救活的可能，谁能救活此人，本府定有重赏！"

重赏之下必有勇夫，有两个人先后来为商人诊治，但终因商人伤势太重，他们都无能为力，只好摇着头退出人群。接着，又来了几个人上前医治，也都是束手无策。

这时，冯祥便当众说了几句话，留下丁小山然后就离开了。待他刚走，一个中年人便来到了商人面前，只见他俯下身来察看着商人的病情，一会儿工夫，他趁人不备，突然将手掌轻轻地按住了商人的喉咙，就在这千钧一发之际，丁小山一把抓住了这个人的手腕，使他不能用力往下按，并大声说道："你这个强盗，还不束手就擒！"

丁小山的话音刚落，冯祥便来到了这个人面前，手捻胡须说道："好你个图财害命的家伙，本府只略施小计，就将你抓了现形，你现在还有什么话说？"

冯祥说了一句什么话，就让凶手立刻现形了呢？

·侦探小助理·

讲述人	时间	地点	事件	侦查手段	证据及线索	关键点
差衙丁小山	一年的中秋节	城门外	有一人被杀，尚未断气	演绎、心理剖析	①被害人还有一口气②凶手就在围观群众中	反应

474 数茄子

明朝时，有一位菜农早晨挑着两只空筐往菜地走去。茄子长大可以上市了，他要摘一挑子到集市上去卖。想到自己精心种植的紫盈盈的茄子要换钱了，心里美滋滋的。

走着走着,他突然看到一个年轻人挑着满满两筐茄子,从他的菜地里走出来,向集市匆匆赶去。

菜农急忙赶到自己的菜地,一看,大个的茄子都被摘走了,有好几棵连茄枝也给劈下来。他拼命跑着去追赶偷茄子的年轻人。追上后,伸手抓住吊筐的绳子,质问道:"你怎么偷我的茄子?"

那个年轻人却说:"这是我自家的茄子,你怎么说是我偷的?这不是诬赖好人吗?"

"我亲眼看到你从我的菜地里出来,我的茄子没了好多!"菜农气愤地说。

"你看到我,怎么不在你的菜地里抓住我?"那个年轻人用无赖的腔调说。

菜农见年轻人拒不认账,便拉着他来到了县衙。县令李亨是个善于断案的人。他先叫两个人各自说了事情的经过,然后蛮有把握地说:"这茄子是谁的,一看便知。"

他命令衙役把筐里的茄子倒在大堂上,粗粗一看,就指着那个年轻人说:"这茄子分明是你偷的,还敢耍赖!"大堂上几乎所有的人都感到困惑不解。

那个年轻人仍然坚持说:"县老爷,这茄子确实不是偷的,是我自己的。"

县令李亨笑笑说:"如果这茄子真是你自家种出来的,你怎么舍得在茄子刚刚熟的时候,就把小嫩茄子也摘下来去卖?有几个茄子,还是连嫩枝一块劈下来的。可见不是你自家流汗出力种出来的。"

这时,大堂上的人才注意到那堆茄子透出的秘密。年轻人开始露出心虚胆怯的神色,但仍狡辩道:"那是因为天黑,看不清,才把小茄子也掯了下来。"

见年轻人还不认罪,李亨眼珠一转,计上心来,便说道:"你把这堆茄子分成大、中、小三等,数数看各有多少。不许数错!数错了,重打40大板。"

年轻人不知道县令是什么用意,便壮着胆子把茄子按要求分开,数清,然后报告给县令:"大人,大茄子87,中茄子63,小茄子24,一共是174个。"

李亨马上把一个衙役叫到跟前耳语了一番,衙役便走了出去,不大一会儿,衙役回来又在李亨的耳边嘀咕了一阵,然后,便指出了年轻人就是偷茄子的窃贼。年轻人见证据充分,便乖乖地认了罪。县令李亨是怎样让年轻人认罪的呢?

475 寻找嫁妆

明朝的时候,有一户姓李的富人家,养了一个宝贝女儿。女儿渐渐长大了,到了出嫁的年龄，夫妻俩托媒婆为女儿找了一个婆家，也是一户富裕人家。他们想，我们是有钱人家，女儿出嫁的时候，嫁妆一定要显出派头，不能让婆家笑话。

女儿出嫁前的那天晚上，他们连夜准备嫁妆，一箱箱的名贵衣服、一条条的绸缎被子，多得数也数不清。屋子里装不下了，就堆放在院子里，准备第二天再装上彩车。谁知道第二天一大早，他们发现有一个箱子空了，放在里面的衣服都不见了，那都是女儿上花轿前要穿的呀！他们问了仆人，可都说没有拿过，四下里寻找，也不见衣服的踪影。李家只好到县府报案，并且请求马上抓到盗贼，不影响女儿晚上的婚礼。

县官听了案情，为难地说："县城里有这么多的人，要是一家一户查起来，得好几天啊！"这时，有个叫刘炎泽的州官，正好到县里来视察，听说了这件事以后，对李家夫妻俩说："今天日落之前，我保证让盗贼自投罗网！"他先让文书写了一张公告，公告上写着："城里某户人家失窃一箱衣服，为捉拿盗贼，明天上午各户居民务必等在家里，等候官兵前来搜查后，方可离开。"然后，他吩咐手下人马上到处张贴，最后，他又对守城门的官兵关照了几句。

这天日落之前，在县城门口，那几个偷衣服的盗贼，真的自投罗网了。守门官兵在他们的身上，搜出了很多女人的衣服，都是被偷的嫁妆。

刘炎泽是怎样让盗贼自投罗网的呢？

476 失而复得的官印

康熙初年的时候，蓝溪县新任知县黄敬刚上任两个月，就发现官印丢失了，不禁大吃一惊。他不敢声张，私下召来师爷毕矮商量。毕矮分析说："这人偷去官印，也没有什么用处，可是你却落下一个丢印的罪名，我想偷印的人无非是想让你丢掉官职，因此可以断定偷印是报复你。你有没有什么仇人啊？"

黄敬想了想，说："我刚来此地，也没有什么仇人啊？要说得罪人，我上任不足两个月，会得罪谁呢？只有胡狱吏，他贪赃枉法，曾经被我责罚过。只有他有偷印的可能，可又没有什么凭据，也不好办啊。"

毕矮沉思了一会儿，附耳给黄敬出了个主意。黄敬听后，不禁拍案叫绝。

这天晚上，胡狱吏正在县衙做事，突然后院起火。黄敬立即当着众下属的面，把封好的官印盒交给胡狱吏拿回家保管，自己立即转身指挥救火。

第二天，胡狱吏当着众官的面把官印盒还给县令。黄县令打开一看，官印在里面，于是当着众衙役的面，表彰胡狱吏保护官印有功，发了赏钱。

那胡狱吏为什么盗了官印又偷偷还回来呢？

·侦探小助理·

讲述人	时间	地点	事件	侦查手段	证据及线索	关键点
知县黄敬	康熙初年	县衙	黄敬的官印丢失	演绎、心理剖析	①黄敬挡着众下属的面将官印交给胡狱吏②第二天胡狱吏当着众官的面还给黄敬	官印

477 大学生公寓的谋杀案

寂静的夜晚，位于大学城的学生公寓楼群里却喧闹至极，人声鼎沸。

突然，一声枪响划破了夜空，使学生公寓本已嘈杂的混乱局面变得更加热闹。很多学生随着枪声来到了一间独栋别墅式公寓，见这座公寓里的二楼卧室里，大学生哈里已倒在了血泊中。

一位学生马上打电话，报告了警察局，探长亨利带着助手立刻来到学生公寓。

亨利经过调查，了解到了这座公寓里共住着4个学生，死者哈里、比尔、桑尼，还有格伦。亨利觉得这3个学生都有嫌疑，便把他们3人隔离开，对他们进行单独的讯问。

亨利先讯问比尔："哈里被抢打中的时候，你在干什么？"

比尔说道："我正在修车，我把一盏灯带到了屋后面车库那里，插上电源打开灯修车。就在这时，房间里传来了枪声，我赶快跑进屋去。"

亨利又开始讯问桑尼："枪响时你在干什么？"

桑尼一瘸一拐地来到亨利面前说道："我把车停在屋后的一个胡同里，往后门走的时候，被地上的电缆线绊倒了。我坐在地上揉着脚腕，大约两分钟后，我听到了枪声，就赶紧站起来。"

亨利开始讯问第三个人格伦："枪响的时候，你在干什么？"格伦说道："当时我在往厨房走，我想到厨房盛一杯冰激凌，这时，我听到后门那里有声音就向外看了一眼，外面漆黑一片，我就又回到厨房取冰激凌了，几分钟后听到了枪响。"

为了证实他们说的话,亨利开始搜查房子,在厨房的冰箱旁,他找到一杯融化的冰激凌,在后院的地面上,他看到了电线插头已经被扯出了插座,电线连接的灯还悬挂在比尔的汽车已经打开的引擎盖上。

亨利重新回到屋里,指着比尔说道:"你说的话,全是谎言,凶手就是你!"

比尔申辩道:"我怎么是凶手呢?你搞错了吧!"

亨利当着众人的面,指出了比尔的犯罪事实,比尔当时就哑口无言了。

亨利为什么说比尔是凶手呢?

478 教授之死

杜宾教授发明了一种新药,轰动了医药学界,很快成了名人。这一天。摩恩探长接到一个电话,对方焦急地说:"我是杜宾教授……"探长说:"我知道您的大名,有什么事?"教授显得很慌张,语无伦次地说了半天,探长才明白,原来他的办公室被小偷光顾了!

探长来到教授的办公室,只见文件柜的抽屉开着,纸片撕了一地,房间里很暖和,椅子后面的火炉上,水壶在"咕嘟咕嘟"冒着热气。教授和他的秘书趴在地板上整理着,不知道是太紧张,还是屋里太热了,教授光光的头上都是汗水。

见到摩恩探长,教授站起来说:"我回到办公室,看到文件柜被打开了,资料撒了一地,有一份新药的机密资料不见了。"

探长说:"我看,小偷是冲着机密资料来的,你觉得有谁值得怀疑吗?"教授想说什么,又止住了,秘书提起火炉上的水壶,给教授和探长沏了杯咖啡,就离开了,教授等他走了以后,悄悄地说:"我有些怀疑他。"探长说:"我去跟秘书聊聊,也许能问出点什么。"

探长来到隔壁的秘书办公室,问了很多问题,秘书都一一做了回答,没有什么不正常,忽然,隔壁传来一声沉闷的声音,他和秘书跑过去一看,教授倒在椅子旁,捂着胸口抽搐着,接着就停止了呼吸。

法医检查以后,发现教授的后颈上,有一根细细的毒针,针的尾部连着一只软木塞。可是,凶手是怎么进到房间里的呢?探长看了看现场,很快做出结论:是秘书盗窃了机密资料,受到教授的怀疑,就谋杀了教授。

秘书一直和探长在一起,摩恩探长为什么说他谋杀了教授。

·侦探小助理·

讲述人	时间	地点	事件	侦查手段	证据及线索	关键点
秘书	某天	杜宾教授的办公室	教授后颈上中了毒针而死	现场查看、推理	①秘书曾端起火炉上的水壶倒了咖啡②毒针的尾部连着一只软木塞	水壶

479 幽灵的声音

英国大侦探洛奇一天来到法国度假，正当他在海滩上欣赏海景的时候，突然发现了一位奇怪的男子。只见他脸色苍白，坐在海边好像努力回忆着什么，脸上的表情恐惧而痛苦，仿佛回忆起了什么非常恐怖的事情。洛奇很奇怪，于是走到他身边坐下来问道："朋友，有什么我可以帮助你的吗？"

这个男子好像被吓了一跳，他猛然往后一缩，浑身颤抖起来。

"我没有恶意，"洛奇连忙安慰他，"我只是想帮助你，有什么就告诉我吧。"

男子仔细看了看洛奇，结结巴巴地问："你有胆量帮我吗？你相信我吗？我碰上了幽灵！"

"有这样的事情？"洛奇一下子来了兴趣，根据他的经验，所谓幽灵、鬼怪，其实都是人们自己想出来的。"我一点也不害怕，相反，我还是对付幽灵的好手！"洛奇大声说，"快告诉我，我一定可以帮你。"

男子听到这里，一把抓住洛奇的手："这件事情实在太可怕了！我是豪华客轮'拉夫伦茨'号上的一名大副，上个月在返航的路上，'拉夫伦茨'号撞上了暗礁，船底破了一个大洞，迅速下沉。当时正是深夜，我根本来不及通知所有旅客，只能带着靠近指挥室的 10 多名旅客撤离到救生艇上。"

"后来呢？"洛奇的思绪跟随他的叙述回到那个恐怖而漆黑的夜晚。事故、

沉船、撤离，真是惊心动魄的经历。可是幽灵又是怎么回事呢？

"后来，我放下救生艇，决定回去再救一些人出来。"那名男子继续说道，"可当我再次返回甲板的时候，听到了龙骨断裂的可怕声响，海水铺天盖地漫过来，我只好转身跳下大海，拼命向前游。我知道，如果我不及时离开，就会被轮船下沉时带起的旋涡卷入海底！"

"我最擅长仰游，我拼命游啊游啊。不知道游了多长时间，忽然听到了一声惊天动地的响声！那声音可怕极了。轰鸣混合着炸雷，简直就是幽灵的怒号！我连忙仰头一看，只见'拉夫伦茨'号从中间断开，火花四溅，发出了惊天动地的爆炸声。我被气浪震得晕了过去，后来被赶来救援的海岸巡逻队救起来。"

"这就是你说的幽灵的声音吗？"洛奇若有所思地问道，"可能只是你太过惊慌，听到了爆炸声而误认为幽灵的号叫呢？"

"是的，那是来自海底幽灵的号叫。"男子显然着急了，"你要帮我必须先相信我！我问过其他生还的人，他们都只听到一声爆炸，而我听到两声巨响！我没有记错，清清楚楚！"

洛奇沉思了一会儿，忽然笑了起来。他问道："当时其他生还者都在救生艇上，只有你不在，对不对？"

"是这样的。"男子疑惑地回答，"难道幽灵是来自海底的？"

洛奇大笑起来，他拍拍那名男子的肩膀："我看你是自己吓自己了，其实根本没有什么幽灵！"

"可是我明明听到了两声巨响！"那个男子坚持说。

"对，一点没错。"洛奇点头赞同。

亲爱的读者，你能解开这个恐怖的幽灵之谜吗？

480 萨斯城的绑架案

在海滨小城萨斯，最近发生了一起性质极为恶劣的绑架案。

被绑架的是萨斯城著名演员多恩的小女儿琳达，今年刚满13岁，上小学5年级。星期一的早上，琳达的妈妈像往常一样，开车把她送到学校，简单叮嘱几句就离开了，可是晚上再去学校接琳达的时候，学校的老师告诉他，孩子已经被人接走了。

晚上，正当多恩一家人找小琳达快要找疯了的时候，一名自称是绑匪的人打来了电话，说琳达在他们手上。为了让多恩一家人相信他们的话，并确定小琳达还活着，他们还让小琳达和父亲通了话。绑匪提出要多恩一家支付30万英镑，并不许多恩报警。多恩一时慌了神儿，为了保证女儿的安全，他竟然真的没有向警察求助，而是按照绑匪的要求，自己去指定的地点交钱了。

本指望绑匪收到钱后就会放了小琳达，可绑匪见多恩真的没有报警，而且很快就把钱给送来了，不禁起了更大的贪心，不但没有把小琳达放回来，反而要求多恩一家人再拿30万英镑来才肯放人。

这样，多恩就不得不向警察求助了。警察接到多恩的报案后，立刻组成了破案小组，由多利警官全权负责。

为了尽快抓到凶手，同时确保小琳达的安全，警察局出动了大量的警力，对全城进行搜查，最后在郊外一家废弃仓库里，找到了非常虚弱的小琳达。被放出来的小琳达告诉警察，绑架她的是两名中年男子，他们本想跟琳达的父亲再要30万英镑以后，就逃之夭夭，可突然听到风声，说警察正在全城搜查他们，于是这两个人赶紧带上钱，往海上跑去了。

"不好，罪犯要从海上逃跑！"多利警官知道，离萨斯城不远的海域就是公海，罪犯一旦逃到公海上，警察就拿他们没有办法了，于是，多利警官立即一边带领人马向海外赶，一边调遣直升机前来增援。

这时，在海边，两名罪犯已经驾驶一艘汽艇跑出了一段距离。警察来到海边后，马上也找到一艘汽艇，两名便衣警察立即跳了上去，开始全速追赶罪犯，前来增援的直升机也赶到了，多利警长坐上直升机，在空中指挥。

警察的汽艇开得很快，眼看就要和罪犯齐头并进了，只要再快一点儿，就可以包抄到罪犯的前面。可是，公海已经在眼前，超过去拦截已经来不及了，这样的话，只有将罪犯当场击毙，可两位便衣警察身上并没有带枪，怎么办？警长多利决定，用直升机将罪犯所乘坐的汽艇击沉。

此时，已是晚上7点钟左右，天色已经黑了下来，从直升机上根本分辨不出哪艘快艇是自己人，哪艘是罪犯的，驾驶员正不知向哪艘快艇投弹才好，在这关键时刻，多利警长冷静地观察了海面上的两艘汽艇，然后果断地下令道："向左边的那艘开火！"

结果证明，多利警长的判断是对的，那么你知道多利警长是怎样分析出左边的那艘是罪犯的汽艇的吗？

讲述人	时间	地点	事件	侦查手段	证据及线索	关键点
演员多恩	某天	萨斯城附近海域	绑匪绑架了小琳达，然后逃往公海海域	现场查看、物理常识	海面上两艘汽艇后面会留有水波纹	波纹

481 火车站谋杀案

亚当斯侦探在火车站熙熙攘攘的人群中，他准备到曼彻斯特去度假。

"对不起，请让一让。"身后有人礼貌地说。亚当斯侦探连忙让到一旁，只见一个身穿黑色长裙的贵妇，推着轮椅走了过来，轮椅上坐着一位老人，他蜷缩在轮椅里，表情十分僵硬。

"有什么需要帮忙的吗？"亚当斯侦探询问道。

"谢谢，我想不用了。"贵妇婉言谢绝，她叹了口气说道，"这是我的父亲，他偏瘫已经有一年多了，现在，我打算带他去曼彻斯特治病。"

亚当斯侦探接着彬彬有礼地说："曼彻斯特吗？正巧我也去那里，要不结伴同行吧，如有什么需要帮忙的地方，我一定尽力效劳。"

贵妇婉言拒绝了亚当斯侦探的好意。她推着轮椅，慢慢消失在人群中。看着她的背影，亚当斯侦探忽然觉得有点不对劲，可到底哪里有问题，却又说不上。

转眼开车的时间到了，一列从远处开来的火车此时呼啸着马上就要进站了，亚当斯侦探拿起行李准备上车。

突然，尖利的刹车声响彻车站，刹车片在铁轨上磨起阵阵火花，伴随着旁边乘客的尖叫，刚刚进站的火车以飞快的速度撞上了出现在铁轨上的那辆轮椅车，可怜的老人当场死亡。

亚当斯侦探马上停住要上车的脚步急忙赶过去，见刚才的那位黑衣贵妇正坐在地上哭泣。她嘶哑地号哭，自责地拍打着自己的脸，然后开始对火车司机怒骂。

几位乘客试图安慰她，但是她的情绪始终无法平静。警察迅速赶到，一位年轻警员开始向她了解情况。

黑衣贵妇哭诉道："刚才我好端端在等车，送我父亲到曼彻斯特治病。谁知道火车进站的时候，一股强大的气流向我吹过来，把我一下子向外吹，我一时站不稳，跌倒在地上。而我父亲的轮椅顿时失去控制，一下子冲下站台，卡在铁轨上！然后……都是这该死的站台设计，我要告这该死的火车站！"

"女士，很遗憾你说的是假话。"亚当斯侦探在一旁冷冷地说，"不管你是因为遗产还是其他的原因下这样的毒手，你都不能逃脱法律的制裁。警察先生，你应该立刻拘捕她。"

你知道亚当斯侦探是怎样知道她在撒谎的吗？

482 县令验伤

从前，有一个叫胡昆的恶棍，他生性残暴，经常无事生非，打架作恶，连县令也不敢管他。

一天，他又把一个叫柳生的人打了。柳生告到了县衙。恰巧这时前任县令因贪污被革职了，新任县令李南公受理了此案。他查明情况后，派人把胡昆抓到了县衙，重责40大板，并罚他给柳生20两银子作为赔偿。

胡昆回到家里后，竟然气得几天吃不下饭。他从没受过这个气，发狠心要报仇。

这天，他把心腹申会叫到跟前，商量怎样才能报仇。申会鬼点子很多，只见他的鼠眼转了几转，便想出了一个坏主意。他对胡昆一说，胡昆脸上露出了阴险的笑容。

几天后，胡昆又找碴把柳生打了。这次比上次打得更重，柳生身上青一块，紫一块，痛苦不堪。他被人搀扶着又来到县衙告状。

李南公听柳生哭诉了被打的经过后，不禁大怒，命人立即把胡昆抓来。

不一会儿，胡昆来了，但不是被抓来的，而是被抬来的。只见他哼哼呀呀，在担架上疼得乱滚。

李南公上前一看，不禁一怔。只见胡昆身上的伤比柳生还重，浑身也是青一块，紫一块，几乎没有一块好地方。

这是怎么回事呢？但是李南公沉思了一会儿，终于想出了一个办法。他走到柳生跟前，轻轻摸了摸伤处，又走到胡昆跟前，也轻轻摸了摸伤处，然后说道："大胆胡昆，今日作恶不算，还想蒙骗本官，与我再打40大板。"

于是，胡昆又挨了40大板。打完后，李南公又问道："还不从实招来。"

"我说，我说……"胡昆怕再挨打，只得如实交代了假造伤痕的经过。

原来,南方有一种据柳树,用这种树的叶子涂擦皮肤,皮肤就会出现青红的颜色,特别像殴打的伤痕。若是剥下树皮横放在身上,然后再用火烧热烫烫皮肤,就会出现和棒伤一样的痕迹。这些假造的伤痕和真伤十分相像,就是用水洗都洗不掉。那天,申会给胡昆出的就是这个主意。他们把柳生打伤后,急忙回家用据柳树的叶和皮假造了伤痕。

李南公是怎样检验出胡昆假造伤痕的呢?

·侦探小助理·

讲述人	时间	地点	事件	侦查手段	证据及线索	关键点
柳生	某天	县衙	恶棍胡昆打柳生,却装作比柳生伤得还严重	演绎、心理剖析	县令分别摸了摸两人的伤处	伤处

483 不识字的狗

明朝的宁王年轻时是个花花公子,经常牵着只脖子上挂着块写有"御赐"两字牌子的丹顶鹤,在南昌满街闲逛。

有一天,那只丹顶鹤自个儿踱出门来,被一条狗咬死了。宁王暴跳如雷:"我这丹顶鹤是皇上赏的,脖子上挂着御赐金牌,谁家野狗竟敢欺君犯上。"当即命令家奴把狗的主人捆起来,送交南昌知府,要给他的丹顶鹤抵命。

当时的南昌知府名叫祝瀚,对宁王的胡作非为很是不满。听说宁王府的管家前来转达宁王的"旨意",又好气又好笑,对管家说:"你写个诉状来,本府自当审理。"

宁王府管家递上诉状,祝瀚看过,从签筒中拔出令签,命令衙役捉拿凶犯到案。管家忙说:"不劳贵差,人已抓到堂下。"

祝瀚故作惊讶,说:"这诉状上明明写着肇事凶犯乃是一条狗,本府今日要大堂审狗,抓人来干什么?"

宁王府管家气急败坏地说:"那狗不通人言,岂能大堂审问?"

祝瀚见管家既狗仗人势,又说得有点道理,便想了个办法,就把这个案子轻松地判了。请问,祝瀚是如何断案的?

484 贪财的瞎子

明朝时，有一个瞎子，靠给人算命骗钱。他戴着一副墨镜，扛着招揽生意的幌子，上面写着"替人算命，为你免灾"，然后走街串巷，到处骗钱。那时候的人都很讲迷信，碰到考状元、生孩子、造房子等，都来求他算命。那个瞎子十分贪心，他故意装神弄鬼吓唬人，骗了很多的钱。

有一天，算命瞎子要到一个小镇去。那小镇隔着一条河，去那里要经过一座独木桥。他摸索着走上了独木桥，那桥很陡很窄，又有些年月了，走上去摇摇晃晃的，瞎子害怕得脚都抖了。

正在这时候，有个农夫赶集回来，肩上搭了一块新买的红布，也走到了桥上。他看到前面有个盲人，就好心地说："你眼睛不方便，我背你过去吧。"算命瞎子一听，赶紧伏在农夫的背上。

农夫背着瞎子走着，瞎子摸到了那匹布，心中马上起了坏念头。他偷偷地把布撕了一个口子，等到过了桥，农夫放下瞎子，瞎子竟然拿了布就要走。农夫责问他："我好心背你过河，你怎么能拿我的布呢？"瞎子却一口咬定，说布是他新买的。

县官审理了这个案子，他问农夫和算命瞎子："你们都说布是自己的，有什么证据呢？"算命瞎子赶紧抢着说："我有证据，我在拿布的时候，不小心撕了一个口子，请老爷明察！"县官一看，布上面果然有个口子，便说："这么漂亮的一块白布，撕坏了真是可惜啊！"算命的马上说："是呀。为了买这块白布，花了我很多银子呢！"

他的话音刚落，县官便知道，他就是骗子。

为什么听了算命瞎子的话，县官就知道他是骗子呢？

485 冒充的饲养员

星期天，妈妈带聪聪到动物园去玩。聪聪拉着妈妈，一会儿到天鹅湖，看白天鹅玩水；一会儿到猴山，对着猴子扮鬼脸儿；一会儿又到熊猫馆，看大熊猫啃竹笋，玩得可高兴了。

傍晚的时候，动物园就要关门了，聪聪还没有玩够。妈妈说："时间不早了，妈妈也累了，我们回家吧。"聪聪说："你看那头小象多可爱啊，我想和它合个影，带到学校里，让同学们瞧瞧！"妈妈拗不过聪聪，只好答应了。

妈妈把拎包放在身后，蹲下来给聪聪拍照。"喀嚓"一声，照完了，正在这时，一个蒙面人突然蹿出来，抢了妈妈的包就逃。聪聪惊叫起来："妈妈，有人抢包，抓坏人呀！"妈妈和聪聪追上去，可是坏人一眨眼就不见了！

妈妈看见一个警卫走过来，马上向他报案。警卫通过对讲机，通知所有的出口处，立刻停止放人出去，然后派了很多警卫，大家分头进行搜查。

这时候，动物园里只剩下几个游客，其余的都是工作人员，他们正在忙碌着。聪聪拉着妈妈的手，跟在警卫叔叔的后面，一起巡逻检查。聪聪看到有一个清洁工，在熊猫馆里打扫卫生；有一个饲养员，端了一盆牛肉，投给犀牛吃；还有一个驯兽员，在训练猴子翻跟头。

聪聪马上拉住警卫，指着其中一个人，悄悄地说："叔叔，那个人是坏人冒充的！"

警卫把他抓了起来，一审问，果然就是抢包的蒙面人。警卫跷起大拇指夸聪聪："你真是小福尔摩斯啊！"在3个工作人员当中，哪一个是窃贼冒充的呢？

·侦探小助理·

讲述人	时间	地点	事件	侦查手段	证据及线索	关键点
聪聪的妈妈	星期天	动物园	一个蒙面人抢走了妈妈的包	推理、动物常识	有一个饲养员端了一盆牛肉投给犀牛吃	犀牛

486 候选的小提琴手

金碧辉煌的大音乐厅里，演出马上就要开始了。为了保证演出质量，乐队的首席小提琴手演奏员，由格德和马里雷两个人担任。在每一场演出前半个小时，由指挥福兰特临时决定，到底让谁上场演奏。格德和马里雷是师兄弟，他们的演奏水平都差不多，不过格德更得到福兰特的赏识，所以，他上场演出的机会更多一些。

当天的演出，听说最著名的小提琴大师要来观看，格德和马里雷都暗暗希望，

自己能够上场演奏，万一能得到大师的赞扬，那以后就不愁不出名啦。

演出前半小时，福兰特做出了决定，让演奏水平更高的格德出场。格德先生听说以后，马上来到化妆间化妆，化完妆以后，他还要调试 3 分钟琴弦，然后才能上场演奏。可是，就在开场的前 10 分钟，人们发现格德不见了！剧场经理和乐团团长可急坏了，领着人到处寻找，最后在堆放道具的小房间里，发现格德已经被人勒死了。

探长莱克来到现场，这时，离开场还有 3 分钟了。为了不影响演出，指挥福兰特只好决定，让马里雷准备上场。马里雷接到通知匆匆来到化妆间，一边化妆，一边伤心地说："放心吧，我一定会好好演出，来悼念我的师兄！"

上场的铃声响了，马里雷熟练地从琴盒里拿出小提琴，跑上台就演奏起来。莱克探长站在后台，一边观看演出，一边细心地向乐团团长了解情况。

演出获得了成功，马里雷当天发挥得特别好，他看到小提琴大师微笑着向他点点头，表示赞赏。他谢完幕，兴高采烈地回到后台，莱克探长拍拍他的肩膀说："马里雷先生，请跟我去趟警察局吧！"

莱克探长从哪个细节上，发现马里雷是杀害格德的犯罪嫌疑人呢？

487 谁是抢劫杀人犯

南昌市的一个所属县的信用社发生了一起重大抢劫杀人案。两名女营业员被当场杀死，劫去现金 12 万元。

案发时间大约在中午 1 点。恰巧这天中午有个职工结婚置办酒席，除那两名遇害的值班员外，其余所有职工中午都被请去赴宴了。中午信用社没有营业，留下的两名值班员把门关上后就在里面看电视。等到下午两点吃完酒宴的职工来上班时，才发现凶案。警察来到现场勘察，发现罪犯非常狡猾，现场没有打斗痕迹，门窗也没有损坏，没有留下任何可以破案的证据。

警察怀疑是内部职工作案。但内部其余的职工都去新婚同事那里赴宴了，大家可以互相证明，任何人都没有作案时间。这时信用社主任对警察说，还有一个职工没有去参加婚礼，他叫胡文兵，正在休假，已经4天没有上班了。

第二天，警察小陈和小孔敲响了胡家的房门。寒暄落座后，小陈开门见山地对胡文兵说："你们社里出事了，听说了吗？"

"听说了，我刚下汽车就听说了。"胡文兵说，"我这些天休假，在家待不住，昨天早上去了南昌，晚上就住在三八旅社，今天上午才返回家中。"

"你昨天去南昌，有人和你在一起吗？"小陈抬起头，望着胡文兵的脸问。

"你们怀疑我吗？我这里有车票、住宿费收据，你们看。"胡文兵边说边气呼呼地把车票和住宿费收据掏出来，"昨天早上6点我就上了汽车，大约9点到了南昌，在南昌市各处逛了一整天，晚上6点就住进了旅社。"

小陈看着票据：一张昨天到南昌的车票，一张昨天南昌某旅社的住宿费收据，一张今天南昌返回的汽车票。由于售票员的粗心，所有的车票只写了日期却没有注明班次时间。

小陈笑着说："你别急，我们也是例行公事！"说完就回到了公安局。

"你看胡文兵有没有可疑的地方？"在公安局里，小陈边看电视边问小孔，电视里正在播报本省新闻："……昨天早上南昌市突发龙卷风和大暴雨，城区和公路多处被洪水淹没，外地进南昌路段积水一米多深，车辆被堵达两个小时，到10点才通车……"小孔和小陈眼睛一亮，几乎同时脱口而出："就是他……"

你知道犯罪嫌疑人是谁吗？

488 谁是抢劫者

赵先生向警方报案说，他昨日下午在西区别墅花园被击晕，事后发觉屋内被搜掠过，并丢失了财物。

据赵先生的回忆，情形是这样的：

当天下午，他坐在花园内的长椅上休息。忽然，他感觉到背后有人，于是转过头去看，却只看见一团类似人的物体，后被人重重击晕。

赵先生将晕倒之际，意识到地上的黑影有1.9米之高。

刚巧警方在附近进行反偷渡活动，抓住了一个11岁的男童，怀疑是非法偷渡者，搜查时在他身上发现了赵先生的财物。但击晕赵先生的不大可能是一个身高仅1米2的男童。试问：抢劫者是谁？

·侦探小助理·

讲述人	时间	地点	事件	侦查手段	证据及线索	关键点
赵先生	一天下午	西区别墅花园内	赵先生被人击晕，抢走了财物	推理、分析	①赵先生意识到地上的影子有 1.9 米 ②男童有 1.2 米	影子

489 目击者的疑惑

小景从自家的窗户缝里目击到邻居家发生的一起凶杀案。

因为凶手通过窗户向外窥视了好几次，所以小景清楚地记住了他的长相。小景在向来调查的刑警描述时说凶手是一个细长脸的男人，而后去自首的罪犯却是圆脸，并非细长脸。

难道小景看到的不是凶手吗？这里面有着什么样的玄机？

490 抢劫出租车的强盗

在一个秋天的午夜，竹内刑警正在空无人迹的街区走着，突然，从小胡同里冲出一个男人，差点和他撞了个满怀。

竹内刑警赶紧往旁边一闪，那男人拿的手提包撞在竹内腰上后掉在地上。那男人立即拾起皮包，像兔子一般的逃跑了。

由于天黑，竹内刑警没看清那人的面孔，只有个粗略印象：戴着太阳镜，下巴留着胡子。竹内刑警想追上去询问询问，可那人跑得太快，转眼间已冲进前面 150 米远的一幢楼房里。

这时，小胡同里又传来急促的脚步声，一个男人气喘吁吁地跑来。他一见竹内刑警，便粗声粗气地问道："刚才那家伙，跑到哪里去了？"

"那里。"竹内刑警用手一指，那男人立即准备追过去。

"你等等，我是警察，究竟发生了什么事？"说着，竹内拿出证件。

"警察先生，太好了，请您马上抓住那家伙，他是抢劫出租车的强盗。他打伤我的头部，抢走营业款后逃跑了。"出租汽车司机抚摸着后脑，似乎伤处很痛。

于是，竹内刑警和司机一起来到罪犯逃入的那幢建筑。

一楼仓库的百叶窗关着，旁边有楼梯。顺楼梯上到二楼，是两个并排的房门。这里再无其他路可走。进了门，犹如老鼠钻进笼子一般，罪犯肯定躲进了其中的一扇门内。

第一个门的门牌上写着西蒙。为了慎重起见，竹内刑警在敲门前又问了一次司机："如果看到罪犯的脸，能一下认准吗？"

"不太有把握，只能肯定他戴着太阳镜，留着胡子，拿着手提包。没想到会在车上遭抢劫，因此没认真观察相貌……"司机口气不太坚定。

竹内敲了敲门。不久，门开了，露出一个年青男人的面孔。

司机盯着对方的脸看过后说："下巴没留胡子，不像是这个人。"他不太自信。

竹内刑警拿出警察证件说："是西蒙先生吧？今晚你一直待在屋里吗？"

"是啊，几小时前就开始听立体声唱机。"

"一点儿声音也没听见吗。"

"我戴着耳机听的，到底有什么事？"西蒙诧异地反问道。

"刚才有个抢劫犯逃进这座楼房，我们正在追寻他。"

"那么，你说我是抢劫犯吗？真是愚蠢透顶。"

"没断定就是你。可是为了慎重，请让我们进屋看看。"竹内径直闯入房间。

这是单间房，15平方米大的居室里放着立体声唱机，上面接着耳机。竹内刑警戴上耳机听了听，耳机里响着交响曲。

"啊，是这个手提包。"司机在房间角上一眼就看到手提包，他立刻打开一看，里面装着脏毛衣、罐装啤酒、快餐面和文件书籍等等。

"这是昨天朋友忘在这里的，喝一罐吧。"西蒙说着，取出一罐啤酒，拉开盖子。刚一开，啤酒泡沫立刻喷涌出来，溅到他脸上。

"啊呀……"他不免怪叫一声，慌忙用手帕擦脸。

司机看着他的狼狈样儿笑了起来。可是，他又见立体声唱机上放着太阳镜，便拿起太阳镜强迫给西蒙戴上："你戴上看看。"

司机盯着看了一会儿，似乎有些遗憾："我觉得有点像，不过，下巴没留胡子，不敢肯定。"

"怀疑人应该有个分寸，我从几个小时前，就在听贝多芬的音乐。"西蒙气愤地摘下太阳镜说："在这儿怀疑我，不如去调查一下隔壁的男人。真是莫名其妙。"

"隔壁房间住的什么人？"

"一个叫罗宾的穷画家。"

"几分钟前，你听到上楼梯的声音吗？"

"完全没听见，我戴着耳机。"西蒙答道。

竹内刑警和司机暂时出了房间，来到隔壁。敲过门后等了一会儿，门才打开。一个穿着睡衣的男人睡眼惺忪，揉着眼睛出来了。

"哎呀！他也没留胡子，真是怪事。"司机看清对方相貌后非常失望。

"到底有什么事？深更半夜的……"罗宾没好气地说。

竹内刑警给他看过警察证件后，问道："你什么时候睡觉的？"

"现在几点钟？"

"午夜一点多。"

"那么大概是四个小时之前，有什么事？"

"寻找抢劫犯，请让我进屋查看一下。"

"别开玩笑，把人从熟睡中叫醒，说是什么抢劫犯。这是怎么回事？有搜查证吗？"

"那就没办法了，跟我一起去警察署拿吗？"竹内刑警虚张声势。

"那就请便吧。"罗宾勉勉强强让两人进了房间。

这里同样是单间，到处摆着画架和画布，连插足之地都没有。司机在床下发现手提包，他打开一看，里面装着画具和几厅罐装果汁。

在这里，竹内刑警也打开壁柜进行了检查，里面没藏人。

罗宾冷冷看着两人搜查，酸不溜秋地说："托福，睡意全消失了。"说完，打开罐装果汁喝起来。

在厨房桌上的碟子里，放着两片切开的苹果，已削过皮，果芯已取出。

竹内刑警发现这个苹果没有变色，便问道："这苹果是什么时候吃的？"

"睡觉前呀。"

"那样苹果会变成茶色。实际上，为了伪装逃回家的时间，赶紧削了苹果皮吧？"

"如果怀疑，你可以自己尝尝嘛。"罗宾生气地答道。

为了谨慎，竹内刑警切下一刀，尝了尝，是优质苹果。

"刑警先生，现在不是悠闲品尝苹果的时候，罪犯确实跑进这所建筑里来了吗？"司机焦急地问。

"绝对没错，我看得非常清楚。"

"那么这屋和隔壁的男人，哪个是罪犯呢？我完全不清楚。要说某人是罪犯，却没有决定性的证据……"

"不，有确凿证据。"竹内刑警斩钉截铁地说。司机吃了一惊。

"啊，刑警先生已经知道谁是罪犯了？"

"当然知道，其实罪犯坐你的车时，下巴留的胡子是伪装的。"竹内刑警朗声答道。

那么，抢劫出租汽车的强盗是西蒙，还是罗宾呢？证据是什么？

·侦探小助理·

讲述人	时间	地点	事件	侦查手段	证据及线索	关键点
竹内刑警	一个秋天的午夜	某个街区	竹内追踪一个抢劫出租车的罪犯	询问、生活常识	西蒙称啤酒是昨天的，拉开以后泡沫立刻喷涌出来	啤酒

491 一株植物

九月的一个早晨，斯凯岛上参加"海盗之行"的9名游客登上了"走运"号机帆船。

9名游客，五男四女。4名女游客都已五十开外。在5名男游客中，亨利26岁，是伦敦一家药店的老板；49岁的摩尔是开杂货铺的，业余摄影爱好者，左腿微跛；考克斯莱是一位出租车司机，50岁；匹克尔和莱斯特都是63岁的老头，早已退休。

他们此行的目的是效仿海盗，乘机帆船，顺着海盗的踪迹，穿梭于赫布里奇群岛和各岛屿之间，最后到达摩勒岛——300年前海盗的巢穴。

下午4点30分，船靠岸了。9名游客登上了一条被人踩出来的小路，两旁是灌木丛和长得齐人高的杂草。

"看呀——亨利先生,真想不到在这荒岛上竟然还长这种植物。"女游客海蒂拔起一捧像杂草样的植物给亨利看。

"这是什么植物?"亨利问。

"你不认识它?"

亨利摇摇头。

"这是麦冬,一种药草,可制作壮阳剂。"海蒂介绍道。

不知不觉绕过一堆土丘,一座颓败的古堡赫然耸立在游客面前。

"女士们,先生们,这就是海盗曾住过的古堡,现在是 4 点 55 分,海盗幽灵将接待你们 15 分钟,与你们合影留念,请你们准备好相机。"船长吉力尔介绍完后,便让游客走进古堡,自己却和 4 位工作人员来到离古堡 50 米的一幢木屋里,坐在桌前喝酒。

5 点零 2 分,船长和伙伴们刚要离开,突然见屋外有个人影一闪,待他们跑出屋去,已不见踪影。船长明白,这绝不会是幽灵,肯定是"走运"号上的一名游客在偷听他们的谈话。他们在屋外四周搜寻了一会儿,但是没有发现什么,便匆匆回到了古堡。时间是 5 点 10 分。此时,9 名游客已准时集合在一起等他们了。

5 点 23 分,他们回到"走运"号上,等待着开船返航,却发现发动机进油管被人割断了。船长明白,一定有人搞鬼,而此人就在 9 名游客当中。

请问:犯罪嫌疑人究竟是谁呢?

492 是谁偷了佛珠

从前有一座佛光寺,寺内有座宝塔,塔顶上有一颗闪闪发光的佛珠,寺庙因此而得名。一年中秋节的晚上,老和尚外出化缘,留下两个徒弟看守寺院。

过了半个月,老和尚回来,发现佛珠不见了,便询问两个徒弟。大徒弟说:"昨晚我出来上厕所,借着月光,看见师弟爬上宝塔偷走了佛珠。"小徒弟争辩道:"我整夜都在禅房里,没出来过。佛珠不是我偷的,我记得自从您走后,佛珠就没发过光。"

老和尚听完两个徒弟的话,立即明白了是谁偷走了佛珠。

你知道是谁吗?

讲述人	时间	地点	事件	侦查手段	证据及线索	关键点
老和尚	中秋节半个月后的晚上	佛光寺	寺里宝塔上的佛珠不见了	询问、证词	大徒弟称前一晚借着月光看到师弟偷佛珠	月光

493 被打翻的鱼缸

探险家沃尔，每到一个地方就会带那个地方的特色鱼回家。他家的客厅里摆放着各种形状的鱼缸，里面养着他从世界各地搜罗回来的鱼，他的家里简直称得上是一个鱼类博物馆了。

一天夜里，沃尔夫妇外出旅行，只留下一个佣人和两个女儿在家，知道了这种情况后，一个卖观赏鱼的家伙偷偷地溜进了沃尔的家。因为他对沃尔家的鱼已经觊觎很久了，所以他一进去首先将室内安装的防盗警报电线割断。

然而，他运气不佳，被起来上厕所的用人发现，在黑暗中，他们发生了激烈的搏斗，不小心将很大的养热带鱼的鱼缸碰翻掉在地板上摔碎了。就在他将匕首刺进用人的胸膛之时，他也摔倒在地，慌忙起身爬起来时，突然"啊！"地惨叫一声，全身抽搐当即死亡。

听到打斗声和惨叫声，两个女儿立即拨打电话报警。

警察勘查现场发现，电线被割断了，室内完全是停电状态。鱼缸里的恒温计也停了电，但是盗贼的死因却是触电死亡。

当刑警们迷惑不解之际，接到女儿电话的沃尔也急忙赶了回来，他一看现场，就指着湿漉漉地躺在地上死去的那条长长的奇形怪状的大鱼说："难怪呢，即使没电，盗贼也得被电死。这就叫多行不义必自毙！"你知道这是为什么吗？

494 谁安放的录音机

A公司研究开发出一套新软件，将要应用在空军的战斗机上。这是国家一级保密的项目，国外的情报机关不惜重金，要收买公司的人员，窃取软件的情报。这天下午1点钟，在公司的会议室里，举行了新软件的论证会。

会议是在绝对保密的情况下召开的，会议开到一半，有个工程师不小心把笔掉到地上了，他俯下身子去拾，却发现桌子底下有个奇怪的小盒子，拿起来一看，竟然是用来窃听的微型录音机！

总工程师马上宣布会议暂停，并向警方报了警。摩恩探长迅速赶到现场，他先检查了录音机，录音带上开始没有声音，2分钟以后，听到轻微的关门声，又过了10分钟，听到很多人进来的脚步声和说话声。摩恩探长推测，安放录音机的时间，大约是在12点45分。根据调查，当时有可能进入会议室的，一共是两个人。探长和经理一起，在经理室分别找他们谈话。

首先进来的是女秘书，她说："我12点40分进会议室，把文件放在桌子上，就马上离开了。"经理看了看她的脚，生气地问："公司规定上班应该穿平跟鞋，你怎么穿高跟鞋？"女秘书红着脸说："今天起床晚了……赶着上班，穿错了。"

接着进来的是男清洁工，他说："我进会议室擦完桌子，就出来了。"探长还没有问话，经理指着他脚上的网球鞋，生气地责问："你怎么也不按规定穿平跟鞋？"清洁工支支吾吾地说："我……中午去打网球，忘了换鞋了……"询问完了，摩恩探长告诉经理："我知道微型录音机是谁放的了。"

你认为谁是放录音机的罪犯呢？

·侦探小助理·

讲述人	时间	地点	事件	侦查手段	证据及线索	关键点
总工程师	某天	公司的会议室	会议室有人安装了窃听的微型录音机	询问、证词	①女秘书穿着高跟鞋②清洁工穿着网球鞋	鞋

495 智破伪证

赫梅尔有一次出庭为一家保险公司辩护。

案情是这样的：原告参加了这家保险公司的人身保险。他的肩膀被掉下来的广告牌砸伤了，而且伤得很重，手臂抬不起来，于是他向保险公司提出了巨额的赔偿请求。保险公司凭着多年的从业经验，怀疑原告诈保，于是拒绝巨额赔偿，双方因此闹到法庭。保险公司请来了赫梅尔作辩护律师。

赫梅尔仔细分析了案情，又从多方面对原告进行了观察，很快就看出原告所说的伤势有假。开庭时，赫梅尔以一种关心的口吻问原告："为了证明你的伤势，请你给陪审员们看看，你的手臂现在能举多高？"原告慢慢将手臂举到齐肩高时就痛苦不堪，不能再举了。接着赫梅尔又问了一个问题让原告的伪证不攻自破。

那么你知道赫梅尔是怎样让原告的伪证不攻自破的吗？

496 以牙还牙的办法

法国历史上有个知名人物罗伯斯庇尔，一次他为了陷害政治上的敌手，竟诬称敌手在发给士兵的酒中放了毒。为了取得"鉴定"的"依据"，他把酒交给当时著名的化学家特洛化验，并答应以重金酬谢。可是，化学家特洛拒绝金钱的引诱，在化验后明确宣布酒中无毒。

罗伯斯庇尔令他修改结果，特洛不但拒不接受，反而想出一个办法，使罗伯斯庇尔当众出丑，暴露了他陷害人的真面目。

请问：特洛想的是什么办法呢？

497 凶手的逃跑方向

一个雪后的清晨，两个警察在街上分头巡逻。这时，一个青年推着一辆自行车走过来。其中一个警察见他神色慌张，便上前查问。不料，这个青年突然从衣袖里拔出一把尖刀，猛地朝警察胸口刺去，然后骑上自行车仓皇逃走。

另一个警察闻讯赶来时，受伤的警察只剩一口气了。他向同事指明了凶犯逃跑的方向，并说他是骑自行车逃走的，但话没说完便死了。

后赶来的警察悲愤万分，立刻朝指示的方向追去。没跑多远，前面就出现了岔道。他朝两边望去，左右两边都是不太陡的上坡路。在离开岔道口40米的地方，两边的路上都铺了一层黄沙。而且，在松软的雪地上，两条路上都清晰地留有自行车的痕迹！他蹲下身仔细观察：右边路上的车胎痕迹是前后轮深浅大致相同；而左边路上的，前轮的车胎痕迹要比后轮的浅。

这个警察稍微思考了一下，立刻选择了正确的路线，最后抓住了凶手。

那么，凶手到底是往哪边逃的呢？

·侦探小助理·

讲述人	时间	地点	事件	侦查手段	证据及线索	关键点
警察	一个雪后的清晨	街头	一个青年刺死一个警察，另一个警察赶紧追上去	现场查看、生活常识	①右边路上的车胎痕迹是前后轮深浅大致相同②左边路上前轮的车胎痕迹要比后轮的浅	痕迹

498 大摇大摆的小偷

深夜，某小偷入室行窃。他大摇大摆开了灯，坐到办公桌前，打开抽屉，但没翻动里面的东西就关好；接着他又打开了文件柜，拿出了几份重要文件，再把文件柜关好；他还打开了保险柜，取出了大笔的钞票，然后小心地关好。

小偷在出门之前，把所有用手摸过的地方都用手绢擦了一遍。临

出门时，他又将墙上的电灯开关也擦了一遍。最后，用腿把门带上。

"除非有人取文件或打开保险柜，否则没人知道我来过吧！"小偷得意地想。

可是，第二天，第一个进房间的人就发现了昨晚这里有人来过。

你知道问题出在哪里吗？

499 高个子修理工

某县有一阵屡次发生十几个蒙面歹徒抢劫过路司机的案件，当事人稍有反抗，就被歹徒活活打死。

县刑警大队根据县委的命令，由萧队长带着两名刑警乔装打扮，开着一辆"红旗"轿车来到了经常出事的路段侦查情况。

汽车在山道上快速行驶，在一个转弯处，汽车突然失去了控制，萧队长立即紧急刹车，下车后一看，原来两只前胎被路上的铁钉扎破，一点气都没有了。

说时迟，那时快，从两边的丛林中窜出十几个蒙面歹徒，将他们团团围住，一个为首的矮胖子挥着枪厉声喝道："把钱拿出来，不然就打死你们！"

三人身上的3000多元人民币以及手机都被歹徒抢走，只听一声呼哨，这些人又迅速撤走了。

萧队长叫一人看住车，带着另一名刑警来到了附近的一家汽车修理店，他对坐在门口的高个子修理工说："我的汽车轮胎被铁钉扎破了，请跟我前去更换轮胎。"

高个子修理工一声没吭，去里面拿了两只轮胎，跟着萧队长来到出事地点，迅速地换上了好胎。高个子修理工笑着对萧队长说："今天我特别高兴，这两只轮胎免费。"

萧队长也高兴地说："当然要免费了，因为我们的钱都被你们这帮匪徒给抢走了。"说罢就给高个子修理工戴上了手铐。

根据这个罪犯的交代，后来，刑警们又抓获了其他同伙。

你知道萧队长是根据什么抓捕高个子修理工的吗？

500 无辜还是敲诈

列车驶出某站时，夜已经很深了。海顿先生看了一会儿侦探小说，正准备

上床睡觉。突然,一个女人闪进了他的包厢。她长得很标致,一进门她就把门反扣上,胁迫海顿先生乖乖交出钱包,否则,就要扯开衣服,叫嚷是海顿先生把她强拉进包厢,企图强奸她。

看到海顿先生没有做出反应,这个女人说道:"先生,即使是你床头的警铃也帮不了你的忙,因为,我只需要把衣服轻轻一扯……"

海顿先生顿时陷入了困境,他只好讷讷地说:"让我想想,让我想想。"说着,他点燃了一支哈瓦那雪茄。就这样,双方僵持了三四分钟。出乎这个女人的意料,海顿先生还是轻轻地按了一下床头的警铃。

这个女人顿时气急败坏,立即脱了外衣,扯破了胸前的衣衫。待乘警闻声赶到,躺在海顿床上的女人又哭又闹,她直着嗓子嚷道:"三四分钟前,这个道貌岸然的先生把我强行拉进了包房。"

这时,海顿先生依旧平静地、不动声色地站在那里,悠闲自在地抽着雪茄,雪茄上留着一段长长的烟灰。

乘警仔细地进行观察,不一会儿就明白了:这个女人想讹诈海顿先生。于是,毫不犹豫地把这个女人带走了。

警察根据什么做出判断,认定海顿先生是无辜的,而这个女人却是在敲诈呢?

·侦探小助理·

讲述人	时间	地点	事件	侦查手段	证据及线索	关键点
海顿先生	某天	列车上	一个女人进入海顿先生的包厢,企图胁迫他交出钱包,否则报警诬陷他	现场查看、生活常识	海顿先生点燃一支哈瓦那雪茄,三四分钟后按了警铃	雪茄

答案

1 邮票藏在哪里

小偷把邮票沾水后贴在电风扇的叶片上，然后打开电风扇，因为电风扇在转动，所以不可能发现邮票。警察关掉电风扇，邮票自然也就找到了。

2 名画失窃

卡尔探长只字未提匿名电报之事，女管理员却自己先说了出来，可以断定是她自己偷了画，又拍了电报。

3 谁盗走了项链

盗窃项链的是 B 先生。

因为林德看到他的手指呈现出蓝黑色。约翰将珍宝盒用湿的封条封上，糨糊是含有淀粉的，当 B 的手指接触到封条时，碘酒与封条糨糊中的淀粉发生了化学反应，原来黄色的手指就会呈现蓝黑色。

4 美术馆失窃案

窃贼是查理。因为只有查理被 4 个人提到过，由于所有供词中只有 4 个是假的，因此窃贼就是查理。

5 珠宝店被抢劫

珠宝被扔到了流沙上，大艾尔费了好大劲找到了珠宝。小乔也去找过，结果陷进流沙中死了，没有留下任何痕迹。

6 被偷的世界名画

一个惯用右手的人，脱裤子时通常

先脱左腿。而戈迪探长走进马格的卧室时，马格的右腿在裤腿里，而左腿还在外面，说明他当时正在脱裤子，不是像他自己说的是在穿裤子。

7 珍贵艺术品

约翰就是窃贼。因为他用擦拭红茶的手帕擦去了他留在镜框的指纹，而红茶一般都加糖来喝，所以招来了苍蝇。

8 价值连城的邮票被盗

《圣经》的第 47 页与第 48 页是同一张纸，简恩是不可能把邮票藏在这两页之间的。

9 失窃的宝石

宝石是男仆偷的。房间里总共只有 3 位客人和主人安德鲁，所以根本不需要 5 杯加了冰的酒。原来，那位男仆乘人不备，把宝石偷了出来放在酒杯里，乍一看就好像是冰块一样。

10 金表被盗

戴维是小偷。我们可以发现，埃迪的供词和布朗的供词的前一半完全对立，布朗的供词的后一半和查理的供词完全对立，因此，这 4 句话中必定有两句是真的。由于最多只有一个人的供词是真的，所以布朗的话一定是半真半假，而戴维的供词就肯定是假的，因此，他就是小偷。

11 首饰店被盗

罪犯先把珠宝塞到青蛙的肚子里，然后让蛇吞下青蛙，他再将蛇带走。

12 巧找钻石

人热的时候会出汗，汗水里面带有很多盐分。钻石很可能是这些游客里某个人用手偷走的，因此会在他的手上留下一些浸钻石的溶液。当这个窃贼在高温的房间时，他手上的汗就会变成绿色。

13 谁盗走了古币

盗走古币的是哲尼克，因为知道钥匙所在地的只有戴维德三兄弟和他，三兄弟住在一起，只有他在作案后才需要把凡是留有指纹的地方擦抹干净。

14 钻石大盗的计谋

詹妮弗使了一个调包计。她把珠宝藏在休斯敦夫人的衣箱内，因为她断定警方不会想到去检查受害人的衣物。等到列车靠站后，全部行李都堆放在月台上，詹妮弗便用事先准备好的一只一模一样的衣箱调换了休斯敦夫人的衣箱，于是珠宝便到了她的手里。

15 价值连城的大钻石

清洁工人。他利用吸尘器吸出了钻石。

16 神秘的盗贼

防盗玻璃整体是难以毁坏的，但如果玻璃上有个小小的缺陷，用锤在那里一击，防盗玻璃就会破碎。知道这个破绽的人，只有设计制造防盗玻璃柜的那个人。

17 拿破仑智救仆人

秘书利用毛玻璃的特性，看清楚了失主的一举一动，偷走了10枚金币。毛玻璃不光滑的一面只要加点水或唾沫，使玻璃上面的细微的凹凸变成水平，就能清楚地看到失主在房中所做的一切。而在左边的房间毛玻璃的一面是光滑的，就不可能做到这样。

18 商队

偷金子的人做贼心虚，老人说"偷金子的人只要一拉马的尾巴，它就会叫"，这样他便不敢去拉马尾巴，因此他的手上不会沾有马尾巴上的气味，老人一嗅便知道谁是盗贼了。

19 一家乐器商店被盗

是莱格。他暴露出喇叭是藏在盒子里被偷走的，而且还知道店里有3个钱箱被撬。此外，他在短文里几乎所有的行动都跟实际发生的事实相反，显然是故意隐瞒。

20 仓库被盗之谜

卡特拆下仓库天窗的两根铁栅栏后，从那里潜入盗走了箱子，然后在窗口上放了几只大蜘蛛。蜘蛛有足够的时间在凌晨织上网，因此即使铁栅栏缺了两根，仓库仍好像处于密封状态。

21 钻石藏在哪儿

普通的冰块应该浮在水面上，冰块里藏有钻石肯定要沉入杯底，因为它的密度比水大。吉川侦探看到梅姑杯子里只有两块冰块浮在水面上，另外两块则沉到了杯底，推测里面一定藏有钻石。

22 一枚珍贵的硬币

前厅里有内线电话，可布赖尔不用，反倒用投币电话跟房间里的妻子通话，这十分可疑，不符合一个人的正常逻辑思维。因为丢失的是硬币，所以布赖尔的行为引起了警察的怀疑。当警察打开投币电话的匣子时，发现里面正好有那枚刚刚被窃的珍贵的硬币。

23 飞来的小偷

山田吉木说："有些鸟儿，如喜鹊、松鸡等，它们喜欢闪闪发光的东西，有时候会把这些东西衔回窝里，我根据这点才怀疑是喜鹊干的。"

24 克娄巴特拉的眼泪

钻石被烧成了灰，保险柜里的那一小堆灰就是"克娄巴特拉的眼泪"。钻石是地球上最坚硬的物质，其成分是纯晶体的碳。但是如果温度超过850℃就会燃烧。氧气切割机的火焰温度高达2000℃，所以用如此高温的切割机去切割小小的保险柜的门时，保险柜中的钻石便燃烧了。

25 被杀的猫头鹰

法布尔望着警长疑惑的脸，笑道："我在采集昆虫标本时，常常发现大树底下有小鸟和老鼠的骨头，抬头一看便会发现猫头鹰的巢穴。猫头鹰抓住小鸟或老鼠后是整个吞食的，然后把消化不了的骨头吐出来。"停顿了一会儿，法布尔又说道："格罗得在食饵肉中夹上3枚古钱喂了猫头鹰，猫头鹰是整吞的。第二天早晨，猫头鹰吐出不消化的古钱，格罗得将它们藏起来，然后再杀了猫头鹰，并剖腹检查，好证明自己的清白。"

26 小偷的智慧

愚蠢的警卫忘记了钻石是世界上最坚硬的物品，小偷只要用钻石就可以划

开玻璃，轻松逃走。

27 珠宝店里的表

盗窃犯动过的表区别于橱柜里其他表的唯一特征是它在走动。别的表，即使假日前有人看过，上过弦，这时也早该停了。因为珠宝店停业放假3天。

28 衣架上的大衣

朱莉·贝克尔说自己是第一批来到的客人，她也声称从未出去过。但当她出去取大衣时，探长发现她的大衣却在衣架的顶端，而如果真是第一批客人，她的大衣应该在衣架的最里端才对。

事实是，当入口大厅没有人在时，朱莉悄悄穿上了大衣，偷走花瓶，跑到外面把花瓶藏到了一个空的树洞里。当发现花瓶不见时，朱莉已经回到房间了。

29 埃默里夫人的宝石

埃默里夫人想到了这个窃贼一定是个色盲，因为他当时没有只偷绿宝石，而是把所有的宝石全偷走，就是想让他的同伙从这堆宝石里挑走那颗绿宝石，所以，埃默里夫人一下子就判断出了那个穿着一只褐色袜子和一只蓝色袜子的克劳斯是色盲，也就是行窃者。

30 珍邮藏在哪

人们邮信一般贴普通邮票，很少有贴纪念邮票的。老王见大信封上贴的是一张大大的纪念邮票，故而怀疑那枚丢失的邮票就藏在纪念邮票的下面。

31 博物馆里的盗窃犯

外面正下着雨，其他人的雨伞都是湿的，而盗窃犯的雨伞却是干的，说明他不是当天从外面进来的。

32 教练的谎言

跳水运动员的职业病是眼角膜损伤较严重，视力较差，即使戴眼镜也无济于事。教练是退役跳水运动员，故不可能在深夜看见 50 米远的人左眼睑下的疤痕，所以他在说谎。

33 证言的破绽

第一，既然两名劫匪进门时头戴面具，只露出眼睛，怎么可能嘴里叼着香烟呢？第二，既然歹徒戴着手套，又怎么可能用戒指划破托尼的脸呢？

34 可笑的小偷

轿里的新娘是另一名女子假扮的。小偷根本不认识新娘，却煞有介事地和假新娘对证起来。

35 你在说谎

影子不可能在窗口。刘某说"窗口有高举木棍的影子"，这就是谎言。因为桌上台灯的位置是在被害人与窗口之间，不可能把站在被害人背后的凶手的影子照在窗子上。

36 是走错房间了吗

小伙子敲门露了馅儿。因为 3、4 两层全是单人间，任何一个房客走进自己房间时，都不会先敲房门的。

37 丽莎在撒谎

丽莎不可能用吹风机吹头发，因为当时停电了。还记得输电线路是什么时候修好的吗？

38 管家在撒谎

管家抬起头是不可能看见主人踢倒小凳子的。要是能够透过窗玻璃看到地板上的小凳子，那间阁楼的小窗户就低得太离谱了。

39 谁在撒谎

日本国旗正倒都一样，可见三副在说谎，所以船长断定是他偷了钱。

40 抢钱的破绽

如果真是歹徒抢钱，是不会把钱一捆一捆地拿出来，给出纳员留下一个空包的。

41 被杀的女乐手

洛克探长断定苏姗并不像邦德说的那样打算参加演出，因为一个大提琴手不可能穿紧身的裙子演出。

42 楼梯上的凶案

管理员知道妮可是盲人，她从不乘电梯，每天都是走楼梯的，突然停电对她没有丝毫影响。倒是那男子整日乘电梯，突然停电，对他才会有影响。

43 影子与谎言

房中只有一盏电灯，一个人只有一个影子，不能够同时出现在两侧的隔屏上。如果两侧的隔屏上同时出现一个人的影子，就可以断定当时中间房子里是两个人或两个人以上。

44 卖狗人

因为所有的狗都是色盲，所以，牧羊犬麦克不可能知道信号旗或秋衣是红色的。

45 一起恶性肇事逃逸事件

凶手作案后快速开车回家，这样发动机就会产生很大的热量，猫喜欢在暖和的地方睡觉，车前箱盖上便是最好的选择。由此可以断定凶手所谓的"我的车子昨天就放炮了，今天一次也没开出去"是谎言。

46 识破伪证

人在划小船的时候，船行驶的方向和划船人的面部方向是相反的。所以向着桥下急速划来的那个男人，是背向着桥身的，他不可能看见桥上发生的事情。

47 谎言的破绽

谎言再圆满也会有疏漏，通过严密推理，人们可以看穿诸多骗局。老罗的谎言也不例外，且不说一个人的一天不可能安排得这么满满当当，况且下下星期五是两星期后的事。通常人们是不会提前那么多天就预订好葬礼日期的（除了国葬一类的大型葬礼以外）。

48 停电时的误杀

如果停了4天电，那么冰箱里的冰块早就化成水了。

49 玻璃上的冰

寒冷的天气里，室内温暖，冰霜都是结在室内玻璃上，户外玻璃上是不会结厚厚的冰的，可见波尔在编谎话。

50 雪夜目击

当时下着大雪，目击者的车在外面整整停了两个半小时，目击者上车前并没有把车窗上的雪擦掉，所以他不可能看见那人摔下来。

51 水生动物研究所

江山是说谎者，也是枪杀高森的凶手。因为研究所在水下40米的地方，大约有5个大气压，要想从这样的深度游向地面，必须在中途休息好几次，使身体逐渐适应压力的改变。15分钟是游不回地面的。

52 不想花钱买个谎言

蒂尔福说肯特的外套是"两年前买

的"，可现在还很合体，而他的体重却在7个月里增加了70磅，这是不可能的。

53 园艺家是个骗子

一年生植物的寿命只有一年，它的全部生命现象（发芽、生长、开花、结果、死亡）都会在一年内出现并结束，所以它绝对不可能年年开花结果。

54 梅丽莎在撒谎

巧克力在28℃以上就会变软，而当时气温高达34℃，梅丽莎的巧克力却是硬邦邦的，这说明她刚从有空调的地方出来，不是等了好久来接人的。

55 黑珍珠项链

郁金香花瓣一到夜间就合上，灯光照射十五六分钟后就会自然张开。耕助进来时花瓣是闭合的，而现在张开了，这说明书房在他进来之前一直是黑着的，而卢班不会在黑暗中读书。

56 背影与领结

既然她只看到了后身的背影，怎么能看到前身的领结呢。

57 投机商人

仆人说他从油画镜框的玻璃上看见了强盗的长相，这就是破绽所在。油画从来不用玻璃镶框，而是用木框或者专用的画框装饰。

58 对话

门铃使用的是干电池，与停电无关。

59 游乐园的父子

过山车都没有引擎。一条特殊的传送带会把过山车带到顶端，而重力会让过山车一路向下滑到底。所以，儿子在撒谎。

60 富孀报警

在落地窗前，探长看到早晨的太阳悬在窗前上空，因而得知落地窗面朝东方，贝蒂夫人在天亮前4点钟，看到落地窗后面有个人影，这是不可能的。

61 银店抢劫案

依据在银碗中见到的影像，营业员不可能认定罪犯是谁，因为碗中反射出来的影像是个倒影。

62 有人杀害了我的丈夫

伯顿夫人的话是有很大的破绽的：

因为史留斯一进伯顿夫人的家，觉得很暖和，以致脱下外套，摘掉帽子、手套和围巾，而那天室外很冷，寒风呼啸。如果按伯顿夫人的说法，那扇窗打开了至少已有45分钟，那么房间里的温度应该是很低的。这一点足以说明那扇窗刚打开不久。所以，史留斯先生不相信伯顿夫人的话。

63 犯罪嫌疑人答话

犯罪嫌疑人说是在东西流向的河南岸坐着看河水，即他是面朝北的。在北纬29度线以北，可以看到月球和太阳一样在天空的南部东升西落。如果他面朝北，是看不见月亮在河水中的倒影的。

64 警长的反问

当时气温是 -5 ℃，任何一个人从1500米外的湖边跑到旅馆最快也要5分钟，那个人衣服上的水早该结冰了。可见他是在害死朋友后，回到旅馆附近在身上洒了一些水，妄图蒙混过关。

65 瑞香花朵

瑞香是一种只需要很少水的植物，如果水浇得太多，它就会死。卡罗尔小姐告诉警察自己每天给它们浇水，而且它们变得更美丽了，她肯定是在撒谎。

66 教授的凶杀案

杰利摸黑进去开灯，而教授的尸体横在门口，他却没有被绊倒，说明他早已知道那里有具尸体。显然，他对波洛说了谎。

67 消声器坏了

洛克的身高和他妻子相差悬殊。如果上午是他妻子开的车，那么她一定会调整驾驶座的位置，以适合自己的身高。可是，洛克却能够舒舒服服地坐在驾驶座上，这证明最后一个开车的不是他妻子。

68 沙漠归来

青年声称他昨天刚刚刮去长了几个月的络腮胡子，但他面孔黝黑、下巴呈古铜色。如果他真的在阳光下待了数月而未刮胡子，那长胡子的地方就应显得白净些。

69 一个冷天里的冷玩笑

雪下了一整天，如果威廉姆斯小姐5分钟前刚刚回家，她的汽车就不会结冰了，而且车道上也肯定会有汽车轮胎留下的痕迹和她的脚印。因为房子没有车库，她不可能把车停在其他地方。所以，她肯定说了谎。

70 今年冬天的第一场雪

警长是从屋檐上挂着的冰柱推断出来的。昨天夜里才下雪，第二天早上屋檐上就有了冰柱，说明夜里有人在屋里使用过电暖炉之类的东西取暖，导致屋内屋外温差很大，所以屋檐上结了冰柱。这个人既然是单身，所以昨天夜里他一定在家。他说两天前就出门到外地去，完全是在撒谎。

71 金网球俱乐部的一夜

人的视力不可能在"黑糊糊"的夜晚，看清100米以外卡车上的车牌号码。霍克探长一下子就抓住了这一破绽，识破了这个人的诡计。

72 戴墨镜的杀手

当时小李和小冯正在吃火锅，如果有人戴着墨镜进入热气腾腾的室内，镜片上会蒙上一层雾气，根本无法看清屋里的人。

73 政府办公室被盗

农夫在撒谎。只有野鸭才会孵蛋，家养的鸭子经过长期的人工选育已经退化，是不会孵蛋的。

74 骡子下驹

农夫纯粹是在撒谎，骡子根本不可能下驹。

75 诚实国与说谎国

问题是"你的国家在哪里？"因为无论问的是哪一国的人，他的回答肯定都指向诚实国。

76 报案的秘书

卧室里铺了厚厚的土耳其驼毛地毯，村井探长走路的时候，听不出脚步声，可是女秘书却说，从话筒里听到凶手的脚步声，说明她是在撒谎。

77 听力差的冒领者

此人听力不好，并能从别人的口型上辨别出其谈话内容，但是却绝不能从广播里的声音中辨别出广播的内容。

78 雨中的帐篷

阿尔在撒谎。阿尔说他们早上就支起了帐篷，可当时还没下雨，帐篷里的地面却是湿的，显然帐篷是雨后支起的。说明他就是凶手。

79 胡同里的假案

玛丽说她只从后面看到了抢劫的人，却明确说出嫌疑人穿着开襟汗衫。这种汗衫的扣子是在前面的，从后面看是无法判断出来的，显然玛丽在撒谎。

80 火炉上的烤肉

这个人既然说自己迷了路，没有来过这里，却能够知道碳块已经凉到把手伸进去不会烫伤的程度，这不是自己犯了逻辑错误吗！显然他就是凶手。

81 撒谎的肯特

在圣诞节前一天，肯特是无法利用太阳光在北极圈内生火的。因为从当年10月到大约第二年3月期间，北极圈里是没有阳光的。

82 一条大红的龙虾

龙虾只有煮熟了以后才会变成红色，老板怎么会把已经煮熟的龙虾再煮一次呢，显然这个人在说谎。

83 被窃的手提包

如果女招待员端着热牛奶进屋时下巴让人打了一拳，那杯牛奶早就洒了。可是哈尔根看见那杯里的牛奶还是满满的，这不合常理，便断定女招待员一定说了谎，由此破了案。

84 超车的规定

世界上有少数国家规定，车辆左侧通行，右侧超车，日本就是这种规定。所以斯蒂尔听克里夫人说那辆客货两用车从他的左侧超车，便知道她在说谎，于是，揭穿了她的骗局。

85 六头被打死的斗牛

葡萄牙的斗牛开场仪式一般是在复活节的第二天举行，而复活节又总是在 4 月，从来不在 3 月。

另外，里斯本的斗牛并不溅血，因为葡萄牙的法律明文规定，在斗牛中禁止将牛杀死。

86 古代的瓷瓶

女佣说他亲眼所见，每张日元的面值都是一万元。如果是真的，那么 1000 万日元就有 1000 张纸币，皮夹里怎么能放得下？这显然是谎言。

87 古老的壁画

恐龙绝迹几百万年以后，才有人类出现，壁画上却有原始人追杀恐龙的画面，教授看了应该知道壁画是假的，不可能说这是最古老的壁画，暴露了青年在撒谎。

88 口袋里的金币

老人的口袋里只有一枚金币，不会发出叮当的响声，说明吉列在撒谎。

89 雨夜的报案

报案人从河里游上来，衣服全部湿透了，火柴肯定划不着了，说明他是在撒谎，是他自己杀了人，再假装报案，想蒙混过关。

90 南美洲的大象

世界上亚洲有大象，非洲有大象，而南美洲却没有大象。

91 血型辨凶手

凶手不是弟弟。

AB 型和 O 型血液的人结婚，子女不会有 AB 型血。

92 被毒死的伊凡

4 人在饭店的坐法如图所示：

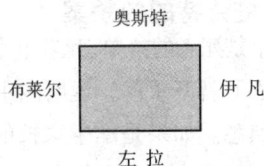

奥斯特

布莱尔　　　　　伊凡

左拉

因此，说谎的是左拉，他杀了伊凡。

93 哪个男人是凶手

目击者指认第一个男人是凶手。

根据已知条件分析得出完整的特征分布必定是下列情况之一：

A（1）

白皙	消瘦	高个	漂亮
	高个		
	白皙		

A（2）

白皙	消瘦	高个	漂亮
	高个		消瘦
	白皙		

A（3）

白皙	消瘦	高个	漂亮
	高个		高个
	白皙		

B（1）

白皙	消瘦	高个	漂亮
	高个		白皙
	白皙		

B（2）

白皙	消瘦	高个	漂亮
	高个	白皙	白皙

B（3）

白皙	消瘦	高个	漂亮
	高个		白皙
			消瘦

根据条件（7），可排除A（1）、A（2）、A（3）和B（2）和B（3）。

94 一桩奇特的凶杀案

凶手是死者的弟弟。死者上身赤裸，未穿上衣服就开了门，说明凶手和他一定十分熟悉。如果是学生家长的话，出于礼貌，死者一定会穿好上衣，不会赤裸上身就去开门。

95 死在阿尔卑斯山

警方断定凶手是杰森。他假装正午离开小屋，等1点30分罗伯特和约翰都离开后，便进入小屋杀了乔。他随即往下跑到半山腰，偷了约翰放在那里的滑板，一口气滑向山庄，所以4小时40分就到达了旅馆。因此，1点30分出发的约翰到达半山腰时找不到自己的滑板了。而罗伯特和约翰都没有作案时间。

96 家庭凶杀案

由年龄最小者和死者是异性，可知死者不是年龄最小者。

从犯比死者年龄大，可知从犯是父或母。年龄最大者和目击者是异性，而父亲年龄最大，因此，目击者是女性。从犯和目击者是异性，故从犯是男性因而是父亲。

如果死者是女性，则由年龄最小者和死者是异性，可知年龄最小者是男性并是凶手（因为目击者也是女性），但由条件"凶手不是年龄最小者"，因此，死者是男性即儿子，而年龄最小者是女性，即女儿。同样因为凶手不是年龄最小者，所以，凶手是母亲，女儿是目击者。

97 富豪被杀的真正原因

杀人凶手是富豪的侄子。因为如果

秘书在甲板上杀了人，会把尸体丢入大海，以便消除痕迹，掩护自己。而侄子急于继承遗产，但如果没有富豪的尸体，无法确认死亡，就只能宣布他暂时失踪。这样，侄子在短时间内是无法继承遗产的，所以他把尸体留在了甲板上。

98 四个高中生去野炊

凶手是汤姆。因为下雨之后的木柴本来就是湿的，不会因为掉在地上才变湿。所以，他在说谎。

99 迅速破案

凶手是送牛奶的人。因为只有知道辛普森太太已经遇害，他才不再到这里送牛奶，而送报纸的人显然不知道这一点，每天仍然准时把报纸送来。

因此，送报纸的虽然每天都来，却因此被排除了嫌疑。送牛奶的人作案后，显然没有想到这桩凶案在十多天以后才被人发现，他停止送奶的行为恰恰暴露了自己的罪行。

100 大厦失火

在案发后1小时，不可能会收到信件。这个时候，唯有真正的凶手才知道王小姐是被刺杀的。李先生过早地亮出这封信，恰好透露出自己是真凶的消息。

101 失窃的海洛因

罪犯是实习医生。

被盗的药瓶只贴有海洛因化学式的标签。一看到这个化学式就知道它是海洛因的人，只能是实习医生。

102 双重间谍

双重间谍R出身罗马在题中被特别强调出来。

一提到"出身罗马"，就要想到X

不仅只是一个字母，还是一个罗马数字的 10。由此三人编号推测 R 肯定是要写大于等于 10 的数字，但没写完就断了气。ⅩⅡ 是 12 号，所以杀死 R 的人肯定是 A 间谍。

103 致命的烧烤

山姆妒忌班域的才能，故早已有谋杀他的计划。当他得知班域爱吃肉类后，便买只白兔，喂食有毒的蔬菜和果实。白兔免疫力强，即使吃了有毒的东西，对身体并无影响。把兔喂肥之后，借着公司举行烧烤旅行的机会，山姆才带着兔子出现，班域见到白兔，自然垂涎三尺，所以将兔子烤来吃。兔子体内的毒素侵入班域身体，使其中毒死亡。

104 做贼心虚的约翰

约翰有 3 个妹夫，但他却能准确地说出死者的名字是史密斯，显而易见他是凶手。

105 四名犯罪嫌疑人

根据数学教师的特点去找答案。凶手是住在 314 号房间的汽车司机孙某。

被害人手里握着的麻将牌，与圆周率 "π" 谐音。圆周率是 3.14159……，一般按 3.14 计算，暗示凶手是住 314 号房间的人。

106 心理学家的理论

凶犯就是那个推销员。情人经常来往于被害人的家，嘴上叼着香烟进进出出，是很平常的事。推销员就不同了，为了推销商品，常常到陌生人家。出于礼貌，他每走进一户人家之前，往往会在大门口把点燃的香烟丢掉。这对他已

习以为常了。结果证明，心理学家是正确的。

107 土耳其浴室

约翰是被杰克谋杀的。杰克将一把锋利的冰匕首藏在他的保温杯中，带入浴室。行凶之后，冰匕首很快就融化了，因而没有留下凶器。

108 女儿的致命约会

凶手应该是电报局的职员。因为仙蒂的母亲曾说："那男子约我女儿昨晚 18 时 30 分，在他公司楼下的公园见面。"只有电报局的职员，才会习惯用这种时间表示法，一般人只会说 6 点半在某地见面。

109 小镇的烦心事

凶手是托马斯。公交公司的工人正在罢工，他不可能坐公共汽车去俱乐部。

110 一宗杀人案件

是矮个儿的阿伦。他在屋内吸烟时，由于被屋外的矮树所阻，所以外面的人看不到屋内人的面目。

111 迷乱的时间

一场橄榄球赛需要 90 分钟，还不包括比赛时的中间休息时间，再加上 60 分钟的路程时间，所以 B 教练在下午 5 点 20 分之前是不可能到达史密斯先生家的。而足球比赛全场比赛时间是 90 分钟，即使加上中间休息 15 分钟，这两位教练也完全有可能在案发之前到达史密斯先生家。

我们再继续分析下去：A 教练的球队参加的是锦标赛，当他们与对手踢成平局时，还得进行 30 分钟的加时赛，最后再进行点球决胜负。即使忽略点球比

赛时间，至少也要进行135分钟的比赛，再加上10分钟的路程时间，他肯定不可能在下午5点05分前到达史密斯家。

所以，只有C教练才有可能杀死史密斯先生，因为比赛时间90分钟，中间休息15分钟和路程20分钟，这样，他可以在下午5点05分，即在枪响之前一分钟到达史密斯先生的家。

112 谋杀案

珍珠项链暗示和尚。和尚总是戴着珠串，而算命的是不戴的。

113 案发时间

后来出现的那个男子是凶手。在停电期间，没有人会关上台灯的开关，因为为了确定电力恢复的时间。现在台灯关着，而应急灯开着，显然是被人故意布置成死者在停电期间被杀的假象，但弄巧成拙，露出了破绽。

114 邮政局长被害案

凶手是A——麦根，只有他带有可致人死命的凶器，只要把狗链绕在手上，就是一击可致人死命的硬物。

115 富家女遇难

其实线索已经给出了，堂姐先进屋察看，她是帮凶，是她反锁的门。所以凶手是堂姐和她的未婚夫外科医生。当富家女和外科医生进入别墅后，医生便杀了她，在浴室里肢解了尸体，用防水布包着，放进了大篮子里。

116 两个猎人的仇杀

不是。一氧化碳是一种无色、无味的气体，进入人体后能迅速"剥夺"氧气和血红蛋白结合的能力，使全身的细胞都出现"缺氧"的中毒状况。内维尔

在屋子里长时间地烧炭炉取暖，产生了大量一氧化碳。由于天气寒冷，门窗紧闭，屋子里空气不流通，结果高浓度的一氧化碳使他中毒死亡。

117 恐怖枪击事件

糖尿病患者是凶手。由于紧张，他大量出汗，枪柄上留下了好多汗水，而糖尿病人的汗水里含有大量糖分，所以吸引了蚂蚁的到来。

118 无孔不入的特工暗杀

凶手是维修电话的工人，他是该国派出的特工人员。他在电话听筒内安装了子弹发射装置。他离开房间后，就给房内打电话。当那位重要人物拿起电话时，电流接通，子弹装置的镍铬线变热，子弹便会发射出去。所以门是反锁着的，而重要人物却中弹身亡。

119 聪明的探长

首先，老兵维克多不可能是凶手。他的眼睛很不好，不可能在25米远的地方开枪打中苏珊的额头。

其次，凶手也不可能是惠特尼牧师。当时教堂里正在做礼拜，牧师肯定在那里。

所以，杀死苏珊的肯定是卡罗尔。

120 马戏团的凶案

罪犯就是梅丽。她自称血迹是"刚才在他身上蹭到的"，可那时拉特已死了七八个小时，他的血已经干了，不可能蹭到她的袖子上。

121 凶手可能是律师

显然，供词（2）和（4）中至少有一条是真话。如果（2）和（4）都是真话，那就是马修杀了查尔斯。这样，根据I，（5）

和（6）都是假话。但如果是马修杀了查尔斯，（5）和（6）就不可能都是假话。因此，马修并没有杀害查尔斯。

于是，（2）和（4）中只有一条是真话。

根据Ⅱ，（1）、（3）和（5）中不可能只有一条是真话。而根据Ⅰ，现在（1）、（3）和（5）中至多只能有一条是真话。因此（1）、（3）和（5）都是假话，而（6）是真话。

由于（6）是真话，所以的确有一个律师杀了查尔斯。还由于根据前面的推理，马修没有杀害查尔斯；（3）是假话，即汉森不是律师；（1）是假话，即罗伯特是律师。从而，（4）是真话，（2）是假话，所以结论就是：罗伯特杀了查尔斯。

122 一起就餐

C 是凶手。

推理：根据提示，因 A 讲"专职的服务员正为我们上菜"之前说了一次谎，可以判断"专职的服务员正为我们上菜"这句话是真话。那么，B 的口供中"现在我们又有了新的服务员"是假话，由此断定：另外两句是真话，服务员就不是凶手了。再看 C 的口供中"是服务员毒死 D 的"是假话，而"B 没有犯罪"，"凶手就在我们中间"是真话，因此 B 也不是凶手。再回过头来看 A 的口供，因 B 说"D 坐在我的对面"是真话，所以"我是同 C 坐在一起的"是假话，"我没有毒死 D"是真话，综上所述，A、B 与服务员都不是凶手，那么谁是凶手就昭然若揭了。

123 一张秋天的照片

梅花鹿的角在夏天的时候还没有长大，只有到了秋天或者冬天，才能长得像树杈一样。男子杀害了妻子，用以前的照片欺骗探长，以造成下午不在现场的假象。

124 谁是投毒凶手

凶手一定要用什么东西把毒液带来，而此时盛毒的容器还没有被扔掉。因此只要查看一下同桌的另两个人所带的物品，便可知道谁是凶手了，只有乙的金笔可以装毒液。原来，凶手为了隐藏，把毒液藏在了金笔的软囊中，趁着停电，把毒液注入了受害者的杯中。

125 替罪的瞎子

父亲是瞎子，如果发怒打人，一般是乱砸一气；而祖父的 3 处伤口排列整齐，显然是明眼人干的。

126 一片沉寂

如果确如哈利所说是在看电视时突然停电，同时发生了谋杀案，那么当电闸合上后，电灯亮了，电视也应有节目，寓所里不会是"一片沉寂"。

127 等鱼上钩

到了天黑，官员把老妇人放走，命令手下人秘密跟踪，看谁与这老妇人说话。这样反复三天，发现都有同一个人找老妇人。因他作案心虚，见每天都留下老妇人，就急忙打听虚实，正好中了主审官的圈套。

128 寓所劫案

画家临死前说的"……开……关……掀……米……勒……"并不是指掀开米勒的画像，而是指掀开钢琴盖，按键上的两个音符"3""6"（米为 3，勒为 6）。按下这两个键后，地道的门自然就打开了。

129 不早不晚，正好7点

收录机既然能录进枪声，那么也能录进屋里挂钟的报时声。这说明罪犯是在其他现场一边录音一边杀死被害者的，然后把尸体与录音机一同移至这第二现场。

探长根本无须听录音，就能够得出这一结论。因为如果录音里面有挂钟的报时声的话，他手下的侦探早就该知道确切的谋杀时间了，根本无须去问电视台。

130 "幽灵"的破绽

斯坦纳在看《希伯来日报》。希伯来文和阿拉伯文一样，是从右向左书写的，而他的放大镜却是从左到右一行一行地往下移，从而露出其伪装的破绽。

131 小福尔摩斯

如果看到过蟑螂的尸体，就应该注意到，蟑螂在自然死亡时是肚皮朝上的。可是，本杰明看到的蟑螂的尸体却是背朝上的。可惜雅各布懂得的昆虫学知识太少，结果被本杰明看出了破绽。

132 特工间谍

间谍显然在前排A、B、C、D或后排I、J、K、L 8人中，否则，船体不会前倾。

第一次测试：

分别交换前排A、B、C 3人和中排E、F、G 3人的位置，再交换前排D和后排L的位置，然后观察船体的倾斜情况。

船体倾斜有且只有以下3种情况：

（1）船体由朝前倾斜变为朝后倾斜。这说明间谍在D和L两人中。

（2）船体由朝前倾斜变为保持平衡。

这说明间谍在A、B、C 3人中。

（3）船体继续朝前倾斜。这说明间谍在I、J、K 3人中。

第二次测试：

分3种情况：

（1）如果间谍在D和L两人中，则不妨令D和中排的H交换位置。这时如果船体保持朝后倾斜，说明间谍是L，他的体重比标准较轻；如果船体变为平衡，说明间谍是D，他的体重比标准较重；如果船体变为朝前倾斜，说明间谍是L，他的体重较重。

（2）如果间谍在A、B、C 3人中，则不妨令B和前排的E交换位置，C和后排的I交换位置。这时如果船体继续保持平衡，说明间谍是A；如果船体变为朝前倾斜，说明间谍是B，如果朝后倾斜，说明间谍是C。因为A、B、C 3人原来都在前排。因此，3人中任何一人如果是间谍，其体重一定较重。

（3）如果间谍在I、J、K 3人中，则不妨令J和中排的A交换位置，K和前排的E交换位置。如果船体保持朝前倾斜，说明I是间谍；如果船体变为平衡，说明J是间谍；如果船体变为朝后倾斜，说明间谍是K。因为I、J和K 3人原来都在后排。因此，3人中任何一人如果是间谍，其体重一定较轻。

133 又是三个犯罪嫌疑人

如果A是盗窃犯，那么A是说假话的，这样他必然说自己"不是盗窃犯"；如果A不是盗窃犯，那么A是说真话的，这样他也必然说自己"不是盗窃犯"。

在这种情况下，B如实地转述了A的话，所以B说的是真话，因而他不是盗窃犯。C有意错误地转述了A的话，所以C说的是假话，因而C是盗窃犯。

134 拿走了一颗珍珠

窃贼要的不是珍珠，而是那个首饰盒！这个窃贼其实是卢米埃尔首饰盒的另一个收藏者。他自己的首饰盒上的锁坏了，所以他计划将自己的首饰盒跟福斯特的首饰盒调包。为了不让福斯特先生起疑心，他仿造了一个珍珠项圈（不幸的是，仿造的项圈只有99颗珍珠），然后在宴会中趁人不备，换走了福斯特的首饰盒。

威尔侦探手上的名单就是卢米埃尔首饰盒收藏者的名单。当他发现这份名单上的一个名字同样出现在福斯特的客人名单中时，他认为这个人就是窃贼。

135 藏珠宝的罐头

女警官拿来一块木板，搁置一定坡度，将12只罐头并列在木板上滚动，发现其中一只滚得较慢，即是珠宝罐头。

136 那个人就是罪犯

阿格瑟确定那人是罪犯，因为他知道失窃的是珠宝店，而阿格瑟一直未向那人提过这一点。

137 间谍

吉姆斯说的那番话，用的是德语。他从"流浪汉"露出的笑容中，发现了破绽。吉姆斯利用人的潜意识心理，转移德国间谍的注意力，通过假释放使他在无意之中露出得意忘形之色，这是一场典型的心理战。

138 找到窃贼

其实员工们的草棍是一样长的。劳思故意说有一根稍长一些，小偷做贼心虚，怕当众出丑，就把自己的草棍掐去一截，这样唯有他的那根草棍比别人短一截，正好露出了马脚。

139 警员与警长

医生将病人抬上救护车时，必须是先进头，后进身体。歹徒做的正好相反，所以被警长识破了。

140 赃物藏在何处

货物埋藏在下午3点时云杉树顶在地面的投影处。

141 银行抢劫案

按照斯通先生的叙述，他们在回银行的路上，不应该先看到钱袋，再来到他逃走的地方，因为钱袋是在斯通先生逃走之前扔掉的。所以，斯通先生说的是假话，他肯定参与了这起抢劫案。

142 谁是劫匪

两个男子的身材既然相差悬殊，手腕粗细自然也会有明显的分别。只要仔细观察一下表带上的洞孔痕迹，便会清楚地知道手表的主人是谁了。

143 谍报员面对定时炸弹

让表停下来就可以了。谍报员用打火机将闹表字盘的外壳烧化，再用速干胶从洞中伸进去将表针固定住。只要表针不动，无论什么时候也到不了4点半，炸弹也就不会引爆。

144 大侦探罗波

那个人说他听到长颈鹿的嘶鸣后才被尸体绊了一跤。但是，实际上所有的长颈鹿都是哑巴，它们根本不会发出嘶鸣。他如果不是凶手，就不会编造假话。

145 聪明的谍报员

马克被监禁在新西兰。因为在北半

球的夏威夷宾馆里，拔下澡盆的塞子，水是呈顺时针方向旋转流进下水道的。而在这个禁闭室，水是呈逆时针方向流下去的。所以，马克弄清了当地是位于南半球的新西兰。

146 第一感觉

约翰是男性的名字。律师和会计师都是女性，邮差是这屋里唯一的男性。

147 究竟发生了什么

波洛在雪地上只看到了杜弗斯留下的脚印。他还看到，积雪从谷仓的屋顶不停地滑落下来，掉在了杜弗斯认为自己被袭击的地方。原来，可怜的杜弗斯把雪落下来的声音误认为是外人闯入的声音，而且被从屋顶掉下来的雪砸伤了。

148 柯南的暗示

柯南特意选在更夫走到屋子外的时候点亮了灯盏，这样一来强盗拿着刀的影子就很清楚地映在了窗户上，这就给更夫提供了一个最好的暗示，所以更夫知道了屋子里有强盗。

149 老地质队员遇难

公安人员看帐篷支在一棵大树下，就断定此地不是案发第一现场。因为被害人是有经验的老地质队员，他不可能在野外将帐篷支在大树下，如果天气骤变，会有遭雷击的危险。

150 聪明的警长

警长说的是："你们可以走了。"当第二个人起身离座时，警长便知道他是装聋扮哑的。

151 粗心的警察

怀表指针停在 4 时 21 分 49 秒。

我们可以观察到，在 12 个小时内，时针与分针有 11 次重合的机会。时针的速度又是分针的十二分之一。因此，继上一次重合之后，每隔 1 小时 5 分 27 又 8 / 11 秒，时针和分针才能再度重合一次。

耐心地计算，午夜零点以后两针重合的时间应该是：（1）1 时 5 分 27 又 3 / 11 秒，（2）2 时 10 分 54 又 6 / 11 秒，（3）3 时 16 分 21 又 9 / 11 秒，（4）4 时 21 分 49 又 1 / 11 秒。因此，怀表指针停的位置不外乎以上 4 种情况，而那个粗心的警察看到秒针停在有斑点的地方正好是 49 秒处，因此之前怀表指针停在 4 时 21 分 49 秒。

152 凶手就是他

凶手是代号 608 的光，因为女侦探当时是背着手写下的 608，数字排列发生了变化，正反顺序也颠倒过来，608 就是 809。

153 哪一间房

史蒂夫敲了 305 房间，因为经理说计算机标示和房间的住客身份完全不符合，表示 305 房间里一定是两女或者两男；如果敲了 305 房间，听出了声音是男或女，就可知道 305 房间里是两男或两女。

假设 305 房间里是两男，则原本的 301 房间里一定是两女，而 303 房间里则是一男一女。

而另一种可能性是，305 房间里是两女，则原本的 303 房间里一定是两男，301 房间里则为一男一女。

154 侦探波洛

很简单，波洛并没有指明罗丝的哪只脚受了伤，伊丽莎白却已经知道她伤了右脚，证明她看到罗丝被打伤，可她却撒谎说睡着了。原来，她是为了除去情敌，才故意用猎枪打伤罗丝的。

155 聪明的珍妮

珍妮从科尔的提包里拿出的是听诊器，因为科尔是医生，自然随身带着听诊器。正是由于借助了听诊器，珍妮才听清了隔壁房间的谈话内容。

156 明断银圆案

经过几年，红枣早该霉烂。而坛子里的红枣显然是邻居换进去的完好的枣。

157 罪犯逃向

这是一个简单的常识：人体血液中盐的含量远远超过动物血液中盐的含量。西科尔只要用他敏感的舌尖品味一下两行血迹的味道，即可迅速判断逃犯的方向。

158 衣柜里的女尸

樟脑丸易挥发，但衣柜里还有没有挥发完的樟脑丸，而户主却说屋里已经有两年没人住了，显然是在撒谎。

159 行动失误

本杰伦的失误在于没有考虑到火车本身的长度。30秒是火车头进入隧道到驶出隧道的时间，但是车身还在隧道中，火车实际完全驶出隧道的时间会超过30秒。所以，炸药爆炸的时候只炸断了铁轨，对火车本身并没有造成太大影响。

160 游击队员送情报

保武在哨兵刚进岗亭时就开始走，走了4分钟时就已经过了岗亭，然后转身慢慢往回走（来时方向），当哨兵出来见到他时就命令他往回走（要去的方向），这样他就可以过桥了。

161 宰相的女儿

贾雅什丽让人把这4个人分别安置在4个房间里。然后，贾雅什丽把自己打扮得漂漂亮亮的，她先来到王子的房间里，说："王子，我对你一见钟情。我想嫁给你。只要你先给我父亲一份定金，我就是你的了。"王子回答："你很美，我也对你一见钟情。不过我现在身无分文。待案子解决，我回国后给你送来。"贾雅什丽断定王子确实没有偷珍珠，就去见婆罗门的儿子。婆罗门的儿子一见姑娘就爱上了她。姑娘向他要彩礼，他回答说："我父亲要钱有钱，要土地有土地。我回到家以后，一定给你送来。"姑娘看出他也确实没有偷珍珠。于是，她去见木匠的儿子。木匠的儿子说："我身边一个钱也没有。不过这桩官司了结后我马上回家取钱。"

贾雅什丽又去见商人的儿子。商人的儿子一见这般美貌的姑娘，灵魂早已出了躯壳。他迫不及待地从大腿内侧的裤子里取出了4颗珍珠，作为彩礼要娶贾雅什丽。贾雅什丽马上把4颗珍珠交给了父亲，并指出商人的儿子就是私吞珍珠的贪污犯。

162 牧民的宝石

可汗让在场的5个人每人捏一个泥宝石，因为是阿巴尔捡到的宝石，他必然能够捏成正确的形状，而喇嘛私吞了宝石，也一定能够捏成正确的形状，但是3个证人没有见过宝石，必然捏不出正确的形状，所以说明这3个证人是喇嘛找来的，就意味着喇嘛是骗子。

163 多出的30个金币

法官说道："既然你们都说得很有

道理，那么很明显，事实的真相是樵夫捡到的这个装有 100 个金币的钱袋根本不是那个装有 130 个金币的钱袋，所以我现在宣判：好心的樵夫，你就拿着这个装有 100 个金币的钱袋继续等那个失主来认领吧！"

164 求救信号

飞行员吉米假装害怕，借着手忙脚乱的假象在空中按照三角形的路线飞行，如果飞三角形，就是航空求救信号。基地雷达就会发现，并马上派出救生机紧急前往进行搜索。当飞机在飞行中通信系统出现故障时，就采用这种飞行方法求助。

165 斗米斤鸡

于成龙说："农夫踩死的是一只小鸡，你并未喂多久。俗语说：'斗米斤鸡。'如今你的鸡死了，就不必喂了，你就会省了 9 斗米，你就应还农夫 9 斗米。"当时 1 斗米 300 钱，9 斗就是 2700 钱，米店老板当然赔本了。

166 神秘的电文

处长告诉大家，"朝"不是某个人的名字，而是表示日期。这在中国古代汉语里是常见的。如果把"朝"字拆开则是"十月十日，"又有早晨之意，所以处长判断，接货时间应为"10 月 10 日早晨"。

167 判断页码数

警长的算法是：开始 9 页每页用一个数字铅字，计 9 个；此后的 90 页每页用两个铅字，共计 180 个；再往后的 900 页百位数字的页码每用 3 个铅字，共 2700 个。

因此推断出：这本书若是 999 页，

就要用铅字：9+180 十 2700 = 2889（个）。但它只用了 2775 个字，因此书的页数在 100~999 之间。从第 100 页算起共需铅字 2775−189 = 2586（个）；因每页用 3 个字，所以，2586 ÷ 3 = 862（页），再加上前边的 99 页，这本书共有 961 页。

168 破译情报

E=7，W=4，F=6，T=2，Q=0，东路兵力是 7240，西路兵力是 6760，总兵力是 14000。

细心分析，可以发现只能是 Q+Q=Q，而且 Q 十 Q=2Q，故 Q=0。

同样，只能是 W+F=10，T+E+1=10，E+F+1=10+W。

所以有三个式子：

（1）W+F=10

（2）T+E=9

（3）E+F=9+W

推出 2W=E+1，所以 E 是单数。

另外 E+F>9，E>F，所以推算出 E=9 是错误的，E=7 是正确的。

169 联邦调查局难题

这位新助手将密函水平端起来，闭上一只眼睛，斜看着图形，就会发现有"HELLO！"的字样。

170 奇怪的钟表并不怪

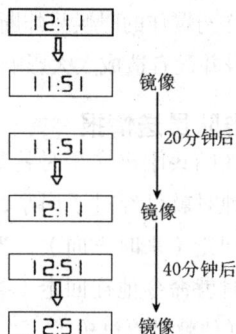

这是一个镜像电子时钟，需要通过镜子映照才能看到真实的时间。事实上，数字都是反过来的，即12点11分是11点51分、11点51分是12点11分、12点51分正好也是12点51分。

171 神秘的情报

把这些记号倒过来，即可用英文读出："西克柯是老板，他出售石油。"（Shigeo is boss he sells oi1）

如：

Sh19EO IS 6OSS
hE SELLS OIL

↓

即：

Sh19EO IS 6OSS
hE SELLS OIL

172 周末选择

对本题的一个合理的解释是：向东的地铁和向西的地铁到达该地铁站的时间间隔是1分钟。也就是说，向东的地铁到达后，间隔1分钟向西的地铁到达，再间隔9分钟后另一班向东的地铁到达，等等。这样，当然东去的可能性是90%。

杨明语产生迷惑的原因是，他只注意到同向的地铁到站的时间间隔是相同的，而没有注意到相向而开的两辆地铁到站的时间间隔是不同的。

173 常客人数

168人。

假设常客的人数为"x"，可列出以下公式：

x=x/2+x/4+x/7+x/12+4

x=168

174 拿破仑的结论

1、10、100、1000四个数字，无论哪个都是9的倍数加1，所以他们除以9都余1。因此，这60袋子弹无论如何组合，合计的数量一定是这样计算出来的：（9的倍数+1）+（9的倍数+1）+（9的倍数+1）……=9的倍数+60。而10000-60=9940，9940除以9余4，除不尽，因此子弹不可能正好是10000发。所以这个军需官不是徇私舞弊，就是个糊涂蛋。

175 选择概率

其实小王仍然是在3个碗中选择一个，他选择正确的概率仍然是1/3。在选择后再揭开另外一个空碗对他的选择没有任何影响。

176 囚犯抓绿豆

（1）假设第一个人抓的绿豆多于20颗，则第二个人只需比第一个人少抓一颗，这样剩下的绿豆少于60颗，分给3个人，必然有一个人的绿豆少于20颗，则第二个人的绿豆处于中间，不会被处死。第三个人会选择前面两个人的平均数，此时平均数不是整数，大于20舍去余数，和第二个人的一样，不会被处死。第四个人会选择前面三个人的平均数，此时平均数不是整数，大于20舍去余数，和第二个人的一样，不会被处死。第五个人会选择前面四个人的平均数，但平均数大于20时，此时剩下的绿豆少于20颗，他和第一个人将被处死。

（2）假设第一个人抓的绿豆少于20颗，则第二个人只需比第一个人多抓一颗，这样剩下的绿豆多于60颗，分给3个人，由于绿豆不必全部分完，不一

409

定有一个人的绿豆多于20颗，则第二个人可能被处死。第三个人会选择前面两个人的平均数，此时平均数不是整数，小于20进一位，和第二个人的一样。第四个人会选择前面三个人的平均数，此时平均数不是整数，小于20进一位，和第二个人的一样。第五个人会选择前面四个人的平均数，此时平均数不是整数，小于20进一位，和第二个人的一样。由第四条"若有重复的情况，则也算最大或最小，一并处死"，可是既然是一起死，为什么要这么抓呢？由第二条"他们的原则是先求保命，再去多杀人"，如果他不这样抓，别人选择最好的方法，那么被处死的将会是自己。如果他这样抓，即使别人选择最好的方法，也是一起死，符合先保命、再多杀人的原则。

（3）假设第一个人抓的绿豆等于20颗，此时演变为4个人抓80颗绿豆的情况，如果第二个人抓的绿豆多于20颗，演变为（1）的情况，即第二个人相当于第一个人；如果第二个人抓的绿豆少于20颗，演变为（2）的情况，即第二个人相当于第一个人；如果第二个人抓的绿豆等于20颗，演变为（3）的情况，即第二个人相当于第一个人。

由此可见，当第一个人选择抓的绿豆多于或少于20颗，都会被处死，所以他一定会选择抓20颗；第二个人也是这样想的，以此类推。

所以结论是：5个人都抓20颗，一并处死。

177 郊外露营跳舞的女孩有几个

根据题意，与米莉相邻的人既可以是两个女孩，也可以是两个男孩。如果

与她相邻的人是两个女孩的话，那么米莉也必定是她们的邻居。既然这两个女孩的邻居之一是米莉，是个女孩，那她们另一个邻居也必然是个女孩。这样的话，整个圆圈就都是女孩了。所以，与米莉相邻的两个人一定是男孩，这两个男孩又都与米莉和另一个女孩相邻。所以，圆圈就是在这个交替的模式下继续的，所以女孩的人数与男孩的人数应该是相同的，也是12个。

178 一起枪击事件

作案时间是12时5分。这道题看似复杂，其实正确的计算方法是很简单的：从最快的丙的手表（12时15分）中减去最快的时间（10分钟）就行了；或者将最慢的乙的手表（11时40分）加上最慢的时间（25分钟）也可以。

179 车牌号是空的

10AU81号是肇事车。理由是见证人从自己汽车的后视镜中看到并记下的车号恰好是相反的，左右位置颠倒了。

180 集中抓捕行动

歹徒如果聪明，可以先把船划到湖心，看准刑警的位置，再立刻从湖心向刑警正对的对岸划。这样他只划一个半径长，刑警要跑半个圆周长，即半径的3.14倍，而刑警的速度是歹徒的2.5倍，这样歹徒就能在刑警到达之前先上岸跑掉。

181 盗墓者的自首

假如100这个数可以分成25个单数的话，那么就是说奇数个单数的和等于100，即等于双数了，而这显然是不可能的。

因此，100块壁画分给25个人，每

个人都不分到双数是不可能的。显然，自首的盗墓者说了谎话。

182 狡猾的罪犯

设 35 秒为一个时间单位。5 道门两次开启的时间分别是 3、2、5、4、1 个时间单位，所以 5 道门同时开启的时间间隔是 60 个时间单位，即 1、2、3、4 和 5 的最小公倍数。盗窃犯穿过 5 道门的时间最多只允许有 4 个时间单位（2 分 20 秒），否则会惊动警报器。只有在一种情况下盗窃犯才有可能逃脱，就是从第一道门开启算起，按顺序每两道相邻的门之间开启的间隔是 1 个时间单位。在警卫相邻两次出现的时间间隔内，即 0 和 60 个时间单位之间，5 道门按顺序间隔 1 个时间单位连续开启的情况只在第 33、34、35、36、37 个时间单位内会出现，它们分别是 3、2、5、4 和 1 的倍数。所以，盗窃犯只要在警卫离开的第 33 个时间单位后穿过第一道门，以后每个时间单位穿过一道门，就能在第 37 个时间单位时逃脱。

183 打开保险柜

里圈的数字是 8。其实，要想打开保险柜，并不需要将里外圈的数字全部对上，只要将外圈最小的数与内圈最大的数对上就可以了。这样，里外圈每组数字相加都会是 13。

184 肇事车号

肇事车号是 6198，因为被撞的小学生在飞起来翻了半圈时看到的车号是倒着的。

185 智推车牌号

设肇事汽车的牌号是 x，这个 x 的前两位数字是 a，后两位数字是 b，则：

x=1100a+11b=11（100a+b）（1）

由于 x 是个完全平方数，因此 x 中必含有因数 121，也就是说（100a+b）能被 11 整除。可以将（100a+b）变形得：

100a+b=99a+（a+b）（2）

因此（a+b）也是 11 的倍数。

又因为 b 是从 0 到 9 的整数，a 是从 1 到 9 的整数，所以 $1 \leq a+b \leq 18$

结合（a+b）是 11 的倍数，所以 a+b=11。

将 a+b=11 代入（2）式，再将结果代入（1）式中得：

x=11（99a+11）=121（9a+1）

为了使 x 是完全平方数，上式中的（9a+1）也必须是完全平方数。

又因为 x 是完全平方数，它的末尾数字 b 只可能是 0、1、4、5、6、9，而由于 a+b=11，$a \leq 9$，所以 $b \leq 2$。由此可以推出，b 只能是 4、5、6、9，相应的 a 只能是 7、6、5、2。当 a 是 2、5、6 时，（9a+1）的值分别是 19、46、55，都是不完全平方数。当 a=7 时，9a+1=63+1=64=8²，是完全平方数。

所以车牌号是 7744。

186 报警的数字

比利留下的这串数字指代了 7、8、9、10、11 这 5 个月份英文单词的词头：J-A-S-O-N，这说明绑匪是 JASON（加森）。

187 匿藏赃物的小箱子

斯密特探长根据带路人提供的每个箱子都有联系，而且都是 400 多号的情况，发现了其中的内在规律：两数之和的十位上的数字与第一个加数的十位上的数字相同，这就要求个位上的数字相加一定要向十位进1，1与第二个加数396十位上的9相加得整数10向百位进1，所以两数之和的百位上的数字一定是8，而它的十位上的数字从0~9都符合条件，因此，藏有赃物的另外9个箱子的号码是：408、418、438、448、458、468、478、488和498。

188 奇异的钟声

李大伯醒来时，听到的第1声钟声是12点钟的最后一声，第2声是12点30分，第3声是1点，第4声是1点30分。

189 谎言

虽然格雷伪造了自杀现场，小心翼翼地编造了他从未到过此地的谎言，但他在顶楼上却知道开门的响声来自后门，这无异于不打自招。

190 画家被杀

死者两个月前左手已麻木，但现场他依然用左手握枪，证明他是被谋杀的。在两个来访客人中，只有两天前从巴黎回来的道明不知道他的左手有毛病，所以道明就是凶手。

191 凶手可能是美国人

劳伦是看了信上的日期后，才推断凶手可能是美国人的。因为英国人写时间是先写日期，再写月份。但美式写法则刚好相反，是先写月份，再写日期。

192 他绝不是自杀

探长右手持枪，而伤口却在左侧太阳穴。

193 一位孤独的老人

刑警是根据鸟笼的情形而判断的。既然死者是爱鸟协会的会长，在自杀前他肯定会把小鸟放出去。因为这些小鸟没有人喂养，一定也是死路一条。这位爱鸟的老人绝对不可能带着小鸟一起自杀。

194 聪明的伽利略

伽利略推测索菲娅的弟弟事先在这个望远镜的筒里装有毒针。

那天晚上，索菲娅在玛丽娅和其他人入睡之后，悄悄登上钟楼的凉台，想用这个望远镜观察星星——这可是一架精心制造的望远镜。在眼睛贴近望远镜之后，为了对准焦点，使用人就要调节筒内的螺丝。这时，弹簧就会把毒针射出，直刺眼睛。

索菲娅受伤后，猛地一惊，望远镜便从手里滑落而掉进河里。她忍住剧痛把毒针从眼里拔了出来——因为她是在看了那本被禁的书《天文学对话》后，为了弄清楚地动说而进行天体观测的。这决不能让院长知道，不能呼喊。她也许是想拔出毒针，自己来治好眼伤，但毒性很快扩散，无法解救了。

195 他杀证据

女明星在医生查房时吃了安眠药，睡着了。睡着的病人是不可能自己去跳窗自杀的。

196 灭口案

因为如果那被害的女子是自己踩凳子上吊的，那么凳子上一定会留下她的足迹。

197 不是自杀

一支挥发性强的油性笔如果没有套上笔套放了三天，里面的墨水早就已经干了，是不可能写出字来的，但这支笔仍可以流畅书写，证明它放在这里的时间不长。因此，自杀还是他杀也就一目了然了。

198 神父的判断

农夫在手枪的柄上拴了羊爱吃的草编的绳子，于是那十几只羊就可以边吃边将手枪拉进羊圈。

199 森林公园深处的凶情

从落叶上分析的，如果车子在森林中停放两天，车内和尸体上一定会堆满落叶；如果车上落叶很少或基本没有，证明车子停到这里的时间不长。而罪犯只能步行离开，在大森林里，既容易留下痕迹，又不容易走远。

200 飞机上的遗书

飞机在高空飞行途中，机舱内高压而机舱外低压，如果突然打开舱门，会产生巨大的向外的吸力，放在座椅上的遗书肯定会被吸出机外，不可能还留在座椅上，显然是驾驶员说了谎。

201 毛毯的破绽

死者是头部中枪，若是自杀，他拿手枪的那只手应该露在毛毯外面，而不是全身盖着毛毯，凶手为死者盖上毛毯时考虑不周，露出了破绽。

202 保险诈骗案

徐某将刀片绑在鸟腿上，自杀以后，鸟飞出窗外，因此屋内找不到刀片。

203 杀妻的男人

如果是开枪自杀，死者手上、袖口都会粘上火药微粒，石蜡凝固以后可以检验出是否有火药微粒残留物。

204 融化的巧克力

秘书杀死博士，并造成他自杀假象，然后就用电热毯将吊着的尸体紧紧裹着，一切弄妥之后才去接罗斯福。3小时后，秘书与罗斯福一起回到研究所。他先让罗斯福在会客室等候，自己走上二楼，迅速把电热毯取下铺到床上。这样即使死去了3个小时，尸体也不会变凉。但是由于放在口袋里的巧克力也随着身体一起变暖而融化，因此，罗斯福识破了秘书的诡计。

205 冒牌的声音

县令在多年断案中总结出一条经验。即：自刎而死的人，执刀的手应软，死后一两日内手肘可弯曲。可是，检验田丰尸体，其左右手都僵直而不能弯曲，极不合逻辑，由此便断定田丰是别人杀死的。

206 大力士之死

不管一个人的力气有多大，也不能把自己掐死。因为，当一个人把自己掐昏后，手就会自然地松开了，用不了多久，他还会缓过气来的。

207 新郎之死

于忠发现山坡上正在开放的断肠草花、野百合花、醉鱼草花都是些花粉有毒的花草。他由此联想到，很可能因为这个时候放蜂，无毒花源短缺，蜜蜂饥不择食，便采集了有毒的花粉，所以酿出的蜜也就有毒了。

208 杀人的毒蝎

寇安命人把葡萄架拆毁，在架子上捉住了一只4寸多长的毒蝎。原来，那日李原一家在葡萄架下吃饭，鸡香味引落下来一缕细丝——毒蝎的唾液，李原因此中毒身亡。

209 天上的凶手

张县令告诉大家：王勇一定是在下雨的时候，跑到田边的大树下避雨了。此时大树是这田地里空旷环境当中的最高物，所以当天上的雷一闪的时候，雷直射出来的电就必然先射到大树上，那么，在大树下避雨的王勇就会被雷击中，从而导致死亡。

210 不翼而飞的赎金

歹徒从 22 号寄物箱背后的箱子里，将中间的隔板取下，然后把手提箱拉过去，取出钞票后再把手提箱推回原处，然后再放好隔板，一切恢复原状。

211 凶器是什么

杰克为了报复吉利，在下雨天从屋顶扔下一大块冰块，这样可以把杰克的小木屋砸烂，而且过几个小时冰块就会化掉，特意选下雨天就因为此，什么痕迹都不会留下。

212 吞蛋送命

赵三把鸡蛋浸在酸中一段时间，然后，将小钢针慢慢刺入蛋里。这时，蛋壳的石灰质被酸浸解，变得软而略带韧性。钢针刺进时，蛋壳不会爆裂。待钢针完全刺入蛋内，蛋壳便自动封口，这时再将蛋拿出来，让酸挥发掉，鸡蛋就和正常的鸡蛋一样了。

213 寻找凶器

用来勒死被害人的凶器，原来是被害人自己头上长长的头发。与死者一道淋浴的凶手，将长长的辫子绕在其脖子上，使其窒息而死。

214 凶器消失了

凶器是用冰块做成的锋利的短刀，对着柔软的腹部，用冰做的短刀杀人是完全可能的。凶手为了不使冰融化，将其放入暖水瓶，再装入干冰带进浴室，趁对方不备突然行刺。

215 手枪队护送宝马

盗贼把整个车厢都盗走了，他们把马和手枪队一块劫持了。

216 失踪的赎金

绑匪是司机。赎金在汽车里。他车中放着两个同样的手提包，埋进去的是空包。

217 引爆

罪犯趁被害人外出时，悄悄地溜进屋里，在火药里掺上氨溶液和碘的混合物。氨溶液里加入了碘，在潮湿的状态时是安全无害的。但是只要变得干燥，高音量的震动就会使其爆炸。

218 寡妇之死

凶手拿出胶囊性质的毒药，谎称是安眠药，给死者服下。在胶囊尚未消化时，凶手就先行离去，所以有了不在场的证据。

219 犯罪手法

罪犯不可能分身，却可以间接地与鲁彭通电话。问题还是出在罪犯家里，能够做到让罪犯知道电话的条件就是罪犯家有两台电话。鲁彭挂电话时，罪犯的妻子会立即使用另一台电话呼叫罪犯。随后，他妻子就把这两部电话的受话器和送话器相对着靠在一起。

220 被偷得彻底的别墅

原来窃贼装扮成搬家公司的工人，所以才敢在大白天把小北家偷得这么彻底。

221 工人偷运橡胶事件

那些空胶桶就是偷运出去的橡胶。工人们先将橡胶提炼制作成桶形，待运出厂后，再将它熔化掉，转卖给他人。

222 怪盗传递信件

原来，西夫在危急之中，摆脱了以往人们总是用手去传递信件的思维定式，他爬出窗口，脱了鞋，用手拉着窗框，把信件夹在脚趾上伸出去；他的同伙也如法炮制，用脚趾传递信件。因为脚比手长，所以他们成功了。

223 同样的剧情不同的结论

王力在道路前方立了一面与道路同样宽的大镜子。这样，就使江文产生了错觉，将镜子里反射出的自己的车当作对面开来的车子，于是慌忙打轮掉进了大海。

224 警犬也会有失误

越狱犯是通过改变脚的气味逃走的。越狱犯在树林里脱下鞋子，并往鞋里撒尿，再继续往前跑。如此一来，足迹的味道改变了，警犬再厉害也会被弄糊涂的。

225 古屋幽灵

当然没有真的幽灵，而是一项阴谋。原来，由于传说这座古屋里藏有大量珠宝，有人正在悄悄地寻找。而这座古屋被出售，工人们要进去整修。为了使寻宝不受工人们的干扰，躲在里面的寻宝者便假扮幽灵吓唬人，以此使别人不敢贸然进去。他先穿上又宽又长的袍子，脸用毛巾包起来，然后全身涂上磷。因为磷的燃点很低，一般室温中也会燃烧，发出蓝白色的火光，但磷火的温度不高，

不会烧伤人。就这样他站在椅子上，又宽又长的袍子将椅子遮住，粗看起来像个巨人，为了使自己的形象更为恐怖，同时防止别人朝他开枪，他便利用了客厅里的镜子。也就是说，他并没有在客厅里，而是站在客厅楼梯转弯处的平台上。由于正对着大镜子，他的形象便从镜子里反射出来。所以，当道格斯教授抓起椅子砸碎镜子后，幽灵便不见了，而道格斯教授也明白，这是有人在装神弄鬼。

226 女窃贼

伸助和尚用胶布把仿制的牢房钥匙贴在碗底。因为碗里装着面条，女看守辛吉不可能将碗底翻过来检查，成田久子吃着情人送来的面条，当然会想到伸助和尚可能是来帮她越狱的。她会仔细地摸索碗底，偷偷地将钥匙取下来。

227 酬金有诈

这位女子是某医院的工作人员，凭借特殊的身份知道 H 公司的经理患了心脏病，并且知道他最多能活 3 个月。等到 H 公司的经理一死，这位女子就理所当然地得到了丰厚的酬金，而查理斯却被蒙在鼓里。

228 瞬间逃窜的匪徒

管理员在绞断大厦电箱保险丝的同时保留了电梯的保险丝，所以案犯可以乘电梯逃走。

229 罪犯的阴谋

罪犯是在上午把牧马人绑在枯树上的。罪犯是用湿的生牛皮捆住被害者的脖子后扬长而去的，那时被害者还没完全窒息。湿牛皮在夏天太阳的照射下，

逐渐干缩，直到勒紧牧马人的脖子，使其窒息而死。

230 凶手的作案手段

刀是用弓箭射出去的。如果留意凶器日本刀上没有把手，谜也就解开了。也就是说，凶手是将日本刀当作箭，在25米以外用力拉弓射出来的。

231 蠢管理员

先准备一根足够长的绳子，一端束在腰部，再借助梯子把绳子的另一端打一个结，绑在顶梁上，然后爬下梯子，把梯子移到门外。自己沿着绳子往上爬到顶梁，用绳子在顶梁上绑第二个结，接着松开第一个结，用事先准备的剪刀把第二个结之前的绳子剪掉并丢到窗外，自己垂降下来，这样就可以把自己吊在半空中了。

232 金发美女与敲诈犯

原来金发美女是敲诈者的同谋。她在电话机的听筒里做了手脚。她趁鲁尔洗浴时，悄悄地和敲诈者接通电话，然后用小支架把听筒支起来，这样电话那头就可以录下这边的声音。等差不多结束时，美女又悄悄把支架拿开，听筒便放回原位。这时，"男中音"便打进了敲诈电话。

233 雪后脚印

这是一个人由于某种原因而伪造的自杀现场的恶作剧。

首先他制作了一副高跷，但这副高跷是脚尖朝后的。当快要下雪的时候，他拿着这副高跷走到了峭壁上；当雪将停时，他就踩着自制的高跷，小心翼翼地一步步按原路走回村了。

234 中毒

毒酒是温酒温出来的。这里的锡壶大多是铅锡壶，含铅量很高。酒保把铅锡壶直接放在炉子上温酒，酒中就含有了浓度很高的铅和铅盐，多饮几杯，就会出现急性中毒！

235 滑雪场的凶案

正是这位男子杀死了女游客。他用绳子拴住滑雪杆，然后把滑雪杆向后投去，刺中了女游客的胸口，又将滑雪杆用绳子拉回来，所以在现场找不到凶器。

236 不可能发生的事

这么一具高大的尸体，还绑着这么多沉重的铁饼，显然是无法一次性拖动的。原来为了毁尸灭迹，这个司机先将女尸装入布袋抛入大海，然后再将铁饼绑在布袋上。为了达到目的，他不惜一次次潜入水里，将铁饼逐个绑上。这个凶手的耐心实在了得，只可惜"天网恢恢，疏而不漏"。

237 硬币透露了案情

布朗事先把钱扔在地上，等吉姆回来发现硬币弯腰去拾时，他便从二楼窗口朝下射箭，所以能正中吉姆的背部。

238 狡诈的走私犯

霍普走私的正是他每月定期开过海关的高级轿车，而他那3个神秘的行李箱是迷惑转移海关视线的工具。当海关人员为此而头昏脑涨时，也就忽视了走私的轿车。

239 打破的水晶花瓶

凶手用的凶器是一把用水晶做成的小刀，他把水晶故意打碎花瓶，然后把刀扔到水晶碎片里面以混淆人们的注意力。

240 盗窃犯

司机就是盗窃犯。他用特定的方法（比如用纸做套子，套在花蕾上）推迟了牵牛花的开花时间，在作案后迅速返回住处，拍摄出花开全过程的照片作为伪证。

241 遗书上的签名

因为打字机上并未留下任何指纹。

242 巧用厕所

莫斯每天上厕所时，将挖出来的土一点一点地带出来，然后从厕所冲走。

243 吃人的老虎

这是个极端凶残和聪明的凶手！他想除掉玛莉，可又没有机会，于是借老虎来行凶。他想办法在玛莉的头发上涂了一些有刺激性气味的药品。老虎闻到药品的味道，忍不住想打喷嚏，于是露出微笑一般的表情。由于喷嚏的力度过大，玛莉的脖子被咬断，凶手的目的也就达到了。

244 影星之死

洗洁剂中含有四氯化碳。四氯化碳是一种无色无味的液体，作为油脂类液剂，常被用于衣服的干洗。但是人饮酒过度时，一旦吸入这种气体，就会导致死亡，其死亡时不会留下明显的证据，所以往往被误作酒精中毒死亡。为了让麦克尔吸入这种气体，史密斯故意在他领带上溅了调味汁。酒醉了的麦克尔用史密斯夫介绍的这种洗洁剂擦拭领带上的污迹时，吸入了足量的四氯化碳有毒气体，于是死亡。

245 结婚纪念日

多丽丝首先在浴缸里放进冷水，再加入大量冰块，将喝下酒中掺有安眠药的奥利弗放入浴缸中。在此种情况下，死者发生了心脏停搏而致死。多丽丝此时再注进热水，作为掩饰。

246 没有消失的指纹

警察还是凭着那个指纹找到他的，原来指纹是有再生功能的，当皮肤再生的时候，指纹也会重新浮现出原有的模样，所以，通过给手指动手术的方式来改变指纹并不可靠。约翰由于不懂得这一点，才使自己在不知不觉中露了马脚。

247 毒蜂与录音机

这部微型录音机里的磁带开头录着轻松柔和的华尔兹乐曲，可就在这首乐曲中突然插了一段节奏紧张刺激性强的流行音乐。

毒蜂在听到轻松柔和的乐曲时表现得温顺老实，而当突然听到这种强刺激的流行音乐时，马上兴奋起来，野性大发。罪犯就是趁被害人睡午觉的时候，利用毒蜂的这种习性，在录音机里装上这盘磁带，让毒蜂袭击了他。

248 指纹

指纹留在了门铃上。

249 大毒枭

世界球星中有英国人、德国人、巴西人、意大利人，怎么会如此凑巧，只用英文签名呢？理由只有一个，就是大毒枭只懂英文，他弄虚作假。

250 警察破案

因为现场留下了被 A 打死的蚊子。

251 枪击案

杯口的红色，也就是唇印，一般修女是不会涂口红的。

252 为何指控她

奥尔森的手表不可能是在搏斗中摔坏的，因为奥尔森是被人从背后刺死的，所以，手表上的时间只是假象。现场的混乱和咖啡也是假象，因为实际上没有任何搏斗。

最后，纸杯上只有约瑟夫一个人的指纹，可是玛丽明明告诉警察是自己把纸杯扔进废纸篓的，纸杯上理应有她的指纹。所以，玛丽撒了谎。

其实，她就是凶手。她戴上手套，用毒刺刺死了奥尔森，然后伪造现场，想嫁祸于约瑟夫，却不小心露出了马脚。

253 小错误很致命

安格莉卡一再声称她不认识哈里希，但她却知道哈里希的全名是路德维希·哈里希，很显然，她是认识此人的。

254 一起报案

因为这家主人是伪装被盗。如果他与盗贼进行了搏斗，屋内就会混乱不堪，而事实上很整齐。而且他还被绑着，那么报警的人是谁呢？由此可推断，主人是伪装被盗，其目的是获取保险赔偿金。

255 又是一次导演案

被杀的通缉犯鲍伯是个身高 1.8 米的大个子，而吉姆只有 1.5 米。显然，凶手了解鲍伯的身高，才能隔着门一枪击中他的额头。

256 巨款仍在

伯纳注意到在纪念品中有一件鱼目混珠的物品，即那个企鹅标本，它是罪犯留下的而不是老探险家的，因为企鹅仅生活在南极。

257 可疑旅客

从曼谷有直达北京的航班，没有必要绕这么个大圈子。即使是旅游，哪有一天之内飞经那么多地方的？另外，作长途旅行，行李却非常简单，违背常理。

258 如何接头

百货公司的女职员就是另一犯罪集团的接头人，广播只是掩饰而已，其实他们在交谈中已经互通了信息。

259 一张照片引发的秘密

这位摄影师有着丰富的摄影经验，他断定歹徒给董事长女儿拍照的时候，歹徒的相貌一定会映在她的眼球中。拿到照片后，他运用先进的显影技术，将照片放大，直到能清晰地看出歹徒的相貌。这样警方就可以抓获歹徒。

260 臭名昭著的大盗贼

厨师和哈里是在调味品批发商店接头的。厨师每天都上街采购食品，但他完全没有必要每天采购调味品。即使每天采购调味品，也不必去调味品批发商店。批发商店是大批量供货的，而船上仅有 7 人就餐，无此必要。

261 使用伪钞的家伙

是考纳。因为克罗伯收款时，考纳给他一张 100 马克的钞票，没有其他钞票对比，所以克罗伯没有识别出来。若是其他两位旅客付两张或三张 100 马克，真假混在一起，克罗伯就很容易发现。

262 谁把花踩坏了

萨拉脚上那双沾满了泥的鞋子告诉了尼娜。本特先生刚刚给他的花圃浇过水，而天气晴朗干燥，因此萨拉脚上的泥一定是在她闯入花圃时沾上的。

263 没能力做证人

骆驼牌烟盒上，除了一头站在沙漠里的骆驼以外，并没有任何人，当然也没有什么所谓"牵骆驼的人"。这样，汤姆的回答就否定了自己刚刚说过的从来不进行臆测或者推理、一切都依照事实说话的表白。

264 蓄意谋杀

卡宾声称他除了电话什么也没碰过，并且说斯塔尔冲动地拉开抽屉，拿出手枪抢先向他射击。但是，即使是一个最稳重细致的人，在这种情形之下也不会先关上抽屉再开枪，可抽屉却是关着的。

265 绑票者是谁

问题出在地址上。既然大地址是真的，小地址是假的，而绑架犯不可能不想得到赎金，那么说明这个绑架犯必然是十分熟悉当地邮寄地址的人，最大的怀疑对象自然就落在了赎金寄达地点邮局的邮差身上，因为除了他以外，没有人能够收到，而且也不会引起怀疑。虽然办理邮包业务的负责人也有可能拿到赎金，但问题是无法确定某董事长在哪一个邮局投寄赎金，所以能够收到的人只有收件当地的邮差。因此，绑架犯的真实身份就是当地的邮差。

266 悬赏启事

因为司机路里并没有把罗蒙德医生的住址写进启事中，启事里只有邮政信箱的号码。如果亨利光看启事的话，他是不可能知道当事人的住址的。

267 无冤无仇

证据便是波恩放到保险柜里的留有杀手指纹的酒杯。

268 集邮家

霍金斯意识到杀人凶器正是从集邮家桌上不翼而飞的放大镜，而放大镜是检视集邮品必不可少的工具。

269 摆摊算命

为何相士算得准确？因为他根本没有盲，在"推算"时他看到富绅背后有个身穿风衣的人持着枪不怀好意，便暗示给富绅听。可惜富绅不信"命"，毫无防备。

270 逃犯与真凶

议员是真正的凶手。他进诊所时，陌生人已经换上了干净的衣服，并且吊着手臂，他不应该知道陌生人是背部中弹。

271 墙上的假手印

老人看到5个指头的指纹全部是正面紧紧地贴在墙上才觉得可疑的。因为手指贴到墙上时，拇指的指纹不应全贴在墙上。

272 目击证人

地上的油漆痕迹告诉乔博士，海德走到路中间时，看到了凶杀情景，于是他跑进工具间将自己反锁在里面。工具屋里的挂锁和半路至工具屋的油漆痕迹变成椭圆形，并且间隔拉大都是证明。

273 考卷里的错误

试卷共有4处错误：（1）中午，当太阳高悬天空中时，不论树木多高多矮，都不会有影子；（2）水源靠地下涌泉补充的湖是没有潮流的；（3）海鳟是海水鱼；（4）贩毒犯开始往回划时是"午夜刚过10分"，因此"午夜时分"巡逻队不可能在对岸发现他们的船。

274 完全不对的车子

西格马尔交罚款的那张 10 马克的号码，是第一次被抢劫的 75000 马克中的其中一张。

275 牙科诊所

罪犯声称自己从未听说过威廉斯，却又知道他是牙科诊所的男性医师，还知道是个老头。哈利由此断定电梯工说的那人就是曾受雇杀人的伯顿，他又在重操旧业。

276 一个报案电话

雾气是在窗户里面才有的，而不是外面。费林先生不可能在外面把雾气擦掉看到伍德先生的尸体。

277 自杀的餐馆老板

如果餐馆老板开枪自杀，他不可能有时间把枪和便条放在桌子上。而且，要是便条是他预先写好的话，它应该在手枪的下面而不是上面。

278 保密的措施不保密

因为雪特点燃了壁炉里的干柴，烟囱必然冒烟，屋里没人，而烟囱冒烟，一定会引起巡逻警察的注意。

279 空的保险柜

那盆绿色植物，如果 4 天之久不被移动，它的叶片应该倾向阳光，而现在叶片倾向墙壁，说明被人移动过。窗子的里边锁着，而只有索尼有钥匙，所以移开花盆打算秘密打开保险柜的就是他。

280 遗书是伪造的

如果仰面朝上用圆珠笔写字的话，在信笺上写不了几行字，圆珠笔就不出油墨了。

281 可靠的证据

堂弟的指纹。人们的外貌可以相似，但指纹绝不会雷同。

282 一起盗窃案

如果这个纯银的烛台确实是十八世纪的文物，那么它不应该是"闪亮的"，而应该受氧化而变黑。

283 露出马脚的高级骗子

塞克在 3 个地方露出了马脚：

（1）作为警官，在 8 月仲夏，仍然戴着手套是违背常理的；

（2）当塞克给苏格兰场打电话时，他没有要任何人听电话，这样的电话接线员是无法接通的；

（3）塞克最初说有一伙歹徒要抢劫公司，但不知有多少人，而后无意中又透露出是 3 名歹徒，话语前后矛盾。

284 发难名探

烛液全部流向门的一侧说明，如果门真的如沃夫丽尔太太所述敞开那么久，烛液就不会如此逆着风口向一边流。

285 开具火葬证明

警察审视来人，发现对方在悲哀中带有惊惶的神色。另据死者的姐姐提供：妹妹早就怀疑丈夫有外遇，夫妻间经常吵闹，而近几个月来夫妻又和好如初，想不到妹妹会突然死亡。原来丈夫为达到同勾搭的女人结婚的目的，蓄意杀妻，先假意和好，使妻子解除戒备。这天，他削了一个苹果，暗地里将山萘放进挖好的小洞里，让妻子吃了下去。

286 奸细是怎么找出来的

因为这个人没有按规定把斗笠拿在左手，而是拿在了右手。所以，侦察员断定他是奸细。

287 雪地上的脚印

往返的脚印不同。扛着尸体时重量大，所以留在雪地上的脚印就比较深，而返回时是空手而归，脚印浅，所以断定报案者就是凶手。

288 重大发现

因为教科书里说非洲盛产钻石，于是他断定是有人用鸵鸟来运钻石，于是很快就锁定了作案的人群。

289 不在场证明

刑警看到水槽里的热带鱼正欢快地游动，便识破了这个女人的谎言。因为在下大雪的夜里，若果真停了一夜的电，那么水槽里的自控温度调节器自然也会断电，到清晨时，水槽里的水就会变凉，热带鱼也就会冻死了。

290 凶手的破绽

按常理，如果张庆没去上船，船夫应该直接喊："张老板，你怎么还没上船啊？"

只有在船夫知道张庆不在家的时候，他敲门时才会直接喊："大嫂，张老板在哪里？他怎么还不上船啊？"可见应该是船夫见财起意，把张庆杀害了。

291 一根白色的细毛

证据就是那根白色的细毛，巴特将细毛带回去后，经鉴定是小白鼠身上的毛，为了麻痹罪犯，他故意制造假新闻，说罪犯已被抓获。而后，他又以高额酬金为诱饵，让罪犯自投罗网。

292 能说话的尸体

周纡从众人的议论里，知道尸体是刚放在这里的，他假装审问，开始细细地观察尸体，果然，他从尸体的头发和耳孔里，看到很多稻草屑，便很准确地判断出凶手是把尸体藏在稻草里，混进城门的。

293 店员的智慧

找到自相矛盾的地方，是逻辑推理的重要步骤。丈夫说夫人患病，每隔半小时必须吃一次药，为了证明，两人还在店员面前表演了一次吃药过程。

可是，两人在店里已经待了整整一下午，如果半小时需要吃一次药的话，至少吃了五六次药，可咖啡杯还是满满的，这说明下面一定有东西。

294 跳崖者的眼镜

探长凭着仔细入微的观察，发现尸体的鼻梁上架着一副太阳镜。假如是自杀的话，由悬崖上跳下来的时候，眼镜应该会摔掉，不可能还端端正正地架在鼻梁上，这极不合逻辑。

295 树叶上的血迹

一楼外窗台上树叶上的血迹，说明死者在掉到地面以前已经负伤或死亡，是在从二楼下坠的过程中，血滴洒下的，因此是他杀。如果是不慎失足坠到地面上以后出血的，那么血迹就不会落到上面的窗台上了。

296 森林里的杀人案

姑娘裙子上蜒蚰爬过的痕迹，引起了他的注意。蜒蚰生活在很潮湿的地方，而森林里很干燥，不可能会有蜒蚰，说明姑娘被杀害后，在潮湿的地方放了一段时间后，才被凶手转移到这里来，伪造成自杀的假象。

297 救命的闹钟

细心观察是最重要的，有时甚至能够挽救自己的生命！

闹钟一般都在指针上涂有荧光粉，方便晚上醒来的时候察看时间。如果长期不用的话，荧光会非常暗淡，甚至看不到，而刚刚被台灯光线照射过的荧光则非常明亮，所以凯乐一进门，看到荧光很明亮，就知道有人来过了。

298 桅杆上的白布

白布和旗子一样，没有风绝对不可能飘起来，人们当然也就无法看清楚上面的字。鲍里金正是在这个问题上露出了马脚。

299 翻下悬崖的吉普车

烧毁的吉普车上，油箱的指针正指在零的位置，表明吉普车在推下谷底之前，油箱里已经没有油了，不可能引起大火，暴露了翻车是人为制造的假象。

300 伪造的照片

凯恩指着照片说："在'时速高达40英里的风暴'中，小姑娘不可能划亮火柴，因此表明，照片中的窗户是关闭的。莫纳太太晚上从高处坠落下去的情景，在室内是不可能看到的。因为照片是在晚间用闪光灯拍摄的，这样，室内就比窗外亮得多，这时照片上的窗户只能像镜子一样反映室内的景物，而不可能现出莫纳太太的身影。根据这个道理，可以判断，这张照片是伪造的！"

301 被害者

假设玛亚是受害者，那么波西的话虽然是对受害者说的却又是真的。所以，玛亚不可能是受害者。

假设凯瑞是受害者，那么玛亚和希尔的话虽然是对被害者说的却又是真的。所以，凯瑞不可能是受害者。

假设希尔是受害者，那么凯瑞的话是对受害者说的却又是真的。所以，希尔不可能是受害者。

综上可知，波西就是受害者。

302 锐眼识画

中古时期的绘画都是基于现实的，这幅画中第三个武士的剑根本拔不出鞘来，所以是伪造的。

303 受过伤的死者

一个右手不能动弹的人是不会把东西放在右边的兜里面的，除非是有人给他放进去的。

304 狙击手的绰号

大牛。

分析：从（1）、（5）、（6）情报得知，E狙击手就是未提及绰号的某人，换言之，从A狙击手到D狙击手都不是此人。根据上述这个关键和（4）、（5）情报作推敲，我们可以知道：A狙击手就是"虎爷"。再从这个关键和（2）情报推敲，我们知道：D狙击手是"小马哥"。然后，根据这个关键和（3）情报推敲，我们知道，C狙击手是"白猴"。知道A、C、D狙击手的绰号后，剩下的B狙击手就是"大牛"。

305 赌棍、骗子和牧师

1号牢房是骗子，2号牢房是牧师，3号牢房是赌棍。

警官首先从1号牢房的人的回答中推知：1号牢房的人肯定不是牧师。如果他是牧师，那么他是说真话的，应该回答："我是牧师。"既然1号牢房的人不是牧师，就可以推出3号牢房的人是说假话，因此他肯定不是牧师。1号和3号牢房的人都不是牧师，所以真正的牧师是2号牢房的人。而牧师是说真话的，所以1号牢房是骗子，3号牢房是赌棍。

306 谁拿错了谁的伞

赵金拿了周锡的伞，钱银拿了赵金的伞，孙铜拿的李铁的伞，周锡拿了孙铜的伞，李铁拿了钱银的伞。

307 手机是谁捡到的

因为已知这四人中只有一人说的是真话，所以可推理如下：假如A说的是真话，那么B说的也是真话，与条件不符，排除了C拾的可能性。同理，D说的不是真话，故手机也不是A拾的。这就只剩下B和D了。假如是D拾的，则C与B说的都是实话，也与条件不符。由此可见，手机一定是B拾的。这样，只有C说的是真话。

308 甲的帽子是什么颜色

甲、乙、丙3人戴的帽子的颜色有下面6种可能：红红红、红红蓝、红红黄、红蓝黄、红蓝蓝、蓝蓝黄。站在最后的丁说不出自己戴了什么颜色的帽子，说明前面3人肯定不是蓝蓝黄，否则他可以推出自己戴的是红帽子。丙前面两人戴的帽子的颜色可能是：红蓝、红黄、红红、蓝黄、蓝蓝。但他也说不出自己戴的帽子的颜色，所以前面两人不可能是蓝蓝、蓝黄。因为如果是蓝蓝、蓝黄，丙就能推出自己戴的是红色的帽子。根据上面的推理，甲、乙的帽子的颜色只能是红蓝、红黄、红红，

如果甲的帽子的颜色是蓝或黄，乙一定能推出自己的帽子是红色的。因为乙没有推出自己的帽子的颜色，所以甲的帽子一定是红色的。

309 破解隐语

四句隐语的意思是"明天行动"。

昼指日，夜指月，即"明"字。"二人"合成"天"字，往的一半"彳"和街的一半"亍"合成"行"字，"一直去"是"云"和"力"合成"动"字。

310 巧点鸳鸯谱

吴与钱是夫妻；郑与孙是夫妻；赵与王是夫妻；周与李是夫妻。乔太守是这样判定的：

首先确定性别。先采用联言推理把钱、李、孙、王联系在一起，再采用假言推理断定她们是女的。推理的依据是：

（1）李与钱的装束一样。

（2）李、孙、王住在一起。

（3）孙的"那个是吴家那个的表兄（男的）"。

孙的爱人既然是男的，那么孙就是女的。既然孙是女的，那么根据①、②，钱、李、王也是女的。

其次确定夫妻关系。主要采用选言推理。

（1）先确定吴的妻子是谁？

A. 吴氏夫妻赴京，王、李家的那个去钱行。因此，王和李不是吴的妻子。

B. 孙的"那个是吴家那个的表兄"，因此，孙也不是吴的妻子。

C. 排除王、李、孙，钱只能是吴的妻子。

（2）郑的妻子又是谁？

A. 确定钱后还有孙、李、王。

B.吴氏夫妻赴京，饯行的是郑，王和李家的那个。既然三家各有一人，那么王和李不是郑的妻子。

C.排除王和李，只能孙是郑的妻子。

（3）赵的妻子又是谁？

A.只剩下李、王二人。

B.赵结婚时，李做客，因而不是李。

C.赵的妻子是王。

（4）最后，剩下李，只能是周的妻子。

311 四位古希腊少女

预言家是4位少女中的一个。

如果贝塔的预言正确，那么伽玛将成为特尔斐城的预言家。这样，伽玛的预言也是正确的。结果就将有两个预言家。这是不符合题设条件的。因此，贝塔的预言是错的，她后来没有当上预言家。

因为贝塔的预言是错的，所以伽玛后来也没有当上预言家。伽玛的预言也是错的。伽玛曾经预言："欧米伽不会成为竖琴演奏家。"既然这个预言是错的，那么欧米伽日后将成为竖琴演奏家，而不是预言家。

排除了贝塔、伽玛、欧米伽，只能推出预言家是阿尔法。

因为欧米伽的预言是错的，所以后来她没有与名叫阿特克赛克斯的男人结婚。

312 银行保险柜被撬

C。

从条件（1）和条件（3），可知赖普顿是否参与作案的情况不明；再结合条件（4），可知不管赖普顿是否参与作案，施辛格和安杰士至少有一人参与了作案；从条件（2）"如果施辛格作案，那么安杰士作案"，可知如果安杰士不作案，那么施辛格也不作案，那就没有人参与作案了，这与条件（4）相矛盾，所以，安杰士必须作案。至于施辛格是否参与作案，从所给的条件中无法作出明确的判断。

313 仿爱因斯坦题

这道题可先判定哪些嗜好组合可以符合这三人的情况，然后判定哪一个组合与住在中间的人相符合。根据题中的条件，每个人的嗜好组合必是下列的组合之一：

1.咖啡，狗，雪茄

2.咖啡，猫，烟斗

3.茶，狗，烟斗

4.茶，猫，雪茄

5.咖啡，狗，烟斗

6.咖啡，猫，雪茄

7.茶，狗，雪茄

8.茶，猫，烟斗

根据"没有一个抽烟斗者喝茶"可以排除上面的3、8；

根据"至少有一个养猫者抽烟斗"，2是某个人的嗜好组合；

根据"任何两人的相同嗜好不超过一种"，5与6可以排除；4和7不可能分别是某两人的嗜好组合；因此，1必定是某人的嗜好组合。

根据这一条件，还可以排除7，于是余下的4必定是某人的嗜好组合。

再根据"李住在抽雪茄者的隔壁；王住在养狗者隔壁；赵住在喝茶者的隔壁"这三个条件，住房居中的人符合下列情况之一：

A.抽烟斗而又养狗；

B.抽烟斗而又喝茶；

C.养狗而又喝茶。

既然这三人的嗜好组合分别是1、2、4，那么住房居中者的嗜好组合必定是1或4，如下所示：

2—1—4　　2—4—1

再根据"至少有一个喝咖啡者住在一个养狗者的隔壁"，4不可能是住房居中者的组合，最后根据"赵住在喝茶者的隔壁"，所以判定赵的住房居中。

314 被绑架的失明富家少女

少女被关在窗户朝北，即面对丘陵的那间屋子里。这从少女所说的"夜晚还是会有一点风吹进来"这句话可以得到证实。在海岸上，一到夜晚，陆地上的气温要比海面的温度容易冷却，这种凉的空气就从丘陵向海上流动，所以从朝北的小窗口吹来阵阵清风。反之，白天由于陆地很快变热，风就改从海上吹来，而在早晚气温相同的时候，海岸上就处于无风状态了。

315 金砖的所有者

法官裁决金砖应归那头驴子所有。两位淘金者都不可能背着那块金砖走出10码开外，因为那块金砖的重量超过了300磅。

316 哥哥还是弟弟

因为这个人持黑牌，所以他说的是假话。他自称是特威德勒哥哥，所以他应该是特威德勒弟弟。

317 一句话断案

被拘留的是第一个人，因为他准确地知道被害的老人是在锁门而不是开房门。由此可推断出这个人一直在窥视老

人，否则他根本不会知道老人是在开门还是在锁门。

318 教授的谜题

仔细分析第一次猜的结果，就会发现甲的判断和丙的判断是矛盾的，他们中必然有一真一假。如果甲的判断是真，那么乙的判断也真，这样就与老师所说的"只有一个人说对了"相矛盾。所以，甲的判断必假，这样丙的判断是真，其余三个人的判断就都是假的了。乙的判断与事实相反，所以纸条上就一定写的是乙的名字。

319 公寓房客

三家房客的名、姓和所住的楼层如下：

罗杰·沃伦和诺玛·沃伦夫妇住在顶层；

珀西·刘易斯和多丽丝·刘易斯夫妇住在二层；

吉姆·莫顿和凯瑟琳·莫顿夫妇住在一层。

分析：首先可以确定，沃伦夫妇住在顶层，其次，珀西住在吉姆的上一层，罗杰住在吉姆楼上，因此可知罗杰在顶层，二层是珀西，一层是吉姆。

既然沃伦夫妇住顶层，而刘易斯夫人住在凯瑟琳楼上，那么凯瑟琳住一层，刘易斯夫妇住在二层，住在一层的则是莫顿夫妇。

诺玛住在多丽丝楼上，而且已知住在一层的夫人是凯瑟琳，那么诺玛住顶层，多丽丝住二层。

320 专业小偷

金银财宝藏在乙箱内。推理步骤

425

如下：

（1）如果甲箱的字条属实，那么"乙箱的字条属实，而且所有金银财宝都在甲箱内"的两个陈述也都是真的。

（2）若乙箱的字条属实，那么"甲箱的字条是骗人的，而且所有金银财宝都在甲箱内"的前一个陈述，也就是"甲箱的字条是骗人的"这个陈述显然违反了之前的假设，所以不能成立。

（3）由此可进一步推论，甲箱的字条是假的，即其中至少有一个陈述并不属实（可能是前面的句子，也可能是后面的句子）。若"乙箱的字条是骗人的"，则表示甲箱的字条是真的，但这个理论又已经被证明不成立了。因此，所有的金银财宝一定都藏在乙箱内！

321 被托管的 1500 两白银

县令惊堂木一拍，大喝一声："周进，我看你一脸奸相，一定是你见苏小良软弱可欺，想贪吞这笔钱财。看来你是不打不招，来呀，给我打！"

左右衙役一拥而上，把个周进老头吓得瑟瑟发抖，未打几下，已呻吟不已，跪在一边的苏小良见了大声叫起来："大老爷，别打了，是我忘恩负义，空口无凭说他勒索钱财……"

县令一听，大发雷霆："好呀，你小子无事生非，戏弄本官！来呀，换打苏小良，给我重重地打！"

差役们按倒苏小良，棍棒齐下。此时，周进在一旁痛哭起来："大老爷，别打了，都是我的错，大老爷息怒。苏小良的父亲临终时确留有白银，我想苏小良当初年幼，又无凭据，存心贪吞这笔钱财。刚才我在挨打之时，苏小良自愿承担诬

告之罪，我受良心谴责。他有情，我岂能无义，确实是我不对啊！"

322 谁是受伤者

安丁是受伤者。

（1）和（2）提供的信息表明卡姆是单身，而受伤者是有妻子的，所以卡姆没有受伤。根据（4），戈丹目睹了整个事故发生的经过，所以戈丹没有受伤。根据（2），马扬的妻子不是受伤者的妻子，所以受伤者不是马扬。根据（2）、（3）、（5），马扬的妻子是受伤者的妻子的姐姐，而她没有外甥女，也没有侄女，说明受伤者没有女儿，而兰君有女儿，因此受伤者不是兰君。所以，安丁是那位不幸的受伤者。

323 谜语专家的谈话

这个人的妻子。注意最后那句话里有很多可以相互抵消的说法。因此，姑表妹的母亲就是姑姑，姑姑的兄弟就是父亲（前面我们已经知道，这个人的父亲只有一个姐妹）。父亲的唯一的孙子就是儿子，而儿子的舅舅就是妻子的兄弟，他唯一的堂兄弟也就是妻子的堂兄弟，妻子的堂兄弟的父亲就是妻子的叔伯，妻子的叔伯的唯一的侄女就是妻子本人。

324 三个犯罪嫌疑人

这个案件中，我们可以肯定的是山姆是有罪的。其推理过程如下：

首先我们假定汤姆无罪，那么罪犯或者是山姆或者是杰克，假如山姆就是罪犯，那他当然是有罪了；假如杰克是罪犯，那他在这种情况下只能是和山姆一起作案的，因为他如果不伙同山姆一

起无法自己单独作案。因此，在汤姆无罪的情况下山姆也是有罪的。

如果我们假设汤姆有罪，那他也一定要伙同一个人去作案，原因在于他不会开汽车。这时，可能的情况只有两种：汤姆要么伙同山姆，要么伙同杰克。假设他伙同山姆，那么山姆当然就有罪；如果伙同杰克，那么山姆还是有罪，这同样是因为杰克只有伙同山姆才能作案犯罪。由此可见，在各种情况之中，不管汤姆是有罪的还是无罪的，山姆都是有罪的。

325 连续发生的刑事案件

这个案件可以从分析 A、B、C 三者的口供入手。从 A 的口供入手更好一些。A 说："我既然被捕了，当然要编造口供，所以我并不是一个十分老实的人。"分析这句话，就可以推定 A 的口供有真有假。因为，如果 A 的口供全是真的，那么他就不会说自己编造口供；如果 A 的口供全是假的，那么他就不会说自己不十分老实。

既然 A 的口供有真有假，那么 B 的口供或者是全真的，或者是全假的。而 B 说："A 从来不说真话。"由此可见，B 的这句话是假的，这就可判定 B 的话不可能是全真的，而是全假。既然 B 的话全假，那么 C 的话是全真的。而 C 说 A 是杀掉下院议员的罪犯，B 不是盗窃作案者，所以 B 是强奸犯，而盗窃油画的罪犯只能是 C 本人了。

326 追根溯源

经纪人说秋子是在和他通电话时被人杀害的，于是他马上用自家的电话向吉田报案，这就暴露了他在说谎。

因为通电话时，只要先拨电话的一方不挂上话筒，电话就一直处于通话状态。

327 最诚实的人

原来，谋士在光线暗淡的走廊里放了好几筐金币，凡是单独穿过走廊拿了金币装在自己衣袋中的人，就不敢跳舞。因为一跳舞，衣袋的金币就会叮当作响。因此，不敢跳舞的人就不是诚实的人。相反，诚实的人在单独过走廊时，不会把金币私自装入腰包，当然就不怕跳舞露馅。

328 律师的推断

因为当时大雪纷飞，天寒地冻，而室内的空调又开得很足，温度很高，窗玻璃上一定会有很多蒸汽，应该是模糊的，所以不可能从 20 米外清楚地看见室内人的模样。

329 摩天大楼里的住户

因为"电梯向上的层数总是向下的 3 倍"，所以，电梯向上和向下的层数之比为 3∶1。那向上的层数就是 27 层，向下的层数就是 9 层。因此，约翰应该是住在 27 楼，电梯从 1 楼升到 27 楼，共 27 层；电梯从 36 楼下到 28 楼，共 9 层。

330 聪明的警官

根据马桶的坐垫来判断。由于男性不用坐垫来小便，如果坐垫被翻在上面，那么极有可能是玛琳的男性情人下的毒手。

331 被害的妻子

警察给自己买了一张往返票，但没有给他的妻子买。售票员认为这很奇怪。当警方调查此事时，警察只得承认杀害了妻子。

332 珠宝商度假

（3）今天早晨。

因为在现场所留下的脚印，既然很清楚地呈现出小偷鞋底上的条状花纹，那么可见这是在下过霜后才踩上去的。

如果小偷是在昨天早上或是昨天半夜潜入的话，所留下的脚印必定会因霜的关系而弄得有些模糊才对。

333 谁是国际间谍

从条件（1）和（6）可知，英国旅客面向桌子坐在 B 先生的左侧，窗子在英国旅客的左边，所以英国旅客坐在靠窗一边，而 B 先生是挨着过道坐的。

从条件（3）"穿黑色上衣者坐在德国旅客的右侧"，可推出德国旅客坐在 B 先生对面靠过道一边。穿黑色上衣的旅客坐在英国旅客对面，也是靠窗坐的。

条件（4）指出"D 先生的对面坐着美国旅客"。由于四人中英、德两国籍的旅客的位置已确定，所以他俩对面的旅客绝不可能是 D 先生，D 先生只可能是德国和英国旅客两者中的一个。假定德国旅客是 D 先生，那么根据条件（4），B 先生便是美国人了，于是坐在 D 先生旁边的穿黑色上衣的便是俄国旅客。根据条件（3），上述推论显然与条件（5）"俄国旅客身穿红色上衣"相矛盾，所以假设不成立，D 先生绝不是德国旅客，而是英国旅客。既然英国旅客对面坐的是美国旅客，那么他旁边坐的 B 先生便是身穿红色上衣的俄国旅客。

从条件（2）知道，A 先生是穿褐色上衣的，他只能是德国旅客。剩下的 C 先生就是穿黑色上衣的美国人。

从上述推理可知，德国人身穿褐色上衣坐在 A 座，俄国人身穿红色上衣坐在 B 座，美国人身穿黑色上衣坐在 C 座，因此，坐在 D 座上身穿蓝色上衣的英国人就是间谍。

334 单身公寓里的爱情

喜欢杰克的人是梅森。

这确实是一道比较复杂的题，我们先把提示画成圆，这样会给我们一些更直观的感觉。我们用顺时针的方向来表示喜欢的对象。

根据题面的叙述，我们可以画出图1，在图中怀特和布朗的位置是可以确定的。但杰克和亨利按照顺时针方向谁先出现还不能确定，通过假设我们会发现当"X"的位置上是杰克时才不会跟题目的叙述相矛盾，这时候就可以画出图2了。

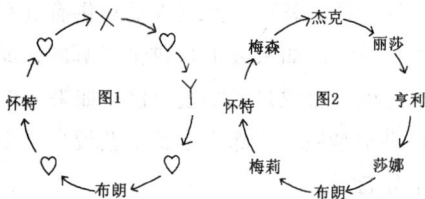

335 失物招领处

根据（1）和（2），托马斯找回的是红色的手套；于是，多拉找回的肯定是蓝色手套，而利比找回的是带花纹的运动衫。再根据（3），温妮找到的是蓝色帽子，戴在了头上。而剩下的黑色运动鞋自然属于罗布。

336 一宗奇案

科学根据是：那一年阳历的 7 月 20 日是上弦月，10 点钟时月亮已经西沉，不会有月光。即使证人记错了时间，把作案时间推前，月亮还在西天，月光从西边照射过来，如果凶手面向西，藏在树东边草堆后面的证人是根本无法看到其面容的；倘若作案者面向证人，月光照在作案人后脑勺上，证人依然无法看到其面容。

337 小偷被偷

时髦小姐。因为如果是另两个人的话，他们应该连那位小姐的钱包一块儿偷走才对，就算他们不全偷，他们也不知究竟哪个钱包是职业小偷的。

338 案发时间推理

首先我们根据线索（6）可知，那天晚上维克多、佐伊和格林对罗宾汉的无线电呼叫每人都作了三次应答。其中，每个人的第二次应答和第三次应答都相隔75分钟：维克多是9：40到10：55，佐伊是从9：45到11：00，而格林是从9：50到11：05。现在我们根据线索（2）和（4），这三个人都不可能在75分钟内乘独木舟去斯诺的帐篷作案，然后回到自己的帐篷，因为至少都要80分钟。但是，如果仔细观察，就会发现这三个人每个人的第一次应答和第二次应答之间却都相隔85分钟：维克多是从8：15到9：40，佐伊是从8：20到9：45，而格林是从8：25到9：50。因此，如果凶手就是这三人中的一个人，那么作案的时间肯定就在这85分钟之间。

现在根据线索（6），斯诺在9：15对罗宾汉的呼叫作了应答；又根据线索（1），可以知道斯诺中枪之后立即死亡，因此可以肯定的是斯诺的死亡时间是在9：15之后。但是，根据线索（3）、（4）和（5），佐伊从斯诺的帐篷返回自己的帐篷所需的是40分钟，而格林从斯诺的

帐篷返回自己的帐篷所需的时间则超过40分钟。由此，如果是佐伊杀死了斯诺，那他至少要在9：05，也就是在他对罗宾汉的第二次呼叫进行应答之前至少40分钟的时候离开斯诺的帐篷；如果是格林杀死了斯诺，那么他就必须在9：10之前，也就是在他对罗宾汉的第二次呼叫进行应答的40分钟之前的某个时刻离开斯诺的帐篷。因此，如果是佐伊或格林杀死了斯诺，那么，斯诺就不可能在9：15对罗宾汉的呼叫进行应答，原因很简单：斯诺是立即死亡的，不能做出应答了。

然而，维克多却可能在8：15对罗宾汉的第一次呼叫做出应答后立即出发去斯诺的帐篷作案。根据线索（3）、（4）和（5），他是在8：55之后的某个时刻，也就是他出发40分钟后的某个时刻到达斯诺的帐篷；紧接着，他在9：15之后的某个时刻杀死了斯诺，并借着流速很快的河水顺流直下，从而能够在9：40之前回到自己的帐篷，正好能够赶上对罗宾汉的第二次呼叫进行应答。

所以，在罗宾汉排除了佐伊和格林枪杀斯诺的可能之后，仍然被作为怀疑对象的便是维克多。

339 博尔思岛上的抢劫案

令A表示被告，B表示被告的辩护律师，C表示原告。

先分析大侦探到达前我们已能得出哪些结论。

首先，A不可能是无赖。因为如果他是无赖的话，他说的就是假话，因而事实上他是罪犯，这和罪犯不是无赖的条件矛盾。因此，A是骑士或外来居民。

可能性1：A是骑士。这样他说的

话就是真的，因而他事实上是无辜的。这样 B 说的话也是真的，因此 B 是外来居民，C 是无赖。由条件可知，罪犯不是无赖，所以 B 是罪犯。

可能性 2：A 是外来居民但不是罪犯。这样 B 的话同样是真的，因此，B 是骑士，C 是无赖。同样因为罪犯不是无赖，所以 B 是罪犯。

可能性 3：A 是外来居民而且是罪犯。这样，C 的话是真的，因此 C 是骑士，B 是无赖。

我们可以把上述结论归纳成下表：

	可能性 1	可能性 2	可能性 3
A（被告）	无罪的骑士	无罪的外来居民	有罪的外来居民
B（被告律师）	有罪的外来居民	有罪的骑士	无罪的无赖
C（原告）	无罪的无赖	无罪的无赖	无罪的骑士

再分析大侦探到达后的情况。

当大侦探问原告他是否犯罪的时候，事实上他已知道原告是无罪的（见上表），他提这个问题的目的是要弄清原告是骑士或无赖。如果原告真实地回答"不"，则大侦探立即可以确定上表中"可能性 3"是真实情况，因而无须再提问题，即可确定谁是罪犯及三个人的身份。但事实上大侦探又提了第二个问题，这说明原告肯定是无赖，他的回答是"是"。这样就排除了可能性 3，只剩下可能性 1 和可能性 2。这时我们已能知道被告律师是罪犯，被告是无罪的，但仍不能区分两人谁是骑士谁是外来居民。这时大侦探问被告原告是否有罪，显然，骑士的回答一定是"不"，而外来居民的回

答则可能是"不"，也可能是"是"。因此，如果大侦探得到的回答是"不"，他仍然没法分清两人的身份，但现在他分清了，因此，他得到的答案肯定是"是"，因而，被告是外来居民，被告律师是骑士同时也是罪犯。

总之，可能性 2 是真实情况：被告是外来居民，原告是无赖，被告律师是骑士并且是罪犯。

340 犹豫的冒险家

首先，根据黄宝石上的话，蓝宝石对应的是黄宝石。其次，根据红宝石的指示，紫宝石应该在红宝石或绿宝石下。可是，紫宝石不可能在红宝石下，否则按照蓝宝石的提示，绿宝石就会在绿宝石下，而这是不正确的。于是，绿宝石下的是紫宝石。再根据紫宝石的提示，可以判断出，紫宝石下的是红宝石，红宝石下的是蓝宝石。这样从左到右，我们可分别列出宝石和宝石的颜色：

外：红、蓝、绿、紫、黄；
内：蓝、黄、紫、红、绿。

341 刑事专家的火眼金睛

如果真像死者的妻子所讲的那样，歹徒是在门外朝她丈夫开的枪，弹壳就不会落在房间里，也不会落在左侧。因为从自动手枪里飞出的弹壳应该落在射手的右后方几英尺处。

342 斯拜在哪

他被囚禁在新西兰。

从窗户板子的缝隙孔射入细小的光线，照在地上的亮点从左向右移动，这就是证据。

在南半球，太阳从右向左运行，试想窗子朝北，便容易理解。在南半球，

南面的窗子感受不到阳光。如果是北半球的加拿大，正相反，太阳从左向右运行，所以，照在地上的光点，应该从右往左移动。

343 走哪一条路

刑警队员们应走第三条路。理由是：假设第一条路边木牌上的话是真话，那么第二条路旁边木牌上的话就是假话，这样第一条路与第二条路都通向洋槐酒店。这显然是不可能的。相反，第一条路旁边木牌上的话是假话，那么第二条路旁边木牌上的话就是真话。这样，第一条路和第二条路都不通向洋槐酒店。因此，通向洋槐酒店的只有第三条路。

344 谁杀害了医生

4个人的话显示，A、C离开时医生已死，B、D到达时医生还活着，所以B、D应该比A、C先去的医生家。由B不是第二个，C不是第三个可以知道4个人的顺序是B、D、A、C，而从D的第一句话知道他不是凶手，所以凶手是C。

345 谁穿了红色衣服

根据她们的话，可以得知小蓝穿红色或绿色的衣服。而回答她的人穿着绿色衣服，所以小蓝穿红色衣服。同理，穿蓝色衣服的一定是小绿，而穿绿色衣服的是小红。

346 被偷走的答案

乙偷了答案。

分析：共有5节课，其中有3节是斯特教授上的，且每名学生都上了2节斯特教授的课，

那么：

甲上了2节斯特教授的课；

乙上了2节斯特教授的课加上另1节课；

丙上了2节斯特教授的课加上另2节课。

丙上的课最多，可以先从丙开始推理，然后推断斯特教授、乙、最后是甲上的课。

第一节：丙、斯特、甲

第二节：丙、斯特、乙、甲

第三节：丙、乙

第四节：丙

第五节：斯特、乙

可见，在第一节斯特教授的课上，甲和丙来上课了，偷答案的是乙。

347 紧急侦破任务

根据条件（1），可假设三种方案，逐一推算。

a.A去B不去；b.B去A不去；c.A、B都去。

从方案a推算：由条件（3）、（4）知，C、D不能去；但条件（5）要求C、D两人中去1人，说明此路不通。从方案b推算：按条件（4）、（5）、（6），D、E不去，这样就不能满足条件（3）的要求。从方案c推算：A、B都去。从条件（4）、（5）得知，B去C也去，C去D不去；从条件（6）得知E也不去；根据条件（3），由于E不去，A去了，必定F也去。所以应该让A、B、C、F四人去。

348 电视转播赛

首先开始这场比赛的守门员不可能是加里（线索1）、克莱德·约翰逊（线索2）、迈克、戴维（线索4）或彼得（线索5）。史蒂夫位于2号位置（线索3），因此运用排除法可知，守门员

431

一定是达伦。根据线索 2 和 3，1 号位置的球员是克莱德·约翰逊，2 号位置的球员是史蒂夫·马钱特。斯旺位于 3 号位置（线索 6），他的名字不可能是迈克，因为迈克接到了戴维的传球（线索 4），也不可能是彼得，因为彼得接到了格伦的传球（线索 5），也不可能是加里（线索 1）。我们知道他不是克莱德、达伦或史蒂夫，因此运用排除法可知，他的名字一定是戴维。根据线索 4，迈克位于 4 号位置，贝内特的名字是达伦，他是守门员。位于 6 号位置的是最后一个球员，他不可能是奥凯西（线索 1）、格伦（线索 5），那他一定是多诺万。根据线索 5，彼得不可能位于 5 号位置，那么一定位于 6 号位置，他的姓是多诺万。格伦位于 5 号位置（线索 5），运用排除法可知，他的名字是加里。现在根据排除法和线索 1 可知，迈克位于 4 号位置，他的姓是奥凯西。

总结如下：

守门员：达伦·贝内特；1 号：克莱德·约翰逊；2 号：史蒂夫·马钱特；3 号：戴维·斯旺；4 号：迈克·奥凯西；5 号：加里·格伦；6 号：彼得·多诺万。

349 客官挑选船老大

原来，坐船人从侧面推理认为，不会游泳的船老大必然会更加小心地划船，坐他的船比较安全。

350 七个沾泥巴的孩子

如果只有一个孩子额头上有泥巴，则当老师第一遍提问时，他立即就会举手，因为他没有发现任何一个孩子额头上有泥巴，同时他又知道至少有一个孩子额头上有泥巴，因此立即推断出自己额头上有泥巴。

如果有两个孩子额头上有泥巴，则他们都只看到一个孩子头上有泥巴。当老师第一遍提问时，他们都无法确定是否自己额头上有泥巴，但是当第一遍提问结束没有人举手时，他们立即明白自己额头上有泥巴，因为，如果自己额头上没有泥巴，他们所看到的那个额头上有泥巴的孩子在第一遍提问时就会举手，理由如上所述。因此，当老师第二遍提问时，这两个额头上有泥巴的孩子会同时举手。

如果有三个孩子额头上有泥巴，则他们都只看到两个孩子的额头上有泥巴。当老师第一遍和第二遍提问时，他们都无法确定是否自己的额头上有泥巴，但是当第二遍提问结束没有人举手时，他们立即明白自己的额头上有泥巴，因为如果自己的额头上没有泥巴，他们所看到的那两个额头上有泥巴的孩子在第二遍提问时就会举手，理由如上所述。因此，当老师第三遍提问时，这三个额头上有泥巴的孩子会同时举手。

由此我们可得出一般性的结论：如果有 n 个孩子的额头上有泥巴，则当老师 n 遍提问后，所有额头上有泥巴的孩子会同时举手。

老师所说的至少有一个孩子的额头上有泥巴是个不可缺少的条件。当有两个孩子的额头上有泥巴时，确实所有的孩子都已经知道至少有一个孩子额头上有泥巴。但是，如果两个额头上有泥巴的孩子光知道至少有一个孩子额头上有泥巴，而不知道对方也知道至少有一个孩子额头上有泥巴，他们是不能在两遍提问后举手的。

老师说的话，使得所有的孩子都知道至少有一个孩子的额头上有泥巴。这是本题的一个关键性条件。

351 丽丽玩不玩乒乓球

当然不是。丽丽从袋子里拿出一个乒乓球之后，立刻藏在身后。强强肯定要求丽丽把它亮出来，而此时丽丽就说："我亮不亮出来都没有关系，只要看看袋子里面留下的是什么颜色的乒乓球就知道我拿的是什么颜色的乒乓球了。"强强当然会无话可说。

352 聪明的囚徒

门拉说："我要砍头。"

这使国王很为难，如果真的把他的头砍了，而说真话就应该被绞死。如果把他绞死，那么他说的"我要砍头"便成了假话，而说假话是要被砍头的。绞死或者砍头，都没有办法执行国王原来的游戏规则，结果只能将他释放了。

353 一瓶新药

这只不过是一种普通的心理测试。海尔博士利用了犯人的心理，真正的罪犯不会真把药服下去，而没有犯罪的人却很坦然地把药喝了。

354 取手提箱

其实，男士并没有下错车，是侦探故意这样说的。如果男士说他拿错了手提箱，照理，他应该赶快回到车厢拿回自己的手提箱，但他却往出口走，显然他是偷手提箱的贼。

355 勤快的表弟

表弟的清洁行为像是在掩盖证据。未经要求主动粉刷地下室的行为显得尤其可疑，他有可能是在掩盖水泥地上留下的血迹。

356 谁是花瓶的主人

眼睛是心灵的窗口，刚才佯装摔花瓶的时候，马代的眼睛露出生气的眼神，马丁的眼神却显得毫不心疼。

357 一颗散落的珍珠

朗波检查发现地毯被吸尘器清扫过。于是他故意将碎纸片弄了一地，以观察管家在打开吸尘器时发现珍珠的反应，谁知他却默不作声，这证明他是罪犯。

358 杨树叶作证

法官是用试探的方法审清这件案子的。他想，胖子说是在镇子东面的一棵杨树下把钱交给瘦子的，如果这是假话，那么瘦子就根本不会知道有这么一棵大杨树。于是，他让胖子去拿树叶。当胖子走了半个小时后，法官问瘦子："他怎么还不回来？"瘦子却回答说："我估计这时候他还没走到那棵树下呢！"这正好证明了瘦子知道有这样一棵大杨树，也由此证明了胖子说的是实话，而瘦子说的是假话。

359 愤怒的丈夫

凶手就是佩奇。假如佩奇是无辜的，他就不可能知道他妻子是被敲死的。他看到了凶器——手枪，本应认为其妻是被枪杀的。

360 藏在叶子下的古币

汤姆从他叔叔尸体上找金币的事实证明他涉嫌谋杀。假如他是无辜的，探长所说的"金币就藏在叶子下面"，汤姆就会将"叶子"理解为手中的茶叶罐，而不会想到三叶形徽章，立刻去翻他叔叔的尸体。

361 雨后的彩虹

是第二个，因为彩虹的位置总是和太阳相反的，看彩虹的时候，是不可能看到太阳的。

362 冰凉的灯泡

证据就是那只冰凉的灯泡。因为仆人说从锁孔中窥看时电灯突然关闭，而她们两人破门而入不超过两分钟，加上夏季气温较高，灯泡应该还是热的才对。

363 会抓贼的盲人

盲人进房时，听到了大座钟的"滴答"声，忽然声音一下子变微弱了，说明窃贼挡住了座钟，他就指示探长朝大座钟的方向扑过去。

364 软件专家的电脑

屏幕上显示的虽然是一份遗书。但电脑的插销没插，也就是说电脑用的是内存电池，而这种电池最长的工作时间为10个小时。既然死亡时间是两天前，那么电脑早该停止工作，也就不可能把遗书显示出来了。

365 鱼是怎么死的

卡尔说道："所有的生物都依靠氧气生存，鱼也不例外，只不过它们利用的是海水中含有的氧气气泡罢了。如果水温升高，水中的气泡就会上升到水面而破裂消失，氧气大量减少，鱼自然就会大量地死亡了。所以，我认为你的发电站用过的热水没有冷却，就直接排放到海里，直接导致了鱼的死亡。"

366 谁是新娘

结婚戒指戴在左手是美国的风格，戴在右手是丹麦的风俗。大维让她俩弹琴，一是看她们的琴技；二是为看清她俩如何戴结婚戒指的。

367 门口的卷毛狗

梅格雷警官看到那条狗跷起后腿撒尿，便立刻识破了那个男子的谎言。

因为只有公狗才跷起后腿撒尿，而母狗撒尿时是不跷腿的，然而，那个男子却用"梅丽"这种女性的称谓叫那条公狗。如果他真是这家的主人，是不会不知道自己家所养的狗的性别的。所以，他就不会用女性称谓去喊公狗。

由于这条狗长得毛乎乎的，小偷从外表上根本看不出它的性别，便随口胡乱用了女性的名字叫它。

368 飞来的爹

首先，程颢发现药书虽旧，但上面的字迹很清楚。按老汉说的，把儿子卖给人至今已有30几年，他在外行医，药书随身常用，翻摸了30几年，字迹不可能还这样清楚。程颢又想到，按曲诚年龄与曲宁相比，曲诚得曲宁时不到40岁，怎么会被称为"老员外"呢？程颢由此断定这个字是刚写上去的，药书凭证是伪造的。

369 前胸与后背

凭二人负伤的部位。好人追赶坏人，必然从后背抓，坏人回身反抗，一定会当胸打在好人前面，坏人再跑，好人还是从坏人背后打坏人；坏人返身反抗，必然打到好人前面，所以胸前伤重的是好人，背后伤重的是坏人。

370 手上的证据

知县想到，王半仙若是平时每日挣了几文钱就穿起来的话，手上一定不会留有铜锈，若是偷了刘仁5贯钱连夜一个一个地字对字、背对背地穿好，手指上必然留下很重的铜锈。于是，知县让王半仙伸出手一看，果然其右手的拇指、中指和食指上留下了深绿色的铜锈。聪明的知县就这样断明了这件偷窃案。

371 一尊假香炉

公元前128年的人，是不可能预先知道以后要实行公元纪年的。

372 小姑娘筐里的食盐

因为从衣着上看，凤妹子是穷苦农民的孩子，不可能有香手帕。只有仙女寺尼姑的手帕才有这种薰香味，一问凤妹子，在路上果然遇见了一个尼姑，便由此破了案。

373 被诬陷的偷瓜贼

县令让王海生把那20多个西瓜抱起来，可是他费了九牛二虎之力，也只抱起来八九个。而后县令又对他说："你堂堂男子汉才抱起这么几个，难道她一个女人家能抱起20多个？"在事实面前，王海生只得认了罪。

374 电话密码

查理有时捂紧话筒，有时松开手。这样，保安处就收到了查理如下"间歇式"的情报："我是查理……现在……黑塔旅馆……和目标……在一起……请……快……赶来……"

375 奇异的案情

警长推测，他们搏斗是在黑暗中进行的，而狼狗只凭早先沾在睡衣上的气味咬人，而这件睡衣是那位史密斯先生事先偷偷地给古董商换过的。而这一切，又都是他预谋过的，所以才发生了"狗咬自己主人的怪事"。

376 笔记本电脑不见了

迈克尔拿了丽莎的笔记本电脑。他说他昨晚一直在读一本小说。可是昨晚他们到旅馆后过了30分钟就熄灯了，他不可能读完。他一定是用丽莎的笔记本电脑在网上读完这本书的。

377 聪明的化妆师

原来，女化妆师是仿照街上张贴的一张通缉犯人的照片来化妆的。她把杀人犯的那张脸型移到这个逃犯的脸上，怪不得警察一下就盯住了他。

因为职业关系，化妆师要广泛收集脸谱，供化妆之用。不料，她留意的一张通缉照片，竟派上了大用场。

378 "赌城"拉斯维加斯

茶壶生满了锈，无论谁摸它，手上都会留下痕迹。偷钱的人听了主人的话，心里有鬼，不敢去摸茶壶，所以手上是干净的。以此推断，手上没有锈迹的人就是偷钱的人。

379 消夏的游客

服务员的建议是：把该人带到美容院剃成光头，三七开式的分界线就会明显地暴露出来。因为盛夏在海滨住了半月以上，分界处的头皮和面部一样会受到日光的强烈照射，头发剃光后，光头上就会出现一条深色的分界线。

380 钢结构房间

这是一把耶鲁锁（即撞锁，此锁的门内部分没有锁洞）。佛瑞德只要转动一下门插销就可以打开门出去了。

381 姑娘的手枪

姑娘用的是麻醉枪，她是动物园的驯兽员。

382 跟踪谜团

小说的结尾是这样的："室内一片狼藉。就连艾诺自认为坚固无比的保险柜也豁然洞开,而里面空空如也。当然了,确知此地一周内无人防范,谁都可以悄无声息、从容不迫地撬开保险柜。这个戴墨镜的混蛋!确实,世上哪有什么真正的热情慷慨之士……"

原来,这个戴墨镜的男子使了一个小小的诡计,让艾诺去跟踪那个少女一个星期,赢得了充分的时间,可以不慌不忙地进入空室作案。

383 半夜敲门

韦尔曼警官是维特的朋友之一,所以他知道,维特没有哥哥。当维特得知门外是韦尔曼警官时,便故意说她哥哥也问他好,他就明白是怎么回事了。

384 柯南的解释

这个地方冬天非常冷。由于下雨落雪,使坑里积了水,到夜晚就结成冰。白天,这坑里南面的冰因受太阳的照射,又融化成水,而北面由于没有太阳照射,仍结着冰。这样,北面的水结成冰,而南面的冰又融化成水,沉重的球面便渐渐地出现倾斜,从而非常缓慢地向南移动。其正面的十字架,必然也会渐渐地被隐埋起来。这种物理现象,就是男爵的墓石之所以移动的原因。

385 惯犯被擒

是一直处于通话状态的电话机发出了报警信号。惯犯用万能钥匙撬锁时,女郎正和朋友通电话,她听到门响,说"请稍候",其实是对电话中的朋友说的,因此她与小偷搏斗时的喊叫通过话筒传到朋友那里,她朋友马上报告了警署。

386 间谍被擒

史密夫先将冰箱移至窗户前,再将冰箱门开开关关,利用冰箱内闪烁的灯光来发出求救信号。

387 二战中的间谍

警方忽略了那几封信上的邮票。因为这些邮票都是稀有邮票,每枚价值都在数千英镑以上。

388 令人瞠目结舌的真相

原来,巴西护卫舰从海洋里打捞上来的并非求救信,而是广告书。在"西·希罗"叛乱事件发生前16年,有个叫约翰·帕尔明格托恩的人出了一部名为《西·希罗》(《海上英雄》)的小说。后来由于在广告宣传上下了功夫,该书销路极好。宣传的方式之一就是作者在小说出版之前,往海里扔了5000只封装着摘自《圣经》的著名片段和书稿中求援呼吁内容的瓶子。偏偏有那么一只瓶子会被巴西护卫舰捞起,内容又偏偏与叛乱事件相符,以至奇迹般地成了罹难船的救命符。这是作者在16年前始料不及的……

389 机智脱险

伊凡诺维奇用闪光灯向A国中年特工的眼睛闪了一下,使对方暂时失明,趁此瞬间迅速逃离会场。

390 是"梦"吗

凶手是那个给唐先生白酒的年轻人。原来他杀死美女后,被唐先生不经意看到了,于是他用铁棒敲晕了唐先生。处理完现场后,他把唐先生背下了这次列车,登上了下一次去北京的列车,而且坐在和上次车一样的车厢，一样的卧铺里，然后离开，目的当然是要使唐先生产生错觉，认为自己看到的场面是酒醉所致。

391 监视的妙方法

原来那4人站在4个屋角，一人可远远监视两个出口，到疲倦时，由另4人顶替。故当查理进行突袭行动的时候，4名警探已躲藏起来休息，故不能参与行动，到双方对抗时才醒来，拘捕了通缉犯及黑社会头目。

392 奇怪的拳头

原来，那稻草人已变成了彦一自己。他身披稻草，头戴稻草帽，站在那里。偷瓜贼头上挨的拳头正是彦一打的。其实，彦一白天做了稻草人插在瓜地里，并且大肆宣传，让所有的人都知道他干了件"蠢事"。到了晚上，他把稻草人搬进瓜棚里的床上，把它蒙上床单。自己则披上稻草站在稻草人的位置上，等候偷瓜贼来偷瓜。偷瓜贼自作聪明，终于上了彦一的当。

393 新学期的风波

从小偷翻了前6排座位，只偷了那两样东西来看，小偷事先就知道那三样东西，目的也正是它们。但是玛丽却没有被偷，由此可见，小偷并不知道他们坐在哪些位子上。所以，老师凯瑟琳可以排除在外，她所说的话当然也是真的了。

那么，知道他们那三样东西，又没有不在场证明，也不知道他们座位的人，只剩下老爷爷和准备去教务处办理转学手续的理查德同学。但是，老爷爷拄着拐杖，不可能跳过围墙。所以，窃贼就是理查德。

至于理查德为何没有跟同学们一起去上体育课，前面已经说了——他要去教务处办理转学手续。

394 终日不安的罪犯

事后张某才知道，由于晚间看不清，加上他性急慌忙，把那封信投到举报箱里去了。

395 刑期有误吗

氨基比林药片和牙签是秘密传递情报的工具。氨基比林药片，用水冲开后，便成了一种无色的"墨水"。用牙签蘸着，写在纸上，看不见字迹。但是用特殊的方法处理后，纸上的字就能清楚地显示出来。

396 婚礼灾难

苏菲的丈夫文森是个骗子，他是该观光客轮的一等水手。为了骗取苏菲的2万美元，他使用假名，隐瞒船员身份，同她闪电般地结了婚。在码头上，他同苏菲一起上舷梯时，不用说穿的是便服，以便不暴露身份。二等水手以为上岸的一等水手回来了，怎么也不会想到他是苏菲的新郎。所以在苏菲向他们询问时，说了那样一番话。文森还在船舱的门上贴上了假号码。第二天早晨，打电话把苏菲叫到甲板上并企图杀害她的也是他。

397 一副银牙签

黄知县让赵富贵稍候，然后拿着银牙签来到了后衙。让他一个衙役带上银牙签，扮作伙计模样，去赵富贵店中取布。衙役见到赵富贵妻子后，取出银牙签对她说："赵老板将前两天进的那两匹布转卖他人了，现在赵老板有事不能亲自来，派我来代为取布，因为怕你生疑，故以银牙签为凭。"赵富贵的妻子仔细地查看了银牙签后，确认是丈夫的随身之物，便将陈达的布匹交给了差役。此刻，证据确凿，赵富贵只好认罪。

398 装哑巴

次日升堂，王文敏一拍惊堂木，要蒋勤从实招来，蒋勤一言不发。

王文敏又说："此人是个哑巴，本县不好审理。退堂！"

苏衙内上前说道："大人且慢，此人并非哑巴，昨天我家奴去拴马时，他亲口说了话。"

王文敏问家奴："他昨天说什么话？"

家奴说："我去拴马时他对我说，他的马很凶，要我把马拴到别处去，免得踢坏了我家公子的马。"

王文敏又问："此话当真？"

苏衙内说："一点不假，我亲耳听见。"

王文敏一听，哈哈大笑道："此案已经了结，蒋勤已将他的马性烈的情形讲明。你们不听，硬要拴在一起，只能自食其果。"说罢退堂了。

苏衙内理屈词穷，只好作罢。

399 交换情报

这两个间谍利用了浴室里的镜子。淋浴的时候，镜子上笼罩了一层雾气，可以写字，等雾气散去时，字迹就不见了，从而可以掩盖一切证据。

400 钞票藏在哪里

"假装往邮筒中投信"，说明邮筒就在附近。那么窃贼事先准备好若干个信封，上面写好自己的地址，然后贴好邮票，他从精品屋里出来后，就直接将这些纸币分装在信封里，寄给自己。

401 铁路公司诉讼案

因为兜风的铺位是与列车前进方向一致的，列车在倒车的情况下急刹车，该铺位的乘客只会被墙板挡住而不会被惯性抛出。

402 奇怪的来信

之所以会发生这种怪事，是因为那个男人的汽车出现了汽封现象：有一部分汽油被汽化了，阻碍了油箱里燃料的正常运行。只有在冷却足够长时间后，发动机才会恢复正常。当那个男人开车去商店时，由于香草冰激凌是商店里最受欢迎的冰激凌，所以被摆在最外面的位置，一下子就能拿到，这时汽车就因为没有足够的冷却时间而发动不起来了。而其他的冰激凌则在商店里面，需要花更多时间去挑选和付账，从而使得汽车刚好可以顺利发动。

403 圣彼得堡的雪花

舞厅里温度很高，空气中充满了人和食物所散发出来的水蒸气。圣彼得堡地处寒带，室外十分寒冷。打开窗户后室内空气突然遇冷，水蒸气就凝结成雪花，而蜡烛燃烧后形成的灰尘正好就是水蒸气凝结时所需要的凝结核。

404 北极探险的险情

他是被冻死的。因纽特人造房子都是用冰块垒墙的。探险家把火烧得太旺，结果把冰墙熔化了。

405 台风过后

由于当晚台风过境，死者的棒球帽不可能遗留在案发现场。

406 头像是怎么来的

波达德的头像是由两个科学家合作

而成的。第一个科学家是物理人体学家克莱德·斯诺，他根据遗骨推断出这是一个白种女人，身高大约5英尺，年纪在30到40岁之间。第二个科学家是贝蒂·帕特·加特利夫，他用卡规、尺子、放大镜和雕塑用具，根据一定的比例，用泥塑把波达德的头像复原了出来。头像栩栩如生，无怪芬林吓得要死。头像恢复术，这是一门破案科学，在和犯罪分子的斗争中，起着重大作用。

407 一定是桩凶杀案

当被害人睡熟后，冈本先在门的四边把封条贴上一半，然后打开煤气开关。他走出房间关严门，然后就用吸尘器的吸口对准门缝，这样剩下的一半封条被吸尘器一吸，就紧紧地贴在门和门框上，造成了被害者自杀的假象。

408 时间观念很强的银行经理

罪犯就是鲁克伯的侄子。表从高处掉下来，不是停，就是变慢了，不可能变快。这是他侄子上楼开窗时故意拨快的。他又有意朝天放枪并大声诅咒，知道伯父只要被吵醒必定要下楼来对表，事先在地毯上弄了皱褶，让他绊倒，从楼梯上摔下来跌死。

409 巧留鞋印

原来，在三个月前当汤姆买鞋的时候，理查德也买了另一双完全相同的鞋子。他乘汤姆不备，每隔一天就把这双鞋子换给汤姆穿。由于汤姆是两双鞋子轮流穿的，所以鞋子的磨损情形完全一样。案发当日，理查德穿着其中一双鞋子到詹姆斯家谋杀了詹姆斯，又故意在院子里留下鞋印。第二天，他再把这双鞋子与汤姆的鞋子对换，然后把换出的

鞋子丢弃，以毁灭证据。

410 不在现场

罪犯利用录音机制造了不在现场的假象。罪犯先将住所附近的打桩声用录音机录制下来，然后于案发时间内，在凶杀案现场和老朋友通电话时把它播出去。

411 旅馆里的凶案

虽然巴尼特声称他不知道梅丽莎被谋杀之事，但他却从杀人现场拿回了金笔。如果他是无辜的，他就应该到第三大街梅丽莎的新居去寻找金笔。

412 小汽艇上的凶案

内森·柯恩因涉嫌犯罪而被拘捕。因为在狂风巨浪中，要写出清晰的蝇头小字是不可能办到的。

413 "死人河"

如果一个人在水下通过一条6英尺长、口径为1英寸的胶管呼吸，他将很快窒息，因为这根又长又细的胶管根本不可能把外面的氧气导进来。胶管里的气体全是尼克自己呼出的气体，里面基本上都是二氧化碳。因为没有氧气，尼克在水下根本无法呼吸，自然会窒息而死。这样简单的医学常识，托马斯当然懂得。所以，尼克是被他用这种巧妙的方式谋杀的。

414 在劫难逃

这起投毒杀人案的同谋犯就是B夫人的保健医生。他受麦吉的重金收买和色情诱惑，成了这一罪行的帮凶。在每周的定期检查时，将无色无味的毒药涂在体温计的前端（在当时，体温计是口含的）。这样，每次都有微量毒素通过嘴部进入了B夫人的体内，日积月累，

终于达到了致死的剂量。尽管B夫人的防范措施如此周密，但还是没有想到他们会在测试体温这一途径上做文章。

415 四件凶器

这4个选择中只有一件是真正置人于死地的凶器，可以用"排他法"解决。首先，死者没有被勒过的痕迹，又不是窒息而死，那么绳子可以排除。死者没有中毒，所以那瓶毒药也可排除。由于"撞击"是致命之处，石头的嫌疑自然最大，可是死者伤口上没有泥土，所以石头应该可以排除。剩下来是匕首，因为死者身上没有刀伤，所以最后可以肯定的是，凶手是用匕首的柄部撞击死者的，匕首是"真正"的凶器。

416 警犬的鼻子

凶手逃到牧羊的山坡上时，踩了满脚的羊粪。因为羊粪的气味很大，消除了凶手鞋子原有的气味。所以，再训练有素的优秀警犬也毫无办法。而凶手则乘此逃之夭夭。

417 奇怪的密室杀人案

存放杂物的储存室的壁板墙，全是从里侧用钉子钉上去的。其中两三张壁板是用强力胶粘上去的。罪犯把这几张壁板取下来，走出房间后再把壁板涂上强力胶，粘到原来的位置上去。壁板上仍留有旧铁钉帽儿，所以，从外面冷眼一看，这个房间的四周墙壁似乎全用铁钉钉着，给人以完全封闭的错觉。

418 是巧合还是谋杀

这是伪装的现场。因为椰蟹是生长在海岛上的一种陆生寄居蟹。它有一种习性：白天钻进海岸的洞穴内，几乎不

出来；晚上才出来活动。既然青年的死是在白天午后，因此绝不会是椰蟹剪掉椰子砸死的。

419 东京度假游

这极有可能是一起谋杀案。因为采春天的山野菜是旧历的正月，还是冬季。而在日本温带气候下生活的蛇类，此时正在冬眠，冬眠的蝮蛇怎么会咬人呢？

420 被害人溺水死亡

凶手给被害人服用了麻醉剂，并在船上做了手脚使船缓慢进水。这样在1个多小时后被害人药效尚未完全解除时船沉入水，致使被害人在半清醒的状态下溺死。

421 自杀与他杀

老人是利用了干冰的特性。他确实是用那个纸包装箱作为上吊的垫脚物的。不过，在箱子里放了一块干冰。干冰非常坚硬，可以当凳子用。同时，由于气化作用，当尸体被发现时，干冰已消失得无影无踪了，而箱子又不会湿。干冰气化过程中产生的二氧化碳，则被换气扇抽到了室外。

422 神秘的古堡

午夜，只见一团黑影从古堡顶部飞下来，向猴子猛扑过去，只听苏醒过来的猴子一声惨叫，彼特利克迅速收紧了渔网，古堡内又静了下来，彼特利克在铁箱里安安稳稳地睡了一觉。次日早晨，他从古堡里胜利走出，被欢呼的人群团团围住。他指着渔网说："凶手就在里面，它就是这种奇特的红蝙蝠，长着像钢针一样锋利的嘴，夜间出来觅食，乘人畜不备，瞬间能将尖嘴插入人和动物的大

脑，吮吸脑汁，可立即致人死命。由于红蝙蝠具有这种杀人绝招，所以难以在死者尸体上找到伤处。"

当局正要论功行赏，老人拿出了证件。原来这位"乞丐"正是英国剑桥大学著名生物学教授汤恩·维尔特。他观察古堡研究红蝙蝠已经二十多年，这才一举破获神秘古堡的百年疑案。

423 同事间的生死较量

艾伦很狡猾，他把氯化钾涂在水果刀的一面来切苹果，把沾有氯化钾的那半个苹果给了布伦特，而自己吃的是没有沾到氯化钾的另外半个苹果。

424 离奇死因

凶手是管家。死亡原因不是枪杀，而是电击致死。

425 酒店谋杀案

凶手在门外吵闹，打架生事。记者想查看究竟，即从锁匙孔向外观看，但凶手的毒针已等待着他。一针刺下，死者即中毒，因而死于密封的空间内。

426 主谋

张先生将狗训练得一听见电话铃响就立刻对人进行攻击。当时，张先生打电话给邓先生，狗听见电话铃声后便依照平日的训练去攻击人。

427 训练猴子做杀手

因为艾伦平时装扮成小李，而且平时装的不是实弹。但他忽视了猴子再聪明也不会分辨出真正要杀的人。当小李走进房间时，猴子感到陌生，所以没有扣动扳机。而当再熟悉不过的主人艾伦走进房间时，猴子因条件反射扣动了扳机，而这次装的是实弹。艾伦设计杀别

人的计划却把自己的命搭上了。

428 特工情报员遇害

那是两辆车并排在公路上行走，只不过两辆车都亮着一盏灯。对方早就预料到情报员会向旁边闪避，所以安排了这个万无一失的假局。在灯的照耀下，情报员看不到真相，果然中计。

429 船长遇害

从蜡烛的溶解情况来判定被害时间。由蜡烛的上端溶解部分呈水平状态来看，船在触礁而倾斜时，蜡烛还在燃烧着。海水的涨潮和退潮，其间总是隔着 6 个小时，轮流变化着，这艘船被发现的时候是上午 9 点左右，此时恰好刚退潮，由此可知，此次退潮至上一次的退潮，其间只涨过一次潮，以此可推论船是在昨晚 9 点左右触礁倾斜的，凶手也是在此刻下手的。

430 移花接木

警察看到蜡烛后产生了怀疑，再加上停电，蜡烛一直没有熄灭。假如晶晶是在自己屋里被杀，过了 23 个小时，蜡烛早就燃尽了，一定是有人夜里把尸体弄来，走时忘了吹灭蜡烛。

431 死亡与鲜花的对比

因为尸体下面的月见草开着花。月见草只有在晚上才开花，如果死者真的是昨天下午在这里自杀，那么压在尸体下面的月见草就不应该是盛开的。这表明，尸体是昨天晚上被人扔在这里的。放个有毒的果汁瓶，只是为了迷惑人而已。

432 空姐被杀

凶手开枪时，被害者正背对窗子弯腰，子弹射穿了她的大腿后进入胸部，

所以表面上看好像是中了两枪。

433 请专家来断案

植物也有血型。尽管植物没有红色的血液，但也有确定血型的物质。那躺在床上的尸体枕着用荞麦皮装制的枕头，由于荞麦中有A抗原和B抗原，所以枕头上验出了血型。而在车祸一案中，轮胎碾过山村小路上的植物，能够确定植物血型的物质就粘在轮胎上了。

434 子弹会拐弯吗

杀手听到广播时得到启示，于是他躲在车尾，利用列车行进中转弯形成的弧度，抓住时机开枪射击罪犯。

435 第二枪

开枪的是死者自己。原来，他的第一枪放空了，第二枪则贯穿他的头部并穿过了房门。

436 凶手是自己

汽油燃烧后的产物是有毒气体一氧化碳。由于小李在发动机运转并开启空调的情况下使门窗紧闭，发动机排出的一氧化碳在车内越积越多，死神也随之悄悄地降临到了他和女友的头上了。

437 漂泊的救生筏上

乘客用匕首刺死飞行员时，刀尖刺破了橡皮筏的空气管。如果不立即采取补救措施，里面的压缩空气就会跑掉，船就会很快沉没，所以凶手用手指拼死抠住这个洞以防止漏气。这样，他就动不得半步，也就无法拿到有食品的罐头了。即便手指松开，迅速拿过罐头，也没有时间把罐头打开，因为这一时间橡皮筏的空气会跑得一千二净。或者是船沉了，或者是饿死，二者必居其一。

438 游船上的谋杀案

两天没有喝水的人，是不可能满头大汗的，说明那个男子在撒谎。实际上是他为了独吞淡水，把汤姆杀害了。

439 阳台上的枪杀案

凶手就是射击运动员，他趁伊里杰夫练习倒立的时候，从二楼阳台往上射击。

440 伪证据

目击者说他看见劫匪从户外穿过救生门进了大楼，这是不可能的，因为救生门是在发生紧急情况下的出口，平常是锁着的，只有在情况紧急时才能从里面打开。由于找到了这个破绽，警察申请了搜查证，搜查了这个目击者的汽车，找到了被抢走的钱包。

441 职员的话

因为职员在说谎，如果小偷从外面撞碎玻璃进来的话，室内的玻璃碎片一定会因被窗帘挡住而散落在窗下，而不会散落一地。所以极有可能是职员监守自盗。

442 开庭审理

作出如此裁决的原因是坐在被告席对面的主审法官提醒了陪审团：刚才，在律师进行那场"即兴的心理测验"的时候，全厅的目光确实都转向了那扇侧门，唯独被告琼斯例外。他依然端坐着木然不动。因此，可以得出结论，在全厅的人中他最明白：死者不会复活，约瑟夫是不可能在法庭上出现的。

443 伪造的现场

如果绑架确实发生，那条由床上用品组合成的带子是承受不了绑架者和莎丽两个人的重量的。在这种情况下，他们会把床拽离墙壁，就像报童顺着带子下滑时出现的情况一样。

444 报案破绽

狗不叫就是证据。如果真的有强盗潜入，受过严格训练的狼狗就会大声吼叫。然而，西边邻居家老头只听到了汽车的声音，这说明凶手是狼狗熟悉的人，也就是狗的主人清水。

445 行李箱被窃案

犯罪的证据就是那把 52 号行李箱钥匙的复制品。为了骗取钥匙，这帮窃贼首先存入他们自己的行李，然后派人用复制的钥匙取出别人存入的箱子，所以他的口袋里一定有一把同样的钥匙复制品。

446 财会室起火案

走电失火决不能用水灭火，只能用喷射四氯化碳或二氧化碳的灭火器灭火。会计说自己是用水把火扑灭的，又肯定说火灾系走电引起，这显然违反常规。

447 被冤枉的狗

如果狗咬伤莫亚太太，她的裤子不可能完好无缺。

448 被淹死的人

思维定式是侦探最大的敌人。在海水中溺死是一条重要的线索，同时它也在暗示警察案发地点是在海边，而特里拥有不可能作案的时间证据。

实际上，如果仔细思索一下，并不是被海水溺死就一定发生在海边，如果有足够多的海水的话，在浴缸里同样也能作案，然后放掉海水，装满淡水，这只需要 10 分钟就足够了。

449 墙外树下

死者脚底板的伤痕是从脚趾到脚跟，是纵向的，若他真是爬树时从树上摔下来的，那么脚底板不会有纵向的伤痕。因为爬树时要用双脚夹住树干，脚底受伤也只能是横向的。

450 皇帝与大臣

这 20 位大臣都立刻杀了自己的侍卫。

假设大臣只有 A、B 两个人，A 大臣肯定会想：B 肯定知道我的侍卫是好还是坏。如果我的侍卫是好人，他肯定会杀了他的侍卫，结果就会刊登在第二天的报纸上。如果早上的报纸没有刊登这条消息，那么我就在第二天杀了我的侍卫……以此类推。到第 20 天，报纸没有刊登消息，那么所有的大臣就都杀了自己的侍卫。

451 谷底逃生

借助水的浮力。

一个人先攀上软梯，另一个人待水齐到颈部时开始攀升。攀升速度与水涨的速度相等，使水的高度始终在人的颈部。借助水的浮力，软梯就可以负担两个人的重量了。

452 昏庸的皇帝

那大臣摸出一张纸卷后，装作不小心的样子投入油锅下的灶火中。这样，要判断他刚才摸出的是什么字，只有开箱验看。当皇帝看到箱中剩下的是一"死"字，异常的举动就会断定大臣刚才摸出的是"生"字。

453 孤独费 10 万英镑

乐意赔款的宇宙足球厂的老板认为：琼斯太太与其丈夫闹离婚，这正说明了他们厂生产的足球的魅力所在。而且，琼斯太太的控告词为他们厂做了一次绝妙的广告。

454 律师的判断
阿根是伪造遗嘱进行讹诈。遗嘱不可能签署于11月30日晚上1点钟，因为11月只有30天。

455 转危为安
太子一听，迅速把手中的水泼在地上，然后对国王说："陛下，我没喝完这碗水，这水已经滋润了您的土地。我肯定是无法喝到它了，请您履行誓言吧。"

456 巧打德国侵略军
先安排甲、乙、丙3人持两张请柬进入指挥部：

甲先借口有事外出，领取一张特别通行证；

接着，乙用甲拿出的特别通行证进第一道岗，进指挥部时用请柬的一张红票，然后也借口有事外出，领取一张特别通行证，这时乙的手中就有一张请柬的一半红票和两张特别通行证；

丙也用乙的方法获取一张特别通行证。

凭这三张特别通行证，游击队员们每批通过第一道岗哨3人，出1人，就可将个几名队员都安全通过第一道岗，埋伏起来。最后，甲乙丙3人再进入指挥部，交回三张特别通行证。

457 蜘蛛告白
蜘蛛吐丝是寒潮来临的信号，这时，法兰西的军队就不用害怕荷兰的水闸放水了，因为水都结成冰了。

458 巧过立交桥
罗尔警长马上打开轮胎的气门，放掉了些气，让轮胎瘪一点儿，卡车就降低了高度，能穿过立交桥底下了。

459 《圣经》阅读计划
亚当斯对审判官说："我得慢慢地品味，每天一行左右。"审判官问："那不是需要几百年吗？"亚当斯说："国王陛下许可我读完《圣经》再被处死，并没有讲什么时候读完啊！"

460 化学家的声明
吉姆让威廉以一个化学家的身份写份声明，登在报上。威廉在声明里说自己是个化学家，失窃那天晚上放在桌子上的那瓶酒里有毒，谁喝了，不出5天必定中毒身亡。他要求爱好那幅画的朋友尽快到他家服解毒药，否则，生命会有危险。盗贼看了声明以后信以为真，第二天便带着那幅画自首了。

461 谁是匪首
克莱尔探长问："你们的头目衣服怎么穿反了？"土匪们一时没有反应过来，都朝一个人看去，那个人就是土匪头子。

462 列车上的广播
托尼探长叫乘警通过广播寻医就是要让劫宝杀人犯自动现形。当广播说9号车厢有一位病人需要抢救时，劫宝杀人犯立刻坐不住了，他要去看个究竟。当听说病人已苏醒过来时，他害怕被认出来。所以准备等火车到站后赶紧逃跑，没想到惊慌之下暴露了自己。

463 装哑取证
琼斯觉得金发女人眼熟，终于想起

这是个通缉在逃的诈骗犯。在厕所里，他装作聋哑人，让女诈骗犯把自己要钱的话写在纸上。于是，他以此为证据抓住了这个女诈骗犯。

464 设宴抓贼

张敞以砍头作为条件，布下了一个"欺骗"计策进行破案。他让小偷头儿穿上差役的衣服上大街去逛，遇着小偷就说："我花钱在官府里买了一个差使干，今后咱哥们儿谁若是有个闪失，我就可以从里面照应了。请通知我的弟兄们，我今天晚上要在香月楼设宴庆贺庆贺！"

小偷们听了，信以为真，一传十，十传百，当天晚上全部到了香月楼。这样，这些小偷便被张敞早已埋伏的几百名兵丁全部抓获。

465 县令买马

罗际在城门口贴出的布告，上面写道："本知县奉朝廷之命，出白银1000两，买一匹个大脊宽，毛如火炭的4岁口大马，望养此马者，速送县衙。"马贩子见钱眼开，以为可以用偷来的这匹马卖到1000两白银，结果中了罗际的高价购物之计。

466 母亲与儿子

杨津命衙役上街敲锣喊话，告之全城百姓，在东门外十里处，有一个20多岁的年轻人被害，此人青衣黑马，黑马四蹄踏雪。若是谁家之人，请快去州衙领尸。强盗王虎的母亲听见了，心里一惊：敲锣人喊的那个被害人不正是自己的儿子吗？于是，她便急忙来到州衙。杨津就是这样用"死"儿诱母之计，找到了强盗的母亲，并由此破了案。

467 两张诬告状纸

如果乔仁告李靖谋反是事实的话，那么乔仁无论在什么时间什么地方，说得都应该是一样。可是，梁光谎称丢了状纸迫使乔仁重写了一张状纸后，梁光将两张状纸一对照，发现内容有很大出入。梁光就这样揭露了乔仁诬陷李靖的犯罪事实。

468 马瓜和冯弧

张方重新写了一个案卷，在案卷上写道："杀人犯马瓜，无故将人杀死，现呈报斩首示众，特报请审批。"第四次派人送到京城。吴起接到案卷，展开一看，见说的是杀人犯马瓜，不是冯弧，就挥笔批了"同意处斩"4个字。待批文回来后，张方便在"马"字旁添了两点，"瓜"字旁加了"弓"字，变成了"杀人犯冯弧"。这样，张方巧妙地用了汉字的拆字法，使这个不可一世的大恶霸终于伏法了。

469 盖字识盗

张族推断，吕元自作聪明，一定会认为先拿出来的信是考验他的假信，肯定不敢承认。于是，张族先拿出吕元亲自写的状词盖住两头，让他辨认。果然不出所料，吕元回答说上面的字不是他写的。为了进一步证实吕元就是盗买粮食的人，张族又把那封假信拿出来，盖住两头的字再让吕元辨认。吕元看了看字，心想，刚才没有承认那张纸上的字是我写的。现在再不承认这张纸上的字是我写的，可就露馅儿了！于是，他承认了这字是他写的。这起盗买粮食案就这样被张族用盖字巧诈的方法巧妙地查清了。

470 被赖掉的 800 贯钱

赵和在公文上写道："最近，我县抓住了几名强盗。他们供认，他们所抢的一部分赃物窝藏在贵县林兴家里。请将林家查封，并把林兴速押来江阴。"赵和名气很大，淮阴知县也敬他三分。见了公文，淮阴知县立即派衙役把林兴抓来，派人押到江阴。赵和让林兴把所有财产填写一份清单，检查他的财产是否都有着落。林兴怕因抢劫案受到牵连，便在清单上如实填上了一项："陈石赎地归还铜钱 800 贯。"赵和又找来陈石当堂对质，林兴哑口无言，只得将典当地契退给了陈石。

471 用驴找鞍

张坚叫两个差役去专门看管驴子，并告诉差役不得给驴子喂料，经过一天一宿之后，驴子被饿得直叫，第二天傍晚，张坚命令差役将驴子放开，随它任意走动，几个差役跟在驴子的后面。驴子又饿又渴，便径直跑到这几天饲养它的那一家去。差役跟着进去，一搜查，便找到了驴鞍子。

472 审问石头

包公对人们解释说："你们瞧男孩的手上满是油，他数过的钱上也一定沾满了油。这个人扔到盆里1枚铜钱，水面上立即漂起一层油花。所以，他的铜钱就是趁着小男孩儿睡觉的时候偷来的！我审石头，只不过是要大家围拢过来而已。"

473 祖传妙药

冯祥当众说："既然没人能救活，看来，只好本府亲自来救治这个商人了，本府深明医理医道，丁小山你在这里好生守护，待我回家去取祖传妙方。"说罢，他便向丁小山使了个眼色，然后自己就走出了人群。此时的凶手就在人群中，他以为知府真会医道，害怕知府取回了妙方治好了商人，于是便趁知府离开之际，以医治为名向商人第二次下了毒手，可他没有想到，丁小山正在一旁紧紧地注视着他，等他一动手，便被丁小山抓了个正着。

474 数茄子

当年轻人查完茄子数后，李亨便叫衙役到菜农的地里去数摘掉茄子后留下的蒂把，结果，摘掉茄子留下的蒂把与年轻人数的茄子数正相符。证明年轻人是偷了菜农的茄子。

475 寻找嫁妆

刘炎泽估计，盗贼看了公告，因为害怕第二天被查出来，会马上把偷来的衣服运出城外，而整箱衣服目标太大，他们会把衣服穿在里面，分几次穿出城。刘炎泽关照士兵，看谁反复进出城门的，就扣留搜查。

476 失而复得的官印

当黄县令将封好的官印盒子交给胡狱吏时，胡狱吏就面临着两难选择：或者当场打开盒子，说明盒中无印；或者拿回盒子，送还时，再说明盒中无印。如果选择前者，说明他早知道盒中无印，他有偷印的嫌疑；如果选择后者，得承担丢印的罪名。胡狱吏为了摆脱罪名，只有将偷来的官印，再放回盒中。

477 大学生公寓的谋杀案

格伦听到后门的声音，证明桑尼的确在命案发生前回到了家，并且被电线绊倒了。这样，扯出插座的电线，就又证明了桑尼说的是实话。可是，既然桑尼摔倒，扯出了电线，正在修车的比尔的就应该突然陷于黑暗之中，可比尔却没有向亨利提到他的电灯忽然间熄灭，这是因为此时他正在悄悄地上楼，杀死了哈里，电灯熄灭他根本不知道。

478 教授之死

摩恩探长从毒针联想到火炉上的水壶，有人用软木塞堵住水壶嘴，并把毒针插到软木塞上，水开了以后，蒸汽把软木塞推出来，毒针便带着软木塞刺中了教授。而这一切只有秘书才有机会做得到。

479 幽灵的声音

洛奇不愧是大侦探，他说得很对，男子和其他人都没错，男子确实听到了两声巨响，其他人则只听到一声爆炸。这并不是什么幽灵在作祟，而是因为水传播声波的速度要快于空气，是空气的5倍。男子仰泳的时候耳朵是埋在水里的，他首先听到了由水传过来的爆炸声，当他抬头察看的时候，耳朵离开海水，又听到了空气传导过来的爆炸声。由于心情紧张和水传导的失真，男子把第一次爆炸的声音误认为是幽灵发出的怒号。

480 萨斯城的绑架案

多利警长是通过汽艇后面水波纹的大小情况来判断的，汽艇开得越快，其接触水的面积就会越小，引起的波纹就会越小。由于警察的汽艇比罪犯的开得快，所以警察汽艇后面的波纹就比罪犯汽艇后面的波纹小。多利警官在关键时候利用波纹的科学知识将罪犯的汽艇分辨出来了。

481 火车站谋杀案

火车进站的时候，由于车速很快，所以会在火车周围形成强大的低气压，但是这样的气压不会将人向后吹倒，反而会把穿宽大衣服的人吸过去。因此，贵妇显然在说谎。而且她送父亲到曼彻斯特治病，竟然没有携带任何行李，这更让人怀疑她早有预谋，治病只是个幌子而已。

482 县令验伤

因为殴打致伤，血液聚集，所以伤处发硬；而伪装的伤痕则和好的肌肤一样，是松软的。李南公就是根据这个常识验明真伤还是假伤的。

483 不识字的狗

祝瀚道："贵管家不必生气，本府自有主张。我想，只要把贵府诉状放在它面前，它看后低头认罪，也就可以定案了。"

管家大叫道："你这昏官，走遍天下，可有一条认识字的狗？"

祝瀚神情严肃地说："既然狗不识字，那金牌上的'御赐'二字它岂能认得？既然它不认识，这欺君犯上的罪名又从何说起？狗本不通情理，咬死丹顶鹤乃是禽兽之争，凭什么要处治无辜百姓？"几句话把那宁王府管家问得哑口无言。

484 贪财的瞎子

这块布明明是红布，县官故意说是白布，算命的看不见，也跟着说是白布，终于露馅儿了。

485 冒充的饲养员

饲养员是窃贼冒充的，因为犀牛是食草动物，不吃牛肉。

486 候选的小提琴手

小提琴手在临演出前几分钟，都要调试好琴弦，马里雷从琴盒里拿出小提琴就能演奏，说明他事先知道今天肯定要演出，证明他有谋杀格德的嫌疑。

487 谁是抢劫杀人犯

犯罪嫌疑人就是胡文兵。他说9点到了南昌，实际上由于暴雨，公路被淹没，车辆被堵，他根本到不了南昌。即使到了南昌市，由于突发龙卷风和大暴雨，他也不可能去各处游玩，可见他说的是假话。他是在作案后再乘车去南昌的。

488 谁是抢劫者

就是男童。李先生在地上看见1.9米的身影，仅是一种错觉。

489 目击者的疑惑

小景看到的人就是凶手。凶手是个圆脸的人，但由于小景在窗户的细长的缝隙中看到他迅速地走来走去，这样看到的就是细长的脸而不是圆脸，这只是错觉。

490 抢劫出租车的强盗

罪犯是西蒙。罐装啤酒喷涌出来便是证据。

根据西蒙的证词，如果从几小时前就在听立体声音乐，那么，罐装啤酒在手提包中一直处于静止状态，即使打开盖了，也不会喷山。

实际上，西蒙在司机追赶下拼命逃跑时，啤酒在手提包内剧烈摇晃，从而产生了气泡。

画家罗宾吃剩下的苹果没变色，是由于在盐水中泡过。苹果削皮后用盐水一浸，就不会变色。竹内刑警切了一小块儿苹果品尝，吃出咸味，便相信罗宾没讲假话。

491 一株植物

犯罪嫌疑人是亨利。根据有两条：（1）亨利是药店老板，竟然不知道麦冬这种常用的药草具有的疗效，这说明亨利并不是真正的药店老板。（2）在5点零2分时，吉力尔船长见屋外有人影一闪，这肯定是一名游客，因为除了游客以外，4位工作人员都在屋内。待吉力尔等人回到古堡时，9名游客全在。在短短的8分钟内，这名游客要跑过杂草丛生的小路去船上把发动机的进油管割断，然后再回古堡，一来一回奔跑约1400米，这只有26岁的亨利这样身强力壮的年轻人能做到。

492 是谁偷了佛珠

是大徒弟偷走了佛珠。老和尚是中秋之夜离开的，半个月后回来，应是农历初一，晚上没有月亮，哪儿来的月光呢？

493 被打翻的鱼缸

在黑暗中，当用人与盗贼搏斗时，将大鱼缸碰翻掉在地板上摔碎。电鳗便爬到地板上，而且碰到了盗贼的身体使其触电死亡。

电鳗属于硬骨类电鳗科的淡水鱼。生存于亚马孙河及奥里诺科河流域，长成后，身长可达2米。尾部两侧各有两处发电器官。电压可高达650~850伏。如果碰到它会受到强电流的打击。连猛兽也会被电死，更何况是人呢？

494 谁安放的录音机

是清洁工，他穿的是网球鞋，录音

带上不会留下脚步声，而女秘书穿的是高跟鞋，如果是她作案，录音带上一定会留下皮鞋的脚步声，因为她最终要取走录音机，不会担心脚步声被录下来而轻轻走路。

495 智破伪证

"那么受伤以前，你能举多高呢？"原告下意识地很快把手举过了头顶。顿时，原告露出了马脚。

496 以牙还牙的办法

特洛的办法是：倒出一杯酒，当众一饮而尽，从而证明酒中确实无毒。

497 凶手的逃跑方向

凶手是从右边这条路逃跑的。因为通常骑自行车的人，身体的重量大多在后轮上，所以在平坦的路上或下坡时，前轮的痕迹浅，后轮的痕迹深。在上坡或是快速骑车时，由于骑车人必须朝前弯着腰，使重心落在车把上，前轮和后轮的痕迹就大致相同了，而右边的痕迹正是这样，所以凶手是从右边逃走的。至于左边的痕迹，其实是其他人骑车下坡时的痕迹，不是凶手留下的。

498 大摇大摆的小偷

小偷忘了关灯。

499 高个子修理工

萧队长根本就没讲他们汽车轮胎的型号，也没讲是几只，高个子修理工却知道得一清二楚，这就说明他刚才参与了抢劫，见过他们的汽车。

500 无辜还是敲诈

乘警赶到海顿先生的包厢，发现海顿先生正在悠闲自得地抽雪茄，雪茄上留着一段长长的烟灰。乘警据此断定：在三四分钟前，海顿先生是在抽雪茄，而并不是像那女人说的那样。